话说平湖

百年转型中国的小镇志

南方日报出版社
NANFANG DAILY PRESS
中国·广州

图书在版编目（CIP）数据

话说平湖 / 《话说平湖》编委会编. --广州 : 南方日报出版社, 2015. 7
ISBN 978-7-5491-1258-6

Ⅰ. ①话… Ⅱ. ①话… Ⅲ. ①区（城市）－概况－深圳市 Ⅳ. ①K926. 53

中国版本图书馆CIP数据核字(2015)第115390号

HUASHUO PINGHU
话说平湖

出 版 人：周洪威
主　　编：《话说平湖》编委会
策划编辑：唐　毅
责任编辑：唐　毅　史成雷　黎　衡
装帧设计：佃燕婉
责任技编：王　兰
责任校对：王　燕

出版发行：南方日报出版社
电　　话：（020）83000502
地　　址：广州市广州大道中289号
经　　销：全国新华书店

印　　刷：广东信源彩色印务有限公司
规　　格：787mm×1092mm　1/16
印　　张：26. 25
字　　数：650千
版　　次：2015年7月第1版
印　　次：2015年7月第1次印刷
定　　价：98. 00元

投稿热线：（020）83000503　读者热线：（020）83000502
网址：http://www.nfdailypress.com

序言

平湖是深圳市龙岗区的一个街道，辖区面积 40.99 平方公里，常住人口近 50 万。在 2004 年撤镇设街前，称为平湖镇。本书的副标题“百年转型中国的小镇志”，暗示了平湖在宏观时空坐标中的自我定位，提供了一种从地方洞察中国改革开放的大局、从现时返观过去的纵深视角，此所谓一花见大千世界，一滴水可见大海波涛也。

不是所有镇街都能被视作百年中国的转型镜像，而平湖巨变的历史和当下，恰恰像现代化求索进程的一个寓言。一个世纪前，在遭逢“三千年未有之大变局”的情势下，“现代化”成为我们国家和民族最迫切的命题，它意味着告别代代相袭的生活方式，走上自强和自新之路。

而现代化的种子之所以能早早地在平湖这个曾经的乡村播撒、萌芽，长出繁茂的枝叶，也得益于走出去“睁眼看世界”的乡贤。这里，有一个人不得不提，那就是 1870 年生于平湖镇述昌围村的刘铸伯。刘铸伯幼年随母亲到香港，后考入英国牛津大学深造。回国后时适国内及香港发生严重水灾，他带头发起募捐救灾，并亲汇 10 万龙银捐给香港“慈善会”救济灾民。1915 年起，刘铸伯在旧墟以北 2 里处兴建平湖新墟，后在新墟创办一间装机 50 多台的织布厂，招收附近青年乡民当工人，后又分别在平湖墟建造纪劬劳学校和念妇贤医院，为平湖的文化教育、医疗卫生建设做出了很大的贡献，被誉称为“乐善乡贤”。为表彰刘铸伯热心公益的精神，时任中华民国大总统的黎元洪赠予其“乐善好施”的题匾，当时的广东省督军陆荣廷、广东省省长朱庆澜、宝安县知事周德馨等也为之立碑褒表。

现代化，意味着新式的教育、医疗和交通设施，在思想和器物层面改造日常生活。早在 1916 年，纪劬劳学校就在平湖开风气之先，实行新教育体制，大大地冲击了当时的私塾式教育模式。学校规模可观，仅教学设施建筑面积就达464平方米，总占地面积约1500平方米，设有运动场、花园、草坪、厨房，可容纳数百名学生共同学习。同年，在与纪勆劳学校遥遥相对的述昌街上，白墙黑瓦的念妇贤医院拔地而起，建筑面积约300平方米，分上下两层。刘铸伯看到家乡百姓“病后无处求医，妇人生产无处接生，以致夭折甚多”，于是捐建医院。“念妇贤”之名是他为了纪念母亲的仁慈和妻子的贤良而取。而广九铁路更是早在1911年就全部筑成通车，自广州经深圳，过罗湖桥至香港九龙，经平湖境域的路段长数十公里。它在风雨飘摇的岁月中建成，是我国早期通车的几条铁路主干线之一。平湖站是广九铁路线上的重要车站，使平湖成为深圳北部的交通要塞，促进了平湖与香港、海外的经济和文化往来，带动了平湖在20世纪初的繁荣。

现代化，意味着社会化大分工，以及随之而来的人口迁移。百年来，平湖大致有两拨人口流动，一拨是“走出去”——香港旺角荔枝角道186号，一幢毫不起眼的10层楼房，沿楼梯上到五楼，白灰斑驳的墙上挂着一块红底黄字的牌子，上书五个大字：“平湖同乡会”。20世纪二三十年代，平湖一些乡亲前往香港打工，做外轮船员者收入高些，但是一水船一去经年或数月，回到香港后又不知何时再上船出航，回乡居住又因当时通信和交通所困容易失去工作机会，故船员一般都是去“船馆”栖息，解决临时居住的问题。到了20世纪50年代，到香港找工的平湖乡亲越来越多，于是平湖籍香港实业家、慈善家刘铸伯之子刘德辅、刘昆辅兄弟和刘长佑（在香港从事建筑业、百货业，平湖新南大草埔人，曾任宝安同乡会会长，平湖第一届侨联主席）出资支持，租下了庙街61号二楼一个单位作为平湖同乡的憩息之所，取名为“刘敦义堂”。1969年，平湖旅港乡贤又发起购买新会所的筹款行动，数月间就筹集到了一笔资金，当时用2.5万元港币，购买了旺角荔枝角道186号5楼70多平方米的一个单位，作为平湖来港乡亲的“会寓”和同乡会的永久会址。1970年，旅港平湖刘敦义堂同乡会以有限公司形式正式注册成立。从此，荔枝角道186号刘敦义堂便成为了在港平湖人探访会友、找工投宿的驿站。此地，让平湖的旅港乡亲暂时忘记了乡愁。当年到刘敦义堂投宿和找工的平湖乡亲，有些又去往东南亚、澳洲、美洲等更远的远方。人口流动的第二股潮流，则是改革开放后的“引进来”——1982 年，平湖共有 1952 户 8578 人。随后的数年，利用邻近港澳地区的优势，平湖大量引进“三来一补”、三资企业，农民也采取合股、集资、入股等形式将闲散资金聚集起来办企业。经济的发展带来外来人口的快速增长，至1994年末，平湖总人口达10.15万人，其中户籍人口1.2万人，仅占 11.8%。外来暂住人口共计 8.95 万人，占总人口的 88.2%，约是户籍人口的7.4倍。这些“孔雀东南飞”的外来人口多为青壮年劳动力，主要从事加工、建筑、种养等行业。至 2013 年末，平湖总人口已达 41.52 万人，其中户籍人口仅 2.59 万人，外来人口总数约为户籍人口的 15 倍。

这两股人口流动的浪潮，昭示了平湖人四海为家的气魄和海纳百川的襟怀。走出去的人，心系故土，回乡捐建、投资，助推了家乡现代化的进程。来到这里的人，把青春和汗水奉献给这片热土，见证了平湖工业化、城市化发展的日新月异。

现代化，意味着产业结构的不断升级和发展模式的自觉调整。新中国成立以后至改革开放前，平湖的农业占据经济的绝对主导地位。1979 年，全镇农业产值 181.7 万元，占工农业总产值（198.7 万元）的 91.4%。改革开放初期，平湖大力引进“三来一补”企业，抓住港台加工制造产业转移的机遇，站上时代的浪尖。近年，又直面“四个难以为继”的矛盾与挑战，向产业高端化和跨越式发展的新路迈进，一批知名企业、上市公司、名牌产品纷纷涌现。在这期间，平湖先后提出了多种发展思路，并且在不断实践中对思路进行调校修正。在 2006 年，提出“物流新城”概念；2007 年，又提出“打造高端服务业基地”；2009 年，发展目标定为“一个生机勃发、功能配套、设施完善的现代化、园林式、生态型物流新城和区域性金融新城”；2012 年 3 月，深思熟虑过后的平湖，着力打造“高端新兴产业园区、综合物流园区和高新技术产业园区”，希望将平湖建设成产业发达、平安和谐、环境优美、生态宜居的“产业新城”。不断调校和修正发展方向，既是市、区产业发展主导权远高于基层镇街的深圳市情的现实反映，又是变革时代珠三角东岸产业转型升级的共同写照。

现代化，意味着文化建设的跟进与本土文化意识的觉醒。一个地区文化社团的活跃程度很能反映当地的基层文化状况。近年来，平湖街道通过多种渠道，积极帮助和支持各类文化社团开展活动，带动群众参与文艺活动的积极性。摄影学会、书画协会、“红夕阳”民乐队、老干部文艺队等都是活跃在基层的文化社团，对丰富群众文化生活，提升群众文明素质发挥了“润物无声”的作用。而自行车运动协会、羽毛球协会等群众体育社团则进一步推动了全民健身活动的广泛开展，在群众中有着广泛的凝聚力和影响力。如今，平湖的自行车运动已实现常态化、品牌化，除举办了六届平湖自行车公开赛外，还连续举办了五届环深圳250公里骑行活动、四届小型山地铁人三项赛和五届平湖自行车年度大赛。足球运动也深受平湖群众喜爱，根基深厚。

平湖人挖掘“吾乡吾民”的历史内涵，存续“生于斯长于斯” 的文化记忆，激发热爱家乡、建设家园的不懈热情。本书的编撰，也是这种努力的鲜活证明。本书中，平湖文化独特性的建构，至少展开了以下五个侧面：一是以平湖围头话为代表的语言文化，二是以纸龙舞为代表的民俗文化，三是以古村落和宗祠为代表的乡土文化，四是以平湖圩镇和碉楼群为代表的侨乡文化，五是以中共山厦支部为代表的红色文化。它们或通过“平湖八景”的评选被确认，或通过诗文的创作、民谣的搜集被传扬。这些文化记忆的整理，也提醒着读者，现代化不仅是革新，还是守旧。作为一个现代化寓言的平湖故事，它的讲述逻辑是：在传统的守护与现代的变迁中，如何成为一个更幸福、更骄傲的平湖人。建立一座小镇与一个世纪的关联，记录一座小镇与一个世界的互动，既是《话说平湖》一书的努力与追求，也是本书的价值和意蕴所在。

蒋述卓

（作序者系暨南大学党委书记、教授，
广东省作家协会主席，广东省文艺评论家协会主席）

目录

壹 斯地吾乡

贰 岁月沧桑

叁 镇街巨变

肆 产业高地

肆 产业高地

伍 文明之光

陆

红色记忆

柒

景观名胜

捌 风俗民情

玖 平湖儿女

拾

诗文拾萃

百年转型中国的小镇志

壹

斯地吾乡

这里是平湖，南中国大地上深圳市龙岗区一个面积 41.8 平方公里、常住人口 40 余万的街道。她的名字与水有关，因为伍屋围村、大围村、松柏围村的地形分别像蟹、蚌、虾，但这“水族”的盛宴原本缺水，“平湖”实则无湖。平湖人如水滴汇聚在这里，坚韧不拔，引来了现代化的汩汩活水，掀起了新时代的奇迹波涛。这水便是吾乡的祝福、吾民的灵魂。从命名开始，平湖人化术为道，化有形为无穷，在各大宗族的姓氏里，在围头方言里，在碉楼与新厦里，在铁道与园区里，平湖之“水”在涌动，在闪耀。

地理区位

文 / 刘玫

地理区位决定了一个地区的定位、优势、功能和发展水平。翻开深圳地图，平湖得天独厚的区位优势一览无遗。位于深圳中轴线上北部、龙岗区西北部的平湖，辖区面积40.99平方公里，东与横岗街道相连，西与龙华新区观澜街道接壤，南与布吉街道毗邻，北与东莞市凤岗镇相接。京九线、广九线穿境而过，平盐线、平南线在此与京九线接轨。机荷、水官、清平高速公路穿越辖区，并设有五个高速路出口。

平湖地势西北高，东南低，属丘陵地貌，辖区内丘陵、阶地、台地面积占总面积的74.6%。山丘海拔多在60—130米之间，最高的山丘是上木古村的牛尾岭山，海拔214米。平湖属亚热带海洋性季风气候，年平均气温为22.3℃，舒适宜人。

改革开放以来，平湖经济一直领先于周边地区，是集货物运输、仓储、加工、配送为一体的珠江三角洲和华南地区的物流重镇、商业旺镇、工业强镇。进入21世纪以后，平湖的产业发展疲态逐步呈现，先发展区域的优势不再明显。一个区域的交通如何，关乎该区域的吸引力；一个区域的环境如何，决定该区域的竞争力。为充分发挥平湖的区位优势，释放更大的经济效应，近年来，平湖把改善交通条件作为促进经济发展的第一要务来抓，自2012年以来，平大路、平吉大道、清平二期、嘉湖路、富康路、科园西路、良白路等多条主次干道建成通车，形成了“外畅里通”的交通格局。交通网络的“层层叠加”，大大缩短了平湖到深圳核心经济圈的时空距离，实现了与深圳城市中心的“无缝对接”。尤其是受益于深圳“一横两纵”（南坪快速、清平高速和丹平快速路）大交通的思路，平湖的交通“动脉”彻底打通，区位环境得到改善，转型发展再添“羽翼”。

加快发展中的平湖，已成为商家的投资宝地、创业热土和发展乐园。同时，日趋完善的城市配套设施，大幅提升的城市品位，也吸引了越来越多的人来平湖置业、定居、生活，平湖也因此充满了无限活力与机遇。

◇广东省地图

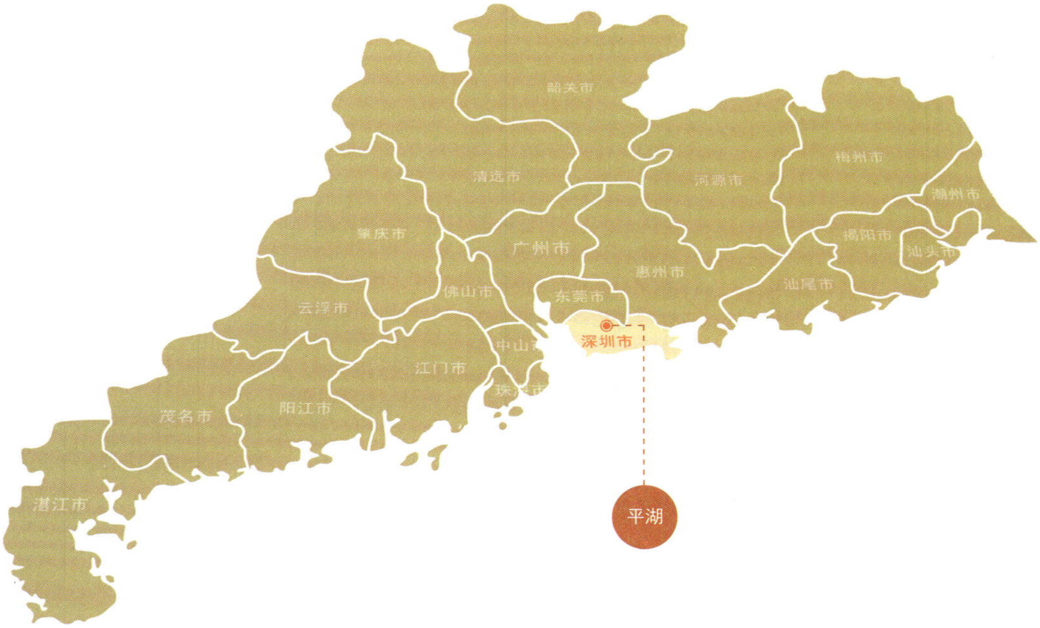
韶关市
清远市
河源市
梅州市
潮州市
肇庆市
广州市
惠州市
揭阳市
汕头市
佛山市
东莞市
汕尾市
云浮市
深圳市
江门市
茂名市
阳江市
湛江市
平湖

◇深圳市地图

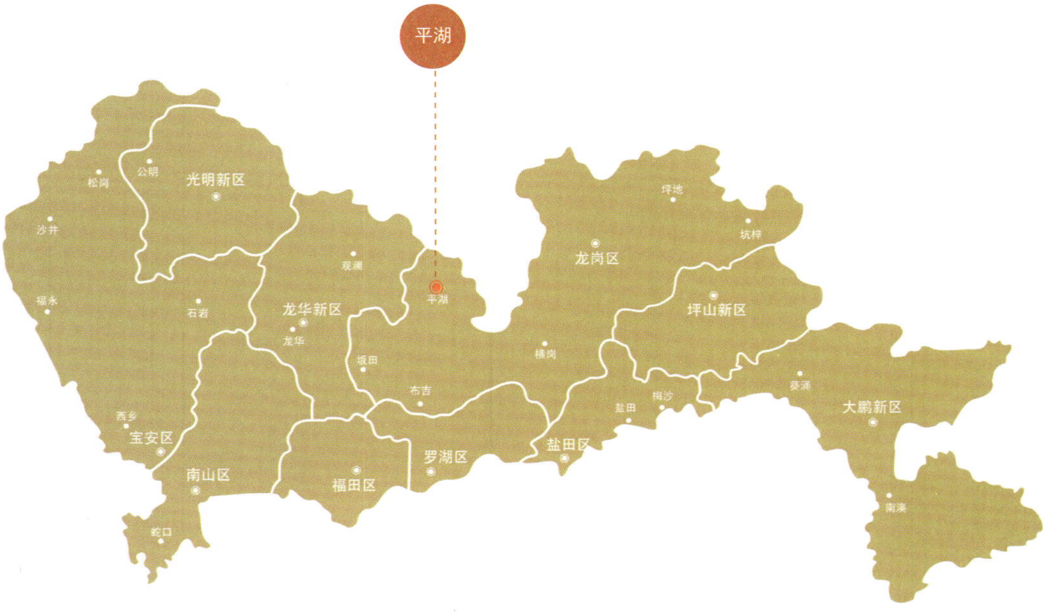
平湖
公明
松岗
光明新区
沙井
坪地
坑梓
龙岗区
观澜
平湖
福永
石岩
龙华新区
坪山新区
龙华
坂田
横岗
葵涌
布吉
大鹏新区
西乡
宝安区
盐田
梅沙
盐田区
罗湖区
南山区
福田区
南澳
蛇口

历史沿革

文/木犁

平湖建墟始于明嘉靖元年（1522年）。相传平湖的伍屋围村地形颇像一只螃蟹，大围村地形像一只蚌，松柏围村地形像一只虾，螃蟹、蚌、虾均是水生动物，必须有湖泊才能成活，人们遂将此地称为平湖。万历元年（1573年）拆（析）东莞县，置新安县，平湖所辖平湖围、白坭坑、良安田、辅城坳、新木及新南的一部分属新安，鹅公岭、山厦和新南的部分自然村属东莞。明崇祯十六年（1643年）的《新安县志》记载：其时新安县行政区划分为3乡7都57图509村，平湖辖属7都。清嘉庆二十四年（1819年），平湖归官富司管属。民国三年（1914年），新安县复称宝安县。民国二十一年（1932年），平湖归属宝安县第六区乡；民国二十二年（1933年），平湖属宝安县第四区乡；民国三十五年（1946年）6月，平湖归属宝安县第二区乡。中华人民共和国成立后，原辖属东莞的鹅公岭、山厦和新南的部分自然村划归宝安县管辖。1950年4月，平湖归属宝安县第三区乡；1953年7月划为宝安县第八区；1958年3月撤区并乡为平湖乡；1958年10月，平湖乡属红旗人民公社；1959年初，红旗人民公社改称为布吉人民公社；1961年7月从布吉分出平湖人民公社；1963年1月复并入布吉人民公社；1977年3月再次从布吉分出平湖人民公社，社址设在平湖墟；1983年7月改为平湖区公所；1986年10月撤区建镇，为平湖镇。1993年初，宝安县撤县建区，平湖镇属龙岗区管辖。2004年8月，深圳市全面撤销镇级建制，设立平湖街道。

◇ 1986 年 10 月，平湖镇人民政府挂牌（资料图片）

◇ 2004 年 8 月 26 日，平湖撤镇设街，这是平湖由农村迈向城市化的一个标志性起点（摄 / 陈景贤）

人口结构

文 / 吴莉君

平湖人口以汉族为主。

1982 年，平湖共有 1952 户 8578 人。随后的数年，平湖利用邻近港澳地区的优势，大量引进“三来一补”、三资企业，农民也采取合股、集资、入股等形式将闲散资金聚集起来办企业，经济的发展带来外来人口的快速增长，至 1994 年末，总人口达 10.15 万人，其中户籍人口 1.2 万人，仅占 11.8%。在户籍人口中：农业人口有 1 万人，占 82.8%；非农业人口 2018 人，占 17.2%。外来暂住人口共计 8.95 万人，占总人口的 88.2%，约是户籍人口的 7.4 倍，其中有男性 3.58 万人，女性 5.37 万人。外来人口多为青壮年劳动力，主要从事加工、建筑、种养等行业。

随着工业化、城市化进程的加速，平湖人口数量不断增长。2001 年 11 月全国进行第五次人口普查，平湖镇总人口达到 20.71 万人，其中户籍人口 1.62 万人，外来人口 19.1 万人。2004 年 8 月平湖整体城市化，由镇改街道。至 2013 年末，总人口已达 41.52 万人，其中户籍人口 2.59 万人，外来常住人口 36 万人，外来暂住流动人口 2.92 万人。在户籍人口中，男性为 1.36 万人，女性为 1.23 万人。外来人口总数约为户籍人口的 15 倍，其中 42% 的为未婚青年，且男性多于女性。

◇原村民新春团年宴（摄／刘艳梅）

◇外来建设者为平湖的发展做出了巨大贡献（摄／陈建平）

姓氏方言

文 / 吴河浪

平湖街道户籍人口的姓氏较为复杂，有刘、严、王、伍、陈、任、邬、黄、宋、何、叶、邝、蔡、曾、李、林、邱、邓、罗、江、梁等20多个，看起来眼花缭乱，但其中另有规律可循。走进平湖社区，“刘先生”“刘小姐”几乎可以招呼遍百分之九十以上的本地居民，因为“刘”乃平湖第一大姓，在新南、平湖、白坭坑、良安田等社区均可寻觅到刘姓人的踪迹。据刘氏族谱所记录的迁徙历史显示，刘姓祖先是最早迁到平湖的客家人，他们最早从河北保定刘地迁到河南偃师，后到江苏、江西。东汉末年，刘姓人沿水路南迁，宋元时期到达福建，再迁南雄珠玑巷，后又至东莞，最后来到平湖。

一般熟知平湖姓氏分布的人，基本可以根据姓氏判断出是否本地原住居民、大概居住位置。如王姓主要分布在辅城坳、新木、新南等社区，邬姓普遍集中于山厦、新南，叶姓多数以辅城坳、新木、新南、山厦为主，陈姓散落在新南、鹅公岭一带，林姓在新木、山厦较多，罗姓则以新南、白坭坑等社区为主。另外，江、李、曾姓基本在新木社区，严姓主要分布在山厦社区，何、黄、宋姓分布在鹅公岭社区，蔡、梁姓多在上木古社区，伍姓主要在新南社区……各种姓氏星罗棋布地散落在各个村社之间，在岁月的红尘和灶台的炊烟中交融出一派鸡犬相闻的和乐景象。

不仅如此，多种姓氏杂居的人群还在这里形成了一种统一且独特的方言——平湖话，让平湖成了全龙岗唯一一个以非客家话为主要方言的街道。除了上木古和新木社区讲客家话，平湖街道其余10个社区的本地居民基本都以“平湖话”为通用语言。

平湖话也称平湖围头话，属于粤方言区莞宝片区的一种次方言。由于夹在老宝安县与东莞市的交界处，这种特殊地理位置让平湖成为一个“方言岛”。而“岛屿”上的居民在各种语言激流的交汇和冲击下，在日常潜移默化的沟通和融合中，创造性地演变出了有着独特语言和词汇的平湖话。它不同于客家话，也有别于广州话，由16个声母（含1个零声母）、46个韵母和9个声调组成的音系让它听起来个性十足，独树一帜。也许是历史背景相似，它与东莞话、沙井话倒是有许多相似之处，其中在语音或者词汇语法习惯上与东莞话尤为接近。平湖话并非机械而古板，也许是世世代代口耳相传的结果，也许是受到平湖人挥洒自如生活习性的熏陶，其在语音语调上有着丰富的跳跃性，灵动自如，别具一格，哪怕相邻社区之间的发音也有着细微差别。

过去，围头话通行于深圳平湖、荷坳村、上沙村、下沙村等和东莞雁田以及香港新界部分地区，可谓“盛极一时”，现在不少六七十岁的平湖老人除了围头话再听不懂别的语言，便是

◇刘姓是平湖的大姓，在平湖开枝散叶至少已有600多年的历史。图为平湖大围刘氏宗祠（摄／陈建平）

明证。据老一辈人讲，平湖历史上曾流传过许多歌谣，无论红白事人们都喜欢通过回味悠长的歌谣抒发情感、寄托思念。如新娘出嫁前的忐忑不安，上花轿前的悲喜交加，亲人离世时的悲痛难当等，这些都离不开有着独特韵味的平湖话的演绎和传递。可以说，语言不仅是风土人情的见证、文化精髓的传承，更是弥足珍贵的时代剪影。平湖话伴随着一代又一代的当地百姓成长生活，早已深深地渗进了记忆中，融入了血脉里，成为了刻骨铭心的人生印迹。

然而，随着时代的变迁，平湖话出现了语音的差异以及用词用语的变化，尤其是普通话的普及和粤语的流行，让平湖话有了更为严重的年龄断层，40岁以下的平湖人对平湖话的兴趣日益减弱，而昔日动人的歌谣和平湖话中一些独有的名词更是在逐渐走向消亡。如何在资讯日益发达、信息日益膨胀的今天力挽狂澜，激活渐行渐远的平湖话原有的生命力，挽回珍贵的语言文化遗产，俨然是个任重而道远的课题。

今日平湖

文／吴莉君

今天的平湖，有机荷、水官、清平3条高速公路相接并设有5个出口，通过机荷高速可快速抵达深圳宝安国际机场，通过水官、清平高速可快速抵达罗湖、福田，另有丹平、东深、平龙、平新4条对外主干道，此外，地铁还规划有10、13、18号线，其中10号线已于2014年底动工建设，多维路网使平湖交通区位优势日益凸显。

今天的平湖，风景优美，北有罗山水库，南有甘坑水库和生态园，东有凤凰山国家矿山公园，青山绿水环绕，在经济建设和城区面貌日新月异的同时，平湖依然一派远离尘嚣的田园风光。

今天的平湖，更加注重文化事业发展。享誉全国的基层精神文明建设品牌——平湖巾帼志愿互助会不断发展进步，“扶贫济困、热心助学”的足迹遍布大江南北。摄影学会和书画协会不断壮大，丰富了平湖人民的文化精神生活。“中国好人”黄翔、“广东贤妻”谭华容、“登山勇士”刘永忠等一批先进典型涌现出来，平湖的文化品位和知名度日益彰显。

今天的平湖，初步形成了先进制造业、现代服务业、高端商贸物流业、战略新兴产业集聚发展的产业格局。辖区现有各类工业生产企业1859家，个体工商户14860户，上市公司15家。2014年工业总产值319.16亿元，社会消费品零售总额55.80亿元，固定资产完成总额74亿元，税收收入26.41亿元。下辖的12个社区（白坭坑、鹅公岭、平湖、新南、力昌、禾花、山厦、辅城坳、良安田、新木、上木古、凤凰）你追我赶，转型发展成果丰硕。

以麦克维尔、中南金刚石等企业为龙头的先进制造业强势崛起。深圳麦克维尔空调有限公司主要制造中央空调，属国家级高新技术企业、龙岗区十大纳税企业，2014年产值突破20亿元，纳税额14195.3万元。深圳市中南金刚石有限公司主要生产人造金刚石合成材料，年销售收入5亿元以上，2014年纳税2308.3万元。

金融产业服务基地规划面积224公顷，被深圳市列为13个重点发展区域之一，正着力打造“前海后陆拓展区”。目前，金融基地一期约112万平方米的土地整备工作已完成，街道积极配合市金融办开展金融基地综合发展规划的编制工作，探索推进金融基地二、三期“共建共享”土地整备新模式。基地现已建立市、区、街道三级联动招商机制，确定基地入驻企业的准入产业和准入标准，成功引入了招商银行总行后台基地、深圳特建发集团、深圳市三木通信技术有限公司等项目。

平湖充分发挥作为深圳市七大物流基地之一的优势，积极发展高端商贸物流业。深圳华南城成立于2002年12月，坐落于平湖物流基地园区，是集团总部所在地。项目占地面积 1 平

◇交通支撑产业，开放引进投资，实干助推发展。平湖既可视作百年中国的转型镜像，又是深圳改革开放的一个缩影（摄 / 陈建平）

方公里，总规划建筑面积约 260 万平方米，总投资超过 100 亿元人民币，属深圳市政府“重点物流项目”“绿色通道项目”，自 2003 年开始连续 12 年被列为“深圳市重大建设项目”。项目一期商铺建筑面积约 50 万平方米，二期商务中心建筑面积 170 万平方米。目前正在进行的第三期建设，其中华南发展中心及集团总部大厦两座写字楼已于 2012 年底投入使用，3 号、4 号交易广场规划经营建材家具、汽车超市、Shopping Mall 等。4 号馆成功引入好百年国际家居建材博览中心，是迄今深圳最大的家居主题购物中心。5 号交易广场——华利嘉电子市场主要经营电子产业集群配件及制成品，已于 2013 年 4 月开业运营。海吉星物流园项目投资 20 亿元，是国内规模最大的“绿色交易”物流枢纽中心，年交易量约 600 万吨，交易额约 300 亿元。

以新木盛低碳产业园和鹅公岭新兴产业园为代表的战略新兴（高新技术）产业初现雏形。新木盛低碳产业园被认定为深圳市“特色工业园”和龙岗区“创新产业园”。目前进驻园内的企业有 20 余家，年产值达 22 亿元，年利税近亿元。2014 年平湖街道招商引资质量明显提升，全年引进 23 个超千万元的重大优质项目，总投资额超过 50 亿元。其中入驻的国家“火炬计划”重点高新技术企业聚飞光电公司总部，2014 年就纳税 5461.78 万元。

贰

岁月沧桑

家园是岁月的礼物，土地是生存的和弦。比起万里华夏疆土，平湖辖区是微小的，但它却是平湖人心灵的归宿，寄寓着深沉的乡情。数百年迁徙繁衍、拓荒垦殖、筚路蓝缕、光前裕后，这片土地被九万将军、蓝氏夫人的传说建构，由七个世纪络绎而至的平湖先祖建设，而古村、古祠、古墟、古树的风姿，则提供了历史变迁无法摧蚀的见证。平湖人又从家乡出发，去香港、南洋、澳洲、美国，创业归来，或捐建校舍医院，或筑就栋栋碉楼，情之所牵，根之所系，足以抚慰昔日的劳顿，佐证时代的光荣。

第一节 古村记

（摄／陈建平）

大围古村：外境皆吾境　他乡即故乡

文 / 唐毅

大围古村，位于平湖街道平湖社区，建村于明朝中前期，至今 600 余年。

有人说，早期的平湖有 3 个村——伍屋围村、大围村、松柏围村，巧的是，这 3 个村的形状都极像动物：伍屋围村的地形非常像一只螃蟹，大围村极像一只蚌，而松柏围村像一只虾！村民认为，螃蟹、蚌、虾都是水生动物，必须有湖泊才能成活，而当时这一带地区的地势较为平坦，既无江河，也无湖泊，水资源较为贫乏，出于对水的渴望，人们就将此地称为“平湖”。

在平湖大围村的背后，有一座海拔 200 余米的山峦，山上树木葱郁，山涧溪水长流，山势既挺拔迭高又秀丽平缓，且此山形态酷似展翅欲飞的凤凰，故被方圆百里乡民称为“凤凰山”。

古村中，最为宏伟的建筑算是刘氏祠堂了。据说，与平湖大围村建立时间一样，刘氏宗祠亦于那时建立，距今已有 600 多年。随着刘氏家族的发展壮大，刘氏后人在平湖已建立了多个村落，同时建有 3 个刘氏宗祠。但 3 个祠堂年久失修，于是平湖刘氏宗亲决定集资重修宗祠，并将 3 个刘氏宗祠合而为一。2004 年，重修后的刘氏宗祠落成，如今平湖刘氏宗祠已成为联系海内外刘氏族人的纽带。

刘氏宗祠是一座气势非凡的典型明清时代广府风格的建筑。青砖琉璃瓦、雕花栏杆，让人一见难忘；门前两侧是直径近尺的麻石立柱，配上厚重的大门，显得十分庄严；大门两侧是“德培兰桂，馨荐苹蘩”的对联，上写“德馨堂”。

厅内，横梁和墙上雕梁画栋，栩栩如生的壁画描绘了刘氏人家古朴的家风和家族名人的动人故事。在一面白墙上，书写着《广传公教子诗》：“骏马骑行各出疆，任从随地立纲常。年深外境皆吾境，日久他乡即故乡。早晚勿忘亲命语，晨昏需顾祖炉香。苍天佑我卯金氏，二七男儿共炽昌。”

刘氏宗祠为三进三开间二天井之砖瓦木结构，建筑面积为 200 多平方米，有前殿、左右厢、前廊、中殿、后廊、后殿等，功能齐全，布局严谨。一块遗留下来的半截古牌匾，上写有“……慈云施惠泽”的字样，颇显古朴之风。

祠堂后殿的供桌上端放着刘氏祖先的牌位和供品香火，供桌上的香炉还青烟缭绕。平湖刘姓村民至今保留着每年正月初一舞刘氏纸龙到祠堂拜祖和每月的农历初一、十五到祠堂敬香的习俗，虔诚的居民络绎不绝，祠堂烟气缭绕。这里是平湖刘氏族人的根，刘氏族人不论走得多远，都会回到这里寻根问祖。

在大围古村里穿行，逼仄的巷道、斑驳的墙面、精致却老旧的木雕花，以及种植的各类瓜

◇大围古村的古井仍可取水（摄 / 陈建平）

果蔬菜，让沧桑的大围村显得富有生气。

辗转其间，两栋高大厚实的建筑颇让人称奇，那便是当时的旧厅、新厅，即象瑶祖祠和象日祖祠。不过，对于眼前的这座建筑，已经很少人能够透彻地讲出它的故事。另一处，一个圆柱形的建筑物矗立着，一侧的水管流出水来，那是大围村的水塔，为生活储水之用。

刘氏祠堂附近，有一口古井，古井又称“八卦井”，缘于其用于保护古井的围栏呈八卦形。古井井口一半被铁栅栏锁上，可从另一半取水。正午时分，一名男租客正用桶从深井中取水冲凉，一名女子则用井水浣洗衣物。阳光下，古井水波轻荡，映出上空的云彩，更显幽深。

（本文发表于《南方日报》2009 年 10 月 14 日，有删改）

松柏围古村：诗书传家远　九代不扶犁

文 / 陈建平

松柏围的历史，写在房廊纵横、气势壮观的青砖镬耳式山墙上，写在“藜映堂”工艺精美、图案吉祥生动的雕梁画栋上，写在汩流不息、至今仍可汲水自用的水井上，写在村西那棵挺立百年、雷打不倒的红棉古树上，还写在几条布局合理、错落有致的石板小巷上。

人才辈出的“藏龙卧虎”之地

站在高处俯瞰松柏围古村，只见一栋栋有着镬耳形封火山墙的青砖大瓦房，气度非凡而又严整有序地排列开来，房屋的建筑结构、造型、高矮大致统一，中间是窄窄的石板小巷，整个古村呈广府地区典型的梳式布局。在夕阳斜照下，松柏围古宅的脊檩、山墙、正吻和黛瓦光影明暗相间，线条柔和优美，显得格外宁静、祥和。

松柏围位于深圳市龙岗区平湖街道平湖社区，距今已有五六百年的历史，村民全部姓刘。相传平湖刘氏宗族乃汉高祖刘邦的后裔，宋朝末年由江苏彭城南迁，经福建、江西至南雄珠玑巷，后迁至东莞莞城，再迁至宝安丹竹头，最后至平湖开基。刘氏祖先来平湖后先建大围村，最多时居住有近 500 户人家，后刘氏宗族人口持续繁衍，大围发展空间受限，又在旁边的松柏围以及不远处的新祠堂围立村，形成了平湖社区基本的自然村落。再之后，平湖街道范围内的新南、白坭坑、良安田等社区也有不少刘氏后人生活居住。

松柏围古村背靠深圳平湖与东莞凤岗的界山凤凰山（又称“龙山”），凤凰山海拔 206 米，山上树木葱郁，山涧溪水长流，山势挺拔起伏、和缓秀丽，地势西北高东南低，山丘高度多在 60—180 米之间。因其山形态酷似展翅欲飞的凤凰，故被方圆百里的乡民称为“凤凰山”，寄托着对美好幸福生活的向往。

历史上，平湖就有“左青龙，右白虎”之说。左青龙是指村东面的龙吟庵，每逢炎夏季节，到庵内乘凉的村民只要侧耳贴在龙吟庵的青石板上，便能隐隐约约听见一声声低沉的吟响，那是清泉自凤凰山麓潜行到庵底，再注入龙吟石井，犹如青龙在地下隐身长吟。右白虎是指西侧的白虎头村，当年平湖一带地势平坦，远远望去，那座小村就像一只威猛高大的老虎卧在那里，所以人们都说平湖大围、松柏围村是“藏龙卧虎”之地。

山川灵气，孕育文武豪雄。在平湖这块土地上，刘氏族人筚路蓝缕、世代耕读，数百年来开拓经营，终于站稳了脚跟，繁衍了后代。平湖刘氏宗族曾涌现了许多才俊贤人，他们或刻苦

攻读，考取功名，以德才济世扬名于一时；或行走江湖，营商作贾，积累下可观的财富；或效力社稷，投身革命，为民族独立解放事业建立功勋。他们中的杰出代表，就有清朝末年最后一代拔贡生、平湖乡间教育的开拓者刘紫东，武举人刘秀清及武秀才刘毅香、刘翔云，纪劬劳学校校长和平湖中学副校长、原宝安县侨联主席刘仲德，香港华商总会主席、爱国实业家、慈善家刘铸伯，在香港还有打拼多年、经商颇有建树、爱国爱乡的刘长佑、刘子元、刘德普，在欧洲有荷中友好协会会长、海牙商会会长的刘伟林，还有大革命时期的中共宝安县委第二任书记刘伯刚，以及大革命时期参加革命的共产党员刘曼之、刘彭林等 10 余人，抗战时期参加东江纵队和中共地下组织的刘宝英三姐妹、刘敏、刘仁、刘坚、刘华胜、刘连科等。

深圳地区清代广府建筑的范本

过去松柏围村的地形像一只海里的龙虾，而附近的大围村的地形像一只巨蚌，但它们周围没有一点水，村民们认为，蚌、虾都是水生动物，必须有湖泊才能成活，而当时这一带地区的地势较为平坦，一无江河，二无湖泊，地表水资源较为贫乏，出于对水的渴望，人们就将此地称为“平湖”。这就是平湖名称的来历。

松柏围古村数十栋 120 余间清代建筑的结构布局基本都是三间两廊式样，天井两侧是行廊及厨房，正房三间，中间厅堂由一个木屏风分隔为厅堂和卧房，卧房上面为阁楼，放置杂物，屏风前设有神龛供祭祖先。最醒目的标志是栋栋房子顶部的镬耳式封火山墙，山墙立面的窗户开得很小，以达到防火防盗的功能。墙头中央高两边低，两边的双耳象征着古代官帽的两耳，从前只有官宦之家才有资格采用这样的建筑形式。随着时代变迁，清末民初一些显族大户和商人也逐渐建造这样的大屋。松柏围的这些镬耳式山墙青砖瓦房，非一般百姓家庭财力所能承担，这也从一个侧面验证了平湖民间关于松柏围后人“九代不扶犁”的说法。

当时几条深巷将古村分为几片，而且通常每条深巷一端堵死，另一端修有门楼，遇到外敌

◇松柏围古村的“功名房”，其封火墙形如同古代的官帽（摄 / 陈建平）

入侵，可将门楼上木闸落下，村子便成为一个坚固的防守体系。刘氏先人选择此地立村建房的智慧，在今天看来仍值得敬佩。

村名源于古老神秘的传说

在松柏围古村转了一圈，却不见村头村尾植有松树、柏树。既然如此，其村名如何得来？

据平湖刘氏家族老一辈所讲，在很久很久以前，村前原先并排长着 3 棵浓荫密布的大树，高约六七丈，非四人不能合抱，浓荫密布，遮盖了半条小村和水塘，形状似松非松，似柏非柏，因而称之“松柏”，古围由此得名。

然而有一天晚上，雷电交加，大雨倾盆，忽然天地间一声霹雳巨响，三棵松柏中间的那棵被大风卷起，腾空而去，最后飞到东莞夹水口的地方落地生根了。至今那里也流传着与平湖地区相同的传说。

老人们还说，最奇怪的地方，就是它的种子落在地上，几乎都能发芽生长，可是每当长到一尺多高的时候就自己枯萎了。曾经有不少人用瓦盘栽种起来，结果同样不能成活。

因此特性，又引出另一段神话：前清晚年，政治腐败，社会动荡，到处盗匪横行，其中有一股为数甚多的盗匪游勇，浩浩荡荡地路过平湖，本想在当地驻扎，刮些民财，然而就在他们准备安营扎寨之时，突然发现两个身高数丈、头戴金盔、身披铠甲、手执钢刀的将军在村前左右分立着，怒目而视。这帮盗贼见状，惊惧之下逃得无影无踪。

人们传说，这两位将军就是“松柏”的化身。因为如此高大神武的将军，凡间何处可寻？

再后来，松柏就只剩下一棵了，高高矗立在村的南大门（平湖人称“门厦”）右侧前约二丈多处、南有“大塘”、西有“塘仔”的一片碧波之上。枝丫已被裁截，仅留三丈多高的躯干，整棵松柏用灰沙批荡密封，用于防盗和防腐。树围须四人才能合抱，建有底座，约离地面四尺许，呈六角形，平湖人称之为墩。此时的松柏远看形似一座雄伟的圆塔，村中人称之为“松柏头”。

◇松柏围花厅，有8大间16小间（摄/陈建平）

仅存的树身还留存着一股异香。每逢村中的小孩患上麻痘等症，大人都拿上一小块，点着了火，用烟熏上一会儿，再用灰烬涂上创口，很快就能治愈。多少年来，村里的人都把它当作医治麻痘的圣药。

其实根据后来的考证，松柏围古村的“松柏”大概属于北方的桧树，因为机缘巧合，被带到地处岭南的平湖栽种，终因南方的气候湿热而没能世代成活下去。

后来，松柏围曾有一段时间名为“新松村”，这村名可能与新祠堂村有关联。

在时光流转中留存原乡记忆

如今的松柏围古村，只有外来人员在此租住，本地人全部住进了现代化高档物业小区——凤凰新村。沧海桑田，风雨侵蚀，古村的建筑和环境已显出几分残旧与逼仄，但几十栋镬耳式“官房”的一砖一瓦，花厅仍未褪色的木雕石雕，却在诉说着这里曾经不同寻常的过往。也许不久的将来，松柏围古村也难逃被拆除旧改的命运，但对平湖刘氏后人来说，那里有着永难抹去的原乡记忆，有着代代讲述的宗族荣光。时光纵然流转，最美的屋檐终究在故乡。

山厦村：历尽沧桑　落地生根

文／李建国

相传三百多年前的一天，山厦这片土地上突然来了一群人。在那多灾多难的年代，哀鸿遍野，流民如麻，很难确定他们是谁，既不能根据他们身上那些蒙着薄薄尘土的衣服，也不能根据他们手中显得分量很轻的包裹来确定他们的身份。

也许，他们是落难的王孙贵族，也许只是逃难的百姓平民。在难以形容的灾难驱逐下，这些幸存的人们历经千辛万苦，穿过广阔无垠的原野，涉过一道道河流，越过一座座山川，来到了这里。

长途无休止的跋涉已经弄得他们心力交瘁，他们再也走不动了。他们疲惫不堪的身体不由自主地停止了前进，于是便相商着在此扎下了根。

中国自殷商以来，政治、经济中心一直在黄河中下游的中原地区和长江中下游平原，但正是因为其地理位置和政治位置的重要，企图得天下者莫不在此拼命厮杀，故而产生战乱，因战乱又导致百姓流离失所，四处逃亡。

这种状况一而再，再而三地发生，至唐宋年间越演越烈。伟大的诗人李白曾用两句诗来形容他所看到的当时的中原："三川北虏乱如麻，四海南奔似永嘉！"是说当时社会大乱，很像晋永嘉年间那样百姓夺命南奔的情景。

及至宋末直到清初，在金兵、蒙古兵、清兵的轮番践踏下，无数百姓一步一惊心，一步一回头地离开故园，向南走，再向南走。

人们相传，山厦人的祖先是中原人，先是从江西越五岭在南雄珠玑巷落脚，后继续南下，来到这里扎下根。据说建村之时在清朝康熙年间。

在新中国成立之前，山厦村原属东莞县塘厦区管辖，新中国建立后，才改由宝安县管辖。

山厦村和平湖地区其他村落的情况不大相同，是个多姓氏的村庄，200多户人家当中主要姓严、叶、邬、罗、冼、江、林、翟以及张、骆、沈等，不像其他村以单姓为主，宗族分明。

但是，山厦村历来非常团结，从上到下都是一条心，村领导与领导、领导与群众、群众与群众之间几乎没有发生过纠纷，而且全村的风气都很正，令行禁止，效率很高。因此，山厦的自然条件虽然相对来说比较差，但发展的程度在整个平湖地区尚属中上水平。

◇山厦新村（摄／陈建平）

红朱岭古村：教育为基　人才辈出

文 / 刘任武

太祖立村

红朱岭坐落在平湖人行天桥（原引水工程平湖天河）东侧，如今新南小学就建在我们村的土地上。老辈们说，我们的开基太祖刘晓阳字鹤轩，原是平湖刘氏老祖（象日祖）之曾孙，跃云公之长子，生于清乾隆癸巳年十一月廿七日，终于道光年庚寅年四月廿一日，享年五十八岁。

太祖出身贫苦，终日不得一饱，行年不惑，都以砍柴度日。一日夕阳西下，归途路上见一鸭群尾随，欲将之逐回，几次逐之不散，不得已暂留家中保管。次日出门到处访查失主，一月半有余不见有人前来认领，只得将之煮粥天天在街市售卖，所得小钱，交太祖婆保管。太祖婆克勤克俭，家中渐有积蓄，生活有所改善，以后生意有所发展，从此生活逐渐富有起来。

太祖自念出身贫苦，有了好日子就不能忘记过去，故给乡人时加体恤和资助。为了子孙后代着想，他决定建立一个规模宏大的新型村庄。村庄设计完善，村的四周屋与屋相连，有四个门楼出入，村前一条长形的包墙，墙前是一眼鱼塘围绕，可防盗贼。村后植有一片茂密的荔枝，叶茂果丰。

建成书室

太祖很重视办教育，立村不久便在村中间建起一间书室，叫鹤轩书室，后来成为红朱岭学校。这时已是清嘉庆年间，鹤轩书室是平湖最早创立的旧私塾。到了清光绪年间，子孙刘翔云考中武秀才，刘佐辰以及刘庭彦也考上了文秀才。太祖在鹤轩书室内还设立了武馆，让子弟习文又习武，强壮身体。武馆门前放着两块红粉石墩，每个两百多斤，门前是一块空坪，翔云公气力很大，每天早晨起来，双手各执一个石墩，在空坪地上来回奔走数遍。武馆内还放有一柄两百斤重的关刀，还有弓箭、刀、枪、剑、棒等供子弟们练武。

到了国共合作的 1925 年，族中精英刘德恒考上了广州黄埔军校，毕业后被派往广东连山县政府任县长，红朱岭乃至平湖地区，从此出现了第一个县官。同时，村中骄子刘铎鸿在国外留学获得学位回来后，广九铁路正通车，他被委任为平湖火车站第一任站长。鹤轩书室后来扩建成为红朱岭学校，校后面有一个宽大的操场，周围绿树成荫，鸟语花香，成为继纪劬劳学校之后平湖第二大学校。

投身革命

抗日战争爆发后，红朱岭刘氏家族中许多有志青少年，踊跃参加共产党领导的抗日队伍，先后就有十四位投身抗日事业，其中，有刘宝英、刘茜芬、刘燮芬、刘卓礼一家四姐弟，刘映霞、刘敬尚、刘焯华、刘坤秀、刘坚、刘连科、刘何带娇、刘仁、刘力、刘琼秀等。他们在艰苦的战争年代里舍生忘死，或随东边纵部队行军打仗，或从事党的地下情报工作，为国家独立、民族解放做出了巨大贡献。建国以后，他们继续在各地、各条战线上从事社会主义建设和改革开放事业，多有建树。

在抗日战争期间，红朱岭学校更成为平湖地区连接广九铁路路东路西游击区的地下情报站和交通站，共产党员刘曼之、刘宝英先后以教师身份做掩护从事党的地下工作，宣传党的主张，发动组织进步学生开展抗日救亡活动。解放战争期间，红朱岭是平湖地区坚强的红色堡垒，共产党领导的武工队和民主政权都曾以红朱岭为根据地开展活动。

教育硕果

当年太祖重视办教育，如今已经结出了丰盛的果实。民国初年，考入名牌大学的，有上海东吴大学毕业的刘国枢，广州中山大学毕业的刘子元、刘松瑞、刘颂轼等。新中国成立以来，考入高等院校的共有 38 人，其中刘德良拥有硕士学位，其他拥有学士学位的更多。重视教育，使后代子孙有了更好的发展，不少人还走上了教书育人之路，其中，有 31 人成为了为国家培育人才的人民教师。笔者家中祖孙三代便有 6 人从事教师职业，可谓“教师世家”。

感慨万千

可惜的是，那座数百年的老校（鹤轩书室），也是族人的祖祠、红朱岭学校、有着文物价值的武馆，最终遭遇了浩劫，文化大革命后期被拆掉了……

如今的红朱岭老屋村，随着改革开放、经济发展和生活的改善，村中的叔伯父老、兄弟姊妹都已经搬出，住进了自己的新居。腾出来的这些老屋，都出租给了外地来的打工者。随着时间的流逝，经过了百年风风雨雨沧桑岁月的老屋村，已破旧不堪，而等待着它的，将是征收拆迁了……

◇现今的红朱岭老围偏安于闹市一隅，沧桑而宁静（摄 / 陈建平）

述昌围古村：大度宽容　刘氏辉照

文 / 李建国

在如今的平湖人民医院附近，有一座古老的小村庄叫述昌围。村民姓刘，是平湖通族之祖刘本刚之四子刘武弼的后代，明英宗年间从松柏围迁过来的。由于当时匪患猖獗，它也和平湖大多数的围村差不多，四周垒着又高又厚的围墙（现已不存），但又和别的那些围村不大一样，它围墙外还有一条弯弯的小河，小河那清澈的河水环绕着围墙静静地流淌，更为小村增加了一道天然的屏障。

整个小村只有一个出入口，并且在这个出入口还屹立着一座古老而坚固的门楼。门楼高两层，外墙是用糯米、糖浆拌着红土层层夯成，不要说一般的毛贼无法撼它分毫，就是大股匪帮的土炮都奈何不了它。炮弹轰上去，最多掉下一点片片渣渣，照样不晃不摇，更不会土崩瓦解。门楼的二层是用杉木结构搭建而成，在上面还错落布置了一些瞭望和射击的孔眼，那扇又厚又重的木门，正正地朝着南面敞开，有专人司职打更，闭启大门。

小村的整体布局坐北朝南，村中有一棵枝繁叶茂的大榕树，生长在那里已经多少年无人能够说清，在小村没有建立之前，这古榕就长在那里了。

1870年炎夏的一个上午，后来香港历史上赫赫有名的政界人物、企业家、教育家和慈善家，也是当时新安县（后来的宝安县，今天的深圳市）著名爱国侨领刘铸伯诞生在述昌围。

他的母亲伍氏，是平湖伍屋围人，出嫁到东莞县的大坪村，那条村的大姓是叶，但她的夫婿姓何则未曾考究。伍氏新婚不久，便喜孕刘铸伯，但横祸飞来，丈夫未曾享受当父亲的天伦之乐，就意外身亡，留下年轻的妻子和她肚里的孩子。

丧事办过之后，伍氏家中已经一贫如洗，而且年轻守寡，又有身孕，生活自然十分艰难。夫家翁婆亲属以及大坪村的一些村民还认为她是晦气之人，克死夫婿，明里背里对她窃窃议论甚至指桑骂槐，令她羞辱难当。不久，她忍辱负重地离开大坪村，回到自己的娘家平湖伍屋围。按照千年的封建传统和当时伍屋围的乡规习俗，出嫁女怀孕之后再回娘家便是不好，更何况伍氏的丈夫意外身亡，现在带着遗腹子回来，村民们当然很不高兴。伍氏的父母虽然心疼女儿，却也不得不向封建的乡规俗例低头，仅让女儿在家中小住数日，便想方设法地把她安顿到附近的述昌围。述昌围的乡亲很大度地接纳了她，让她终于有了一个比较平静的容身之所。

在述昌围，伍氏生下了刘铸伯。她特意请来村中最有学问的老先生为自己的孩子起名“鹤龄”，取长命百岁之意，后来老先生还为小鹤龄取了“铸伯”的称谓。为报答述昌围的收留之恩，伍氏让儿子跟述昌围的刘姓，让他做述昌围的儿子。

在慈母的悉心培育和述昌围乡亲的关照下，刘铸伯度过了自己的童年。1876年，刘铸伯已经7岁，到了受教育的最好年纪，为了孩子的前途和学业，伍氏做了一个令当时许多人瞠目结舌的决定：带上孩子，离乡背井，到香港去谋生，供孩子好好读书。

伍氏带着孩子到了香港，靠帮人洗衣服来维持家计，后又经人介绍进到港督府做杂工，用辛劳所得供子读书。

刘铸伯没有辜负母亲的期望，经过许多曲折和辛勤努力，在友人的帮助下，以优异的成绩毕业于英国牛津大学。由于他熟读英国法律，加上乐于行善，深得人心，刘铸伯终于成为香港政坛和商界著名的领袖之一，先后三次担任香港华商总会主席，并在教育和慈善事业方面颇有建树。据说香港中华总商会至今仍挂有他的油画像。

然而，他身上流淌的是平湖人的血，对家乡的眷念令他充分利用自己的影响为家乡做了不少好事。相传原本广九铁路的轨道要从平湖大围新祠堂的正中切过，结果遭遇村民强烈抵制，双方僵持不下，是经过他的调解，英国人才做出了一些让步，避过了多座村庄，从现在的线路铺设成功。

旧圩村：四方集贸　平湖枢纽

文 / 刘添福

旧圩村坐落在土名井头坳小山丘（井头坳位置即现在正在修建的平安大道人行天桥处）的西北面，距离火车站（即现在的平湖圩）约一公里左右。旧圩村原是平湖早期的集贸圩市，据前辈说建于清朝乾隆年间，至今已有 200 余年，鼎盛时期开有粮油、烟酒、布匹、杂货、裁缝、手工作坊等商铺 20 余间，其中还开设有烟馆、妓馆，每逢农历三、六、九日为圩日。附近平湖村、鹅公岭、良安田、白泥坑、新围仔、下木古、上木古、辅城坳、山厦等自然村的村民都纷纷前往购物和出售农副产品，也就是我们俗说的趁圩。旧圩是当时的集贸圩市，而不是村。旧圩以烧金猪和石硖龙眼著名，逢年过节，连居住在香港上水、大埔的居民都纷纷前来购买。每逢石硖龙眼收摘季节，村民都将摘下的龙眼肩挑到香港上水、大埔等地出售，销路甚佳。民国初广九铁路开通后，乡绅刘铸伯在火车站附近新建学校、医院和商铺，在旧圩开铺经营的商贾纷纷搬离，旧圩也就渐渐衰落，留下的居民也只好转行，以务农为生计。但至解放初期仍有裁缝铺的后裔刘连开、牛医馆的后裔刘彝祥、小贩的后裔牛伯（刘浩存）留守在原铺继续经营，其中牛伯制作的凉粉香甜、爽滑，是当时村民解热消暑的最佳食品，远近闻名，直至人民公社成立时他们才结束营业。

曾有两位国民党十九路军抗日战士（姓名待查）在本村居住，花名一位叫“矮保”，另一位叫“矮民”，都是无儿无女孤身一人，据说是十九路军军长蔡廷锴的同乡，罗定人，参加过淞沪抗战上海吴淞口战斗。当时村民无知，称他俩是散兵游勇，这两人在“文革”中遭到迫害去世。

在距离旧圩集市东面（约 500 米）有一口水井，井宽直径约三尺，深丈余，是新祠堂支系二十八世祖运图公立村时所掘，至今已有 130 年历史。水井虽小，但该井常年泉涌不断，水漫井面，井水清澈见底。一遭旱患，附近村民都纷纷前来取水饮用，大家都叫其井仔，互相转告，久而久之，当地就被叫成了井仔村。该井也是平湖三大名井之一，其余两井，一井叫石井头，是松柏围官宦家族取水饮用之井；另一井叫黄陂井，据说是居住在土名叫游蛇庵堂的尼姑所掘，井水清透甘甜，连在平湖圩经商的商贾都叫伙计前往取水饮用，可惜至今仅存石井头一井。

1962 年前后，在家务农的大部分青壮年都纷纷去港谋生。由于各自然村的劳动力分布不平衡，劳力不足，大队部只好将井仔、茶源坑两条自然村并入旧圩村，就形成现在的旧圩村。改革开放初期，广州铁路局因建设货运站需要，旧圩的商铺随之被征用拆除，旧圩也随之彻底消失。现在货运站建办公楼和职工住宅楼的位置就是旧圩旧址。这就是旧圩百年沧桑的记述。

◇旧圩古井（摄/陈建平）

◇旧圩龙眼树，有二三百年历史（摄/陈建平）

平湖墟：繁盛旧梦几时温

文／陈建平

从平湖街道办事处大院往西不过二三百米，穿过正在修建的平安大道筑路机械的轰鸣声，一小片砖墙瓦房不合时宜地竖立在冬日的暖阳下，在周边已经拆除房屋的空地间显得突兀而落寞。这几条靠近火车站的老街，曾经是深圳北最大的小商品集散地，老一辈平湖人称之为平湖新墟（或平湖墟），以区别于明清时期就已建立的位于新南井头坳的平湖旧墟。

商号传奇："顺成号"变身月饼大牌

作为一家食品行业的知名企业，时至今天，荣华集团在香港拥有超过50家门店，在内地深圳、广州、东莞等地也有几十家门店。而鲜为人知的是，香港荣华竟然与平湖、与平湖墟有着不一般的渊源。

在民国时期，宝安县有三大名墟：沙井、观澜、平湖。平湖虽然无江河水系之利，又地处僻壤（北与东莞凤岗、塘厦相接，东与当时归属惠阳的龙岗、横岗相邻），但由于平湖籍香港巨绅刘铸伯先生的爱乡之情，说服港英当局让广九铁路在平湖设站，平湖拥有了通达广州、东莞、深圳、香港的大动脉，方便了货物流通与人员往来，加上具有超前眼光和现代视野的刘铸伯规划建设的平湖新墟镇起点颇高，工业、商业、教育、卫生、交通设施功能齐全，平湖墟跻身于宝安三大名墟之列便不足为奇了。

在平湖新墟建成20多年后的1938年，平湖水门村的刘照南在正大街（现今的平湖老街）开了一间商铺，卖一些南北杂货，因同质化经营利润较薄，头脑活络的他后来专门做起了酱料：酱油、腐乳、豆瓣酱、辣酱、豆酱……由于选料细、用料精、功夫到位，刘照南做的酱料出了名，平湖乃至周边的商贩和大小酒楼都来采购。随着生意越做越旺，刘照南在平湖墟建起了顺成楼。后来刘照南将酱料铺开到了香港大埔，发展为名噪一时的南方酱园。而他的儿子刘培龄与朋友也在香港开起荣华酒楼，制作出大名鼎鼎的"荣华月饼"，又创办了荣华食品厂。他们不断发展自己的门店，港岛、元朗都有，荣华月饼成为当时首屈一指的品牌。1992年，刘培龄在平湖买了地皮，开办了顺南食品（深圳）有限公司，专门生产莲蓉、豆沙、水果馅料、糖浆及果膏等十几种馅料。如今的顺南公司，连续多年被行业权威机构评为"中国最具影响力的十大馅料企业"。

对于平湖墟，在香港长大、现已成为顺南食品公司掌门人的刘立中印象不深。但听长辈说

◇街巷俨然，马路宽敞，刘铸伯百年前规划的平湖墟今天仍在造福乡梓。图为述昌街（摄 / 陈建平）

过，那时顺成楼有一个大大的晒场，祖父刘照南专门用来晒黄豆等做酱料的原料。而小时候在南方酱园帮大人干活时偷吃话梅、饼食、糕点的情景，成了刘立中有趣的童年回忆。

从最早的“顺成号”到现在的顺南食品公司，70多年来，从平湖墟起步，到香港拓展，再回到平湖办厂，刘照南、刘培龄、刘立中子孙三代成就了中国传统食品制造业的一个美好传奇。有着平湖印记的荣华月饼，寄托了太多的乡思、乡愁和乡情。

墟市浮华：镌刻一个世纪的集贸记忆

1915年前后，刘铸伯规划建设平湖新墟时，延请了香港著名的设计师来平湖测量规划，依托平湖火车站建造了织布厂等新型民族工业，纪劬劳学校、念妇贤医院等文卫设施，还以超前视野建设了几条呈“田”字形布局的商业大街——上大街、下大街、正大街、守真街、昌平街、述昌街，马路宽敞可通汽车，一时引领风尚，开创了民国初期宝安地区新型城镇化的新篇。

得广九铁路之利，平湖一时成了惠东宝地区小商品的繁荣集散地，惠阳运来的木材和竹木制品，东莞产的农副产品，广州批发的百货和食品，香港买回的洋烟、洋火、洋布、洋伞、洋面……摆满了各家商号店铺的货架。而平湖及周边地区出产的沙梨、柿子、蔗糖等，也被大生、昆记、公源等商号销往深圳、香港、广州等地。每逢农历三、六、九的墟日，远至龙华、甘坑、樟坑径、李朗、横岗、雁田等地，近则平湖、木古、白坭坑、歧岭、力元吓、山厦等村，商人农夫纷至沓来，平湖墟内最旺的正大街（现平湖老街）人头攒动，交易十分活跃。雷公井的刘祯祥在守真街与昌平街交会处办起了一间机械化的粮食加工厂，结束了平湖人用人工磨谷、舂米的历史。

兵争之地：见证风起云涌的烽火岁月

然而，商旅的熙攘与战火的侵扰却如影相随。由于地理位置的重要，在战争年代，位于广九铁路沿线、连接深莞要冲的平湖墟成为兵家必争之地，兵祸匪患频仍，日军的马蹄碾过了平湖墟的几条大街，伪警的铁丝网围住了益民公司碉楼，国民党军队的弹药库安在了鲤鱼岭（现铁路职工宿舍附近），东纵飞鹰队和刘坚武工队的机枪地雷几次在此发出响声，商贾繁华之地遭遇一重重烽火洗礼。

1938年10月12日，7万多日寇在大亚湾登陆，华南沦陷。平湖是广九铁路线的重要站点，日军藤本末夫中佐的大队部和两个中队迅速占领了平湖火车站，平湖墟内的纪劬劳学校、念妇贤医院和益民公司成了日军营房，织布厂成了马房，商店被占作军用仓库，日军还在上大街开设了慰安所，铁蹄下的平湖墟一派萧杀。

民族危亡之时，平湖热血青年奋起抗日，刘宝英回乡组建党的地下情报站，刘华胜小小年纪就深入平湖墟敌伪人员中获取情报，刘连科成了活跃的交通员，刘曼之、刘坚加入了地下党并领导游击队。他们利用熟悉家乡情况的优势，为东纵破袭日寇广九运输线、滋扰藤本据点、歼灭伪警中队发挥了重要作用。而当年担任东纵三中队短枪队队长的山厦籍青年冼麟，参加了1944 年 2 月 15 日凤凰山全歼日军一个班和 7 月 21 日攻打驻平湖墟伪警中队的战斗，由他先行侦察获得的情报，对战斗胜利起了关键作用。

而今的平湖墟就像一位历经岁月磨损、见惯忧患风霜的老人，褪去了外表的光华，却多了几分内在的淡定。

第二节 传说录

（摄/周尤）

蓝氏夫人：引风施雨保山厦

文 / 山厦社区

蓝氏夫人是山厦的新抱仔（媳妇），也是村里的掌（放）牛妹，以放牛为生。一日，突有一片乌云在螺岭上空聚而不散，一阵狂风将她卷上天。传说村中有人目睹她骑着一头水牛直上云霄。后来盛传她得道升仙，且能引风施雨，专为山厦人排忧解难。

山厦地处丘陵山地，周边无河流湖泊，一遇旱年就颗粒无收，因此昂天求雨就成了山厦人祈求苍天的夙愿。一首民谣在山厦传唱："人仔晒成铁拐李，鸡仔晒成鸡肉丝；万丈龙潭都晒涸，畈头黄鳝晒成干。"一次，全村村民顶着如火烈日，心急如焚地聚集在螺岭山岗，恳求蓝氏夫人向玉帝禀告下场滂沱大雨。虔诚的山民燃烛供香，顶礼膜拜，连续丢了三个胜杯，一场滂沱大雨倾泻而下。常年靠天吃饭的山厦人，无疑得到天降福音、神赐恩惠。此后每逢大旱，村民便聚集螺岭向蓝氏夫人求雨除灾。

蓝氏夫人的典故虽是一个美丽的传说，但对求水若渴的山厦人来说，救济众生的蓝氏夫人就是村民心中的神明。山厦人祖祖辈辈视蓝氏夫人为心中的神，如同妈祖、观音菩萨一样灵验。山厦虽姓氏各异，但蓝氏夫人就是山厦人共同的信仰和象征。传说中蓝氏夫人在山厦不仅能带来雨水，消病除灾，还能驱瘟除疫，保佑百姓平安无事。

蓝氏夫人碑上有一段文载："当日，通乡即安葬汝南蓝氏夫人，于此山中部。历年准期中秋日宰猪屠牛，通乡举行秋祭之典。纪念遗爱，永志不忘。"碑文证实蓝氏夫人确有其人，祖籍为河南汝南县。山厦每年秋祭大典由此而来。

九万将军：镇守海防抗倭寇

整理／刘旦华

九万将军，平湖刘氏，康熙年间人。其身长九尺，膀大腰粗，力大无比，相貌堂堂，英武威猛。相传他使用的兵器是一柄方耙，重达60余斤，据传平湖大围刘扳住屋的二梁是九万将军的方耙柄。

九万将军自小习武，行伍出身，不但练就一身好耙法，还十八般武艺样样精通。在其18岁那年到省城考武举人，刀、枪、剑、戟均名列第一。在自选的特长项目中，他接过两位随从抬来的长达丈二、重达60余斤的大方耙往天空一抛，便舞将起来，风声呼呼，直舞得耙影滚滚，真是水泼不进，刀枪不入，只见耙影不见人，把考官看得傻了眼。忽然，在最后收耙时，由于用力过猛，竟不慎失手，方耙脱手而落，九万将军随即大吼一声“着！”飞起一脚将即将着地的方耙踢起三尺多高，趁势一个鹞子翻身，将耙接过夹在腋下，双手一拱，正欲收耙结束，主考官好像看出破绽，大喝一声：“为何失手！”九万将军不慌不忙，气定神闲，拱手一拜曰：“此乃学生独创之耙法，名‘魁星踢斗’是也，请多加指教！”谁也没有想到，一个失手竟成了一个独门绝招。主考官感到万分震惊，当即给九万将军打了满分。就这样，九万将军在考试中一举中魁，正所谓魁星踢斗，独占鳌头也。

之后，由于九万将军武艺高强，并多次为民除害（一次在家乡平湖击毙飞贼“飞天都”，一次剿灭广州“千年藤精”等），朝廷委派其长期镇守海疆，抗击来犯的倭寇和海盗，有力地保护了海疆的安宁。

在驻守盐田及沙头角海防期间，九万将军部队多次与倭寇和海盗相遇，并发生了多次战斗，有一次甚至与数倍于己的倭寇战到只剩一兵一卒，最终取得胜利。由于其在镇守海疆中英勇善战，多次立功，得到清廷下旨重赏，功授“明威将军”。

九万将军逝世后，与夫人合葬盐田；后被迁回故乡平湖马岭山畔；再后来，当地因响应政府迁坟运动，与象牙老祖宗一起，迁其于大草埔。据村中老人说：“九万将军之骸骨特长，金塔不能容，后人用大糖缸殓而祭之。”

九万将军的墓碑犹在，但经岁月风雨侵蚀，部分文字已难以辨认了。墓碑之碑文如下：

“公同宜人曾合葬盐田六十余载矣，□□不振□□玄孙□□赞圣恩日贞□等寤寐不忘，投见此地龙昂水聚，局逆砂朱乃真回龙顾祖之吉壤也，故祀公与宜人□□□合葬，订作申□□坤向之源。皇清功授明威将军高祖‘考九万刘公、妣陈氏宜人’之墓，乾隆戊戌年仲冬月彀旦重修。”

游老爷：代儿异地做城隍

整理 / 刘旦华

清末岁贡生游老爷，松柏围人，盛夏的一天中午，饭后在书房看书，大院外荔枝树上的知了把他唱得昏昏欲睡。蒙眬中，忽然，儿子紫东匆匆走进书房，转身指着紧跟着的两个人对游老爷说：“阿爹！他们要我跟他走。”迷迷糊糊中，游老爷看见紧跟他儿子后面的两人竟然是牛头和马面。他大吃一惊，马上走上前，用身体护住儿子，挡住牛头和马面，问他俩为什么要自己的儿子跟他们走，牛头说：“老爷，我俩奉阎君之旨，恭请紫东少爷到惠州城隍庙登城隍之位。”游老爷一听大惊失色。心想自己的这个儿子刚成年，而且正在准备考取功名，怎能就这样去而无返。老爷用手拉住儿子，轻轻地抚摸着儿子的头对儿子说：“我儿太小，还是给爹去吧！”接着，对两位不速之客说：“有烦两位大人禀告阎王爷，老身随后就到。”两人不肯，争执间，忽然，牛头大吼一声举叉直刺游老爷，老爷一惊醒来，原来是南柯一梦。

三天后，游老爷无疾而终。在游老爷逝世的第三天，家里看家十多年的一条大黄狗也不见了踪影。

三个月后，游老爷的管家福伯到惠州办事，路过城隍庙前，忽然一条大黄狗从庙旁跳出来，对着他汪汪大叫，摇头摆尾，还扑上来用舌头舔他的脸，仔细一看，正是不见了三个月的大黄狗。福伯感到奇怪，就跟着大黄狗进了城隍庙，一进庙门大黄狗就不见了，只见庙堂正中上方高悬着“正直无私”四个被香火熏得油光贼亮的大字，神台上城隍高坐，城隍竟与游老爷生得一模一样，诸神面目狰狞排列两旁。庙中香火鼎盛，拜城隍求签的人络绎不绝。

直至一百多年后的今天，村中的老人们都在传诵这个百年的传说。

（根据20世纪80年代刘松龄讲述）

第三节 风物考

（摄／陈俊超）

东林古寺和谭公庙宇：人杰地灵千古迹

文 / 山厦社区

东林古寺是平湖一带享有盛名的古刹，初建于明朝。昔日古寺坐落于山厦村东面水龙陂旁，此地风水合一，香火鼎盛。古寺刻有三副对联，大门麻石碑上刻着“东林古寺”四个大字并附一副对联，上联为“庙宇巍峨人杰地灵千古迹”，下联为“神恩浩荡民安物阜万家亲”；厅门刻着“座上莲花沾得西湖三月景，萍踪杨柳分来南海一枝春”；寺内神楼两侧刻着“长引金城开国路，高悬宝伐渡迷津”。这几副对联为山厦村古老的文化历史增添了深远的影响。新中国成立后（20 世纪 50 年代初）古寺被拆，其木料、石料皆用于修建朱头皮水库和山厦大饭堂。

西湖塘有个叫王欢的，有一天他在地穴里看到一副对联，于是出告示叫村民捐钱，告示写明地穴下面显神灵，此神就叫谭公爷。他很快筹集到一大笔捐款，最终筹建了一层三间房。墙内挂满木质和铁质的卦匾。人们纷纷去那里求标，其标文是著名的千字文：“天地玄黄　宇宙洪荒　日月盈昃　辰宿列张……”村民中标就打个匾，抬上金猪作为标礼。相传谭公庙求标很灵验，多年来山厦谭公庙香火鼎盛，卦匾无数。

乐善好施的山厦人，除蓝氏夫人、东林古寺、谭公爷庙以外，还有大皇爷、文武庙（即关爷厅）、土地爷、天后宫。山厦乡规，每三年就打一次醮，共拜七位神仙。全村聚集搭台唱戏三天三夜，在文武庙竖起一座十米高的神像，叫鬼王公，此神监管众鬼神。村民和周边亲戚围坐一起吃斋饭，吃菜头（萝卜）煮油豆腐，打完醮还做各式粉果派发给众人，热闹非凡。

启明门：启发木乡千载盛

文 / 张帆

有着 300 多年历史的上木古社区是平湖街道唯一的客家人聚居的社区。紧邻社区工作站的一条极具传统特色的客家排房诉说着这段历史，而位于围屋前高高矗立着的门楼——启明门，世世代代守护着善良的上木古人。“明朝古室万年兴，启发木乡千载盛”，建于明朝时期的启明门上的这副对联如今虽然风侵雨蚀不见了踪影，但是那一段历史却永远铭记在上木古人的心中。

百年门楼守护村民

上木古因多山多木而得名。老围屋是具有传统特色的客家围屋，原有祖屋 80 间，建筑面积 2480 平方米。300 多年前，蔡、张、梁、李、林、曾、谢七大姓族人迁来老围屋定居，逐步形成排房，位于围屋前的启明门是当时客家排房的一个重要出入口。

围屋整体用黄泥樽成 4 米高，为楼房式前后直通形。正对“启明门”有一条主巷，横排 4 条横巷。启明门建于明朝初中期，属排房大门楼，由当时居住在排房内的居民兴建，在 70 年前由于风水问题做了一次门向调整，现大门向右侧偏，不正向大路。

为了防盗等安全起见，当时居住在此的人们建了这个门楼，人们进出围屋只能经此门楼。本来门楼上面是有“启明门”字样的，但是“文革”期间被毁坏了。日军以前还来过围屋，那时候把家家户户的东西都给砸烂了。

老围屋历经百年风雨，现已残破不堪。其中，作为排房主要出入口的启明门屋面瓦件破损严重，长期遭受雨水冲击和白蚁侵蚀，使得桁条糟朽严重，进而导致屋脊断裂，屋面整体下沉。为使社区的文化遗产能够妥善留存，上木古社区投入 12 万元聘请专业工程队，于 2014 年对其进行了原貌修复加固。

上木古出过一位叫蔡马生的烈士，是木古村第一个共产党员，曾担任木古村抗日自卫队队长。他在 1941 年参加东江游击队，1944 年在平湖被日寇捕捉杀害。如今每年清明节，人们都会到蔡马生烈士墓祭奠。

客家聚居落地生根

当年，蔡、张、梁、李、林、曾、谢七大姓族人迁移来到木古村，利用“靠山吃山”的发展观念，主要种植山茶、柿子、沙梨、荔枝等。开始人们居住在老围屋，由于山多耕地少，居民依山而居；随着人口不断增加，村民逐步定居至园径和岭根吓，形成三个小自然村。

围屋原有 80 间，以前大家全部聚居在这里。但随着人们生活水平逐步提高，经济逐步发展，很多村民把老围屋拆了，改建成了一幢幢的楼房。如今，围屋只剩 30 多间，或出租或闲置。但凡客家习俗，上木古村不同程度上仍得以沿袭，例如客家山歌，喜庆节日或庆典吃大盆菜、烧炮仗，中秋节放孔明灯，闲暇时自制糯米糍粑、咸香汤圆、萝卜饭等。富有客家文化特色的上木古社区客家凉帽舞，经过重新整理编排后大放异彩，继 2012 年度参加深圳市群众文艺作品评选荣获优秀奖之后，在 2013 年平湖街道“一社区一文化品牌”展演活动中再获优秀奖。

近几年来，上木古经济不断发展，1998 年至 2000 年三个老屋村大部分居民迁移至现新河住宅区和岭根吓住宅区居住。但是社区非常重视对老围屋的管理，定期维护、清理。因此，上木古社区老屋村的居住环境相对较好，居民对治安、卫生、防火安全等工作比较满意。

（本文发表于《深圳侨报》2012 年 7 月 25 日，有删改）

◇上木古老围屋启明门（摄 / 陈建平）

刘氏总祠：佑护代代有文人

文 / 刘旦华

以前，居住在平湖地区的刘氏族人各房都有自己的小祠堂，但是却没有整个平湖地区的刘氏总祠。因此，族人决定，请风水先生择一吉地兴建总祠。风水先生托着罗盘，在马岭南面山脚下的一个高坡上指指点点，说这是一块大吉大利、旺财旺丁吉地，最适宜建宗祠；还说宗祠要建三进，但必须先建前二进，然后再在南面小河上的一座孔桥处建一座七级“文笔”（文昌塔）。如此这般，文昌星君可保刘家代代有文人，科举出功名。最后，风水先生还说要等到文笔“开花”，再续建祠堂的第三进。

祠堂的前二进建好后，族人又建一座七级的文笔。等了三年，文笔没有“开花”，人们只好听从风水先生指点，把祖先的牌位安放在第二进，等待文笔“开花”，建好第三进后再将祖先牌位升座。但等了几十年仍不见文笔“开花”，于是就有了 20 世纪流传在平湖这块土地上的歌谣：“荷坳好屋，雁田好谷，平湖祠堂冇后碌”。意思是指：横岗荷坳村的房屋较宽大、质量好，东莞雁田村的稻谷收成好、产量高，而平湖的刘氏祠堂（总祠）却少了最后的一进（后面的一截）。

后来，听说某年夏天的一个雷雨交加的晚上，一个霹雳把河边的文笔炸掉了上半截，文笔果然“开了花”。但此时的世界已变，平湖人或许正在破除迷信，或许习惯了这几十年来的二进祠堂，因而并没有按风水先生的指点，再建第三进。到土改时，祠堂里的老祖宗让了位，分给了居住环境差的贫苦农民居住。从此，平湖刘氏总祠成为民居。

20 世纪初，香港平湖刘敦义堂发起修建平湖刘氏总祠，募集善款 100 多万元人民币，把平湖大围一间破旧的老祠堂进行修葺，将其改为平湖地区的刘氏总祠，这就是今天“平湖八景”之一的平湖大围的核心古建筑景点。

伍氏宗祠：古屋拂尘换新颜

文 / 沈荣　黄海英　张燕婷

伍屋围，原名伍屋围平湖。这座有着 500 多年历史的古村坐落在平湖街道凤凰社区内。历经岁月沧桑后，古村落早已被一座座楼房所取代，但伍氏宗祠却一直延续着，并保存了当年风貌。

随着原住居民脚步的外移，平日里，宗祠略显冷清，但穿上“新衣”后的宗祠里香火从来未曾断过，也不曾孤单。在它旁边，一棵几乎与宗祠同年“出生”的鸡蛋花古树已陪伴伍氏宗祠走过了 500 多个春秋。每年农历九月初十，四面八方的伍氏后人都会相聚在此，祭祖、话家常、谈天说地。在他们心中，无法割舍的是那份血脉情缘，还有一根看不见的族谱脉络将他们紧紧连在一起。

500 多年宗祠历经沧桑换新颜

从外表上看，伍氏宗祠面积不大，是典型的明清建筑。来到祠堂前，首先看到的是大门两侧挂着的对联，写着“祥开伍屋，胄衍平湖”，意为让伍氏子孙延生万代于平湖，上面写着“伍氏宗祠”。

由祠门而入，步入祠堂，中门一横匾“垂裕堂”映入眼帘，左边的墙上刻有功献乡民的名字。步入内堂，子胥像英姿飒爽，两旁有“祖德功宗开享百世，左书右穆而揭千秋”，意为伍氏子孙来到平湖后世代繁衍，并教导后代子孙好好做人。墙两旁挂有牌匾“宗枝繁荣”及“伍屋系出楚郡，播迁吴齐湘闽，绵瓞羊城，南粤繁枝延茎沙堤沿脉我族万世其兴”。

在宗祠里，有许多造型逼真、线条优美、栩栩如生的木雕，做工精细，且题材广泛，有梅竹雀鸟、鱼蟹丰收、蝶恋花、孔雀图等。这些精湛的雕刻点缀在古祠的梁架、屋檐、壁面、瓦脊上，虽已卸下昔日风华，但仍诉说着日渐深厚的积淀。随处可见的青砖乌瓦，凹凸不平的灰墙，也仿佛向世人述说着一段段沧桑。

500 多年前，伍氏族人从广州增城新塘迁至平湖凤凰山下定居（当时称伍社），修建了伍氏宗祠。虽历经多次修缮，但宗祠至今依然是生活在这片土地上的伍姓人的精神家园。

以前，伍氏族人都有重阳节祭祖的传统。每到重阳节，伍氏族人都聚集到伍氏宗祠内，舞狮、打功夫、舞麒麟、拜祖。当时，伍氏宗祠还是孩子们读书的学堂，平时村里的集体活动也在这里举行。“文革”时期，宗祠遭到破坏，宗祠内的物品被洗劫一空，往日的小学堂早已不复存在。今天，曾经的小学堂已变了模样，里面堆满了粮食、农具和建筑材料，显得有些杂乱。

◇伍氏宗祠（摄 / 陈建平）

随着经济的发展，伍氏族人大多将脚步迈出平湖，祠堂也愈发冷清。由于长期缺乏管理，祠堂的墙壁慢慢裂开，杂草也倔强地探出头来。2005 年，平湖街道、原新南社区以及当地伍氏后代等共同出资 20 多万元，按照原貌重修了伍氏宗祠。2007 年 1 月 27 日上午，宗祠外鞭鼓齐鸣，宗祠外的空地上也大摆筵席，散落在全国的伍氏族人来了个大团圆，共同庆祝宗祠重兴。

如今，重阳节祭祖的习俗日渐简化为居民聚会。重阳节当天，伍氏族人会早早来到伍氏宗祠上香祭拜，晚上还会聚餐。不论姓什么，都可以来参加，好不热闹。

伍氏族谱厚达 4 厘米共 471 页

伍氏族源于姬姓，源于西北高原（现在的陕西省），始于伍参，显于楚四世，繁盛于后梁、北宋、南宋朝。相传平湖村伍氏家族系春秋末期吴国政治思想家、谋略指挥家、军事家伍子胥的后人。500 多年前，伍氏始祖兆凤从增城新塘沙贝（现今群星村）迁至平湖凤凰社区定居，立围为伍屋，又名平湖。立围之初建有凼围城，城内面积有一百余亩。

家必有谱，族必有祠，族谱和宗祠是维系宗族成员间的“纽带”，也是“根”之所在。

“文革”期间，族谱被定义为“旧封建社会的产物”，谁要保存它就要囚禁入狱。已经过世的伍柏彝是伍氏的第十四代裔孙，他不得不将保存的中华伍氏族谱焚烧掉，但因族谱记载资料极多，每天也只敢烧一部分，不敢烧太多，生怕被外人发现藏有族谱，焚烧族谱足足长达一个多星期。好在烧毁族谱的同时，伍柏彝就把分传族谱悄悄地抄写下来，这才保存了部分资料。

2005 年，伍氏第十五代裔孙伍富容琢磨着要给自家人写个族谱。说干就干，通过一年的大量调查、实地走访，在结合了伍柏彝所保存资料的基础上，精心整理出了一本名为《中华伍氏族系分史传》的伍氏族谱，足足有 4 厘米厚，471 页的内容都由他一笔一画手写出来，最终印有 90 多份，分发给了伍氏宗亲。

（本文发表于《深圳晚报》2013 年 2 月 28 日，有删改）

鸡蛋花古树：相守祠堂五百年

文 / 伍寿鹏　沈荣

在新南伍氏宗祠的东北角，生长着一棵鸡蛋花古树。古树树干约有两人合抱粗，高 4 米多，“沟壑”满布，树冠生长茂盛。

这棵鸡蛋花树与众不同，它比普通鸡蛋花树高大十多倍，足足占据了半个篮球场大的地方。它有着老虎纹般的树皮，利剑般的树叶。它的花瓣外边是奶白色的，内呈蛋黄色。最为奇特的是，这棵鸡蛋花树不但枝叶茂盛，而且一年四季都开花，并不停地吐露鸡蛋的香味。

曾经有一段时间，村民总喜欢把掉下来的鸡蛋花捡起来。他们不是进行“黛玉葬花”，而是把捡起来的鸡蛋花拿回家用清水洗干净，把它晒干，作为“传家宝”。因为以前村里的人得了小病很少到外面去看病，一有头痛发热，拿几朵晒干的鸡蛋花冲茶喝，病就会奇迹般地好起来。有人甚至称这棵鸡蛋花树为“神仙树”。

文化大革命时，“造反派”想对这棵古树下毒手，说什么这棵树也属于“四旧”，要来一个斩树除根。老村长知道后，组织全村村民，筑起人墙，誓死保护这棵古树。终于，“造反派”知难而退，这棵鸡蛋花树才免于一劫。

20 世纪 70 年代的一场特大台风，把这棵鸡蛋花树连根拔起。此时，老村长又动员几十个村民把鸡蛋花树扶起来。为了使鸡蛋花树保持足够的水分，村民把鸡蛋花树的树枝末端锯掉，并重新打了一个大穴，加入了肥料，用水调和，再把鸡蛋花树栽植起来。不知道是村民虔诚的心感动了上帝，抑或村民的栽培技术过关，这样高龄的鸡蛋花树竟奇迹般生长起来。

如今，是谁栽种的这棵树已无从考证，但它顽强的生命力恰如伍姓人奋发图强、积极进取的写照，成为伍姓人的骄傲。

原产于美洲的鸡蛋花树在南方现已随处可见，在深圳各大公园、花园也是“常客”，但有 500 年历史的鸡蛋花古树在深圳乃至广东全省都属罕见。这棵鸡蛋花树经多方专家确认后，实施了全面的保护措施。2006 年，这棵古树被龙岗区绿化委列入古树保护名录。

◇伍氏宗祠旁的鸡蛋花树有 500 多年的历史，已列入龙岗区“名木古树保护名录”（摄 / 陈建平）

古村木棉：百年老树也催耕

文/陈建平

在平湖社区大围古村与松柏围村之间的一处坡地上，矗立着一棵树龄数百年的木棉树。它粗壮的树干拔地擎天，春天到了，仍显萧瑟的枯枝上未见新叶，但红艳的花朵却开满枝头，像烈焰、似红霞，在蓝天碧空的映衬下分外夺目，观之豪情顿生，胸膛仿佛有一团火在燃烧。

木棉在岭南地区十分常见，因其树形伟岸挺拔，花朵灿烂似火，又称英雄树。除了情感上的象征与寄托外，木棉的用途其实很广。它的花蕊是很好的织物材料，古书记载："木棉树高二三丈，切类桐木，二三月花既谢，芯为绵。彼人织之为毯，洁白如雪，温暖无比。"而木棉的木质松软，可制作包装箱板、火柴梗、木舟、桶盆等，还是造纸的原料。还有，晒干了的木棉花有药用价值，能解毒清热、驱寒去湿，煮粥或煲汤均可。

平湖松柏围村花厅西边的这棵木棉树，高约15米，树干基部瘤刺如石，而形极硕壮，站在树下要两三个成年人手拉手才能合抱拢来。树基因经年风蚀虫咬，部分被蛀空，灌注了水泥进行保护。这棵木棉树已有七八百年历史，大围立村前已经存在。由于植于高处，即便远观，木棉树亦清晰可见。它既是平湖大围、松柏围古村的地理标志，也是平湖全乡春耕春种的消息树。平湖闻人刘仲德（曾任宝安县侨联主席、平湖中学副校长）曾作国画《木棉春晓图》，题字曰："我村有木棉一株，高逾数丈，百余年前物也。每逢春耕大忙时节，花开遍树，光艳如火，映及全乡，起到催耕作用。"画作与题款文字极为形象地表达了木棉树的另一功能——催促村民春耕生产。这正合了广东一句民谚：木棉花开，冬天已过。意思是温暖的春天到了，该干农活了。

"饱阅沧桑消劫烬，缅怀缔造接前贤。"岁月荏苒，沧桑巨变，平湖已快速实现了农业工业化、农村城市化，工业园区、高档住宅已替代了昔日的农田，木棉花开，不再催耕。但是，平湖古村的木棉，以其刚劲遒健的风骨，火红向上的风貌，孕育着代代英豪，仍无愧"英雄树"之美名。平湖刘氏族人人才辈出，除涌现出香港华商总会主席、爱国实业家、慈善家刘铸伯，爱国爱乡的港胞刘长佑、刘子元、刘德普等贤达人士外，仅参加革命者就有数十人，其中著名的人物有：中共宝安县委第二任书记刘伯刚，大革命时期从事革命活动的共产党员刘曼之、刘彭林、刘仲德、刘鉴荣，抗战时期参加东江纵队和中共地下组织的刘茜芬、刘燮芬、刘宝英三姐妹和刘敏、刘仁、刘坚、刘华胜、刘连科等。这些革命前辈的碧血丹心永载史册，也使家乡的英雄花更加红艳。

◇平湖古村的这棵木棉已逾百年，2003 年遭台风袭击有五分之三的树枝树干被折断（摄 / 陈建平）

刘敦义堂：旅港乡亲会寓情

文 / 陈建平

香港旺角荔枝角道 186 号，是一幢毫不起眼的 10 层楼房。沿楼梯上到五楼，白灰斑驳的墙上挂着一块红底黄字的牌子，上书五个大字："平湖同乡会"。

进得门来，面积不大的空间摆设有序，十分整洁。只见临街靠窗的房间摆着两张桌子、几张布椅子和三四张木质长椅，进门厅房也放有几张皮沙发，墙上挂着"刘敦义堂"的牌位和当年刘敦义堂会所筹购委员会所立的碑记，上面记载着购买会所的发起缘由、捐款乡贤名录等。

从"船馆"到"敦义堂"

对于今天的人来说，"船馆"这个词颇为陌生。20 世纪二三十年代，平湖一些乡亲前往香港打工，多是从事船员、搬运工、建筑工人等苦力活。由于都是临时短工，时做时歇，收入不稳定，而且都是风餐露宿，没有固定的住所。做外轮船员收入高些，但是水船一去经年或数月，回到香港后又不知何时再上船出航，回乡居住又因当时通信和交通所困容易失去工作机会，故船员一般都是去"船馆"栖息，解决临时居住的问题。

"船馆"就是一帮船员联合起来，大家凑钱租房，供在港的船员放船时居住以及初来找工作时的乡亲居住。最初是在香港轩尼诗道租下一个单间，往来的除了平湖刘氏宗亲外，还有荷坳、深圳、宝安等地的乡亲。

到了 20 世纪 50 年代，到香港找工作的平湖刘氏乡亲越来越多，住宿成了大问题。此时，平湖籍香港实业家、慈善家刘铸伯之子刘德辅、刘昆辅兄弟和刘长佑（在香港从事建筑业、百货业，平湖新南大草埔人，曾任宝安同乡会会长，平湖第一届侨联主席）出资支持，租下了庙街 61 号二楼一个单位作为平湖同乡的憩息之所，取名为"刘敦义堂"。刘德辅当年在香港名望很高，平湖乡亲在香港有什么事，他打一个电话就搞掂。

敦义堂成立后，除了每人固定交五元住宿费外，其余经费都是依靠同乡的捐献，日常的小费用也会从打牌赌博抽水中来。可能"敦义堂"的名称看上去像是什么社团组织，被港英警察盯上，有时来抓赌，把参赌的、没赌的统统抓走，并且抬桌的抬桌，扛椅子的扛椅子，连人带物一齐抓到差馆问讯。这时，只要告诉刘德辅，他一个电话过去，差馆就会即时放人，还用警车将家具送回敦义堂。为了避免不必要的麻烦，刘德辅就派人将家族的全家福照片挂在敦义堂大厅中，从此港英警察再也没来抓赌抓人。

◇悬挂在刘敦义堂大厅正中的刘铸伯之子刘德辅、刘昆辅及家族后人合影（资料图片）

讲家乡话，做家乡菜，玩家乡牌，同住的都是家乡人，虽远离家乡，但似乎又没有离开家乡。刘敦义堂既为旅港的平湖同乡解决了临时住所，同时也成为了平湖老乡的一个精神驿站。生活虽清苦，打工虽艰难，回到敦义堂，冲完一个凉，喝上一口热茶，吃上一桌不算丰盛但却可口的饭菜，有乡情陪伴，倒也其乐融融，疲累顿消。

永久会址同乡深情

进入20世纪60年代，香港承接欧美产业转移，塑料、针织、服装、玩具等轻工制造业和电子业迅速发展，就业机会增多，找工作比较容易，加上60年代初期广东出现大规模的逃港潮，从平湖过香港的乡亲倍增。平湖同乡到香港找工等工时的落脚之处就是敦义堂，但人多面积小，住宿仍很困难。

当时的规矩是留食不留宿。平湖亲戚乡友来港，招待一餐饭不是什么问题，但是安排住宿一晚就困难了。因为当时香港的房租好贵，一层50多平方米的单位动辄百多二百元，普通打工仔一个月收入一百多元，很难负担得起。当时一间不足5平方米的板间房每月租金都超过60元，还要铺保熟人介绍才可以承租，而且规矩繁多，“有孩莫问，非眷莫问”，是招租传单上最常见的一句话。

眼见来港的平湖乡亲越来越多，而住宿难题无法缓解，1969年，平湖旅港乡贤刘子元、刘成桂、刘伯寿、刘则明、刘润珠、刘裕彭、刘联芳、刘德修等发起购买新会所的筹款行动，得到刘镇国、刘长佑、刘巨龄、刘培龄、刘聚荣、刘聚贵等人的大力支持，在香港的其他平湖同乡和海外侨亲积极响应，数月间就筹集到了一笔资金。当时同乡会用 2.5 万元港币，购买了旺角荔枝角道 186 号 5 楼 70 多平方米的一个单位，作为平湖来港乡亲的“会寓”和同乡会的永久会址。1970 年，旅港平湖刘敦义堂同乡会以有限公司形式正式注册成立。从此，荔枝角道 186 号刘敦义堂便成为了平湖刘氏宗亲探访会友、找工投宿的场所。住宿免费，自愿拿出一点小钱用于买菜也行，每天人来人往、热闹异常，有四五个人挤一张床的，有睡椅子沙发的，有打地铺的，每天晚上都住有三四十人。到每年春节，这里又成了平湖同乡欢聚一堂、敦睦乡谊的地方，每年都会举办一场春节联欢敬老酒会。此地此刻，让平湖的旅港乡亲暂时忘记了乡愁。

文化大革命期间，香港与内地像被一堵厚厚的高墙隔着，往来书信少了，更不用说探亲访友了。受极左思潮的影响，内地一些人将回乡探亲的香港同胞称为“白皮猪”，甚至被冠以“港英特务”的帽子，带回去的物品也被视为毒品。故乡平湖虽近在咫尺，但已回不去了。

港胞支援家乡建设

80 年代平湖用上自来水，香港同胞出了一份力。70 年代末 80 年代初，刘仲德（时任宝安县侨联主席）几次来到香港走访旅港乡亲，向大家介绍家乡的发展情况，介绍内地的改革开放政策，希望香港同胞回家乡看看，参加家乡投资建设，并且希望能够捐钱捐物，支持平湖发展教育等民生事业。

一开始大家抱有疑惑心态，但见来者是平湖人人皆知和景仰的平湖中学首任副校长刘仲德，又很快释然。他那让人备受尊敬的慈祥目光，点燃了旅港平湖同胞久被压抑的乡情。

刘敦义堂同乡会立马召开理事会，根据家乡所需的轻重缓急，列出了捐助项目的清单，重点帮助家乡兴办教育和解决自来水供水工程的器材。刘长佑先生率先向家乡捐助了两部汽车。当第一批教学设备和水管送回家乡时，很多人都热泪盈眶。香港同胞有钱出钱，有力出力，帮助建设家乡的热情高涨。据不完全统计，各种捐款、捐物折合人民币 1500 多万元。从那时起，随着中国改革开放大幕的开启，回乡投资办厂的香港同胞络绎不绝。1997 年香港回归，香港与内地、香港与平湖已成为了不可分离的命运共同体。

在荔枝角道刘敦义堂不远处的街口，矗立着香港著名的雷生春楼。那是九龙巴士创办人之一雷亮拥有的一幢四层唐楼，现被香港浸会大学用作中医药研究机构，并向游客免费开放参观，成为香港政府对历史建筑进行保育活化的典范。正如雷生春楼保留了香港这座城市可贵的历史文化记忆一样，刘敦义堂也成了平湖籍香港同胞永恒而又温暖的精神家园。

也许，当年到刘敦义堂投宿和找工的平湖乡亲有些去了东南亚、南美等更远的远方，当年的青壮年也已进入垂暮之年，但在他们的心中，一定保留着对于初到香港那段岁月永难抹去的追忆。因为刘敦义堂既是他们人生启航的码头，更是承载乡情的地方。

平湖碉楼群：历史风烟守文脉

文 / 陈建平

作为改革开放的先发展地区，30 多年来平湖街道的城区面貌有了惊世巨变，原住民早已告别祖居的低矮瓦屋，搬进了规划整齐的独栋别墅或统建楼房。然而，在闹市之外的窄街陋巷，或者是尚未旧改的古村、老屋村，仍时不时可见一些墙面斑驳、风韵独具的碉楼。据龙岗区文物管理办公室的普查统计，平湖全街道共有碉楼 14 座，其中 6 座为炮楼院，8 座为坐落在古村落中的碉楼。它们散落于新南、平湖、山厦、鹅公岭、新木、上木古、良安田等社区，如同一棵棵根深叶茂的大树，任凭风雨吹打，以顽强挺拔的身姿，上百年来忠实守望着平湖的天空和脚下的土地。岁月流变，喧嚣远去，碉楼却在物是人非中见证草木枯荣、万物生长。

既保留传统，又吸收西方外来文化的影响，平湖碉楼虽数量不多，且建造年代较晚，但却具有鲜明的地域特点和建筑形制风格，在深圳地区的碉楼中独领风骚。

石巷碉楼：中西合璧　韵味悠长

平湖社区石巷碉（炮）楼属于山墙、栏墙混合式形制，在龙岗区较为少见。对深圳东北地区碉楼建筑做过深入调查的龙岗区文物管理办公室主任杨荣昌，曾于 2008 年 2 月至 2009 年 8 月带队对平湖、布吉、横岗、龙岗等 7 个街道进行过文物野外调查登记工作，石巷碉楼中西合璧的华丽装饰风格给他留下了深刻印象，以至于将此碉楼的照片选作其专著《龙岗记忆——深圳东北地区炮楼建筑调查》一书的封面。

石巷碉楼建于 1931 年，目前的所有权人是平湖社区居民刘共英。据刘共英介绍，这座碉楼是其祖父刘万成所建，1910 年修建广九铁路时，刘万成在平湖至深圳段工地当民工，工程完工后，他与同村人刘凡初、“雪梨九”3 人转到香港，再从香港乘轮船到达澳大利亚的悉尼，在悉尼做码头搬运工。华人的勤俭耐劳使他逐渐拥有了一定的财富，20 年后，刘万成返回家乡平湖，在石巷建造了这座碉楼。

石巷碉楼由一炮楼拖一排屋组成，通面阔 25 米，进深 10.6 米，总占地面积约 270 平方米。炮楼高 5 层，平面呈长方形，顶部四面设铳斗，防御功能考虑得非常周到；南北两面饰摆钟，西面饰花篮，正面第四层处有两个锦鲤吐珠排水口，观赏性又得到了充分表现。拖屋五开间，为齐头屋、硬山顶、三合土墙，建筑整体保存完好。不要说此碉楼在建成时吸引了多少族人和路人羡慕的目光，给刘万成增添了多大的荣耀，即使在今天看来，这座碉楼仍颇具俊朗翩逸的

◇有平湖"碉楼王子"之称的石巷碉楼（摄/陈建平）

气韵，称其为平湖的“碉楼王子”并不为过。

碉楼建筑群的基本功能是聚族而居、防御盗匪。研究碉楼演进主要着重点是看其顶部结构的变化。早期由于财力有限，用的建材比较简单，碉楼顶部为坡顶式，跟民房差不多，没有什么装饰。平湖属于龙岗区西部传统的广府民系居住区，经济发展程度较高，其碉楼多建于民国时期，没有发现深圳早期建造的形式较简单的瓦坡顶式碉楼，因此基本都是天台顶，楼顶一般有绘画和装饰，中西合璧的天台山墙式碉楼开始出现。比如别的地方的碉楼，射击孔以横向布置的长方形居多，石巷碉楼却是哑铃形。另外一个显著的区分是，平湖地区的碉楼顶部装饰中多见悬鱼包角，其中石巷碉楼和木古碉楼的铳斗形制呈装饰化，分别为花篮、摆钟，以及中铳斗上部饰蝙蝠，寓意洪福齐天。

南庙碉楼：衣锦还乡的标志　家族荣耀的象征

一炮楼拖两排屋，高四层，前排八开间，后排七开间，建筑占地面积近 600 平方米……如果不论周围环境配套，单从居住空间而言，这样的房屋在今天也不落后，甚至颇显阔绰。

位于新南社区前进村（“文革”前称南庙）的这座碉楼，与石巷碉楼一样，也是平湖华侨海外打拼发迹后回家乡建造的房屋。时间若推后几十年，它在周边那片旧瓦屋中凸现，像一位亭亭玉立的少女，超凡脱俗而又卓尔不群；而在今朝，它更像一位见惯风雨、阅尽沧桑的老者，处变不惊地端坐着，晨昏之间任由租住其中的外乡人上楼下楼，吃饭睡觉。

碉楼建造者刘祺生，共有六兄弟，他排行第六，少时经香港到美国打工谋生，人称“花旗六”。20 世纪初期的中国，国家危难，民生凋敝，弱国子民无尊严可言，他们漂洋过海，在异国他乡备尝艰辛欺凌，靠着坚韧顽强打下了一定的经济基础。刘祺生在美国打拼了 60 多年，其中曾有二十几年被选为纽约市侨领，担任过东（莞）宝（安）同乡会会长。特别值得一提的是，在民族艰危之年月，当孙中山先生及其他反满清统治活动家到美国筹款时，刘祺生领导当地华侨鼎力相助，提供了不少的革命经费支持，其后人至今还保留有当年孙中山及同盟会颁给刘祺生的奖章。

与所有华侨一样，有了积蓄之后，刘祺生的梦想就是回到故乡建造大屋，为亲属家人营造安逸宽敞的居所，与族人村民分享富足发达的荣耀。碉楼建于 20 世纪 20 年代，一些主要建材都是从国外运回，因此建造质量上佳。抗战时期，日本兵怀疑这座碉楼里住有游击队，从鹅公岭用榴弹炮炮击碉楼，有一发炮弹击中碉楼外墙的一个铳斗边上，留下了一些弹痕，但整座碉楼坚固无损。事实上，也确有游击队曾在碉楼落脚。

犁头寮碉楼：情报据点　延续不断

山厦犁头寮碉楼建于 1907 年，通面阔 7 米，进深 11.7 米，四层高，建筑占地面积 84 平方米。

◇新南社区南庙碉楼（摄 / 陈建平）

◇犁头寮碉楼建于1907年，抗日战争和解放战争时期曾作为中共山厦地下情报站和秘密交通点（摄 / 陈建平）

没有多少人知道，这座毫不起眼的碉楼，却与中共地下情报工作联系在一起，在战争年代演绎出一幕幕惊心动魄的谍报除奸故事。

犁头寮碉楼位于一个小山坡上，地理位置好，西面和北面紧靠山边密林，遇有情况便于快速撤离转移；东面和南面是山厦旧村，站在楼上可望见进出村里的几条路，方便警戒。在抗日战争和解放战争时期，犁头寮碉楼作为中共地下情报站，经常有一些陌生人在这座外表普普通通的碉楼里进进出出，在此接头或住宿的有：何等华、谢阳光、赵学、肖凡波、曾鸿文等中共地方领导干部，武工队的严志胜（女）、黄月新、王克光等。

山厦是红色革命老区，山厦群众在革命战争时期冒着生命危险掩护党的领导干部和抗日战士，并为中国共产党输送情报。1939年底至解放战争结束，罗文枢、刘连科在山厦设立交通情报站，最初在冼九礼的山寮屋，后搬到井头岭军培仔屋，最后搬至犁头寮碉楼，而这个交通站一直未被敌人破坏过。

据深圳市龙岗区委党史办、龙岗区档案馆编写的《龙岗红色史迹寻踪》一书记载：山厦情报交通站当时有长、短枪各一支，主要是把在塘厦、石鼓、天堂围、清溪、平湖这几个地方送来的情报，通过这个交通站转送到部队。1943年秋天的一个凌晨，严克刚从路西三峰交通站回来路过山厦，正好遇上严堂福派“矮通”递送紧急情报：平湖的日本鬼子今晚准备到观澜偷袭区民主政府和抢粮。严克刚和“矮通”立即疾步跑到观澜，将情报转交观澜区民主政府，曾鸿元区长指挥区府人员和群众转移，逃过了日本鬼子的偷袭，避免了损失。

山厦山多树多，每次国民党军队或日本鬼子进村，群众都可以通过情报交通站知道，并提前撤到树山里，使敌人经常扑空。1948 年 6 月 7 日，国民党军队再次进村，村民全部向树山转移，护乡团交通员严丽华（男，平湖山厦村人，1947 年参加护乡团）在撤离时发现还遗留一份文件，回到交通站拿那份文件，还来不及撤离敌人已经进村，严丽华在交通站的柴草堆内被敌人发现，乱枪打死，壮烈牺牲。

《龙岗红色史迹寻踪》一书提到，山厦村秘密交通站是中央交通局和省委直接安排建立的，以流动的形式，随时更换接头地点，灵活、隐蔽地开展活动。尽管反动势力包围下的山厦村极为危险，而这个秘密交通站始终未被国民党反动派所破坏。

益民公司碉楼：历经战火劫难　至今屹立不倒

位于平湖墟的益民公司碉楼，是民国初年香港华商总会主席刘铸伯所建。正像他为家乡规划兴建的具有现代化气质的墟镇市场、念妇贤医院、纪劬劳学校一样，这个碉楼也理所当然地成为了当时平湖的地标。

或许是刘铸伯当年雇请的设计施工团队十分卓越，抑或是造化神奇赋予其坚韧不摧的力量，在动荡岁月和战争年代，益民公司碉楼虽经多次日寇之乱并屡遭炮火袭击，但却一直屹立不倒，如今依然挺立于平湖墟上。

抗战胜利后，东江纵队奉命北撤山东，平湖被国民党部队进驻。当时平湖共驻有国民党一个排的兵力，排长带一个班就驻扎在益民公司碉楼里。1949 年春夏之交的一个夜晚，中共平湖地下党组织负责人刘坚领导的武工队决定“教训教训”这支国民党顽军。可任凭地雷轰炸，碉楼纹丝不动，武工队不得不停止进攻，这次行动只得以失败告终，碉楼之坚固可见一斑。

◇饱经沧桑的益民公司碉楼（摄 / 陈建平）

叁

镇街巨变

一个世纪云卷云舒，平湖在工业化和现代化的大潮中，“苟日新，日日新，又日新”，由落后封闭的乡村发展为文明开放的新城，引人瞩目。从民国初年乡贤刘铸伯开风气之先的圩镇建设，到广九线上服务桑梓的平湖火车站的建立，从新中国成立之初创造奇迹的山厦引水工程的建成，到改革开放以来镇街面貌一日千里巨变的建树，这是一场深刻影响和改变着平湖居民生活的伟大变革，也是一段紧扣中国近现代城镇化脉搏的光辉历史。现在，历史仍在行进。

第一节 变迁记

（摄 / 陈建平）

民初平湖圩镇建设：斯地幸有刘铸伯

文 / 陈建平

提起平湖历史上的名人，首推刘铸伯。他在平湖的发展史上有着举足轻重的地位。在内地与香港的交往史上，曾有“刘铸伯的面，霍英东的钱”的说法。他是香港太平绅士、大商人，也是慈善家、教育家、社会活动家，20 世纪初他回家乡平湖修建了纪劬劳学校、念妇贤医院，纪念自己的母亲和太太。落成之时，民国时期的大总统黎元洪亲自题匾，广东省省长朱庆澜题字祝贺，可见当时刘铸伯的面子之大。

出身贫寒，历经磨难终成香港杰出华人领袖

在如今的平湖人民医院附近，有一座古老的小村庄。这就是平湖著名的述昌围，村中的居民几乎全姓刘。刘铸伯的家乡就在这里。

1870 年炎夏的一个上午，刘铸伯诞生。依据传说，刘铸伯原本并不姓刘，也不属于述昌围人氏。他的母亲伍氏是平湖伍屋围的女儿，出嫁到东莞县的大坪村，新婚不久，便喜孕刘铸伯。但横祸飞来，丈夫竟意外身故。为了身上的这点骨血，伍氏回到了自己的娘家平湖伍屋围。然而按照当时的乡规习俗，伍氏夫亡，现在带着遗腹子回来，便是不好，村民们很不乐意。这样，在家中小住数日后，伍氏便被安顿到附近的述昌围，而述昌围的乡亲很大度地接纳了她。

孩子出生后，伍氏十分珍爱，她请一位有学问的老先生为孩子起名，期望他长命百岁。老先生依伍氏的意思，取名“鹤龄”。为了感谢述昌围人的容留之恩，伍氏决定小鹤龄随刘姓。为了给儿子争取点身份，伍氏又让老先生为小鹤龄起了“金祥”“铸伯”等名号。

1876 年，刘铸伯到了该受教育的年龄。这时，伍氏做了一个一生中最重大的决定：带上孩子，到香港去谋生！伍氏到了香港后，靠给人做杂工供子读书。

天资聪颖的刘铸伯学业十分优异。他先后就读于当时香港著名的书院之一圣保罗书院和专门招收中国学生的皇仁书院。毕业后，时任香港天文台台长的原圣保罗书院校长，聘请了这位他所赏识的有为青年为天文台翻译。

这时，有位姓潘的缉差头（高级警官）结识了刘铸伯，并将自己的女儿许配与他。由此，在天文台长的推荐和岳父的资助下，20 岁的刘铸伯又前往英国牛津大学深造。自牛津大学毕业后，香港天文台台长已迁任中国烟台大学校长，这样，刘铸伯又被推荐任烟大教授。

这时候，香港发生了严重的洪涝灾害。消息传来，刘铸伯在烟台带头发起救灾募捐，并迅速将募集到的 10 万龙银寄给香港慈善会。此举使刘铸伯在香港声名大噪。当时有一家原名“香

◇刘铸伯像（资料图片）

港药房”的屈臣氏公司，力邀刘铸伯出任“屈臣氏”总长。他接手集团总长后，将公司精神发扬光大，业绩上升很快。随后，刘铸伯又出任大成公司总理和澳门好几家公司的负责人，从此刘铸伯逐渐成为工商界名人，并三度出任香港华商总会主席职务。刘铸伯以他的品学与才华取得了他在政经界的地位。在政界，刘铸伯是香港清净局局员、香港定例局局员（即现今立法局议员）；在慈善机构方面，曾被选为育才书社司理、东华医院总理。

而深圳市博物馆的一份材料，对刘铸伯在公益慈善事业和文化教育等方面的成就做了更为详细的介绍。刘铸伯曾为北伐战争筹集大量款项，广深铁路的修建也有他一份功劳。他致力于社会公益事业，如在香港兴办华人永久坟场，在 1914 年及 1915 年赈济西北江大水灾；1918 年香港马场大火，他又申请于咖啡园建筑公墓；他曾捐巨资修建南京栖霞寺；第一次世界大战期间，他曾向协约国捐献飞机，向红十字会赠送摩托车等物。1921 年 7 月 22 日，刘铸伯、何泽生首先发出通告，邀请各界人士集会商议研究婢制问题。8 月 8 日通过了《反对蓄婢会宣言书》，大大地提高了香港妇女的地位，可以说是香港妇女解放的一块里程碑，并得到了孙中山先生的赞誉。

刘铸伯利用自己的社会地位和巨大影响，不遗余力地为华人谋福利、做贡献，建树良多。如开办育才书社，创办孔圣会，大力支持创办香港大学，为香港高等教育的奠基人之一。他勤于著述，其著作有《自治须知》《西礼须知》《社会主义平议》等，成为 20 世纪初期香港杰出的华人代表。为嘉奖刘铸伯的业绩，中华民国政府先后授予其四等嘉禾章、二等大绶嘉禾章、二等宝光嘉禾章，英国政府则授予其二等宝星。1919 年，刘铸伯在余育之先生的引荐下，专程前往上海谒见孙中山先生。伟人的风范令刘铸伯崇敬有加，他自此投身孙中山先生领导的革命运动，在香港大力筹饷襄助革命，直至病逝。

感母恩念妻贤，兴建平湖墟回报乡梓

刘铸伯母亲伍氏晚年思乡心切，不想在香港过完安享清福的余生，决意回到故乡平湖。刘铸伯和贤惠的夫人潘氏挽留无效，只好由潘氏陪着老人返乡并照顾其饮食起居，以尽孝道。为使母亲安享晚年，刘铸伯在平湖凤凰山清奇坑建了一个占地 50 亩的“守真园”（即刘家花园）。

刘铸伯惦念母亲和夫人，时时回乡探望。回乡途中，望着依然贫瘠的家园，刘铸伯暗生念头：滴水之恩，当涌泉相报，一定要为家乡营造一个美好乐园！

1911 年，广九铁路建成通车。当时以东莞石龙为中点，石龙以北往广州称为北段，以南往深圳香港叫南段。据说按照规划，广九铁路南段宝安县境内只在布吉、深圳墟设站，刘铸伯出面说服港督和铁路建设方，在家乡平湖设立了火车站。之后，他委托香港著名的设计师规划设计，在旧墟以北2里即平湖火车站附近，出资建设一座街巷井然、商铺林立，工厂、学校、医院相配套的新式城镇。

刘铸伯规划兴建的平湖新墟有上下六条街，呈“田”字形布局，街道宽阔，可通卡车。房屋多为二层高，一楼是骑楼商铺，有百货、客栈、饭店、土特产店等，主要由刘铸伯的昌裕公司经营，也有少部分商铺由外地商家出资所建，如观澜牛湖的客家人在上下大街也建有几间商铺。为照顾贫穷乡民和小贩，刘铸伯在香港诸地购进大量货源，让他们在昌裕公司先赊货，销售后再付货款。为了安排家乡人就业，他还在新墟市开办一家装机50多台的织布厂，招收附近青年乡民当工人，这家工厂也是20世纪平湖最早的企业。

刘铸伯极为重视工程建设质量，安排了专人督工，许多建材都购自国外和香港，连砖都专门烧制，盖有红印。墟内店铺的部分内墙（即店与店之间共用的公墙）由青砖与泥砖一起砌成，俗称“金包银”。据传他想将守真街一直延伸，修到凤凰山的守真园，街两旁全部建商铺，但由于其管家的原因致使工程拖延。原来是由于他的管家要求所有的商铺屋顶瓦片都要盖19行（每行0.25厘米，长度约4.75米），但当时惠阳、东莞等地的商家运木材过来，需先走水路至天堂围石马河码头，再由陆路转运至平湖，水运木头扎排最长只能17行（4.5米以下），无法满足刘铸伯管家的要求，守真街也就只建了平湖墟内的这部分。

天有不测风云，就在刘铸伯新平湖建设计划有条不紊地推进之时，母亲伍氏竟骑鹤西去，而夫人潘氏也因偶染风寒一病不起，撒手人寰。刘铸伯强忍悲痛，决定兴建纪劬劳学校和念妇贤医院。“纪劬劳”，有感念慈母之意；“念妇贤”则存缅怀贤妻之心。从1915年起，刘铸伯在平湖墟开始建造纪劬劳学校和念妇贤医院，它们为平湖的文化教育、医疗卫生建设打下了基础，直至20世纪80年代仍发挥着作用。

纪劬劳学校位于平湖圩的西南面，平湖火车站东面。据记载，学校占地长42米，宽25米，内有二层瓦面大屋的教学楼一座，后面是瓦面平房，建筑面积464平方米。校园内另有厨房、运动场地等设施，周围砌有围墙。学校大门朝西北，门额上有两块麻石横匾。下匾内刻有“纪劬劳学校。丙辰仲春铸伯氏立”。上匾内刻有“急公好义。大总统题褒绅士刘铸伯，中华民国五年十月”。这个大总统就是黎元洪。此外，刘铸伯的办学精神，受到当时的广东省省长朱庆澜、广东督军陆荣廷、宝安县知事兼警察事务所所长周德馨的大力推崇和表彰。

◇这张拍摄于2009年9月旧改拆迁之前的照片，可见平湖墟老街的旧貌（摄／陈建平）

在纪劬劳学校对面过几条街巷，便是念妇贤医院。据记载，刘铸伯了解到平湖人“病后无处求医，妇人生产无处接生，以致夭折

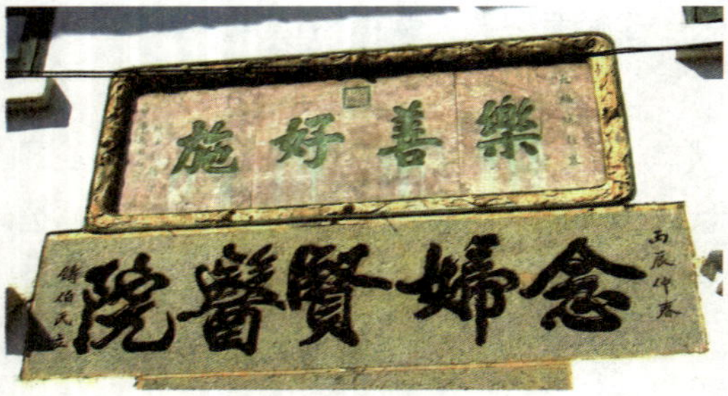

◇念妇贤医院黎元洪题匾（摄 / 周尤）

甚多”的情况后，于1916年独资兴建了念妇贤医院和周马氏留医所，并从香港请来医生为乡亲服务。该医院为三开间二层砖木结构瓦面大房，大门前筑有围墙，门上方有匾额，书“念妇贤医院。丙辰仲春铸伯氏立”，另一为“乐善好施。大总统褒绅士刘铸伯，中华民国五年十月”。该医院的围墙上也曾有石碑三块，分别为广东省省长朱庆澜、广东督军陆荣廷及宝安县知事周德馨为表彰刘铸伯而立（现石碑已被收藏）。而周德馨则另做文告：“五等金质单鹤章，一等银质嘉祥章，署宝安县知事兼警察事务所所长周，为出示保护事，照得疾病扶持，讲明亲睦，倡随眷念，拯济幽忧，就暖支羸，望阁而知疾苦，针肓起废，怀乡里而溥仁施，念妇贤医院者，系邑绅刘铸伯所经营，为原配潘夫人而创设者也……”念妇贤医院曾长期作为平湖镇的卫生医疗机构使用着，中间还曾经历了不断的改建和扩建。

一个刘铸伯，造福千万人。平湖幸甚，正因为有了刘铸伯先生这位著名的乡贤巨绅，才令平湖从封闭落后的封建农村一跃成为新兴城镇。他力荐港督在平湖设立火车站，独资在平湖建设新城镇，设立工厂并兴办学校、医院，改变了平湖落后的经济民生和文化教育面貌，奠定了平湖作为深莞惠地区繁盛一时的交通、商贸、物流中心地位，为后来平湖镇街发生的巨变奠定了坚实的基础。

注：本文参考了深圳市博物馆、平湖侨联相关史料，以及王根喜撰写的《古镇平湖与传奇人物刘铸伯》（载于2003年7月5日《深圳商报》）、郑宏泰撰写的《港英吸纳，刘铸伯迅速冒起》（载于2014年5月24—25日《星岛日报》“香港家族传奇”专栏）。

城镇规划变迁：世纪流转日日新

文 / 刘玫

1915 年起，刘铸伯独力捐资创建了平湖圩镇。“当时整个平湖圩镇布局规整，店铺林立，道路宽敞，其间包括数十间店铺客栈，还有昌裕公司、大新织布厂、纪劬劳学校、念妇贤医院、周马氏留医所、平湖火车站等。圩内有述昌街、上大街、下大街和守真街（此街因直通清奇坑守真园而得名）。”

昌裕公司有几十间店铺，刘铸伯逝世后，由一位姓凌的人受理，改为“益民公司”，新中国成立后改由平湖房地产管理所受理。

大新织布厂设有五间连接并排房屋，刘铸伯逝世后，一度被改为麻风院，以后又曾作为平湖公社（镇）农具厂的木工场和货仓。

当时的平湖火车站位于平湖圩西南方，在广九铁路东侧，一直沿用至 20 世纪 90 年代初，后改建，向北移了约 50 米。

刘铸伯捐资创建的平湖圩至今仍是平湖镇政府的所在地，当年的店铺几乎都被保留使用至 20 世纪 90 年代中期（有些于 1980 年经当地政府、房管部门、供销社等改建，原瓦面平房，改建成钢筋混凝土结构的三层楼房，地面一层仍为刘铸伯资产，其第二层以上的属建筑单位），宽敞的道路也至今仍可使用。平湖圩自刘铸伯创建至今近百年，其设计布局经得起时间的考验，这在当时确实不是一件容易的事。刘铸伯创建的平湖圩，可以说是深圳城镇规划建设历史上的一个优秀的典范。

1983 年 2 月，深圳特区宝安县成立了各级村镇规划和建设机构，村镇规划和建设工作全面展开，聘请了中山大学编制 18 个镇的规划。1986 年 4 月，全县城镇规划全面完成。平湖镇的首次规划编制也由此出炉。

为了使农村城市化有序、有计划地发展，1991 年，平湖镇政府委托中国城市规划设计院深圳咨询中心，按照农村城市化、工业化发展的要求，对平湖城区发展总体规划进行了设计和反复论证，制订出一个覆盖总面积达 13.8 平方公里的《平湖总体规划 1990—2005 年》，完成了村、镇建设远期总体规划、远期市政规划和近期总体规划。按此规划，平湖将成为一个集工业、商贸业、运输业和服务业为一体，科技发达、经济繁荣、生态环境优美、社会风气良好的现代化新城镇。正是这些科学性、前瞻性的规划思路，给平湖插上了腾飞的翅膀，为平湖经济社会的发展打下了良好的基础，形成今日平湖城镇建设的格局。

平湖火车站：百年老站盼新生

文 / 陈建平

从水官高速下来，顺着丹平路、平湖大街北行至守珍街人行天桥左转，进入平湖旧墟再过两个街口右行，在平湖上大街 115 号可见一座二层建筑立在眼前，上书三个大字：平湖站。

远去了繁华嘈杂、人声鼎沸，不见了南来北往行色匆匆的行旅客商，这座有着百年历史的广九小站在夕阳余晖中显得格外静寂与安详，就像一名被人遗忘的老者，任凭好奇的路人端详打量。

历尽沧桑的百年老站

平湖火车站因广九铁路而生。民国初期的平湖乡贤刘铸伯向港督力争，使广九铁路得以在其家乡设立了平湖火车站。海外留学归来的平湖红朱岭人刘铎鸿担任了平湖火车站的第一任站长。轰隆隆的火车声为平湖带来了工商业的一时繁荣。

广九铁路是香港与大陆联系的唯一铁路线。起点在广州越秀区，从广州大沙头火车站向东南引出，经黄埔、东莞石龙、樟木头、宝安平湖、布吉到深圳墟，过罗湖桥经香港大埔、沙田至九龙，全长 179 公里（其中华段 142.77 公里，约 89 英里，现称广深铁路；英段全长 35.78 公里，约 22 英里），在平湖境域的路段长数十公里。广九线为标准轨距单线铁路，是我国早期建成通车的几条铁路主干线之一。1984 年 2 月广深铁路复线工程开工，1987 年 1 月竣工。2000 年 9 月，广深铁路第三线电气化工程建成，广深铁路全线实现电气化。

广九铁路寄托着中国人实业强国、兴路富民的梦想，也凝聚着近代一段沧桑的历史。中日甲午战争以后，英国以怡和洋行和汇丰银行组成中英银公司，同清政府签订广九铁路的草约合同。光绪三十三年（1907 年），清廷外务部侍郎唐绍仪与中英银公司正式在北京签订《广九铁路借款合同》。1907 年，清政府借款修筑广州—深圳段，英国修筑九龙—深圳段。1911 年 10 月 28 日全线建成通车，开办了广州来往于香港九龙两地的直通列车服务。开通初期，每天上午 9 点各有一趟慢车分别从广州和九龙对开，下午 4 时

◇广九铁路华段开通时，中英双方官员合影（资料图片）

许到达，全程需 7 个多小时，被老百姓戏称为“火龙船”。据《罗湖铁路历史》和《广九铁路的历史》记载，詹天佑还担任了罗湖铁路桥的顾问。二战期间，英军为阻止日军进攻，曾于 1941 年拆毁罗湖铁路桥及广九铁路。日军占领期间，对罗湖铁路桥及广九铁路进行了重建。

◇民国时期的平湖火车站（资料图片）

平湖是广九铁路线上的重要车站。1925 年 2 月，周恩来曾率黄埔军校政治部部分人员参加国民革命军第一次东征路过于此，并向群众发表讲话，阐述讨伐军阀陈炯明的意义。抗日战争时期日军从大亚湾登陆后，平湖驻有日寇藤本末夫中佐的大队部及两个中队。当时日军的目的是修通广九铁路并企图连接粤汉、平汉、北宁线，构成“大陆交通线”，形成战略大动脉。1944 年东纵飞鹰队奉命挺进广九铁路以东，发动群众建立路东根据地，与路西部队配合破袭铁路，紧紧地卡住了广九线。山厦的共产党员组织建立了 30 多人的抗日武装常备队，积极向部队提供广九铁路沿线及平湖火车站敌伪军的情报。山厦青年邬见成在一次挖断广九铁路、堵截日军运输线的战斗中受了重伤，虽经抢救转危为安，但留下了严重的后遗症。东纵飞鹰队曾组织过凤凰山、清溪突袭战斗，给日寇藤本部以重创。在东江纵队发起的多次破路战役的打击下，广九铁路始终不能正常通车。日寇惊呼：广九铁路及沿线地区是“治安之癌”！

1949 年 10 月 14 日，解放军南下大军接管广州市，广九直通列车中断运行。三天后，解放军先后占领塘厦、天堂围、深圳等地，广州至石龙区间恢复通车。10 月 23 日，广州军管会交通接管委员会铁道处宣布接管广东省境内铁路。10 月 26 日，广九铁路广州至深圳段恢复通车，但列车不能直接开往香港。同月，广九铁路华段改称广深铁路。

1950 年，国民党派军机对缺乏防空力量的深圳和宝安县城乡进行大轰炸，平湖火车站也成为其攻击的一个目标。据平湖街道退休人员刘添福回忆，有一天国民党一架飞机低空飞至平湖茶元坑（现铁路煤气站附近），对着停在此处的一列火车投下了一颗炸弹，但不知何故未能炸响。敌机又对准火车头打机枪，火车着火，很快就火光冲天。待敌机飞走后，公安人员将炸弹拆去引线和火药，弹壳拿去平湖火车站，挂在大榕树上当钟敲。

解放初期，广深线上还上演过香港特务偷渡炸路与宝安县公安边防战士反特防特惊心动魄的一幕。深圳作家陈秉安在《大逃港》一书中透露：1956 年 4 月 26 日，外号“飞鱼”的国民党特务刘立福接受台湾方面的指令，从香港越过边境线潜回深圳，选择在五天之后的五一劳动节深夜时分，于平湖至布吉之间的铁路线上实施爆破，铁轨被烈性炸药炸翻了

10 多米，致使广深线火车停开。在时任公安部部长罗瑞卿和中南军区公安军司令部的督办下，一个月后，当不可一世、带着电台的刘立福再次从罗芳村地段越境潜回深圳时，刚钻过稻田就被公安生擒，后被最高人民法院以“反革命特务罪”判处死刑。7 月 29 日，刘立福被执行枪决。刘立福是平湖白坭坑村人，其因叔父被共产党镇压而产生反共思想，于 1950 年偷渡去香港，加入了国民党特务组织。刘立福炸铁轨的地点，有说是靠近清水河那边的，也有平湖的老人说是在今新木社区新围仔铁路桥地段。

斗转星移，和平安全还是主旋律。解放后的广深铁路在活跃流通、连接城乡、支援特区发展、保障香港农产品供应等方面发挥了重要作用，默默造福于广深港人民。

除此之外，另有两条铁路线也通过平湖火车站延伸到深圳各地。

平南铁路东起平湖火车站，途经深圳市宝安区东南部，西至深圳市南山区赤湾港区，全长 50.2 公里。平南铁路于 1991 年 2 月立项，当年 9 月破土动工，1994 年 3 月全线贯通并纳入全国铁路路网，是新中国成立后第一条由中外企业合资建设并按股份制方式经营管理的铁路。

平盐铁路南起深圳市盐田区的盐田站，北至平湖南编组站，全长 22.69 公里。平盐铁路于 1990 年 1 月经国家计划委员会批准兴建，1993 年 11 月全线铺轨完毕，并与广深铁路实现接轨。

由此可见，一百多年以来，平湖火车站一直都是龙岗区乃至深圳市最重要的铁路交通枢纽之一。

◇平湖火车站（摄 / 陈建平）

镇守特区北大门的抗非堡垒

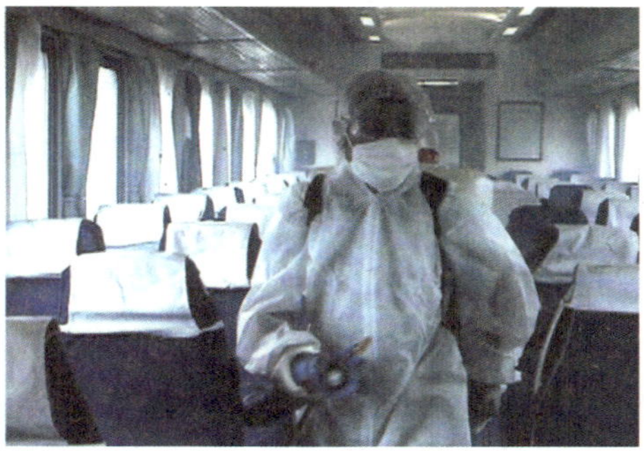

◇非典时期卫监人员对停靠在平湖的每一列火车都要进行消毒（供图／平湖卫监分所）

十几年前，平湖火车站作为一个非常重要的地名为公众熟知。2003 年初春，一场突如其来的非典从南到北袭击了全国。作为全国最大的陆路口岸城市、外来人口最多的一线城市，深圳确诊的非典病人仅 56 例，远低于其他一线城市，患者均为散发性零星病例，没有出现群发现象和集中发病的高峰，并且医护人员“零感染”，可谓创造了一个奇迹。

平湖火车站当时被深圳市委、市政府视作“北大门”，在这里设立了联合检查留验站，担负着堵截乘坐火车进出特区的非典和疑似非典病人的任务。当时市委、市政府的要求是：决不让非典流出深圳，也决不让非典流入深圳危害百姓健康！

平湖为深圳取得抗击非典的胜利发挥了重要作用。

在平湖火车站，开展过两次堵查非典的深夜紧急行动，由于高度重视，部署得当，行动果断，受到了市领导的赞扬和市民百姓的好评。2003 年 5 月 2 日，时任深圳市委副书记、市长于幼军，副市长梁道行率队到平湖检查防“非典”工作，对平湖镇委、镇政府组织的这两次在平湖火车站开展的截查行动给予了高度赞扬。在抗击“非典”斗争中，平湖镇及早制订了应急预案，镇领导身先士卒，靠前指挥，组织带领公安民警、民兵应急分队、治安队员及广大干部群众，配合市、区先后排查了 9 起疑似“非典”事件，守住了深圳市的“北大门”，实现了“不让一个病例从平湖进入特区，不让一个病例从平湖流出深圳”的目标，为全市人民的身体健康和生命安全做出了贡献。由于成绩突出，平湖镇共有 2 人荣立省三等功，3 个集体受到市委、市政府的表彰，91 人受到市委、市政府的表彰。平湖镇委、镇政府是唯一在全市抗击“非典”工作中受到表彰的基层党委、政府。

即将迎来新生的客运枢纽

近几年来，随着广深动车和高铁的运行，平湖墟及火车站一带已不复昔日的繁华。2004 年，因铁路提速需要，火车在平湖不设停靠站了，平湖火车站自此被取消了客运功能。这座有着沧桑历史的百年老站似乎就要淡出江湖，渐渐归于沉寂。

然而，取消平湖火车站的客运功能不仅给平湖及周边观澜、横岗、东莞凤岗等地 100 多万人口的出行带来不便，也给平湖今后的发展造成巨大的制约。

有识之士认为，平湖是深圳市规划的唯一一个综合性物流基地所在地和深圳金融产业后台基地所在地，服务深港乃至华南地区的海吉星国际农产品物流园也落户平湖，同时从地理位置看，平湖也是深莞一体化的桥头堡。2011 年在省“两会”上，广东省人大代表林慧就呼吁尽快开展平湖客运综合交通枢纽规划建设研究，在平湖设立广深铁路平湖城际客运站，以期通过铁路部门与深圳市政府及龙岗区政府联手规划建设，在平湖实现公路交通客流向铁路城际和市政轨道交通客流的转移，并充分利用现有的公路资源用于货物运输，真正实现南北通达，东西交融，人便其行，货畅其流，从根本上改善平湖片区公共交通服务功能。

在 2013 年深圳“两会”上，黄翔、严锡培等 5 位市人大代表再次呼吁，建议在平湖增加动车停靠营运站点。“动车在深圳平湖增设站点，既有利于加快深莞惠一体化进程，可形成深圳（龙岗片区）与东莞、广州城市交通的对外衔接，增强深圳（龙岗片区）、东莞、广州的联系，同时又有利于大大缓解片区交通拥堵压力，提升片区综合竞争力。” 曾经考察平湖火车站多次的交通规划专家、深圳市泛珠三角创新发展研究院院长邓耀庆认为，恢复平湖客运站意义重大：其一，平湖街道位于深莞惠交界，是深圳的“北大门”，恢复平湖客运站，香港客流、中长途铁路交通客流可通过平湖，直接转乘深圳轨道交通及公路交通系统，使平湖从深圳的地理中心升格到交通中心；其二，深圳站（罗湖）、深圳西站、深圳东站、深圳北站等火车站集中于南部，高铁光明城站偏于西北部，龙岗等深圳城市中部、东北部缺少客运火车站，恢复铁路平湖客运站正好弥补这个缺陷。如若恢复，平湖火车站可惠及深莞惠多达 400 万人口。据邓耀庆推测，平湖火车站恢复开通初期预计日均客流量有 2000 多人次，很快可达到 6000 人次，远期日均客流量将达到 14000 人次。如此客源，经济效益有保障。

2013 年 11 月 19 日，深圳市轨道办邀请市规划国土委、广铁集团、龙岗交通局等单位负责人，与黄翔等市人大代表及平湖街道相关负责人座谈，协调推进广深 I、II 线增设平湖城际客运站工程进度。2014 年 11 月，平湖火车站综合改造工程开始施工，火车站售票厅、候车室和台阶都要拆除重建，预计 2015 年底完工，随后恢复办理客运业务。

广深铁路设置平湖城际客运站后，规划中的深惠城际线、地铁 10 号线、地铁 18 号线等接驳平湖火车站形成综合交通枢纽，将为平湖带来重大发展机遇。根据深圳市轨道办的最新规划，地铁 10 号线（福田口岸—平湖中心站）已纳入地铁三期建设，确定在平湖火车站设站，且已于 2014 年 12 月开工建设；地铁 18 号线（大空港—平湖站）也将在平湖火车站设站。2014 年 12 月，厦深铁路平湖南站改造已顺利完工，厦深铁路与广深铁路正式连通，这意味着动车组从广深线开行经平湖南站进入厦深铁路的条件已经具备，未来广州、东莞市民将可在广州东、东莞、常平、樟木头等站点乘坐动车组，经平湖南站进入厦深铁路联络线直接驶向潮汕、厦门等地，出行将更便利。

平湖火车站客运交通枢纽规划建设是一项系统工程，涉及火车站站内改造与火车站周边城市更新及周边路网建设、公交接驳等诸多方面。如果各部门协调到位、合力推进，工程进度顺利的话，平湖的老百姓即将实现在家门口乘坐动车出行。毫无疑问，在可预见的将来，百年老站——平湖火车站将重现光彩、迎来新生。

平湖“天河”：激情豪迈忆当年

文 / 李建国　刘添福

1956 年，平湖地区进行了一项重大工程，在时任平湖乡人民政府乡长黄固的领导下，平湖地区广大干部群众，倾尽人力、物力、财力，建成著名的平湖西水东调工程——“平湖天河”。

在东莞、宝安一带，老人常说一句话：“平湖水、石龙油”，这是有历史依据的，因为准确表达了平湖缺水、石龙缺油的状况。由于平湖地势高，据东深供水局测量，平湖的地势与东莞石马河抽水站吸水口落差有 40 多米，附近又无江河流过，对平湖来说，水是比较稀缺而显金贵的；反之，东莞市的石龙地势低洼，三面临江，逢雨必淹，种不了花生榨油，所以最缺食用油。

解放后，平湖的农民分得了土地，但还是过不上温饱的日子，一遭旱患，土地就无法耕种，颗粒无收，就要挨饥抵饿，原因就是缺水。为了解决用水困难，乡党委和乡政府带领群众先后挖了清奇坑水塘，修筑了甘坑水库，开渠引流，缓解了部分低洼农田的用水困境。但地势较高的龙眼山、大陇田等千亩农田还是望天打卦，一遭旱患仍旧无法耕种，原因是甘坑水库的水流不上去。原来甘坑水库的水通过渠道引流到土名叫井头坳的小山丘处就成了瀑布，经测量水渠与下面农田的落差足有丈余。把水引至前面最近西门村后的小山丘距离有 600 多米，要把水引到龙眼山、大陇头，就必须要架水槽引流。

为此，当时的乡政府决定，从平湖西部的甘坑水库引水到东部的凤凰山下，沿途滋润平湖所有干涸的土地，解决全体平湖人民生活用水匮乏的问题。

这是一个必要的工程，也是一个大胆的计划。

依照平湖地区当年的经济能力和科技水平，所要付出的代价几乎等同今天我们国家的“南水北调”工程。从西部的甘坑水库到东部的凤凰山，全长 10 多里，其间高低不平，沟壑纵横，还要穿越广九铁路线以及大批的农田村落和道路，不但没有施工机械，没有钢筋水泥，甚至石灰、砖石都很缺乏，而且平湖地区的人口也不过数千人……要想完成这项工程，难度之大可想而知。然而平湖人却知难而上，义无反顾地全力投入工程。

这项工程得到了当时的宝安县委、县政府的支持，但这种支持以精神鼓励为主，只下拨了 15000 元的建设资金，临时调派了很少的技术人员；而且在工程后期，由于深圳水库等更大型的建设项目上马了，还从平湖地区抽调走大批精壮劳力去参加建设。

时任平湖乡乡长的黄固，想方设法、废寝忘食、走访群众，最后决定用木板来架渡水槽引水。黄固同志召集各村村长，走群众路线，动员村民借出门板，土法上马。用竹竿搭支柱，上

◇山厦村干部群众兴修水利（供图／山厦社区）

面和两侧铺门板，最终，一条起点井头坳（现在正修建的平安大道与建南路交会处），途经校场布、红朱岭，终点西门村（现在荔园市场南面），高约丈余全长600多米的竹木渡水槽横空出世，气势如虹。通水之日，小孩跳跃，群众欢呼，但好景不长，由于是用竹来做支架，用门板做渡水槽，一到冬季，不用水时木板就开裂，时间长了，竹竿就腐烂。所以第二年春季一放水，渡水槽就到处漏水，支架也出现倒塌，该工程最后以失败告终。

失败是成功之母，农田要水，群众要吃饭，竹木建渡水槽不成，就用沙石。后来在泥水匠伍玖师傅的提议下，采用用青砖结拱的土办法来建渡水槽。但筹集那么多青砖在当时也不容易，最后，平湖人决定拆围墙，用围墙的砖来砌渡水槽，山厦、述昌围的围墙就是那时被拆的。

平湖人终于创造出奇迹，经过连续八个月的日夜奋战，贡献出自己能够贡献出的一切物质和钱款，吃尽了千辛万苦，终于完成了这项巨大的工程，基本改写了平湖地区严重缺水的历史，使得平湖地区中部、东部从过去每年只能单季产粮进步到可以种两季水稻，为平湖的发展开创出新的局面。

在这场战役中，德高望重的刘仲德校长也多次带领自己的师生到工地上参加建设。面对平湖人民的这次重大胜利，他的喜悦之情不禁溢于言表，挥笔写下“天河百丈调西水，龙（凤凰）山千顷变良田”，横批“平湖天河”，成为“平湖天河”建成庆祝大会上最夺目的标语，也作为纪念平湖天河工程重大意义的第一副楹联和最终的楹联。

他老人家还挥毫写下多首诗作，以表叙他和所有平湖人内心的激动：

沁园春·平湖春色

日丽南天，万里晴空，千树碧枝。
喜峰峦涌翠，层层入画，田畴晾锦，井井如棋。
匹练横空，天河飞渡，一水盈盈溯玉池。
堪惊叹，挥万千铁臂，水转山移。
江山争逞雄姿，引墨客骚人骋藻思。
瞧！梧桐舒纸，霞光烂漫，梅峰命笔，采羽淋漓。
激荡高歌，拂猎红旗，丰韵清新恰入时。
东风劲，数人间春色，大地纷披。

在后来的数十年岁月中，“平湖天河”不仅成为平湖人民引以为傲的标志性工程，而且实实在在地为平湖人民的生活和平湖地区的经济发展做出了极大贡献。

水槽通水后，乡政府非常重视，为了合理调配水源，专门成立管水会，设水闸三个，一个供渡水槽，一个供平湖圩和力元吓，另一个供水槽下面的一大片农田，派专职人员日夜看守。现在在原伟成厂内的两座瓦房就是当年管水员住宿的地方。当年担任管水员的刘东成同志现仍健在，已是 90 多岁高龄的老人了。

20 世纪 70 年代以后，随着经济的发展，平湖人口也逐渐增加，仅有甘坑水库的水远远满足不了平湖用水所求。为了解决平湖用水困难，当时的平湖人民公社书记廖汉标领导平湖人民又修筑了苗坑水库。再后来，廖汉标走访东深供水局，请求批准在雁田水库开通出水口埋设管道供鹅公岭水厂用水，经其多方努力，才获得批准。东深供水局是为了解决香港同胞用水，经周总理指示才成立的，水也专供香港同胞饮用，能在供水局取水，在当时也可以说是一件不容易办到的事情。

经过平湖人民差不多半个世纪的奋斗，到现在才彻底地解决了平湖缺水的困境。

（本文发表于《深圳晚报》2014 年 12 月 31 日）

平湖自来水：港胞之力助起步

文 / 李建国

自古以来，平湖地区的水源就相当匮乏，旱久了连井里的水都会干涸，自来水更是平湖人可望而不可即的梦想。

1978 年，刚恢复不久的平湖人民公社百业待兴，困难重重。时任公社党委书记廖汉标和公社副书记、党委会副主任黄柱良邀请平湖中心小学老校长刘仲德重新出山，前往香港，向他当年的亲朋好友、同学、乡亲募捐，资助家乡的建设。

接到任务，年已 73 岁高龄的刘仲德老校长，二话没说便踏上了征途。

天下本无易事，更何况那些旅港同乡在“文革浩劫”中或多或少都遭遇了冲击和迫害，难免心中还有怨愤……如此情景，还要人家拿钱出来，的确有些勉为其难。

然而，刘仲德却信心很足，他相信那些香港赤子始终深明大义，心系故乡，只要讲清情况，他们一定会慷慨解囊。他在给廖汉标、黄柱良的汇报中说：

我们抵港已有十多天了，这些天，日夜来访的亲友不绝，每天至少有十多次电话，为了应酬和工作，东奔西跑，真是忙个不停……刘长佑本来约我到他家里住宿的，为了工作方便，我们决定寓居在敦义堂（即刘家祠公馆），使来访的人得到方便……

为了很好地完成任务，我决定把工作分三步：

第一步，我把支援家乡农业建设的工作放在首位。目前动员捐赠汽车、推土机及拖拉机等工作已初步完成，计刘长佑个人捐给公社的有汽车一架、推土机一架，捐给新南大队的汽车一架；刘聚荣、刘聚贵兄弟捐给平湖大队汽车一架，这些都是日本名厂实力公司的新产品……

第二步，是修建自来水的设备。这个工作还有缺点，因为我出港时，你们没有交来具体的规划，比方平湖站、平湖大队等地方需要多少水喉管，大中小类型的数目各需要若干，所以他们问到时我哑口无言，他们是热情支援的，那些原料，国内可否买到，或向香港买回较为划算？这件事希望你们早日回信给我。（有些人建议只要多设几处街喉，就可节约许多水喉管，这办法值得你们考虑。）至于五队（即松柏围）已经先一步办妥了，至于新南大队没有谈及此事，你们也可征求他们的意见，一并告诉我们。

第三步，就是建设华侨及港澳同胞联谊会会址一事。我到港之初，已做过规划，比方远的如元朗一带，近的如九龙一带，我已经初步推动他们并选出负责人收集款项。据他们的意见，平湖同乡散居各处，很难一朝聚集一起，只有等他们开聚餐会（这种会每年举行三数次），到时他们聚会时，才易于收集款项。我想这办法也好，不过还要等一个时间，我想这个联谊会，除平湖外，山厦、辅城坳、鹅公岭、白坭坑等大队都有关系的，你们也要事先通知他们在港同胞发动工作，至于建设这个会址，需要多少经费及钢材物资，还要你们做个预算，早日通知他们，做到心中有数更好。

香港生活喧嚣繁杂，并不好过，如果任务接近完成我们当即回乡……

在这份30多年前刘仲德老人的汇报中，可以清晰地看到平湖自来水设施是在平湖旅港同胞的帮助下筹建的。

随后香港刘敦义堂平湖同乡会召开理事会，根据家乡所需的轻重缓急，列出了捐助项目的清单，重点帮助家乡兴办教育和解决自来水供水工程的器材。当第一批教学设备和水管送回家乡时，很多人都热泪盈眶，在资源匮乏的年代，能率先用上自来水是多么激动人心的事情。在香港同胞的捐款支持下，平湖镇松柏围小村率先用上了自来水，之后平湖、新南等行政村也有了自来水。

到1993年，平湖镇共修筑了大、小水库及山塘7座，库容总量达460多万立方米。1994年，苗坑水厂建成，至此平湖镇共有自来水厂5座。为了解决生产、生活用水困难，平湖镇投资了300万元改造鹅公岭水厂，铺设DM80自来水管网80多公里，提高了供水能力，水厂的日供水量达到9.2万立方米。

平湖公路建设：天翻地覆慨而慷

文 / 吴河浪

也许早在几年前，平湖人根本不敢想象今日平湖的交通路网能有如此翻天覆地的改变。

20 世纪八九十年代，提到平湖的交通，外人总用“进不来，出不去”来形容。当时的平湖，修得像样点的只有东深路，后来才有了丹平路（平湖大街）、平龙路、平新路、凤凰大道等公路，高速公路甚至还是一片“处女地”。这远不能适应平湖毗邻宝安、接壤东莞的特殊地理位置的需要，也无法满足频繁往来商贸的需要，平湖人一直苦苦寻找机会，试图改变现状。1999 年 5 月，机荷高速正式通车；2001 年 12 月，水官高速将平湖和龙岗、市中心城区连接起来；2006 年 5 月，盐排高速贯通；2011 年 6 月，丹平快速也建成通车，至此，平湖的对外交通才有了改善。

但由于长期以来交通路网欠账多，基础设施滞后，拥堵现象严重，交通难题的解决并未能一蹴而就。其时的平湖，往返一趟市区需要耗费数小时，出行问题依然是当地居民和企业心中的“老大难”。

在 2004 年的一份调研报告中，“交通问题突出”被认为是困扰平湖的重要因素。具体而言，包括交通堵塞严重、道路交通管理水平较低、停车场地过少、公共交通不方便等因素。“有 80% 的被调查者认为在高峰时段行车塞车发生频率较高”，“有一半以上的被调查者认为平湖的道路交通管理不好”。

交通道路建设严重滞后于经济快速发展的需要，成为平湖片区的一大难题，尤其是从 2003 年开始，平湖物流基地的华南国际原料城等几个超大型项目的进驻，迅速增加了片区内的客、货运流量，使平湖片区原已十分拥挤的交通更加不堪重负；此外，公路和城市道路功能衔接矛盾，公路和城市道路混为一体，对城区内部交通的干扰越来越严重，使区域内部交通效率低下。

所幸的是，平湖街道党工委、办事处充分认识到了加快道路建设对平湖发展的极端重要性。道路建设的严重滞后，已经成为制约平湖发展的重要瓶颈，要谋求大发展，关键在于破解已成困局的道路掣肘。

2006 年 7 月 4 日，时任深圳主要领导带领市、区领导和有关部门负责人到平湖调研，正式确定将全市的金融后台服务基地定址在平湖华宝地块。2008 年 3 月 26 日，深圳国际农产品物流园在白坭坑社区奠基。平湖街道党工委、办事处敏锐地意识到：市金融后台服务基地和深圳国际农产品物流园落户平湖，对平湖加快基础设施建设和产业结构调整是一个难得的机遇。平湖的干部群众一定要巧打金融、物流两张牌，以扎实的前期工作，争取市、区两级政府加大和加快对平湖基础设施的投入，协调推动对平湖交通影响较大的平湖大街、凤凰大道、平新路、嘉湖路、丹平路等道路的改造研究，抓紧启动平安大道、富康路建设的拆迁工作，加快机荷高速华南城立交的拆迁谈判，尽早纳入深圳市政府的投资计划。同时，要抢抓迎办大运会、特区内外一体化建设这一重大机遇，积极配合推进“七纵五横”12条市政道路的建设，奋力抢占发展高地，推动平湖在新的发展平台上再次腾飞。

◇ 20世纪80年代的上木古村道路（供图／上木古社区）

为做好前期工作，走好开局第一步棋，平湖采取系列措施全面进行系列路网建设和改造，初步形成了快捷顺畅的道路网络，并展开了艰难的多方争取之路。2012年，在街道党工委、办事处的不懈努力和市交通运输委、龙岗交通运输局、区工务局的大力支持下，道路建设取得了突破性进展。14条主干道中9条已施工建设；23条城市次干道均已立项，其中4条已完工并投入使用。破局之战初战告捷，众人在欣喜中隐约看到了希望的曙光。

街道党工委、办事处再接再厉、越战越勇，确立了“一年明显变化，三年根本变化，五年华丽转身”的“三步走”战略，随后又迅速成立了道路建设协调小组，通过每周下到基层检查道路建设进度、与建设单位和施工单位沟通协调等举措，及时发现道路建设中的矛盾和问题。当时，市政交通及配套道路建设俨然成了街道第一大“重头戏”。为争取缩短建设周期，街道党工委、办事处分秒必争、升温加压，尽可能把小问题消化在当天，大问题每周一上会研究，并定期召开道路建设专项会议，专门研究建设中的“疑难杂症”。

但道路建设面前的“绊脚石”远不止于此，资金断链也曾一度使之寸步难行。其时已开展拆迁工作的8条主干道资金估算超过37亿元，已立项的23条次干道共需拆迁资金4.7亿元，仅到账18亿余元。市发改委虽已下达金融基地及配套的5条道路资金计划2亿元，但尚未到位，大部分项目迫于无奈只得暂停。但街道党工委、办事处知道，道路建设箭在弦上，进度不能缓，劲头不能松，对老百姓的承诺不能不如期兑现！最后，平湖只得咬紧牙关、力排万难，在工作经费捉襟见肘的情况下，自行筹措资金近5000万元用于拆迁补偿资金的支付，以解燃眉之急。但即便如此，也远不足以填满资金的巨大缺口，推进道路建设的征途依然任重而道远。

对此，平湖不少干部职工感慨良多。平湖主要领导奋力争取道路建设资金纳入市财政计划、突破解决道路建设中障碍的事例比比皆是，至今仍是平湖干部职工茶余饭后的重要谈资。如为协调道路建设资金事宜多次展开谈判工作；多年悬而未决的平湖部队用地问题在主要领导的协

◇平湖目前有机荷、水官、清平、丹平、平大等多条高快速路相通（摄／陈建平）

调下得到圆满解决；道路拆迁大难点马哈比力兰州拉面馆在最后一刻实现顺利签约；无数个日日夜夜协调，督促市交委、华昱公司等建设单位克服连续阴雨天等困难，加大投入，抢抓工期……然而听者无心，浑不知这些已被付诸笑谈的趣闻当中，包含了多少辛酸与无奈。

如今，平湖城市交通已顺利实现大提速，堵车苦、出行难已成为历史。截至 2013 年底，平大路、平吉大道等 10 条主次干道已建成通车，清平二期（平湖段）正式运营；平安大道 I、II、III 标惠华路三期，万福路等道路进展顺利；西宝路改造等 10 条道路前期工作正在有序推进中。在历届党工委、办事处的艰难推动下，平湖道路不负众望，正以越来越四通八达的交通网络簇拥环抱着这个美丽和谐的镇街，用飞转疾驰的车轮源源不断地为街道输送着日新月异的信息与不可估量的财富，同时也加速推动着这里的现代化进程。

凤凰新村：统建工程冠鹏城

文 / 李岩

安居乐业是人类的共同梦想，处于改革开放前沿的平湖社区居民也不例外。与大部分先发展地区一样，平湖社区由于发展较早且无统筹规划，缺少公共绿地，公共服务设施、市政设施建设水平远远滞后于经济发展水平，广大居民有新房无新村、住宅与厂房商铺混杂的状况比比皆是。在这种背景下，有效改善社区居住环境，推动居民生活方式、社区管理水平向城市化转变，成为当时镇、村重点思考的问题。为改变有新房没新村的面貌，原平湖村在广泛征求村民意见的基础上，计划统一规划建设新村，进一步加快从"村民"到"居民"的转变步伐。为此，平湖村成立了新村建设领导小组和筹建办公室，制定了一系列相关制度，包括项目报建、工程建设、资格审查等内容。经过两年多的积极筹备，平湖凤凰新村于 2004 年 7 月 6 日上午举行了奠基庆典仪式，来自市、区、镇和各村（居委会）的 100 多名嘉宾，与平湖村民一起见证了这一历史时刻。经过 3 年奋战，2007 年 4 月 21 日上午，平湖凤凰新村正式落成，这是当时全市规模最大的由社区统建的"居民上电梯"安居工程。

凤凰新村位于平湖街道中心区凤凰山西侧，占地面积 10.3 万平方米，分住宅、商业两块规划设计。其中，商业占地面积 5.3 万平方米，住宅占地面积 5 万平方米，预算总投资 2.5 亿元，建有 17 栋各 18 层带电梯住宅楼，建筑面积达 16 万平方米。小区内文化康乐中心、文体活动中心等公共设施一应俱全。凤凰新村统建楼在建设过程中，坚持统一规划、统一建设、统一配套、统一分配、统一管理的"五统一"原则，各项建设指标均达到现代设计要求。

平湖社区共有 816 户居民符合分房资格。这些居民在新村落成后，通过公开抽签依次选房。凤凰新村的楼房分配坚持了以社区群众为本、兼顾多方利益的原则。根据由公证处、平湖街道纪工委以及群众代表参与制订的《平湖新村楼房分配及认购方案》规定，工作生活在平湖社区的居民一户一套，年满 18 岁以上成年男青年可以认购一套，年满 30 以上未嫁的大龄女青年可以认购一套，全家外出工作的原籍村民、外嫁女

◇平湖村旧民居（摄 / 陈景贤）

◇平湖社区凤凰新村——全市最大的农民统建上楼项目（摄 / 陈俊超）

及港、澳、华侨同胞一家一套。享有股份分红的居民认购楼房，按照每平方米 1200 元的福利价计算；全家外出工作的港、澳、华侨同胞认购，按照每平方米基本造价费 1600 元计算。

虽然平湖社区集体经济发展较快，但是仍然存在一部分的低收入家庭，数以万计的购房款仍然给他们带来沉重的经济压力。在凤凰新村规划建设过程中，平湖社区采取集体担保、家庭借贷的方式，积极为有困难的社区居民争取信用社的贷款支持，年终分红时由集体代还银行，有效解决了困难家庭购房资金不足的后顾之忧。为了让统建工程真正惠及社区居民，减轻居民负担，平湖社区还规定，新村公共设施配套工程费用全部由社区股份公司统一承担，因此居民所需付出的购房价格低于凤凰新村基本造价。

在社区发展用地日益紧缺、集体经济发展普遍面临阻力的背景下，平湖社区主动转变发展方式，采取土地入股合作的方式，建设凤凰新村配套商业设施，与开发商合作建设了凤凰商业广场大型商业合作项目，每年为社区增加至少600万元的集体经济收入，并分阶段递增。50年后，凤凰商业广场将无偿收归社区所有，完全享有其所有权和自主经营权。

为了有效解决本地居民的就业出路问题，平湖社区优先安排户籍人员到凤凰新村物业管理机构任职。在该新村的 40 多名管理人员中，半数以上为社区本地居民，此举受到了社区居民的普遍好评。凤凰新村用 5 万平方米土地统一解决了 816 户 2150 人的居住问题，成为节约土地的典范，同时成为以原村民集中聚居、完整保留原自然村落淳朴善良、诚信友爱、和睦互助、文明守法、传统美德的现代化新型居住小区。统建上楼改变了原村民的农村意识，让原村民真正融入了城市社会的主流。

白坭坑巨变：演绎时代新传奇

文 / 陈建平

从改革开放初期引进平湖第一家“三来一补”企业发展集体经济，到依托海吉星国际农产品物流园促进社区产业转型升级，白坭坑人总是能够抢抓机遇走在时代的前列，乘势而为创造新的业绩。改革开放 36 年来，白坭坑社区的发展历程既是平湖农业经济工业化、农村城市化的缩影，其华丽蝶变也演绎着一个时代澎湃激荡的变革传奇。

白坭坑社区位于平湖街道东南端，南面与横岗街道六约社区相邻，东靠雁田水库，西接南湾街道李朗社区。社区总面积 5.8 平方公里，现有户籍人口 485 户 1170 人。改革开放之初的 1980 年，当时的白坭坑大队集体总收入仅为 415385 元，人均收入 246 元；到 2013 年，白坭坑社区集体经济总收入为 5900 万元，增长了 142 倍，居民人均收入增长了 60 倍。

村名来历

白坭坑居民以刘姓为主。据刘氏族谱记载，刘氏始祖源于韶关南雄珠玑巷，后迁至兴宁。明洪武年间由刘氏十四世祖本毅（号东野）迁到现址墩头开基立村，建有一村一围。围占地面积 8000 多平方米，四周围墙环绕，3 条直巷，5 条横巷，房屋 120 多间排列整齐，高宽一致，均为二进一开间，三合土墙，顶砌青砖，木梁瓦面。围内有家祠 2 间，为二进三开间，民国三十六年（1947 年）在其中 1 间开办学校。村在围之南，较晚兴建，占地面积 3000 多平方米，房屋 60 多间，其构造形式与围内房屋大体相同，四周无围墙。围以北有二进四开间的广福庵（1964 年兴建东深工程引水渠时拆毁）。

◇白坭坑村口（摄 / 陈建平）

白坭坑村名因何而来？据说，因白坭坑南北高东西低而形成坑形地貌，且坑底有白色之泥土，故而得名。现荔枝园原有小村居者姓陈，新朗仔也有杨姓居住，但因刘氏繁衍渐多，加之时局不稳、社会动荡，不知何时陈姓、杨姓迁居别地，因此解放前白坭坑为刘姓独居。解放后因雁田水库建设迁徙和婚配等原因，目前白坭坑已成为多姓共住，但仍以刘姓为绝大多数。

组织沿革

60 多年来，白坭坑由互助组改为初级社，初级社变为高级社，再由高级社改为大队，后成立乡人民政府、村民委员会，最后撤村改居设立居民委员会。

1951 年至 1958 年，白坭坑先后由互助组改为长期互助组，再改为初级社，1956 年由初级社变更为高级社；属白鹅乡政府管辖。

1958 年 10 月，实行“政社合一”的人民公社建置，成立白坭坑大队，隶属红旗人民公社（布吉、平湖）。

1959 年，平湖公社成立，白坭坑隶属平湖公社。

1966 年，良安田生产队与白坭坑大队合并为白坭坑大队。

1972 年，良安田生产队从白坭坑大队分出并成立良安田大队。

1984 年 1 月，白坭坑大队改为白坭坑乡。

1987 年 2 月，白坭坑乡政府撤消改组为白坭坑村民委员会。

1988 年 6 月，成立深圳市平湖白泥坑经济发展公司。

1993 年 2 月，成立深圳市平湖白泥坑实业股份有限公司。

2004 年 9 月 10 日，深圳市全面城市化，撤村改居，白坭坑村民委员会改为白坭坑居民委员会。

2005 年 3 月 26 日，白泥坑实业股份有限公司变更为深圳市白坭坑股份合作公司。

白坭坑为何曾用名“白泥坑”？这里也有一个故事，1988 年申报成立村经济发展公司时，因当时打不出“坭”字，只好用了“白泥坑”。2005 年白泥坑实业股份有限公司又重新变更为“白坭坑股份合作公司”。

工业先声

与平湖其他村一样，在计划经济时代，白坭坑的经济以农业为主。虽然在 20 世纪 60 年代初大队开办了砖厂、畜牧场、林场，1962 年又利用祠堂开办起了粮食、农具综合加工厂，以及由香港同胞集资购置发电机办起了小型火力发电厂，使全村村民用上了电灯，1965 年建了 500 平方米的榨糖厂，这些工业设施在当时的平湖算得上数一数二。但是改革开放以前，白坭坑全部的工业家底也就是这些初级业态的加工小厂。

◇除丹平快速之外，现今白坭坑还有机荷、水官、博深、盐排高速穿过，交通设施有了惊天之变（摄 / 陈建平）

党的十一届三中全会之后，地处南海之滨、与香港一河之隔的深圳春潮涌动，引进外商投资办厂、发展外向型经济渐成气候。来往于香港和家乡的白坭坑籍港商带回了许多新鲜的信息，敏锐的白坭坑人把握住了打破僵化经济体制、利用外资发展经济的先机。1979 年年初的一天，当港商罗书汉先生提出有意在白坭坑兴办一间毛衫厂时，大队领导班子成员经讨论后一致同意把老校舍（现塘滩路 54、56 号）腾空，将物业出租给他办厂。当时的支书刘树可表示：我们不能再像祖辈那样，一辈子种着几亩薄田挨苦守穷了！于是，平湖有史以来第一家“三来一补”企业在白坭坑诞生。这也是宝安县审批的第二家“三来一补”企业，平湖的改革开放大幕由白坭坑从此开启。

发展新路

从“筑巢引凤”到“腾笼换鸟”“借船出海”，30 多年来白坭坑走过了一条特区外村社必走的产业升级之路。虽然该社区 5 平方公里的面积有一半长期受制于水源保护区和基本生态控制线，社区发展困难重重，但近几年来在依托大项目带动社区产业转型升级方面结合得很好，与海吉星实现了共荣双赢，社区的城市更新和功能配套升级迎来了新的曙光。

白坭坑的改革开放发展之路经历了三个阶段：

第一阶段是引进劳动密集型产业发展外向型经济。至1987年，白坭坑共有31家“三来一补”企业，加工项目有塑料花、电子、制衣、玩具、塑胶、毛衫等。同时积极开办内联企业，先后与江苏如皋县、广东茂名市联营办起了红砖厂。

第二阶段是集资融资建设工业区。1987年至2003年间，分别建设泥九坑工业区、荔枝园工业区、横东岭工业区、东泰路寨吓工业区四大主要工业区，共引进工厂企业近200家，集体经济的家底日渐雄厚。但2008年国际金融危机之后，靠单一的劳动密集型加工贸易业发展经济之路几乎走到了尽头。

第三阶段是工改商发展物流配套服务业。2008年3月，海吉星国际农产品物流园落户白坭坑，社区干部审时度势，积极主动与海吉星合作，全力配合项目工程建设，本着互惠互利原则，陆续将在东泰路及浦田路的部分物业出租给海吉星农产品物流公司。同时对物流园周边10万平方米的厂房、物业进行升级改造，积极发展农副产品加工配送、仓储、餐饮服务等物流园区配套服务业，既满足了海吉星的商业及配套服务需求，也为社区经济带来了可观的经济效益。2014年5月12日，龙岗区人民政府区长冯现学到白坭坑社区调研，宣布深圳海吉星全球食尚港规划项目正式启动。据了解，该项目已列入《深圳市商业网点规划（2011—2020）》，计划分为食尚电商港、食尚商贸港、食尚科技港、食尚小镇四期进行建设，融合食品商贸、金融、研发、检测、文化、旅游等功能于一体，是深圳市产业升级转型的一个样板，也将打造成为全国“菜篮子”工程全面转型升级的标杆。以此为契机，白坭坑社区又将步入城市更新和产业转型升级的新阶段。

山厦沧桑：集体经济凌云势

文 / 李建国

1983 年，已成雏形的深圳城市规模不断扩大和完善，在全国的影响也越来越大。然而，平湖山厦大队由于劳动力不足，不得不将好多田地荒废。在这种情况下，大队领导决定将大队里的 1000 多亩地租给华宝公司，随后又将 700 多亩果场承包给了新兴县来的农业技术人员和果农。

大队领导认为，这地虽然说是祖宗的遗产，可是，作为大队里的主要生产资料，土地的所有权是属于集体的，即使土地被租用了，生产资料形态变了，但它的所有权没有变。所以，这笔租地费是集体的资产。

相形之下，当时山厦的集体经济远不如个体经济发展得那样快。但发展集体经济，是更好更快地走向共同富裕的重要途径。

只有集体富了，大家才能富。水涨才能船高！

山厦当时的带头人严树宝在党支部会上指出："我当然希望乡亲的经济效益更好一点，发展速度更快一点，生活水平再高一点。可是，要达到这样的目的，光靠单干是不行的，都单干了，还要我们干部干什么？既然我们是干部，那我们该干的又是什么？再说，我们是不能完全走单干的路，大家的富裕是依托在集体力量之上的。现在我们对将来的形势也看不准。但有一条，就是我们农民的身份变了，深圳特区发展的是大事业，如果我们还是小规模地单门独户地经营，最后肯定跟不上城市化经济发展的步伐。我们的日子可不能现在就到头了，我们还有很远的路要走，大家想想，在这样的形势下，结伴走好呢，还是分开单干走好？"

◇ 1971 年村干部检查春耕生产（供图 / 山厦社区）

1986 年 7 月，山厦人依依不舍地告别了祖传下来的面朝黄土背朝天的农耕时代。同时，也掀开了自己命运的新的一页。

也就是在这个时期，老书记严树宝因年迈而退了下来，由叶润牛接任山厦乡党支部书记，开始在山厦酝酿新的故事，创造新的奇迹。

1987 年，恰逢深圳农村体制重大改革，先前的"山厦乡"改为"深圳市宝安县平湖镇山厦村民委员会"，当时的党支部、村委会成员有：叶润牛（党支部书记）、邬衍南（副书记）、沈润香（村长）、邬丽娇（村委

◇ 1984 年山厦乡第一届人民代表大会全体代表合影留念（供图 / 山厦社区）

委员）、林顺兴（村委委员）、严再兴（妇女主任）。

在党支部的带领下，山厦人找到了前进的方向和道路：建厂房，办工业区！

当时，大办“来料加工”“三来一补”企业之风在深圳已经刮了好几年。就在深圳各区、各村拉开架势，你追我赶的时候，山厦人认为要搞，就要直接跳过最低层次的手工业阶段，承接中、高档层次的有一定专业技术含量的轻工产品的加工。当时香港那边有很多寻求出路的中小型企业家已经纷纷把投资办厂的目光投向深圳特区的“关外”，他们恰似一只只飞鸟，在一个个村子匆匆盘旋，寻觅可以下蛋孵化的巢。

可是，要吸引香港商人，哪怕是小商人，也要有自身的东西，天上不会掉下馅饼。别人是来投资而不是来济贫的，投资并不是只要你有空地，有闲人，人家就肯来。来料加工也要竞争，比的就是投资环境，要“筑巢引凤”。哪里有筑好的“巢”，“凤”自然要往哪里飞。可是，“巢”要筑得能“引凤”，就要硬件软件的标准都高，要起厂房，修马路，供水供电，还要有商业旅游设施、文化设施……这可不是清扫一个旧谷仓，腾出一间住房那么简单，这需要几百万上千万的资金投资。

钱，这个令山厦人刚刚解除了困扰的东西，又以另一种矛盾的方式横亘在山厦人的面前。

就在山厦人为开发工业区的钱无来路而发愁之际，有一个天大的好消息在深圳农村传开：国家为了启动农村的经济建设，创造良好的外部条件和宽松的经济环境，促使农民迈开脱贫致富的步伐，银行将上门发放优惠的低息贷款。

1987 年 4 月，山厦人从信用社、银行贷来几十万元，拉开了兴建工业区的序幕。山厦人在党支部的带领下，日夜鏖战，仅仅用了几个月时间，第一期标准工业厂房拔地而起。

山厦的地理位置不错；山厦的人又好，热情热心能干，只要是能为投资者创造的条件，他们都不遗余力去做。厂房刚建好，就有港商来了。

最早租用新厂房的是大明塑胶厂和鸿发制衣厂。这两个厂的产品大部分销往美国、日本、加拿大、澳大利亚、中国台湾及香港等地。

接着，各类电子、服装、五金、化工、汽车修理等 20 多家企业如雨后春笋，在山厦漾出一片春意。

第一期厂房全部成功出租，极大鼓舞了山厦人大办“来料加工”的信心。党支部决定采取“一两年内立基础，三四年后见成效”的方针。在当时，这无疑是个大手笔。由于“来料加工”企业的加入和兴办，新的经济格局为山厦注入了生机。

1988年，由于新工业区的不断增加，为了便于管理，山厦村成立了村经济发展公司，由邬衍南任经理。经过党支部的努力，山厦先后与华盛公司、南油公司、群益公司、阳光购件公司合作开发，推平了大大小小几十个山头，建起了许多厂房，成为如今山厦不断产生财富的聚宝盆。

随后，一个大胆而现实的构想在党支部和村委们的脑海里渐渐勾勒清晰：发动群众，引导村民集资建厂办企业，发展农村合作股份经济，通过投入生产而增值，走共同富裕道路。

一张招股集资的告示，贴在村委会门前：招股集资盖厂房，每人5000元，还本付息还可以分红。一开始，很少有人响应，大多数村民对这一新生事物持保留态度。党支部和村委会一班人商量对策，一方面，不厌其烦地向村民解释集资办企业的好处；另一方面，认为“言传不若身教”，决定首先以村委会、干部、党员带头入股，以行动昭示村民。

1992年10月，在党员干部的带动下，山厦村共集资600多万元，其中，村委集资占51％，由叶润牛任董事长、邬衍南任经理的山厦村股份有限公司应运而生。

在搞基本建设，兴建厂房和职工宿舍、食堂，完善厂房与工人的生活服务设施的同时，村里还积极地想办法为港商提供各种优惠条件和工作方便，例如适当优惠厂租，工人培训期间减免管理费，主动协助港商办理报关、车辆往来深港两地等措施，方便投资商洽谈办厂……

硬件软件的同步建设大大提高了投资商的信心，部分已设厂的港商开始准备增加厂房面积，进一步扩大生产规模。原先没有设厂的投资商，也被山厦的条件所吸引，要求来办厂，建起的厂房没有空闲的，建好一间，出租一间。

不久，投入建设的资金就有了回报，一些当初犹豫，最终没有投资的人，眼睁睁看着别人入了股，又眼睁睁看着别人分了红，心里开始有些后悔了。既然错过了头班，没理由不赶第二班。事实胜于雄辩，第二期集资时，不用村干部再说什么，村民们的热情高涨，几乎形成了全民集资的浪潮。

◇山厦旧貌（供图/山厦社区）

后来的山厦人回想起走

◇美丽的山厦新村（摄 / 刘自得）

过的这一段路，都说如果当初不把群众手里的闲散资金聚集起来投入使用，把死钱变成活钱，就不会有山厦今日的发展。

山厦，这个昔日依赖自然经济、以种田为主的农业生产大队，逐渐脱胎换骨成为一个以商品经济为立身之本的、以工业为主的开发、服务性生产经营实体。在这种质的飞跃之间，架设了一座桥——那就是投资入股这一独特的经济形式。村民们投资入股，在有了投资回报的同时，也成为了村里或各股份企业的股东，成为社会主义现代化事业的投资者。那些可能会因为被搁置而成为死钱的资金，一旦变成了活钱，注入到村里集体经济的血脉大循环之中，便形成了经济飞跃的巨大活力的源头。

从此以后，山厦农民从置身农业经济的模式中转变，成为企业的股东，实现了历史性质变。

1991 年，山厦党支部做出决定，推平一些山头，规划建设一座全新的山厦村。1992 年，山厦村党支部和村委决定与平湖镇物业公司携手合作规划建设新山厦，很快，清一色的三层半、五层半别墅型山厦新村平地而起，真正令山厦村成为融经济、文化、娱乐于一体的社会主义新农村。

居民生活："万元户"的致富人生

文/陈建平　张帆　卢当应

30多年岁月沧桑，改革开放以来，平湖人奋力打拼，成就了平湖从贫瘠之地到小康之区的转变。

邓衍芬：改革大潮开启万元户之路

在胡耀邦同志长子胡德平所著的《耀邦同志和特区货币》一文中有一段这样写道："深圳特区群众的收入是多方面的，当然不能只靠工资、种地收入。座谈会上，当方苞同志介绍平湖公社新村生产队队长邓衍芬上一年收入五万元，他的钱一部分建房子，一部分扩大再生产，养鸡从几千只扩大到几万只时，耀邦同志也举了一个例子……"文中所说的邓衍芬是平湖原新南村新村生产队长，在任职生产队长的38年里，带领全村20多户群众共同致富，被评为深圳市首批劳动模范。

邓衍芬是东莞雁田人，家里有六兄妹。1938年，邓衍芬的父母相继过世，12岁的邓衍芬孤身从雁田走到了平湖。18岁时，他又到参盛村一个叔伯的姐姐家种田做帮工，最终在这里落了脚。这个参盛村后来改名为新村。

建国后，1952年，他娶了伍屋围的一个女孩。多年只身闯荡的经历造就了邓衍芬头脑灵活、吃苦耐劳的个性，因为他很有领导能力，虽然当时整个村的村民都姓伍，只有邓衍芬一家姓邓，村民们却选他当了生产队长。后来他入了党。

参盛生产队有20多户农户，邓衍芬带领村民种稻谷、木薯、番薯、花生，邓衍芬喜欢琢磨，想尽办法增加水稻产量，种出来的"千斤亩"高产水稻远近闻名，广东省的大队长、生产队长都来学习。当时别的生产队一般是5角钱一个劳动力，有的甚至才几分钱，参盛生产队则达到1元钱，最高时每天2元钱。很多生产队没什么收成，粮不够时，参盛生产队往往还有余粮，一些生产队就会派会计来队里借粮、借钱。

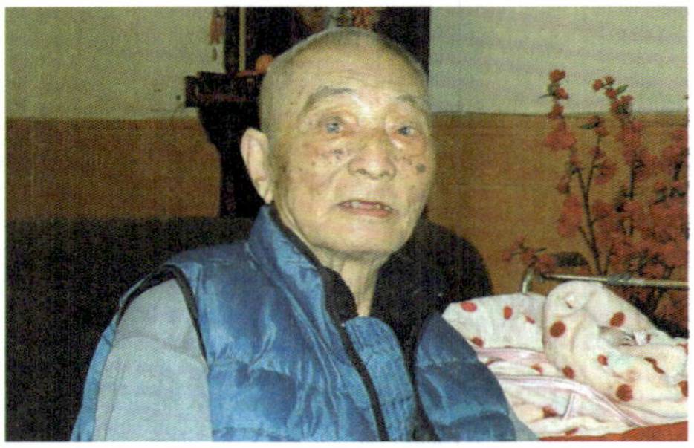

◇邓衍芬（摄/张帆）

"文革"时生产队也没有荒废生产，邓衍芬带领群众一边积极学"毛选"，一边积极生产。其间，邓衍芬曾经被造反派关了一个晚上，村里的干部急忙把他保出来，说关了他就没人管生产了。

在邓衍芬家的客厅方桌上摆着一座铜质奖杯，上面刻有“宝安县劳动模范”的字样，墙上挂着用玻璃框装裱起来的一张剪报，上面刊登着深圳建市后第一批劳动模范的合影，邓衍芬站在第二排中间的位置上，看起来朴实又充满干劲。那年是 1983 年，他 58 岁。

1981 年，香港老板找到邓衍芬，请他种植剑兰花，由其包销到香港。种惯了稻谷、木薯的村民不愿改种剑兰花，邓衍芬一边挨家挨户做思想工作，一边自己带头种。当年底，邓衍芬一家收入 4 万元。1982 年，邓衍芬办了一个养鸡场，养了四五千只鸡，专门供应香港，他家还在山头种荔枝、龙眼，成了平湖第一种养大户。

很快，村里 20 多户人家，15 户种上了剑兰花。

1980 年以前，新村每个家庭每年有几百元收入，1980 年达到 1500 元，分田到户后有的达到了四五万元。整个 80 年代，邓衍芬带领群众种花种果种稻，大力发展农业、养殖业，村里出了很多“万元户”。

1983 年，邓衍芬被评为“深圳市劳动模范”，与时任宝安县委书记的方苞一起吃饭聊天；1984 年被评为“广东省优秀专业户”，去省里开会时，受到时任广东省委书记任仲夷的接见。最让他念念不忘的是，因为获评“宝安县劳动模范”，他还受到国家领导人王震的接见；王震特别叮嘱他要好好干，如果自己干不过来，可以请人帮着干。

王欢娣：美好的日子从未逝去，才刚刚开始

◇ 1984 年，王欢娣与刘国雄办起了种养场，忙碌而幸福。摩托车是当时用侨汇券购买的（供图 / 王欢娣）

王欢娣 1957 年生于平湖新南力元吓村，也就是现今的力昌社区。在家中 7 个兄弟姐妹中，她排行老三。王欢娣对于童年的记忆是一个大大的“穷”字。虽然家中生活清苦，但小欢娣自幼活泼开朗，加上她有一双漂亮的大眼睛，村里人都叫她“大眼妹”。这个“大眼妹”不仅漂亮，还多才多艺。初中毕业后，回家务农的王欢娣成为新南大队宣传队的文艺骨干，唱歌、跳舞、演戏，样样拿手。大队看她是个人才，专门把她送去布吉公社学了三个月的民族舞蹈。

回到村里后，经人介绍，王欢娣与本村居民刘国雄一见钟情，4 年后，他俩结了婚。

刘国雄是家中独子，父亲在香港做生意，他与母亲住在平湖。刘国雄从小对种养特别有兴趣，喜欢研究家里母鸡是在什么条件下孵出鸡仔的。高中毕业后，他一边在单

位工作，一边利用业余时间钻研种养技术，阅读了大量这方面的书籍。

1979 年，改革开放分田到户，分到田地的刘国雄和王欢娣决定搞种养。他们最先在猪仔湾养鸡养鱼。很快，他们家成了“万元户”。

后来，刘国雄买下了两个山头做养殖厂，也就是现今钰湖电厂的位置。他们养的鸡全部销往香港，从最早的 1500 只鸡，到后来每月都有 1500 只鸡，生意的规模也越来越大。人们眼中的王欢娣，那是“手一份嘴一份”，能干！

2006 年，王欢娣走上了力昌社区党支部书记的岗位。她带领社区领导班子积极争取街道和相关部门的支持，从基础设施建设入手，先后拆除了立新街铁皮棚，完成了力元吓片区供水系统、道路、路灯改造等一批民生实事。近几年，社区有了自己的办公楼；2400 平方米的社区文体活动广场建成投入使用，结束了社区无文体设施的历史；1500 平方米的社区服务中心正式启用……在王欢娣担任书记的 7 年中，力昌社区变化巨大。

王欢娣如今住在凤凰新村，在她的眼中，如今的平湖越来越好，她与乡亲的生活更是芝麻开花节节高。

沧海桑田：贫困地变身小康之区

邓衍芬、王欢娣的故事，是平湖 30 多年来居民生活变迁的一个缩影。

在人民公社初期的 1962 年，平湖公社有 1936 户 7065 人。全年集体经济总收入 1285649 元，总支出 212940 元，社员分配 877362 元，人均分配 124.18 元。到人民公社后期的 1979 年，平湖公社有 8 个大队 55 个生产队，1974 户 8524 人，全年集体经济总收入 1823524 元，总支出 597283 元，总分配 1226142 元，社员分配 982143 元，劳动力日值 0.98 元，人均分配 116 元。农民的生活仅处于温饱状态，只有逢年过节才能改善生活。

随着平湖改革开放的不断深入和经济的持续发展，平湖集体经济收入大大增加，居民收益稳步上升。1995 年，平湖镇三级总收入 50680 万元，纯收入 10170 万元，人均收入 3464 元，总收入和人均收入分别是 1979 年的 278 倍和 30 倍。

进入 21 世纪，平湖经济进入又快又好的发展阶段，居民收入稳步增加，人们生活水平显著提高。2013 年，平湖街道居民储蓄总额达到 100.1 亿元，是 2001 年 15.7 亿元的 6.37 倍；2013 年平湖街道居民人均可支配收入为 34290 元，是 2000 年 7224 元的 4.75 倍。

（根据《深圳侨报》相关报道整理编写）

第二节　行进曲

（摄／陈建平）

卫生村镇创建：全省第12个“国家卫生镇”

文 / 李岩

在农村城市化进程中，平湖镇政府很早就意识到，创造良好的环境卫生条件，对于改善投资环境、吸引优秀企业落户、保持经济较快增长有着重要的现实意义。因此，一直以来，平湖镇政府对环境卫生和防疫工作非常重视。1993 年以前，平湖镇就配备有洒水车、垃圾车、防疫检验等设备，制定了《平湖镇市容和环境卫生管理规定》，实行“门前三包制度”，定期进行防疫活动。1995 年起，各村相继成立村城管办，配备卫生清洁专业队伍，负责村里的环境卫生工作，努力创造良好的卫生环境。1996 年 11 月，平湖镇在省、市、区三级组成的“卫生镇”考核验收中，被命名为“深圳市卫生镇”。1997 年，平湖镇制定了《平湖镇辖区覆盖管理实施方案》，“门前三包”落实率达 100%，新建 20 多个垃圾池，多次改造公厕，完善了镇、村两级卫生保健网络，卫生、环卫工作取得较大进步。同年，平湖镇通过了省级“灭蝇先进镇”的考核鉴定，被评为“广东省 1997 年度卫生先进镇”。

1998 年 7 月 21 日，平湖镇召开创建“国家卫生镇”动员大会，印发了《平湖镇创建“国家卫生镇”工作方案》和《平湖镇创建“国家卫生镇”任务分解表》，要求在平湖镇创建“国家卫生镇”领导小组的统一指挥下，按照程序认真组织实施。提出创建目标后，平湖镇全面推进“国家卫生镇”各项创建工作，首先把全镇划分为多个辖区，推行辖区“三包”责任制，做到齐抓共管、全民动手；利用有线电视台、广播、墙报、黑板报、横幅等载体，广泛宣传创建工作，营造了全民积极参与创建活动和环境整治的社会氛围。重视卫生基础设施建设，改造和兴建了平龙路、富安路、平新路、凤凰大道、塘口大道等市政道路；筹集 6000 多万元，完善了 32 条、总长度达 18 千米的街道硬底化及配套工程，使圩镇街道硬底化率达到 98% 以上；对丹平路、凤凰大道、平龙路等道路的绿化进行升级改造，使得绿化工作迈上一个新台阶；建成平湖广场、旭日广场、凤凰园、体育中心等公益设施，方便市民休

◇ 20 世纪 90 年代的双拥街（资料图片）

◇魅力城区，美丽家园（摄／陈建平）

闲娱乐；建成82间垃圾屋、3座高标准公厕，满足市民日常需求。重视规章制度建设，先后制定了《平湖镇市容卫生管理规定》《平湖镇卫生管理监督执法制度》《平湖镇除“四害”实施细则》《平湖镇住宅小区管理规定》等，确保创建工作有序进行。经过3年多的努力，平湖镇的城镇功能日趋完善，卫生管理水平大幅提高，环境质量明显改善。2001年3月，国家爱卫办领导到平湖镇检查创建“国家卫生镇”工作，认为平湖镇的环境卫生水平有了较大提高，已达到“国家卫生镇”的标准。4月，平湖镇顺利通过“国家卫生镇”考核验收，成为当时广东省第12个“国家卫生镇”。同年10月，全国爱卫会经过认真复核，将平湖镇命名为“国家卫生镇”。

为了巩固“国家卫生镇”创建成果，提升全街道的环境面貌和居民群众的卫生防病意识，结合市容环境考核工作的要求和标准，平湖镇制订各项机制和方案，采取各种措施，不断强化队伍的建设，加大环卫、爱卫等设施的投入，细化和明确各项责任，把责任落实到位。2003年起，平湖镇将建成区的环卫清扫保洁工作交由专业清洁公司承包，实行“清扫、保洁、检查、监督”一条龙管理，全天候保洁；公厕由专人承包；除“四害”工作实行分片承包，使各项管理工作落到实处。

此外，平湖积极探索城市生活垃圾无害化处理途径，协调推进平湖垃圾焚烧发电厂动工建设。该项目一、二期自2005年10月正式投产运行以来，截至2013年底，共处理城市生活垃圾约450万吨，累计发电超过10亿度，为有效处理日益增多的城市生活垃圾提供了较为合理的解决办法。截至2013年底，在平湖辖区12个社区中，山厦、上木古、白坭坑、良安田、凤凰社区被评为“广东省卫生村（社区）”，新南、禾花、力昌、鹅公岭、新木社区被评为“深圳市卫生村（社区）”，平湖、辅城坳社区被评为“龙岗区卫生村（社区）”，平湖卫生管理工作又向前迈出了一大步。

街道综合执法：基层管理率先探路

文／潘宇锋

2007年3月1日，对于深圳所有街道而言，都是不平凡的一天。从这天开始，平湖与其他街道一样，一项新的改革拉开序幕——街道综合执法在辖区全面铺开。按照市、区的要求，平湖街道整合原城管执法中队、地政监察分队等部门，成立了新的行政综合执法队，内设综合科、执法监督科、案件审理科及4个中队（现为5个中队），各中队实行分片包干管理，负责辖区内市容市貌的管理以及行政执法权的行使。在肩负21项执法任务、充当城市管理主力军的同时，这支基层执法队伍也开始了自己的思考和探索。

成立7年来，执法队秉承以人为本理念，坚持寓执法于服务中，敢于面对困难和艰辛，善于化解不解和质疑，自觉推进城市管理创新，有效根治了一批城市管理“顽症”和“痼疾”。

执法队成立次年即全面启动“综合执法进社区”工作，自此成为街道执法队全年工作的重点之一。在日常工作中，一线的执法队员深入社区，在大街小巷中穿梭而行，巡查，走访，处理投诉、解释事宜，进一步延伸精细化管理触角，他们在自觉不自觉间，与居民贴得更紧更近。实践后发现：各种辅助力量组合更加优化了，社区工作站学法、用法的意识和积极性增强了，社区工作站工作人员的素质渐渐提高了，难以发现的社会顽疾更易被发现并可及时处理了，很多问题和矛盾及时化解在基层、消灭在萌芽状态，社区居民更加满意了……

此外，执法队创新性推出“双巡查”制度（指中队对辖区“路线图”的巡查，监督科对执法情况的巡查），采取日常巡查、机动巡查、联动巡查、应急巡查等措施，强力整治乱摆卖、乱张贴、违法户外广告等。在强调依法严格行政的同时，始终坚持文明柔性执法。巧妙运用“温馨提示”，变事后处罚为前置服务，有效缓解执法矛盾；积极开展城市管理示范区示范街创建，以点带面推动城市管理均衡发展；在各社区普遍设立“便民张贴栏”，设置临时摆卖疏导点，有序疏导解决乱张贴、乱摆卖问题，既彰显人性化执法，又实现多方共赢，受到了经营者和周边群众的热烈欢迎；开设专门城管微信平台，打通网络监督渠道，更直接快速地吸纳城市管理意见和建议；签订“门前三包”和辖区管理责任书，成立“美丽平湖义工队”，变我查我管为组织和发动社会力量共同搞好城市管理，实现了社区居民、工人、商户和学生的自我管理，“人民城市人民管，人人都是城管人”的格局粗具雏形。坚持铁腕查违，持续加大辖区违法用地和违法建筑查处力度，利用全区首个电子查违监控系统，配合路径巡查强化防控，连续多年实现“零抢建”“零增量”。

凭借先行先试的勇气和智慧，平湖执法队在城市管理中一路思考前行，一支文明而富有战

◇执法队伍（摄／陈景贤）

斗力的队伍已经形成——2008 年一举获得龙岗区 13 个街道执法队综合考评第一，2012 年勇夺全区查违工作共同责任考核唯一的优秀，2013 年城市管理工作作为在基础薄弱上转好的典型在龙岗全区作经验介绍发言，连续多年被评为深圳市“标兵执法队”……“化蛹为蝶终有时，华丽转身不是梦”，随着街道执法队在城市管理创新方面的持续探索推进，未来平湖的城市生活必将更加美好。

城市更新：再造一个新平湖

文／唐毅

城市更新是推动城市转型升级的现实需要，一直以来，作为龙岗区乃至深圳市主要的旧改阵地之一，平湖街道坚持把城市更新作为打造深圳质量、推动城市转型的战略举措，作为实现改善人居环境、优化人口结构、推进社会建设等特区一体化建设目标的重要手段，高起点规划，高标准建设，努力确保城市更新项目成为推动产业结构优化、社区经济转型、城市功能升级的主要抓手。

让平湖变样的准备，实际上从 2007 年便已经开始了。

为深圳重大项目开展土地整备工作，既是落实全市战略部署，又是谋划自身转型升级的需要，这成为深圳平湖 2007 年以来的工作核心。

拆迁大考

城市新生的来之不易，或可从深圳市原金融基地的拆迁大考中窥知一二。

“举全街道之力”“超前”“群策群力”，这是平湖做好深圳市金融产业服务基地建设前期工作的认识和态度。基地落户平湖，将为平湖带来千载难逢的发展机遇。

在金融基地拆迁工作中，首要工作就是调查摸底。对此，平湖街道层层动员，以“临战”姿态全力抓好宣传造势和拆迁安置调查摸底工作。

据当时的调查测算，建设基地及周边 12 条市政道路，共需拆迁各类建筑物约 3600 栋，拆迁面积 260 万平方米。他们召开各类宣讲、动员会，利用各种机会、场合和渠道，向包括平湖商会、台商会、香港平湖同乡会会员、老领导、老干部在内的社会各界人士和广大拆迁户开展富有成效的宣传发动工作，有效减少了拆迁安置工作的阻力。

为了让城镇变样，平湖街道从街道、社区两级抽调 450 人组成 127 个外业谈判小组，以金融基地项目建设领导小组办公室为作战指挥部，充分发挥退居二线老领导在群众中的影响力，紧紧依靠社区的大力支持，强力推进拆迁安置补偿前期调查摸底工作。数据显示，这个庞大的队伍收集了 1209 栋的资料，完成总工作量的 83.04%，为下一步拆迁安置补偿谈判工作打下了坚实的基础。

到了 2008 年，平湖再发力。他们以推动金融基地及其配套道路拆迁安置为轴心，完善城市功能，全力推进金融基地一期及其配套道路拆迁安置工作。在 2007 年抽调 450 多名机关干

◇平湖正在加快推进城市更新。图为已建成的融湖中心城一期（摄 / 陈建平）

部和工作人员组成拆迁队伍的基础上，又新增 160 多名自愿报名参加拆迁的突击队员组成 6 个外业谈判大组。

作为深圳市规划的平湖高端新兴（金融）产业基地及相关重大项目，自土地征收工作开展至今，该街道各土地整备及房屋征收项目已签约补偿协议的房屋共计 3251 栋 106.53 万平方米（其中永久性建筑 1548 栋 94.97 万平方米，临时性建筑 1703 栋 12.58 万平方米），涉及补偿资金约 29 亿元。

在 2012 年该片区平吉大道的拆迁中，一处名为马哈比力拉面馆的谈判、搬迁拆除工作，进入了人们的关注视野。从该面馆的征收工作开展至今，平湖街道办领导和土地征收拆迁部门与拉面馆进行了多次协商谈判，但均未就补偿事宜达成一致。后来，在已经启动强制执行的过程中，拉面馆在最后一刻顺利签约，既节省了大量行政成本，又让多方最终取得了共赢。

正是在党工委的带领下，平湖街道工作人员用真情实意感化搬迁群体，最终取得成功。马哈比力拉面馆和谐搬迁的前后变化，得益于对法理与人情二者关系的准确把握，这也给当前拆迁工作、基层干部作风与工作思路等带来新的启示。

只是，腾笼换鸟之余，平湖的众多拆迁工作人员与原住民群体翘首以盼的，是产业的入驻。

空间再造

2011 年 8 月下旬，深圳在全市统一举行五个领域“六十大项目”的开工仪式，全市城市更新项目有 20 个，其中龙岗区的城市更新项目占据一半。平湖工业区龟地禾虾岭项目，正是当日开工的项目之一。这一天，是深圳经济特区建立 30 周年。

该项目是深圳全市“拆除重建”类城市更新项目之一，最早从 2003 年 3 月份开始准备工作。龟地禾虾岭片区旧改项目位于平湖街道山厦医院对面，由平龙西路、阳光路、辅歧路和福星街围合而成。该片区计划总投资 40 亿元，通过城市更新打造一个集居住、商业于一体的大型高档社区，其中一期项目预计于 2013 年交付使用。

该项目总改造用地面积 31.6 万平方米，规划开发建设用地面积 18.2 万平方米，项目总投资约 40 亿元。根据规划设计，该片区以高层住宅为主，建筑形态上以点式和板式相结合，降低覆盖率，优化社区环境空间。

该城市更新项目投资规模大、配套设施齐全，除了商业住宅，还配有大型集中式商业，并配有九年一贯制学校。建成后，将成为一个集居住、商业于一体的大型高档社区。整个项目计划分四期改造，其中一期项目用地面积 6.4 万平方米，总建筑面积 25.5 万平方米，由 17 栋高层住宅围合而成，配有大规模的园林绿化景观及社康服务中心、警务室、居委会、幼儿园等公共配套设施。截至 2014 年 7 月，龟地禾虾岭项目一期已完成竣工验收，共销售房屋 1100 多套，进入办理业主入住手续阶段，配套的九年一贯制信德学校已完工并于 9 月正式开学；二、四期已全面完成签约。龟地禾虾岭片区旧改一旦完成，将彻底改善当地社区的环境和面貌，对提升片区整体形象、完善公共配套设施都有极大的意义。

除龟地禾虾岭项目外，其他城市更新项目也在有序进行当中。平湖旧墟片区项目一、二期实施阶段监管协议已签订，实施主体近期将确认完毕，已纳入近期深圳市联合动工项目之一；红朱岭片区将纳入近期深圳市联合拆迁仪式；上木古改造项目·平吉上苑一期已建楼层 12 层，售楼处已开放，进入意向认购阶段；上木古改造项目二期已完成拆迁补偿工作并确认实施主体；新木社区·花半里欣悦广场 A 座已建楼层 20 层，营销中心已开放，9 月中旬将开放样板间，10 月份对外销售。

（本文节选自《平湖四章》及《重新发现平湖》两文，发表于《南方日报》2012 年 2 月 24 日、2012 年 12 月 12 日，有删改）

社会建设“风景林”：提升居民幸福指数

文 / 沈荣　张燕婷　丁树亮

如今平湖街道的大街小巷，一天一个样，脏乱差的地方也变少了。一到晚上，平湖街道的各大广场上，动感的音乐夹杂着阵阵笑声此消彼长，参与其间的群众不论年龄大小都玩得不亦乐乎，一旁的市民也是大饱眼福。2013 年以来，平湖街道为提升居民幸福指数，在社会建设上下足了功夫，不仅各项指标都超额完成，还创造性地提出“幸福 8+8”战略，更是大手笔地拿出 650 万“造林”。

政务服务、社工服务、公益服务……一个小小的社区服务中心就可以提供细致周到的保姆式服务？没错，自从平湖街道开展社会建设“风景林”以来，社区服务中心的建设就是其中重要一环。而作为区级示范点，平湖社区服务中心更是为人所津津乐道。

在平湖社区凤凰新村，三层楼高的社区服务中心很是“阔气”，服务配备也很齐全。一楼设有图书室，还设社区老人、幼儿活动中心和办证中心，龙岗区非物质文化遗产——平湖纸龙也“栖息”在此。二楼配备有书画培训室健身室，还有“四点半学校”。三楼则是爱好唱歌、舞蹈者的天堂。同在三楼的还有居民和谐共建促进会、党群活动中心、图书室、调解室、睦邻茶座等。社区内还会开展公益讲座、心理咨询、手艺比拼等活动，丰富了居民生活。

平湖社区服务中心只是平湖街道打造民生项目的一个缩影。2013 年，街道还拨付了 650 万元社会建设专项经费，用于社区服务中心建设。作为另一项惠民项目，平湖街道主动打破户籍制度的限制，专门拿出 12 个社区公益服务岗位向外来建设者的困难群体开放。另外，平湖街道 6334 名楼（栋）长不仅是邻里关系的“润滑剂”，还是“情报员”，主动提供了 147 条“两盗”“两抢”线索，成了平湖社会建设“风景林”中的亮丽“盆景”。在平湖，上木古社区门禁系统堪称全国样板，今年，随着 3360 栋楼房视频门禁系统的建成，居民安全指数也在攀升。如果遇到困难，也可以走进社区内的党代表工作室，找党代表倾诉。

平湖街道主要领导亲自上阵，担任平湖街道社会建设工作领导小组组长，负责统筹社会建设工作的开展。同时，街道还对应成立 5 个“风景林工程”项目推进工作领导小组。随着《平湖街道社会建设工作方案》《平湖街道推进社区服务中心建设工作方案》等 6 套方案的出台，“风景林工程”的推进有了明确目标。

（本文发表于《深圳晚报》2013 年 12 月 28 日，有删改）

基层治理：实践创新迈出大步伐

文／张东方　王潇

历经 30 多年的高速发展后，中国以经济建设为中心的格局被逐步打破。在社会转型中，基层治理创新极为关键。在此领域，平湖街道近年来做出了积极探索：创新成立 12 个“平安社区”促进会，借助社会力量推动社会建设；推行居民小组经济组织“双建双派、双培双促”模式，促进社区经济组织规范运作和转型发展；启动聘员制度改革，探索释放聘员队伍活力；配套出台“五项机制”，充分调动社会各方积极性、创造性，全面提升了社会建设质量。

三大探索迈出实践新步伐

治安环境是一域的发展基础。深圳原特区外的治安环境，一直以来都与原特区内有较大差距，颇受诟病。如何缩短这个差距，让原特区外治安环境得到明显改善？平湖街道创新的“平安社区”促进会是一项有效探索。

近年来，平湖街道综治信访维稳战线涌现诸多先进典型：先后有 6 位同志因公牺牲、9 位同志因公致残、100 多人因公负伤，368 名群众提供了有价值的治安维稳线索。平湖街道为此面对两个难题：一是上述先进典型该如何予以奖励？奖励资金从哪里来？二是治安问题光靠政府不够，还得发动和依靠广大群众，这些工作的开展也得花钱，这些钱又从哪里来？

为破解上述难题，平湖街道探索“社会治安社会治、群策群力创平安”新路径，选择鹅公岭社区作为试点，于 2013 年初在省、市、区率先成立“平安社区”促进会，激励社会各界“有钱出钱、有力出力”。很快，“平安社区”促进会在平湖发酵。截至目前，该街道 12 个社区全部成立“平安社区”促进会，已有 139 家企业、6 个居民小组、1256 名社会人士主动捐赠“平安资金”509.7 万元。更为可贵的是，辖区 9 家社区股份公司共 1 万多名股东自愿为平安建设投入 2000 多万元。“平安社区”促进会的宗旨是吸纳社会资金重点奖

◇鹅公岭社区在全市率先成立“平安社区”促进会（摄／巫海东）

个人、奖群众、奖平安创建一线人员。2013 年 11 月，新木盛低碳产业园发生一起 17 岁员工黄明果因帮助他人而意外坠楼死亡的案件，闻讯赶来的 20 多名亲属异常激动。面对这一棘手问题，新木“平安社区”促进会及时发动社会各界捐献了 30 多万元爱心款。同时，新木社区综合党委表彰了黄明果的助人事迹。这不仅成功地化解了家属与厂方的矛盾，而且弘扬了正气。

居民小组经济组织“双建双派、双培双促”模式，是平湖街道近两年来的又一创新。由于种种历史原因，对于平湖街道下面的居民小组，街道和社区都缺乏有效的管束手段，居民小组经济组织容易成为不受管控的独立王国。为加强对居民小组经济组织的监管，平湖街道从 2012 年开始开展实施“书记项目”——居民小组经济组织“双建双派、双培双促”工程，即通过在居民小组经济组织中建立党支部、党小组和监督机制，下派党支部书记、集体资产监督员，加强对脱离管理链条的居民小组经济组织的监管；把经济组织负责人培养成党员，把党员培养成发展经济带头人，促进居民小组经济组织规范运作，促进经济转型发展。最近两年，该街道继续从制度、机制、组织、行政等几个方面深入推进该项工作，扎扎实实地加强对居民小组经济组织的监管工作，各居民小组从过去不受监管的“独立王国”，逐步成为组织管理链条末端的一个重要环节。龙岗区国资委对该街道此项工作给予充分肯定，并进行专题调研。

近期启动的聘员改革，是平湖街道另一大探索。平湖街道按照龙岗区关于聘员改革“减员、增薪、提效”的总体改革思路，将按需设岗淘汰冗余人员，通过绩效考核打破“大锅饭”，全面激活聘员队伍活力。为推动聘员改革，平湖街道成立了由街道“一把手”担任组长的聘员管理综合改革工作领导小组，制定了《聘员管理综合改革方案（试行）》和《辅助聘员绩效考核管理办法（试行）》。聘员改革的关键点是收紧了聘员准入机制，并通过绩效考核打破“大锅饭”。该街道通过按需设岗，整合优化队伍结构，淘汰冗余人员，完善聘员绩效奖金分配机制，鼓励机关事业单位和社区工作站制定聘员奖惩措施，形成充满活力的用人机制。同时，通过绩效考核逐步拉开聘员收入差距。

五项机制提质社会建设

2014 年是平湖街道社会建设质量提升的重要一年。为推动社会建设工作上台阶，充分调动社会各方的积极性、主动性和创造性，平湖街道 2014 年特别制定了《平湖街道社会建设质量提升工程实施意见》，提出以五大机制推动社会建设升级。

一是以“两奖两助一警示”为抓手，建立社区服务质量促进机制。围绕提升社区服务中心服务质量，实施社区服务中心服务项目资助奖励制度。每年组织开展社区优秀服务项目评选活动，评选年度十大优秀服务项目，并给予表彰奖励；街道每年拿出相应的资金，用于扶助社区创新服务项目和社区优秀服务项目展示交流。同时，对政府购买社区服务引入竞争机制，对现已承担社区服务的社区服务中心实施末位警示制，即对年度综合考核评估连续两年在本街道

12 个社区排名居于末位的社区服务中心运营机构给予黄牌警告；对五年内三次年度综合考核在本街道排名居于末位的社区服务中心运营机构，将建议社区取消下一年度与该机构签订购买服务的合同协议。

◇社区和谐共建促进会商讨民生事务（供图／凤凰社区）

二是以“三推一评选”为重点，建立基层治理创新促进机制。一是着力推进基层治理创新项目调研，围绕基层治理创新，每年由街道社工办组织各部门、各社区有针对性开展基层治理创新调研，并对调研成果组织开展评奖活动，重奖基层治理创新调研成果；二是推进基层治理创新成果转化，即对通过深入调研或充分认证的基层治理创新调研成果，由街道在人力、物力、财力上给予相应的支持保障，确保基层治理创新调研成果快速转化；三是着力推进基层治理创新项目试点工作，每年确定一批基层治理创新项目。今年主要推进实施区域化党建、织网工程、聘员综合改革、社区股份公司政企分开改革等。

三是以“双扶双奖”为平台，建立社会组织培育促进机制。实施社会组织资金扶持和政策扶持计划，即对在街道建立的公益类社会组织的发起人，在同等条件下，街道采取优先购买在本辖区内登记注册的社会组织提供的服务项目的方式扶持辖区内社会组织的发展；对拟在街道建立公益类社会组织的发起人或机构，全程提供政策支持和注册登记服务；同时，对街道辖区内成立的社会组织或为本街道提供公益类服务的社会组织，每年组织开展评选优秀社会组织和优秀社会组织功勋人员的活动，并给予相应的奖励。

四是以“六优一促”为核心，建立社工人才成长促进机制。每年在全街道组织开展评选优秀社工、优秀社区服务中心主任、优秀社区服务中心辅助人员、优秀义工、优秀志愿者、优秀社会工作者活动，并给予相应的资金奖励。出台激励社工人才本土化的具体措施，鼓励本辖区居民报考社工资格证书，对已获取社工资格证书应聘到已购买本街道社区服务项目社工机构服务于本地居民的本土社工，由街道按年度发放一定额度的本土社工补贴。

五是以“六项制度”为保障，建立社会建设工作质量促进机制。围绕社会建设织网工程项目的推进实施，充分利用织网工程“一库一队伍、两网两系统”的资源优势，着力完善社会建设决策分析、联席会议、定期督办、检查考评、教育培训、宣传推介六大工作制度。

通过上述五项机制，平湖街道社会建设质量提升工程正稳步推进、逐节升级。

（本文原名《借力社会力量　推动社会建设》，发表于《南方日报》2014 年 11 月 12 日，有删改）

肆

产业高地

辉煌是荣光，但在逆水行舟、不进则退的现代经济态势中，调整更需要智慧和勇气。“逝者如斯夫，不舍昼夜。”改革开放初期，平湖大力引进“三来一补”企业，抓住港台加工制造产业转移的机遇，站上时代的浪尖；近年来，又直面“四个难以为继”的矛盾与挑战，优化产业结构，转变发展模式，向产业高端化和跨越式发展的新路迈进，成为中流击水的弄潮儿。一批知名企业、上市公司、名牌产品纷纷涌现，在革新的洪流中勇进，从平湖崛起，辐射九州，遨游四海。

第一节 转型之势

（摄/陈建平）

农耕岁月的回望

文 / 刘任武

新中国成立以后至改革开放前，平湖的农业占据经济的绝对主导地位。1979 年，全镇农业产值 181.7 万元，占工农业总产值（198.7 万元）的 91.4%。农业生产以种植业为主，水田多种植水稻，旱地则种甘蔗、木薯、花生等经济作物。由于耕地面积充足（1979 年统计有耕地面积 8713 亩），自然条件尚好，平湖的农作物收成一直颇为可观。经过几十年工业化、城市化的快速发展，今天的平湖早已见不到当年“千亩鱼塘千顷稻，万亩甘蔗万亩薯”的田园风光，但是曾经的农业时代仍应在平湖的发展史上留下一页。

水稻

每年春节过后，雨水节气前后，正是水稻浸渍种子、发芽、播下秧田的时候。当苗龄 20—25 天、青绿茁壮的秧苗长到 2—4 寸时，就可移植到水深 5—10 厘米的稻田里。以后经过中耕、除草、施肥、排灌水等工作，到抽穗、开花，当稻穗垂下，谷粒金黄饱满时，就可以收割了。

计划经济时代，公社生产队的社员们，用镰刀割下一把把的稻秆，用人力脚踏打禾机，将稻粒和稻秆分离，再将谷子装在竹箩里，一担一担挑回村里的晒谷场上，由阳光晒干，用吹风机（平湖人叫手摇风柜）把谷子中的杂物吹走，最后将谷子搬进粮仓储存。

水稻一年可种两季，早稻是雨水后播种，秧一定要在清明前后插完。立夏一到，就要停止插秧了。有句农谚说“立夏莳吾莳就罢”。迟播，会影响产量，甚至无收。

晚季水稻插秧宜在立秋前后完成，以前社员经常讲到“双夏”这个词，是夏收夏种连在一起的意思。晚稻插完秧，同样要经历中耕、施肥、除草、全程排灌水等工序。到了白露节气，稻穗全面扬花，农谚中说“白露白茫茫”。禾花灌浆后，谷粒开始涨起来，此时正是秋分节气，农谚称“秋分定米粮”。再到寒露节气，谷子逐渐黄起来，农谚又称“寒露早禾黄”。再过半个月之后，霜降节气一到，大田里的稻谷全面成熟，即“霜降一齐黄”。眼见丰收在望，社员们欢天喜地将稻谷全部收割，晒干，风净，装进仓里，储存过冬。

木薯

木薯起源于美洲，块根用途很广，除了食用和用作饲料，还可用于生产淀粉、酒精、葡萄糖、果糖、染料、涂料、化妆品等。

木薯，平湖人又称“番鬼薯”，20世纪五六十年代在平湖普遍种植起来，旱地、山地、荒地，到处都可见木薯生长。因其粗生、快长，稍微施足一点肥，松松土，除除草，就能得到较好的收成。

冬季到了，木薯全面成熟，将它收集起来，一车车、一担担，运回生产队里，用两种方法进行加工处理。

一是将每根木薯除去泥土，把皮剥光，用刀砍成一块块薄片，铺放在晒谷场上晒干。然后将白净净的薯片，一袋袋装起来，运到平湖收购站出售。此方法比较简单，但价格低一点。

二是每个村（生产队）都建有自己的粉槽，每条工作槽上面都放着一排用木格制成的筛子，每个筛子的位置派一名女社员洗粉。当电动木薯机把木薯榨成浆渣后，妇女们把木薯浆渣拿到筛子里面，来回用水淘洗，将淀粉冲洗干净后，把残渣堆在一个箩子中，全部集中起来，拿回猪栏喂猪或出售。

整个洗粉过程洗出的淀粉水，全部都流到了下面槽子里，封闭储存起来。一天辛苦工作完成之后，第二天上班时，将槽里的清水放走，便露出了雪白雪白的淀粉块。将它们全部收集起来，装在箩子里，挑到晒谷场晒干，若干天后，将干粉装上袋，包装好，运到平湖收购站出售。这种薯粉，比木薯干片的市场价格高出很多。木薯，真正是那个时代平湖人民最大的经济收入。

甘蔗

甘蔗，自古以来都是平湖人种植的一种不可或缺的经济作物。它糖分含量高，每年过年时，家家户户都用蔗糖做炒米饼、煎堆，节日时做松糕、茶果等食品。特别是在酷热的仲夏，三四十度的高温中，露天劳作归来，汗流浃背，饥渴难当，如果没有一碗清甜的糖水润润喉，解解渴，真是难以度日。

每年过完春节不久，平湖人把蔗地整理好，开成一垄一垄，放下种苗，撒下农基肥，然后盖上土。假以时日，幼苗钻出土面，不断分蘖，长高长大。此时，要打穴、施肥、除草，随后培土封垄。做完这些农活，到了农历十一月至十二月份，甘蔗全面成熟，可以砍下，削掉蔗壳，运送到附近的土糖厂加工榨糖。

当其时，平湖镇每个村（生产队）、每家每户的自留地都要种上甘蔗。放眼望去，山岗、坡地到处是蔗林。这么多的甘蔗，就需要足够的榨糖厂加工，仅平湖村和新南村就建有二三十座土糖厂。

土糖厂多建在种植甘蔗最多的地方，选择约100平方米的农地，用毛竹和竹篾搭成一间空架的厂房，上面盖着预先编制好的茅甲，茅甲是用竹篾把干稻草夹起来的，一块块盖在厂房上方，能挡日晒雨淋。墙壁的四周，也用茅甲围起来，留两个大门出入，留一些窗户通风。土糖厂，也即平湖人所说的糖寮。

土糖厂一般有两条生产线：一条是榨甘蔗用的车间。将“一公一母”两个圆形石臼墩交合在一起，石臼前面设有一个臼门，背后则是出甘蔗渣的“后门”。石臼机上方有一条实木制轴心，使两个石臼能互相转动，轴心上横绑着一根杠杆，把三头牛一排一字形拴起来。榨蔗开始后，派一位工人负责驱牛走动，牛一圈一圈地围着石臼机转，两个石臼墩也就跟着转动。放甘蔗的工人不断地将蔗往臼门里送，压榨出甘蔗汁来，蔗汁顺着一条木槽流到蔗桶里，盛满三大桶后，再将它送到制糖车间炼糖。暂时停止工作一阵，这一班的牛走累了，也饿了，牧牛人将它们牵出厂外吃饲料休息，换上另外三头牛继续榨蔗。

另一条生产线是制糖车间。车间里建造一条长条形的炉灶，灶上安装几只大铁锅，供装甘蔗水用。在附近，另外安放两张糖床，供熟糖时装糖浆之用。炉灶下面，有一个很大的燃烧空间，上面则建有一条烟囱。炼糖开始后，司炉的师傅将杂草一把把送进灶膛做燃料，产生高温，糖锅中的甘蔗水就不断浓缩，渐渐变成糖浆。炼到一定程度之后，炼糖的总师傅就会判断是否完全成熟、可否出锅。出锅时，将成熟的糖浆浇到一个很大的糖盆内，拿到糖床倒出来，铺平冷却，解成一小砖一小砖，收起来，即可出厂。

据有经验的师傅说，每 350 斤甘蔗，可榨蔗汁三大桶，产糖 75 斤左右。

花生

花生的种植方法和管理也很简单，播种期一般在每年的四五月中下旬。播种前整好地，起块、打穴播种。密度为每亩一万穴左右，每穴施下农基肥，放入两至三粒花生种子，穴深度为五厘米左右，盖好土，抹平，就算完成种植工作了。当花生的双子叶浮出土后，逐渐长高长大，要注意松土除草。终花期要进行根外施肥，每亩喷施 1% 尿素一次。

当花生植株上部叶片变黄，中下部由绿转黄脱落，夹果变硬、身纹清晰、籽仁饱满时，要抢晴天收获。

花生是油料作物，含油量丰富，是平湖人解决日常生活食油的主要来源之一。所以，平湖地区的村集体和农户，家家户户都种有花生。收获时节，将它收回家中，晒干，可直接拿到平湖榨油厂，换取花生油回来食用。

平湖社区产业变迁之路

文 / 卢当应

平湖村的经济发展历程

平湖社区（原平湖村）是平湖街道 12 个社区之一。在此梳理和回顾平湖社区的产业变迁之路，是为了以点观面，建立起整个平湖街道经济发展沿革的历史图景。

昔日的平湖村山穷水瘦，农民十分贫困。由于山多田少，而且大部分土地又为地主所有，大部分农民都是佃耕农，根据土地质量每亩田要给地主租 2 到 4 担稻谷（每担约 100 斤）。完全没有土地的农民及外来逃荒的人则长年到地主家耕种，做雇农，或称为“长耕”，劳动一年，得到 5 担租谷（合约 500 斤）作为酬劳。放牛仔，即给有耕牛的人家放牛的小孩，一年才获得 1 担稻谷（约 100 斤）的报酬。

新中国成立后，实行了土地改革，平湖村民有了自己的土地，不用交租，生活慢慢开始好转。1953 年初至 1956 年底，按照自愿、互利、有偿的原则，平湖组织互助组，开展互助合作，继而成立初级农业生产合作社，1956 年转为高级农业生产合作社，完成生产资料的集体所有制改造，进入社会主义社会。随着互助组、农业合作化运动的开展，分散单干的村民被组织起来，靠集体的力量来抵御各种自然灾害，同时大力兴修水利，改革耕作方法和耕种技术，引进优质水稻，并且把原来的单季水稻改为双季水稻，粮食产量普遍提高，农民的生活水平也逐步上升。

但到了人民公社时期，平湖社区的经济遇到了挫折和困难。人民公社成立初期，生产资料实行单一的公社所有制，分配上实行工资制和供给制相结合，群众改称为社员，并取消自留地，压缩社员搞家庭副业。人民公社的最大特征就是“一大二公”，即以公社为基本核算单位，全社劳动力统一调动，各生产队分别成立公共食堂，粮食统一归集体管理，农民闲置的牛栏、柴草房等全部拆掉改建成公共食堂，社员一起下地劳动，一起在公共食堂吃饭，生老病死费用全部由公社统一报销。大刮“共产风”“平调风”，放弃等价交换和经济核算，强调“只算政治账，不算经济账”的观念。结合“大跃进”，高唱“一天等于二十年”，集中劳动力大办水利，大炼钢铁，放“卫星”，瞎指挥，浮夸风泛滥。这种生产关系与生产力相脱节的“政社合一”的管理体制，造成“出勤一窝蜂，收获全归公”的现象，分配制度不合理，社员出工不出力，浪费情况十分严重，带来了一大串问题，农民的生产积极性受到压抑和挫伤。刚开始，农民无节制地吃主粮，主粮吃完后，就吃杂粮，以至到后来以粗糠、番薯、木薯充饥，到最后挖野菜当粮食。这时期为平湖在新中国成立后最痛苦的阶段，在 1962 年的 4 至 7 月，10 万多人掀起外逃风，宝安县外逃香港 12411 人，平湖逃港 103 人，其中，探亲不归者 46 人，逃港者 57 人。

鉴于这种形势，国家对经济政策做出调整，取消了大食堂，恢复了集市交易，村民也有了少量的自留地，可以养殖鸡鸭猪之类的禽畜。1962 年，实行“三级所有，队为基础”的制度，恢复和扩大自留地和家庭副业。当年平湖集体经济总收入 160391.1 元，分配 107189.7 元，人均 122 元，是 1960 年人均 59.84 元的两倍。农民的积极性又逐步提高，生活也略有起色。但是随后的 1964 年，平湖开展“四清”运动（清政治、清经济、清组织、清思想），同时遇天灾，粮食歉收，社员的劳动力日值仅 0.56 元。

20 世纪 60 年代中期，平湖村开始通电，村民告别了煤油灯，用上了电灯照明。有了电，村里有了电动碾米机，提高了村民的生活质量。1968 年社员的劳动日值又突破 1962 年的水平达到 1.09 元，人均收入 138.66 元。通电后的 1972 年平湖电灌面积达到 400 亩，有近半数耕地都成为旱、涝保丰收的农田。此外，20 世纪 70 年代，平湖还拥有了 9 台 12 马力手扶拖拉机、2 台大型拖拉机。这一时期，村民生活质量有所提高。但因无资金、无设备、无技术也无法对农产品进行深加工，建立工厂形成规模效益也难以实现。社员仍以单一的农业生产为主，还停留在自给尚不能完全自足的落后贫困的小农经济阶段，收入水平依然很低。到平湖村的粮食产量达到峰值的 1978 年，缴完公粮以及按人均每月 50 斤分配口粮后，人均年纯收入也只有 143 元，年终决算仍有 79 户人家辛苦了一年，除口粮外不但分文未得，还欠集体 11304 元，这一年，单一的以农业生产为主的经济体制在平湖已经发挥到极致，可经济发展仍较为缓慢甚至趋于停顿。从 1968 年起平湖的人均收入水平始终在此徘徊并延续到改革开放前夕。

改革开放后，平湖农业体制改革分为推行家庭联产承包责任制、镇村农业企业（专业户、企业式经营管理）兴起、调整农业经济结构三个阶段。1979 年至 1980 年底，耕地相继被承包，实行“五定”，即定田、定产、定工分、定成本、定耕牛农具，按产上交，超额归己。1981 年下半年，普遍推行大包干，保留农村土地和大型设施公有制的基础上，把土地所有权和经营权分开，建立家庭和集体双经营体制，实行家庭联产承包责任制。当年集体经济总收入 46.38 万元，其中，农业中粮食作物收入 16 万元、经济作物收入 11.5 万元；工副业总收入 18.88 万元。集体经济总收入比 1979 年增长 67.74%，其中经济作物增长最多达到 310.7%，副业总收入增长 75.14%。其中社员个人分得 383356 元，人均 319 元，年人均口粮 595 斤，家庭副业人均收入 53 元。

同时，从 1979 年引进第一家“三来一补”企业开始，平湖村的工缴费收入及村集体资产不断增加，到 1986 年 9 月平湖村经济发展公司成立，平湖创建农业产业化和农村股份合作经济，一步一个脚印地走上了工业化和城市化的发展道路，集体经济的发展使平湖人的经济收入发生了质的变化，从 1980 年的人均 161 元上升到 1990 年的人均 1688 元，10 年翻了 10 倍多。平湖村也于 1993 年被评为全国“百强村”。

2004 年 9 月 10 日，平湖举行居民委员会挂牌仪式，这意味着平湖村 1520 人全部从“村民”变为城市“居民”，此后，平湖不再存在农业生产。

◇平湖社区凤凰商业大厦（摄 / 陈建平）

平湖村（社区）1992—2013 年综合经济指标

序号	名　称	单位	1992 年	2001 年	2006 年	2013 年
1	土地面积	平方公里	4.5	4.5	4.5	4.2
2	年末村（居）民人口数	人	19345	31500	45788	52960
	其中：户籍人口	人	1345	1500	2270	3360
	暂住人口	人	18000	30000	43518	49600
3	经济总收入	万元	1438	1785	5524	7669
4	工业厂房（宿舍）	平方米	300000	—	—	378460
5	商铺	间	287	—	—	800
6	人均分配收入	元	3668	5571	7500	24000

平湖村的农业、传统手工业

平湖地区日照充沛，气候温和，降雨丰沛，比较适合农作物的生长。水田主要种植水稻，旱地多种植青菜、番茄、黄瓜、番薯、木薯、马铃薯、芋头、玉米等。瓜果蔬菜除了自家食用，余下的多是外卖以贴补家用。

由于平湖村高岗山地较多，水资源流失大，新中国成立后，虽然兴修了“平湖西水东调水利工程”，从平湖西部的甘坑水库引水到东部的凤凰山下，以解决中、东部的生活与生产用水问题，使得平湖地区中部、东部从每年只能单季产粮到可以种两季水稻，但是这并没有从根本上解决平湖村的缺水问题，再加上没有水稻良种等因素，新中国成立前后较长一段时期，平湖水稻单季平均亩产都在三四百斤间徘徊。经济作物方面，花生与大豆主要做菜肴食用或榨油，甘蔗多用来榨糖，瓜果蔬菜等除自给外还用来出售。那时的生产工具主要有犁、耙、锄头、镰刀、斧头、柴刀、山镐、箩筐、簸箕、风车、手推车及手摇水车等等。牛作为农业生产的动力，也是不可或缺的一种生产工具。

推广良种，疏植改密植，施用化肥，防治病虫等科学种植方法的采用及基础建设的使用，平湖的农业发展开创了新的局面。1978 年，平湖村的粮食产量达到峰值，全年种植水稻 3132 亩，总产 17654 担，粮食总产 17934 担，人均粮食 1380 斤。推行家庭联产承包责任制后，平湖村支持重点户、专业户承包菜场果园，村民的生产积极性得到空前提高，粮食和经济作物的产量都有很大提高。1989 年后，由于田地上逐渐建起厂房，耕地面积不断减少，粮食产量逐年回落。到了 20 世纪 90 年代，随着工业生产的发展，平湖村民洗脚上田，逐步摆脱了传统的农业生产方式，走上了工业化和城市化道路。

平湖村传统的手工业主要是简单的农产品加工，主要包括舂米、磨豆腐、制糖、榨油、酿米酒、竹器编织等。平湖村的木器比较多，如桌子、椅子、凳子、衣柜、碗柜；竹器有篮子、箩筐、簸箕、晒簟等。这些木器和竹器都是村民自己动手制造，属于家庭手工业，以自给自足为主。农闲时，有手艺的村民串街走巷，帮乡亲制造木器和竹器，乡亲们以管吃和支付一定的工钱作为回报。

竹器编制是平湖村民的一项传统手工艺，从事这项手工艺的多是男人。村民就地取材，充分发挥各种竹子的特性，编制米筛、箩筐、簸箕、凉帽、斗笠、草鞋、凉席、渔笼、扁挑等生产生活用具。

据村里老人们讲，早年平湖村民基本上家家都有手动织布机，自己纺纱织布做衣服。此外，还自制头饰、衣饰、腰带等，这些棉麻织物，品种繁多，造型奇特，手工精湛。

人民公社化之后，平湖村的集体手工业开始兴起。大队把有一定专业特长的村民组织起来，成立专业队，如泥水队、木器队、竹器队等，接着又办起了加工厂、运输车队等。各种专业队的成立，提高了大队集体的经济收入，改善了村民的经济状况。

从 20 世纪 80 年代开始，平湖村不断调整农业布局，优化产业结构，通过引进外资，内联合作，发动各专业和经济联合体自筹资金承包土地，开办小果园，兴办种养场，并逐步向专业化、社会化、集约化的方向发展，使集体经济不断壮大，村民的生活水平逐年提高。

平湖村的工业发展与招商引资

工业化和城市化是经济和社会发展走向现代化的必然过程，工业化是城市化的经济支撑，城市化是工业化的空间依托，二者良性互动，相互促进。

1979 年，港商巫桂明兴办的彩云毛织厂是平湖村引进的第一家“来料加工”企业，也是平湖村的第一家工厂，为平湖招商引资打响了第一炮。当时由刘照明任彩云毛织厂厂长。就是这家只有 110 人的小厂，在 1980 年给平湖村带来了 32 万元人民币的经济收入，这个收入是当年平湖大队全年农业收入的两倍。现实给平湖人实实在在上了一堂经济效益课，让平湖人看到了现代工业所创造的奇迹，平湖村也看到了自己今后的道路和将要到来的辉煌与繁荣。

此后，在改革开放的初期，平湖村党支部就冲破思想桎梏，大胆求变，带领村民引进外资发展工业，从发展农业产业化和农村股份合作经济起步，使平湖村迅速摆脱贫困，取得了工业化和城市化建设的非凡成就。

开辟工业园区

1984年，平湖村的领导班子，紧紧围绕经济建设这个中心，努力探索经济发展的出路。当年，平湖村在召开的新年工作会议上，强调不搞“马路经济”，杜绝“短视经济”，大胆提出平湖（村）“五统一”，即打破现有的地域壁垒，进行统一规划、统一开发、统一使用、统一发展、统一管理。完善厂房配套和环境设施建设，健全各种规章制度，为外商提供良好的投资环境，这也是引进来料加工项目及提高经济效益的基础。平湖村荒山荒坡多，平湖村人下定了决心，开山要地。村委领导班子经过反复讨论，决定按照工业、商业、住宅、服务等功能分区，为平湖村编制总体规划。首先在麻石路的7000平方米土地上，兴建平湖第一个工业区（麻石路工业区），拉开了平湖统一开发的序幕。

1987年，平湖村投资兴建占地面积3万平方米、建筑面积4990平方米的大皇公工业区，使平湖村第一次拥有集体厂房，壮大了集体经济。

1990年，为充分利用土地资源，平湖村对原来村民承包的土地做了调整，采用有偿回收的办法，将土地的经营权收归村委。平湖村民有的进工厂，有的经商，有的成立各种专业队从事第三产业，逐步结束了面朝黄土背朝天的日子。为了大量吸引外资，平湖村委领导班子决定开展“三通一平”工作，即通电、通水、通路、平整用地。当年秋，平湖村将全村散落在20多个山头的祖坟全部集中迁至淌头（黄旗峰），使村属范围的所有荒山得以开发利用。

平湖村人的不懈努力，终于收到丰厚的回报。1992年，平湖村分别与118家外资企业签订了投资合同，正式投产的有93家。其中“三来一补”企业76家，“三资企业”8家，内联企业11家。当年共有厂房面积30多万平方米，固定资产约2亿元，全年工农业总产值达4136万元，比上年增长64%，人均分配3668元，比上年增长80%。俗话说：“不种梧桐树，哪有凤凰来。”为给外商创造理想的投资环境，平湖村自筹资金2252万元改造环境，硬化了十四条共9.56公里的村级公路，修建了长廊公园，种植花圃草坪2万多平方米。

1993年，占地35000平方米的平湖第二工业区开工建设。到1994年底，平湖村兴建商住楼150多套、店铺200多间以及一个4000平方米的中心农贸市场，共有企业129家，其中“三资”企业32家，“三来一补”企业60家，民营企业37家。

1998年，平湖村全年的总产值65392万元，全村总收入11507万元，纯收入3587万元，人均收入 7269 元。

2006 年，平湖居委会、平湖公司以代建商铺的形式，拓展招商引资渠道，带动了各方面的协调发展。

大量招商引资，使得平湖村的产业结构发生了翻天覆地的变化，工厂企业星罗棋布，店铺商场遍地开花，原来的小山村逐步演变成一个新型的工业小城镇。

通过不断的升级改造、优化整合，到 2013 年底，平湖社区共有 2 个大型的现代化工业区，工商企业 120 家。

成立经济发展公司

1987 年 8 月，平湖村经济发展公司成立。至此，平湖村在工业化和城市化发展的道路上，迈出了质的一步。

1992 年 7 月，为解决土地开发后村民的生活问题，引导广大群众走共同富裕的道路，平湖村又成立平湖村实业股份有限公司，平湖村经济发展公司认购 51% 的股份，并向全体村民派发 280.5 万元的股金。村民成为发展公司和股份有限公司的双重股民，实现了平湖村民“人人是股东，户户都致富”。

1999 年 12 月，为全面贯彻执行党中央关于延长农村土地承包期 30 年不变的政策，保障村民的合法权益，平湖村委会召开村民大会，制订并实施公司土地股份制合作章程。章程明确规定，土地股份合作制是根据中央政策形成的一种新型的经济制度，是对联产承包责任制的发展。

2004 年，随着深圳全面城市化的开展，原法律范围内规定为平湖经济发展公司所有的耕地、荒地、山地、森林、林木和林地、草地、水面、滩涂等自然资源，宅基地、自留地、自留山的产权转为国有。平湖村经济发展公司与平湖村实业股份有限公司合并，成立平湖村股份合作公司，设立董事会和监事会，并制订了股份合作公司章程。

经过多年的经济改革，平湖居委会和居民小组的财政收入进入一个崭新时期。以 2006 年为例，平湖财务总收入 5524 万元，比 2005 年增长 850 万元，增长率为 18.33%，群众受益分配也大幅提高。

“三来一补”企业

改革开放后，深圳被划为经济特区。政府制定优惠政策，吸引外资进驻深圳，与中方合作，开办工厂企业。20 世纪 80 年代，平湖村按照宝安县委的指示，依照国务院颁布的《开展对外加工装配业务试行办法》，认真学习中央有关文件，执行开展外向型经济、引进来料加工政策，开始引进来料加工企业。同时，党支部组织党员干部向群众大力宣传党中央的政策，动员群众与香港同胞联络，与海外华侨联系，鼓励香港同胞和海外华侨回村投资办厂。

以来料加工、来样加工、来件装配以及补偿贸易为主要经营模式的企业，称为“三来一补”企业。1979 年，彩云毛织厂成为村第一家“三来一补”企业。在尝到招商引资的甜头后，平湖村及时调整管理措施，大胆开拓，积极探索新的经营模式。党支部根据上级政府部门有关文件精神，研究决定：

一、成立“来料加工装配办公室”，主管“三来一补”企业的洽谈、签约、审批等工作；

二、通过集资、贷款等形式建好厂房，出租给外商使用；

三、直接出租土地给外商，由外商自己建厂房，村委收取土地管理费和外汇留成；

四、土地有偿转让，即划定地皮给外商直接投资，村委给外商一定年限的土地免费使用权，投产后第一个月起计，到期后厂房归集体所有，若外商继续使用须向村委缴租，外汇留成归村集体所有。

随着经营方式和管理制度的确立，平湖村不失时机地成立了对外加工办公室，使洽谈、签约、审批等环节制度化、格式化、档案化。这些措施的实行，充分调动了外商投资办厂的积极性。1991 年，平湖村成功引进“三来一补”企业达 64 家。

“三来一补”企业最大的特征就是投资少、见效快、资金积累快。平湖村委大量引进“三来一补”企业，村组集体经济积累迅速增加，实力迅速增强。村民的收入成倍增长，许多村民放弃进厂做工的机会，这给外来务工人员提供了就业的机会。统计资料显示，到 2013 年底，平湖村外来务工人员（含在“三资”企业、国内民营企业及其他行业的人员）达 4 万多人，是本地居民的 15 倍。

“三资”企业

“三资”是指外商独资、中外合资和中外合作。“三资”企业的合资方式，多采用外商以资金、技术、设备投资为主，中方以厂房、土地、劳动力为主。“三资”企业的分配方式，实行合资双方共担风险、共同经营、出口产品规定按成本加利润比例销售，基价由外资方包销，合作期满财产按出资比例分成；独资企业则规定土地、厂房、设施和工人管理费，由资方按期缴付；合作企业采取中方投资（包括厂房、土地）计价入股，规定回收利润分成保底数，超基数分成，合作期满财产归中方。合作的对象有国营、集体和个体企业，也有内联企业与外商合作，形成多层次、多形式的多边合作关系。

平湖村严格执行《中华人民共和国中外合资经营企业法》，贯彻“引导中外合资企业投向先进技术型和出口创汇型企业”的方针，完善投资环境，实行多项优惠政策，大力引进中外合资合作企业。中外合资合作企业的引进，成为平湖经济收入的重要组成部分。

1991 年，有 8 家“三资”企业落户平湖。“三资”企业的引进与发展，为平湖村带来了巨大的经济收入。

民营企业

由国内资金兴办，非全民所有制和集体所有制企业，民间投资，雇佣 12 人以上进行生产的工业企业，称为民营企业。民营企业包括私营、民间股份联营企业以及个体经营企业等。

平湖村引进的民营企业起步较早，在 20 世纪 80 年代末就发展起来。1991 年，平湖村有民营企业 6 家。当初，香港的大型公司在本地生产成本太高，于是，把一部分产品转移到成本相对较低的内地来生产，而原来在外资厂的国内技术人员，在掌握了产品的生产流程、市场运转规律及企业管理方法等知识后，仿效集资自己办厂。民营企业的诞生和逐步形成规模，引起政府的高度重视。平湖村委制定了一系列帮扶民营企业发展的优惠政策。

1998 年，平湖村提出发展民营经济与吸引外资并举的新招商引资目标，确定了大力发展民营经济的工作思想，对民营经济实行“三放”：放胆、放手、放开。放胆就是进一步解放思想，创新观念，对民营经济高看一眼，给民营企业家吃了定心丸；放手就是村委对企业少干预，多服务，建立健全社会服务体系，为企业提供规范化、专业化的服务；放开就是凡是国家法律、法规没有明令禁止的产业，都允许民营企业生产经营。凡允许外资经营的，都向民营企业开放。凡国有和集体资本退出的，都支持、鼓励民营企业进入。

21 世纪以来，平湖村每年投入资金，对工业区进行改造升级，兴建一批高档次厂房宿舍，改善投资硬环境的同时，组织负责招商引资工作人员，去外地参加学习，举办讲座培训班，提高工作人员素质与办事效率。除了招商引资，还鼓励境内群众发展个体企业，在经营环境、场面、租金以及办理证件方面，实行优惠。此后，平湖村的民营企业数量逐年递增。

从平湖社区的产业变迁及经济发展沿革的历史，可以看到平湖村从改革开放初期开始，就改变了过去单一的以农业生产为主的经济体制，不断调整农业布局，优化产业结构，通过引进外资，内联合作，逐步向工业化、社会化、集约化的方向发展，使集体经济不断壮大，村民的生活水平逐年提高。1980 年底平湖村的集体资产（包括固定财产、帐面结余、现金、粮食等）225626 元，平湖生产大队和生产小队集体的固定资产只有 18 万元，现金 26705 元，粮食折款 17073 元，其中第五生产队只有可支配现金 52 元。随着平湖社区的产业发展变迁，到 2013 年，股份合作公司经济收入 5300 万元，居民小组二级收入 2369 万元，集体股份年终人均分红 2.4 万元。平湖社区现有集体资产 3.85 亿元，其中股份合作公司 2.25 亿元，居民小组 1.6 亿元。

边缘如何重回产业中心

文／唐毅

在英国《金融时报》上，专栏作家约翰·加普在一篇名为《珠三角地区的转型》的文章中称：“在过去的 20 年里，毗邻香港的广东珠三角地区逐渐成为了‘世界工厂’。而如今，这一地区正处于艰难的转型之中……自 1992 年邓小平视察南方推动了中国经济特区的增长以来，这是该地区经历的最剧烈的转型。”

这场“最剧烈的转型”中，就有深圳平湖。密密麻麻的工业厂房，林林总总的居民自建楼，错综复杂的街区面貌，这种复杂形态正是广东珠三角地区不少城镇的共同面孔。这样的面孔也不止一次地出现在国内外著名的报纸、杂志上——包括平湖在内的珠三角镇街的产业变动、企业反应及治理政策，总会牵动无数关注南中国宏观话题的人们。

就是在这样的区域版图上，那些生动的工人面孔，成为了大洋彼岸著名杂志的封面。因平凡和朴实，再加上某些偶然性，在与平湖相距并不太远的某个工厂内，4 位中国女工成为美国《时代》周刊 2009 年的年度人物。这份著名的新闻杂志，用了整整 8 页纸的篇幅刊载普通劳动者的大幅照片，这是平湖所在的大区域在全球位置中的独特价值。

身处珠三角，地处深莞要冲地带的深圳平湖，在 30 余年间，地理区位究竟对这个基层镇街有着怎样的影响？这种影响又是如何改变和演进的？在新的发展时期里，它又将如何改变平湖？

对于这些，长期从事战略规划、行动规划的知名专家王富海认为，深圳平湖片区由于没有位于莞深发展的主轴线上，与深圳市区亦有较大的距离，属于第三圈层，但“平湖的实际位置不应该是第三圈层”。从边缘、从第三圈层，重回产业中心、话语中心，显然是平湖的愿景之一。

深莞要冲：地处深圳与东莞交界地带

一切从马路经济、铁路经济开始。

从深莞等珠三角先行发展地区的第一波城市化开始，深圳平湖就开始起步了。这与平湖地处深莞要冲地带不无关系。

翻看珠三角地图，位于珠三角东岸的深圳平湖，地处深圳与东莞交界地带，从深圳市区驱车出发，沿着已经通车的丹平快速路，约 40 分钟可以到达位于深、莞交界处的平湖街道。

车窗外的景象，成为这个基层街道的现实写照：代表着国际化现代物流业的国际农产品批

◇物流新城（摄 / 陈建平）

发市场已经开张，周围遍布着大大小小、各色不一的物流园区和企业；临近平湖街道办所在的道路两旁，沿街店铺不乏人气，似乎永远都是热气腾腾。

交通大变迁，环境大治理，产业大聚集，城市更新大举推进，一个全新平湖蓝图初现。

在珠江东岸，这是一个基层镇街的区域地理：平湖街道位于龙岗区西北部，辖区总面积 40.99 平方公里，是深圳与东莞两市、龙岗与宝安两区的交界点，距离香港特别行政区 25 公里，距离深圳市区 19 公里，距离东、西部的盐田港、蛇口港和深圳机场均在一小时车程之内。

更具历史感的莫过于铁路系统了！在平湖辖区内，有京九、广九两条铁路交通大动脉，这是平湖运用铁路经济发展的开端。此外，还有机荷、水官两条高速公路以及丹平、东深、平龙、平新等四条对外干道；拥有日编能力为 8000 车次的平湖铁路编组中心，平盐铁路与平南铁路在物流基地与京九、广九铁路接轨，直通盐田国际中转港和蛇口集装箱港，机荷高速公路把平湖与深圳宝安国际机场紧密联系在一起。

这个总人口近 50 万（其中户籍人口约 2.6 万人）的基层镇街，在深圳市总体规划中，作为“三轴两带多中心”中 8 个组团中心之一，其功能定位是：深圳中部物流组团的片区服务中心，主要承担平湖街道范围的行政办公、商业、文化和生活服务职能及周边物流基地、金融后台基地、平湖街道级工业园等产业区的产业服务职能。

根据深圳市“三条轴线、三个圈层、三级城市中心、九个功能组团”的城市规划布局结构，平湖是深圳中部轴线的主要组成部分，是未来深圳发挥流通枢纽及国际交流功能的重要区域，也是深圳战略性新兴产业重要基地。

◇ 1998 年 12 月 1 日，作为深圳市规划的六大物流园区中唯一一个综合性枢纽物流园区，平湖物流基地建设正式启动（资料图片）

经济与产业的聚集，将引发新一轮的城市化。可以预见的是，由于产业人群的聚集，以平湖为首的深圳中部将迎来新一轮的全面升级。

物流重地：一个镇街与深圳物流业的命运交集

纵观平湖数十年的发展脉络，“物流”二字在这个珠三角东岸镇街身上打下了深深的烙印。

从 2004 年华南城选址平湖片区开始，在珠三角城镇与深圳市规划中，“物流”成为平湖片区最为抢眼的经济词语。

在《珠江三角洲城镇群协调发展规划（2004—2020）》上，针对平湖发展的指引，是要将平湖发展成为“以区域物流为基础，国际物流为重点，城市配送物流为支撑的国际性物流基地”。

在《深圳市城市总体规划（2007—2020）》上，对平湖发展的定位及要求为：“利用交通优势和地域区位优势，规划平湖物流园区，连接东、西部港区，发展公铁联运、海铁联运，面向珠江三角洲及内地形成中远距离货物集疏运、内地与香港中转物流基地。此外，为各金融机构提供安全、高效、可靠及专业化的金融后台业务服务，处于平湖街道的华宝农场金融产业服务基地将发展为深圳、港澳金融产业的后台集聚地。”

事实上，处于深圳边缘地带的平湖街道，位于深圳与东莞、龙岗区与宝安区的交界处，在民间有“飞地”之称，交通受阻便是不少人热议的焦点之一。

按照世界物流业发展的普遍规律，通常而言，物流园区是政府从城市整体利益出发，顺应物流业发展趋势，实现“货畅其流”，在郊区或城乡边缘带主要交通干道附近专辟用地，通过逐步配套完善各项基础设施、服务设施，提供各种优惠政策，吸引大型物流（配送）中心在此聚集，使其获得规模效益，从而降低物流成本。

平湖物流园区的建设与发展，也正是在上述背景下一步步起来的。

1998年，深圳市提出建设成区域性物流中心城市，同年，龙岗区平湖物流基地宣告成立。作为全国第一个由政府运行建设现代物流基地的范例，作为中国物资流通协会确认的全国第一家“物流试验基地”，平湖物流基地从诞生之日起就备受各方瞩目。

资料显示，龙岗平湖物流基地（物流园区）是深圳市6大物流园区之一，是唯一的综合性物流园区。平湖物流园的首期开发，是按照国内与国际物流并举的方式。当时平湖物流基地就想搞成一个以物流为龙头的新型开发区，把物流产业作为龙头产业，同时带动批发、商贸、房地产开发等一系列内容。但在当时，平湖物流园区显然并没有上升到这个层次，而且也难以有可以借鉴的经验。

据介绍，1998年12月30日，平湖物流基地开始建设，到1999年8月，该基地被中国物资流通协会确定为国内第一个物流实验基地。与之相反的是，在2002年之前，已经成立4年的平湖物流园区一直缺乏项目，基本上处于闲置状态。从某种意义上说，于2004年12月投入运营的华南城（一期），才成为平湖物流基地发展中的转折点。

不过，“物流重镇”也不无困扰，曾经的规划定位到了新的阶段，有成为发展掣肘的可能。

深圳平湖片区物流业内人士陈功认为，从平湖的地理位置和交通路网来看，这些年里的平湖，一直处于“被掐死”的局面。“从地图上，平湖地处深圳的中部地区，往东扩展，受东莞市凤岗镇的牵制，区域扩展能力十分有限；另一方面，无论是通往深圳市区，还是通往龙岗中心区，平湖的这两条道路都在不同时期内存在着收费现象，这大大影响了居民的工作生活。人流的缺乏，随之带来物流和资金流的缺乏，最终影响到平湖片区的竞争力。”

平湖早年发展肩负的是“为特区发展服务”的使命，是“处于被动”的。如今的平湖街道亦非当日能比。据悉，近年来，制约平湖发展的城市路网建设取得重大进展，一批重大投资项目已经落户平湖，原定位的仓储物流要向高端物流转变，平湖物流重镇迎来发展新机遇。

代表着国际化现代物流业的海吉星国际农产品批发市场已经开张，正成为片区的一张新名片……

（本文发表于《南方日报》2012年12月12日，有删改）

转型背景下的平湖镜像

文 / 唐毅

与改革开放前 30 年的发展方式迥异的是，珠三角东岸基层镇街综合转型不再仅仅依靠自下而上的民间自发式、粗放式的城市化，而在于基层政府联手企业界和整个社会的积极力量，通过重新整合资源尤其是盘活存量土地，掀起新的一轮城市化浪潮。

包括深圳平湖在内的珠三角众多镇街群体，从 2008 年国际金融危机爆发之后进行了转型升级战役，连连发力但依然不无危机——从横向看，广东珠三角先行发展地区的传统镇街发展状态不一，东莞的某些村镇更是出现了“希腊化”的情况，并得到了各级领导的密切关注。

转型时代背景下的平湖，遭遇的发展难题既有珠三角镇街的共性困局，也有平湖自身的个性难题。无论如何，这个基层镇街开始站在新的起点，以新的姿态起跑。

实施大项目带动战略，企业转型升级的样本迭出，社区经济发展向好，深圳平湖采取的多重战略助推综合转型，在转型升级的攻坚时期显示出一幅独特的镜像。

企业之变：从污染大户到减排先锋

深圳与东莞交界处，大水坑收费站的一侧，曾经不时冒出黑烟，连里面的员工在厂区都要撑伞防止烟尘凝固物腐蚀衣物。这一让当地居民揪心、不断反映的难题，如今悄然改变。

在过去数年时间内，龙平路一侧一家名为“钰湖电厂”的企业，成为当地政府与居民的一大难题——这一切源于企业伸向天空的两根大烟囱排出的黑色烟尘。相隔几公里外的社区居民说，以前下雨的时候，从树叶上掉下的黑色不明物质把自己座驾上的白漆都给腐蚀了。

这也得到了企业方面的证实。钰湖电厂有关负责人介绍：“以前厂区的树大多是干枯的，原来我们厂区也不种草，因为草都死了；当时，为避免那些黑色腐蚀点对衣服、皮肤的损害，电厂的员工在园区内都得撑伞……”

如今这一切悄然改变。“没有消息就是好消息，周边居民没有投诉了，这证明了我们的成效”，深圳钰湖电力有限公司总经理张燕东介绍，在上级有关部门的指导和支持下，钰湖电厂成功进行转型升级，彻底告别让居民烦扰、投诉不断的“重油时代”，如今已经完成油改气，并成为深圳市第一家用上西气东输天然气的电厂，彻底解决了烟尘排放难题。

如今的平湖钰湖电厂，烟囱上方已经不再烟尘漫天，取而代之的是白色的水蒸气。环绕企业四周和内部运行的重点地带，地面整齐干净，绿树、青草在厂区内亦郁郁葱葱。

在厂区内，一个极富意味的现象是：数年前，使用过的重油燃烧设备即将撤出；而新装的天然气相关设备，则已开始运行。

这是两个“时代”的缩影，也是钰湖电厂彻底告别“重油时代”的情形。据该企业负责人介绍，如今他们迈入天然气时代，由过去的燃油发电改为燃烧天然气发电，在节能减排的同时，实现了清洁发电。

“由于实现低氮燃烧，目前电厂二氧化硫和粉尘已实现零排放。氮氧化物从原来烧油每立方米400毫克降到了20毫克，远远低于国家标准，也远远低于省里的环境排放标准（50毫克）”，该企业有关负责人介绍说，二氧化碳减排了约77万吨，这相当于减少了20万辆小汽车的排放量。

深圳市龙岗区发改部门、平湖街道有关负责人对此表示，钰湖电厂的转型升级，具有节能、减排和循环经济等三大特点。曾经的“污染大户”使用天然气发电，是平湖企业在“节能减排”大背景下的一大举措；机组的转型升级，实现了企业、居民、社会等多个层面的共赢。

在钰湖电厂成功转型的同时，平湖辖区内的一大批企业都迈上了转型升级步伐：新木盛低碳产业园，成为深圳市产业转型升级的标杆之一；文鼎、启华等来料加工工厂转型升级为拥有自主品牌的创新型企业，在国内外市场上极具竞争力……

从一个厂到一个公司，别看只是称谓上的小小改变，实际上企业自身完成了一次彻底的转变。单从这一案例来看，从小处言，这对于解决平湖当地居民生活难题有极大帮助；从大处讲，这是优化片区投资环境、实现经济转型升级的必然要求。

社区谋新：高端优质企业纷至沓来

位于凤凰大道一侧的一个小区内，多栋楼房整齐划一，服务管理井然有序，社区文化有声有色，这个名为平湖凤凰新村的居民统建楼，成为深圳市原居民群体集约用地、支持社区经济发展的典范。

各级领导密集赴平湖社区调研的背后，正是基层社区转型发展的时代大题。从负债1.5亿元的穷村，转身成为拥有存款近亿元、股民人均年分红超过2万元的强村，深圳市龙岗区平湖街道平湖社区在10年间的变化，从波谷到波峰的社区复兴，映照的是基层社区经济发展之路。

平湖街道党工委书记黄惠波认为：“在经济转型发展、社会建设的大背景下，只有通过政府的靠前服务、靠前行动，去发现和培育社区发展的动力，才能让社区走上跨越式发展道路。”

在珠三角社区经济发展面临较大压力的背景下，平湖社区经济同比却稳步增长。“这是我们多届社区班子打下的坚实基础”，在平湖社区党支部书记刘建基看来，社区经济的稳定发展得益于较早从单一出租经济向“工改商”、产业升级、吸引高科技企业、逐步增加多元化投资等一系列策略转变。

平湖社区的生动场景，正是及早谋划集体经济转型发展的结果。2006年以前，平湖社区共有“三来一补”企业约 90 家，成为当时社区经济收入的主要来源，目前多数“三来一补”企业成功转型或已被高端、优质企业所取代。面对社区转型发展，平湖社区主动转变发展方式，采取土地入股合作方式，先后与开发商合作建设了凤凰商业广场、大皇公商业中心等大型商业合作项目，后者成为平湖片区首个大型商业购物公园，并让社区成功阻击了全球金融海啸的直面冲击。

依托发展方式的转变，平湖社区的集体经济实现了跨越式发展，凤凰商业广场每年可让社区增加 600 万元集体经济收入，并将分阶段递增，50 年后将无偿收归社区所有；大皇公商业中心则让社区增加年收入约 600 万元，15 年后将全部收归社区所有，到时仅此项目的年收入将达 2000 万元。

目前平湖社区继平湖旧村改造项目后，将相继推出两个城市更新项目，将有效地改善居住环境，提升片区综合价值。

重大项目：壮大社区经济　转型高端产业

众所周知，平湖片区作为改革开放的先发展地区，产业低端低质的问题也较为突出，推动产业转型升级的任务十分繁重。面对条件资源的严重制约，平湖街道 2012 年初提出了以大项目带动片区产业转型发展的思路。

以华南城、海吉星国际农产品中心等为代表的重大项目的落户，给平湖带来了一个全新的发展课题——街道、社区的更多管理服务资源必然需要向大项目倾斜，同时能否通过主动依托大项目的发展而壮大社区经济，实现产业高端转型呢？

在深圳市龙岗区平湖街道，白坭坑社区的果断转型，就是依托“大项目带动战略”发展起来的。

海吉星落户平湖后不久，平湖街道就选取白坭坑作为社区经济转型发展试点，依托海吉星的辐射带动，以服务配套物流园为抓手，对物流园周边的厂房、物业进行升级改造，为物流园提供农副产品加工配送、仓储、生活配套等服务，已改造物业面积约 10 万平方米，目前正主动将社区全境委托给物流园区统一规划，积极探索社区与产业园区融合发展的道路。同时，积极推进基本农田改造，鹅公岭和白坭坑片区改造项目已经开始施工。

实施大项目带动战略与加快推进社区转型发展相伴相生。承接现有高端产业的辐射带动，成为社区一级经济发展的重要着力点。在白坭坑社区初尝甜头之后，平湖街道要求各社区加快规划承接园区发展的次产业圈，以为园区提供生产性、生活性服务配套为重点，实现与园区共同发展。产业园区周边社区，要结合产业园区的功能特点，早预测、早研究、早规划、早启动与园区的配套发展问题。

华南城作为平湖街道最早建成、最具影响力的大项目，如何充分发挥其带动辐射作用，

◇海吉星农产品物流园开业，带动了白坭坑社区经济的转型发展（摄 / 陈建平）

成为平湖的另一课题。在一份详细调研报告中，平湖街道人大工委课题组认为：“推动华南城做大做强并依托其资源条件带动发展，是平湖片区产业转型升级的重要路径；一旦实施，有望对平湖片区产业转型升级产生巨大带动作用，对平湖片区城市环境优化改善产生巨大融合作用，对平湖片区实施大项目带动战略产生直接示范效应。”

从更为开阔的角度而言，平湖片区周边有华为科技城、观澜高新产业园，通过政企联手，华南城运用自身的产业优势和差异化发展战略，完全可以依托现有产业基础和区位优势做大做强，打造成高端新兴产业的孵化基地，成为整个珠三角地区产业布局的重要补充和区域经济发展的新引擎。

整体战略：经济增量的质量与速度并举

就一个基层镇街而言，无论是经济产业的转型升级，还是镇街整体的综合转型，都绝非一朝一夕之功。资深观察人士认为，就珠三角东岸的镇街产业形态、企业运营者特点而言，平湖等镇街转型尤其不容易。

以往的数据就显示了转型的沉重背景：经过 30 余年的发展，平湖街道目前已经形成了以第二、三产业为主导的产业结构，但第二产业多为低端企业，缺乏核心技术和自主品牌，普遍具有低质、低效、粗放、关联度差、低竞争力的特征，面对日益激烈的市场竞争，抗风险能力弱，具有发展的不可持续性，若不及时转型，随时可能陷入危机。

显然，这是一个街道在转型升级中的突围决心和深刻的危机意识。事实上，转型发展已经成为龙岗区平湖街道最核心的命题。

从单方面追求发展速度，到重视经济增量的质量与速度并举，这是平湖街道的最新变化。他们严格执行项目准入制度，对拟引进的产业项目从产业政策、环境保护、科技含量、投入产出、财税贡献等方面进行科学、严格地筛选把关，着力引进一批科技型、环保型、附加值高的招商项目，提高招商引资质量。

（本文发表于《南方日报》2012 年 12 月 12 日，有删改）

再造磁场破题产街融合

文 / 唐毅　刘星廷

入驻企业已有 21 家，涵盖 LED、太阳能、高端电子等行业，还有部分处于孵化阶段的创新性企业，作为深圳首家低碳产业园区的新木盛低碳产业园区，目前逐步形成有别于传统经济的特色园区发展模式。

与新木盛园区相对应的白坭坑社区，已经初尝大项目带来的甜头：国际农产品物流园的落户和运营，为社区产业转型发展带来了历史性的机遇，如今白坭坑社区综合党委书记罗仲文，正在考虑的是整个社区的“综合规划”。诸如此类的新现象，正出现在平湖街道。

当前，转型升级工作成为全省上下的主要任务，如何打好转型升级这一仗，对于基层有着至关重要的作用。在龙岗区委、区政府出台《关于进一步加强经济工作的若干意见》的背景下，平湖街道正逐步告别传统镇街粗放发展模式，开始打造街道与社区两级联动的发展战略，探索“产街融合”路径，加速全街道的转型升级。

系列制度出台：挂点社区和企业　力防经济“希腊化”

平湖街道这一基层组织建设的主题，实际上针对的正是基层社区的转型发展大命题。与“一对一”式的引导基层社区转型发展相类似的，还有平湖街道建立的“街道领导联系重点企业制度”，街道领导带头挂点社区和企业。

“在社区经济发展工作中，有的居民小组经济组织我行我素、随意决策，造成了社区经济和居民的重大损失”，针对珠三角个别地方出现的社区经济发展问题，防止社区集体经济“希腊化”，深圳市龙岗区平湖街道出台“一扩建、一整顿、四提升”等系列举措，推动基层党组织的建设，从而带动社区经济发展。

针对东莞部分村（社区）借债分红问题，不下决心转型，有些村可能会变成东莞的“希腊”。日前，为防止社区集体经济“希腊化”问题，促进基层社区健康稳定发展，平湖街道在落实中组部《关于在创先争优活动中开展基层组织建设年的实施意见》和省、市有关会议精神的基础上，将 2012 年的基层组织建设年的主题确定为“一扩建、一整顿、四提升”。

平湖街道这一基层组织建设的主题，实际上针对的正是基层社区的转型发展大命题。“一扩建”具体内容为，针对该街道 34 个有经济实体的居民小组进行摸查，有 3 名以上党员、有场地、有合适党支部书记人选的，要成立党支部；条件暂不成熟的，要成立党小组，实现居民小组一

◇白坭坑海吉星食尚港规划效果图（供图／白坭坑社区）

级党组织组建率达到 100%；“一整顿”则是整顿党组织班子软弱涣散、经济转型推动缓慢等后进基层党组织。

值得注意的是，在平湖街道开展基层组织建设年活动中，明确要求“街道党工委委员联系一个后进基层党组织”，“负责联系的街道党工委领导每周至少深入联系点 1 次，了解情况，指导工作，督促整改”。

与这种“一对一”式的引导基层社区转型发展相类似的，还有平湖街道建立的“街道领导联系重点企业制度”。

平湖街道日前建立街道领导联系重点企业制度，为辖区内的 43 家产值超亿元的企业做好重点服务、解决各类难题。出台这一系列加强转型升级的制度，就是要进一步转变政府职能，搭建顺畅沟通平台，创新主动服务机制，提升服务水平，做好重点企业的服务工作，切实帮助企业解决生产经营和项目建设中遇到的困难和问题。为企业服务，就是为自己服务。

联系服务制度已建立，每位街道领导分别与数家辖区重点企业结成联系服务对子，街道党工委书记等主要领导带头挂点社区和企业。

建立街道领导联系重点企业制度，就是要通过强化企业服务，加强政企沟通与了解，积极为企业排忧解难，增强企业投资信心；依法维护企业和企业经营者的合法权益，让企业经营者

◇基础设施建设的加快促进了产业转型升级，图为华南城片区便捷的交通（摄／陈建平）

能够把主要精力投入到发展生产和提高效益上来，为平湖经济发展做出应有贡献，建立联系服务、调查研究、分类指导、工作例会等多项制度。

“两级联动”战略：社区与街道共促“产街融合”

广东省综合改革发展研究院执行院长、广东商学院教授徐印州认为：“如果说平湖街道是珠三角地区传统镇街的转型样本的话，那么白坭坑社区就是平湖街道的典型样本。在曾经的第一轮发展中，白坭坑依靠的是土地、廉价劳动力等要素，在如今新一轮转型发展中，社区依赖的路径完全不同了，用规划、大项目等来带动整个片区的发展。”传统经济发展模式与经济结构，是长期以来积淀的结果，转型升级则意味着要打破这一既有格局，这毫无疑问需要更大的勇气和智慧。“转型升级必须勇于创新，转型升级的本质是创新，其过程就是不断创新。”

如何创新发展思路，充分调动基层社区参与转型升级的主动性，是眼下转型发展的基础性命题。平湖街道对此不无思考和实践。

从边缘角落到“不夜城”，白坭坑社区之变，正是大项目落地运营后、街道与社区共同谋划转型发展的缩影。白坭坑社区综合党委书记罗仲文说：“区里有关部门、街道领导和职能部门对于社区发展的支持，是社区转变发展思路的重要原因。搬个厂房、建个货仓就是转型升级？我们可不这样认为。真正围绕片区功能定位，用规划来引导、来统一社区的综合发展，这才是我们所需要的。"该社区目前正准备邀请规划团队和专家对社区进行重新定位、整体规划。

这一思路，正是在眼下平湖街道不同片区、园区的特色发展背景下形成的。2012 年 5 月平湖街道出台的《平湖街道进一步推动产业转型升级实施意见》显示，按照园区的产业定位和产业导向，做好园区范围内和园区未来拓展区的详细规划设计工作——“白坭坑社区全境作为海吉星农产品物流园的拓展区和辐射带动区”。

充分调动社区的转型动力，通过转型升级逐步实现产业与街道的深度融合，这是平湖近年来转型升级系列文件的总体思路之一。

以加快推进高端新兴产业集聚发展为例。平湖街道将按照园区产业定位和规划，配合相关职能部门做好平湖高端新兴（金融）产业基地、鹅公岭战略新兴产业园的招商引资工作。在两大高新产业园区重点引入资金技术密集、高科技含量、高辐射带动能力、高产品附加值的高端新兴产业。

同时，按照“大项目—产业链—产业集群”的思路，以两大高新产业园区为核心，以产业园区龙头企业为动力，在产业园区辐射半径范围内预留规划次级产业圈和承接配套拓展区，拉长前后端产业链，形成以园区为轴心、自由向外拓展辐射的带动效应，以此实现快速提升平湖片区整体产业业态水平的目标。

而在整合旧工业区上，平湖街道计划“以四大产业园区为主轴，以项目招商为抓手，渐次推进四大产业园区外围旧工业区旧厂房旧村整体改造升级”，使改造升级后的产业空间与产业园区融为一体，成为产业园区的一个重要组成部分和功能承载区，构成一个更大范围、更大关联性的开放式新型产业园。

让社区参与高端新兴产业园区建设，分享高端新兴产业园区收益，最终实现社区利益与园区利益、街道整体利益的互动统一，这是平湖在转型升级中的一大原则。

蓄势待发：“平湖磁场”重振片区竞争力

与 30 年前自发式城市化不同的是，包括深圳平湖在内的珠三角城镇群，在转型发展中开展的此轮“再造”行动和城市化，注定是政府主导、社会共同参与的巨大实践。

重振平湖片区竞争力，绝非城市建设的推倒重来，而是包括产业引进、人才集聚、营商环境、社会治理、服务配套等一系列事关全局的综合作为。

深圳平湖片区最大的旧改项目——龟地禾虾岭（鼎宏融湖世纪一期融湖中心城），近日成为人们关注的焦点。这是平湖片区通过加快旧改步伐、着力提升整体人居品质的有效之举。

在龟地禾虾岭旧改项目之外，众多城市更新项目不断接力：平湖街道对旧墟红朱岭片区更新项目采取领导包干制、工作常态化，目前取得显著成效；上木古旧村的平吉上苑更新项目，预计年内将开工建设……

深圳新近出台的轨道交通规划显示，平湖片区拥有轨道交通已经不再是遥不可及的梦想——未来在平湖片区的轨道交通既有城内公共交通，还有连接深莞一体化的城际交通。就片区交通而言，最新数据显示，平湖街道在建拟建项目共有 14 条主干道、23 条次干道及支路、1 个交通枢纽中心。主干道中，有 9 条正在施工建设，其中，平大、平吉、清平二期、嘉湖路、富康路、科园西路和平安大道部分标段 2012 年底建成通车，其余 5 条主干道正在有序推进前期工作。

最终能否打造“平湖磁场”，最重要的环节取决于片区的营商环境与服务配套。

凤凰山国家矿山公园一期已通过国土资源部验收，二期登山道（含守真园）已完成施工招投标，现准备签订施工合同及报建工作；平湖人民医院装修改造工程基本完工；生态园改造已完成施工图设计；平湖文化中心维修项目已开工建设；罗山公园项目已完成设计招投标工作。

诸多经验表明，城区再造不仅仅是产业经济上的，更是包括整个政府公共服务体系和治理理念。让政务效率提速、推进体制创新和职能转变，正是深圳平湖等基层镇街需要补充的短板。

对于平湖片区的再造，影响更为深远的是深圳市、龙岗区、平湖街道三级政府发展与治理思路的共性与差异问题，倘若上下齐心、目标一致，将能使片区活力得到大释放，大举增强区域发展的动力。

龙岗区区长姜建军认为：“平湖的现状非常像几年前的‘前海’，平湖街道要利用好区位优势，主动对接深圳中心城区，打通交通动脉，不等不靠，继续抓好配套设施建设、城市更新、环境提升、招商引资、土地整备等工作。”

（本文发表于《南方日报》2012 年 12 月 12 日，有删改）

探寻平湖社区转型动力

文 / 唐毅

从负债 1.5 亿元的穷村，转身成为拥有存款近亿元、股民人均年分红超过 2 万元的强村，深圳市龙岗区平湖街道平湖社区在 10 年间的变化，从波谷到波峰的社区复兴，映照的是基层社区经济发展之路。

探寻社区经济及社区全方位综合转型的动力和密码，平湖社区可成为一个生动的基层范本。

“平常在凤凰山公园内总有四五拨居民在练太极，社区活动室内居民也忙个不停，有的津津有味地制作纸龙，有的三五成群搞文体活动，这种生动的场面、这种社区的形态不是人为地造出来的，而是社区内自发形成的氛围。”对于平湖社区的转型发展，平湖街道党工委书记黄惠波认为，“在经济转型发展、社会建设的大背景下，通过政府的靠前服务、靠前行动，去发现和培育社区发展的动力，让社区走上跨越式发展道路”。

转型发展的典范社区

“这是社区居民节约土地、自我管理、自我完善、转型发展的典范”，龙岗区平湖街道有关负责人如此表示。

“平湖社区利用非农建设用地建立起凤凰新村这样的项目，节约用地，珍惜宝贵的土地空间，这就是科学发展，全区其他社区应该向平湖社区学习！”

据了解，这个被认为是节约土地典范的新村，用占地面积 5 万平方米的土地，解决了 816 户 2150 人的居住问题。有观察人士评价，更为重要的是，原村民群体通过这一形式，保持着文化传统，有利于其形成共同体，实现自我管理、自我服务。

平湖社区凤凰新村成为焦点，是该社区经济发展的“方法论”使然。在过去 10 余年里，平湖社区从 1999 年负债 1.5 亿元的穷村，到 2011 年一跃成为拥有银行存款近亿元、股民人均年分红超过 2 万元的社区。

尤其值得一提的是，平湖社区较早从单一出租经济向“工改商”、吸引高科技企业、逐步增加多元化投资等一系列战略转变，这是该社区经济转型发展的历程。

不断壮大的社区经济，迅速反哺到社区建设之中：统建上楼的现代化小区凤凰新村让社区居民怡然自得，停演 40 年的平湖刘氏纸龙舞“重出江湖”成为社区文化灵魂，社区农贸市场通过 2012 年初投入 60 万元的改造整治焕然一新，建筑面积达 8000 多平方米的社区文体中心已经建成使用……

经济发展的“平湖社区方法论”

“这是我们多届社区班子打下的坚实基础”，社区经济的稳定发展得益于较早从单一出租经济向“工改商”、产业升级、吸引高科技企业、逐步增加多元化投资等一系列战略转变。作为社区经济发展中的最大资源，土地的高度集约化利用，成为了社区转型发展的重要载体。

借力资本壮大社区经济，努力实现集体经济多元化发展，这是平湖社区的发展密码之一。

从龙岗区平湖街道获悉，按照深圳市、龙岗区两级的发展要求，在平湖街道的推动和支持下，平湖社区主动转变发展方式，加快经济转型力度，经济收入来源从过去的完全以出租厂房及结汇分成的“三来一补”企业，转变为“工改商”或利用产业升级吸引高科技企业，并逐步增加投资、服务、管理等实体经济。

“平湖社区早年建成的大皇公商业中心，就是整个平湖片区最早的商业项目！”平湖社区综合党委书记、工作站站长、股份公司董事长刘建基介绍说。

依托发展方式的转变，平湖社区的集体经济实现了跨越式发展。资产、资金、资源，被该社区认为是谋求转型发展的重要的“三资”；作为社区经济发展中的最大资源，土地的高度集约化利用，成为了社区转型发展的重要载体，大大拓展了社区发展路径与空间。

据了解，自 2006 年开始，平湖社区就采取土地入股合作的方式，先后与开发商合作建设了大皇公商业中心、凤凰商业广场等大型商业合作项目。大皇公商业中心成为平湖首家大型商业购物公园，使股份合作公司首先避过了全球金融海啸的正面冲击，为社区进行产业调整增加集体收入迈出坚实的一步；建筑面积 7 万平方米的平湖凤凰商业广场每年可以让社区增加 600 万元集体经济收入，并分阶段递增。

引导“三来一补”企业转型，引进高科技产业企业是平湖社区产业结构调整的另一路径。2004 年平湖社区共有企业 62 家，2008 年以来，40 家“三来一补”企业已成功转型或被高端、优质的企业所代替，不仅促进了辖区经济发展，而且对社区人口结构与素质的提升带来了积极的影响。

2012 年 1 月至 6 月，平湖社区集体经济收入 2235 万元，比上年同期 2183 万元增加 52 万元，约增长 8%。据介绍，目前该社区利用旧宿舍与华侨医院合作，这将给社区带来新的经济增长点。刘建基还透露，社区股份公司抓住辖区某企业正在筹备上市的契机，与其商谈用土地作价入股事宜，并组织社区班子考察惠州购买土地以拓展集体经济发展空间。

经济发展背后的议事规则

社区经济发展的诸多事项，都是通过社区班子民主讨论、村务公开等系列程序进行的，平湖社区的这些“议事规则”，正是该社区经济持续、稳健发展的动力。平湖街道有关负责人认为，近10年来的长足发展，正是由于平湖社区带头人的责任感与使命感、社区班子的民主议事机制使然。

值得一提的是，综合转型发展让平湖社区的党组织和班子深得居民信任。平湖街道党工委组织部有关人士介绍，该社区班子团结有力，积极推进社区产业转型升级，开展社会管理创新工作，战斗力和凝聚力不断增强，显示出社区稳定发展与基层党建相互影响、相互促进的规律。

十几年前，当不少社区争相卖地的时候，平湖社区已经认识到了土地的珍贵，定下了节约利用土地的方针大计，找人合作代资，建起了30万平方米的富民工业区一区和二区，先后为社区集体赚下了50余万平方米的物业。

与此同时，这还要归功于领导班子的公心和让居民参与的意识。在向上级领导汇报社区工作时，刘建基讲述的一个细节让不少人感喟不已——在凤凰新村建设之时，为了使整个社区工程透明化，连地面瓷砖，都是组织村民代表去佛山陶瓷企业挑回来的。

平湖社区注重民生建设。早在2008年，社区成立教育基金，对学习成绩突出的社区居民子女进行表彰奖励，多年来共发放各种奖励合计94万元；为鼓励社区居民积极就业，凡是社区居民到工厂企业工作，工资还没达到最低工资标准的进行就业补贴，每年社区股份公司投入接近40万元；对社区170名65岁以上的老人，除股份分红外，社区给予其每人每年1500元的生活补助；为更好地解决居民就医难问题，社区利用自有宿舍帮助实施深圳华侨医院的扩建工程。

平湖社区注重基层组织建设。2011年6月，平湖社区综合党委正式挂牌，深化党务公开，对社区集体经济管理信息公开，群策群力促进发展。2012年，该社区还新建成了深圳华侨医院党支部党员活动中心，“两新”组织党组织实现全覆盖。由于充分发挥了党委战斗堡垒的先锋模范作用，党委的战斗力和凝聚力不断增强，社区班子得民心，社区及街道中心工作均得到了顺畅的推行。

（本文发表于《南方日报》2012年10月31日，有删改）

平湖产业的今昔与未来

文 / 唐毅

光荣岁月：现代商业文明和改革开放先行者

平湖的现代工商业、现代文明的发展壮大，与一位从平湖走出去的乡贤密不可分。作为香港 20 世纪初的华人领袖，刘铸伯原籍就在平湖。

刘铸伯历任香港华商总会主席、香港宝安商会会长等职，在 1910 年左右，他回到家乡平湖，这位曾求学英国牛津大学、颇具国际眼光的商界领袖，在平湖火车站附近开始了建设新平湖的计划。

自 1915 年开始，刘铸伯带来了香港规划设计师，投资建设平湖新墟，在广九铁路旁建成念妇贤医院、纪劬劳学校、振兴公司、昌裕公司、大新织造厂等，改善了宝安、惠阳、东莞的经济民生、文化教育状况。

这是外资进入深圳地区、发展现代化事业的开端。在平湖，圩镇基建及配套设施得到大大改观和提升，一座拥有医院、学校、工厂、街铺及火车站的新型圩镇诞生了。刘铸伯在开启平湖现代工商业文明的同时，客观上也促进了深港之间的联系和往来。

长期报道和记录平湖的媒体人士肖文忠认为，奠基了平湖工商业的刘铸伯，让平湖与香港的联系紧密，工商业有发展基础，这成为平湖在改革开放之初先行发展的因素之一。肖文忠了解到的一个细节便是，改革开放后不久，由于平湖火车站属于内地打工群体来深圳的第一个站，劳动力成本低廉、再借香港籍投资商东风的平湖一度成为远近闻名的“不夜城”。

改革开放以来，平湖经济一直领先于周边地区，发展成为当时的经济核心区域。这与世界范围内的产业转移息息相关。20 世纪 80 年代中期及 90 年代，亚洲四小龙的加工制造产业渐次转移到我国珠江三角洲地区和长江三角洲地区，加快了我国两大三角洲经济发展，也让平湖的城镇化大大提速。

1990 年，从学校毕业后来平湖镇物流办报到上班的陈功（化名），如今对平湖 90 年代的情形回忆说，“商贸业非常旺”。平湖街道新南社区退休干部老刘指出，坐落在平湖的晶都城酒店，建立于 20 世纪 90 年代，成为当时龙岗区的首批三星级酒店；可惜的是，如今这个酒店，在熙来攘往的平湖大街一侧，再也找不到当年的光彩。

毕竟，这依然是属于“三来一补”产业带来的辉煌。

◇华南城1号交易广场（摄／陈建平）

转型时代：危机与机遇

在陈功看来，属于龙岗区的平湖，与兄弟区的观澜一比，在近年来的发展态势下，高下立刻显现出来。

事实上，改革开放以来，平湖经济一直领先于周边地区，但进入21世纪以后，平湖的产业发展疲态逐步呈现。数据显示，2003年至2006年，平湖国内生产总值增长速度迅速下降，2006年已经降至10%左右，基本与全国经济发展平均速度持平，而此前最高时的经济增速远是这一数据的多倍。因此，如果继续沿着原来的发展道路走，平湖“被边缘化的风险”无疑将大为加剧。

自身的边缘化趋势，也已让平湖街道上下意识到深重的危机。不止于与深圳内部镇街的比较，平湖街道政经分析人士将平湖与东莞凤岗镇的比较，再度显示出平湖自身的危机。一份调研报告如此分析道：

以与平湖为邻的东莞凤岗镇为例，2001年凤岗重新定位城市建设规划，严格按照“城镇进圈、工业进园、民宅进村”的要求，以及“一网两区”和“一个中心多个支点”的发展思路，统筹凤岗城镇规划建设，加之凤岗生产经营成本较低、东莞镇域经济活跃，近年来凤岗经济持续高速发展。2006年，凤岗国内生产总值、财政收入等指标十分接近平湖，而按总人口计算的多项人均指标已超过平湖。由国家统计局2005年发布的全国综合实力千强镇测评结果中，凤岗名列第 43 位，而平湖的排名为第 273 名。

“三十年河东，三十年河西。”自改革开放以来的数十年里，平湖与凤岗这对珠三角相邻镇街的发展史，不禁让人唏嘘。

从平湖内在发展的动力来看，与珠三角东岸众多镇街相似的是，平湖长达数十年的传统发展模式，是建立在廉价土地和劳动力比较优势基础之上，但随着经济的发展和要素成本的提高，该模式对经济发展的推动作用不断减弱，对产业结构进行调整、加快产业结构优化升级已成必需之题。

在这期间深圳平湖先后提出了多种发展思路，并且在不断实践中对思路进行调校修正。在 2006 年，平湖提出“物流新城”概念；2007 年，又提出“打造高端服务业基地”；2009 年，发展目标定为“一个生机勃发、功能配套、设施完善的现代化、园林式、生态型物流新城和区域性金融新城”；2012 年 3 月，深思熟虑过后的平湖，着力打造“高端新兴产业园区、综合物流园区和高新技术产业园区”，希望将平湖建设成产业发达、平安和谐、环境优美、生态宜居的“产业新城”。

不断调校和修正发展方向，既是市、区产业发展主导权远高于基层镇街的深圳市情的现实反映，又是变革时代珠三角东岸产业转型升级的共同写照。

未来梦想：平湖的辩证法

在周边地区新一轮经济竞争的情势之下，平湖该怎么办？平湖应如何处理好物流产业与工业发展的关系？采取哪些措施促进产业转换，提高经济效益和资源利用水平？如何处理经济发展与环境保护的关系？这些都是平湖必须回答的紧迫课题。

平湖的发展命题，是珠三角地区的龙岗区在漫长工业化、城市化进程中艰难转身的缩影，同时也折射出在片区规划、产业定位等问题上，深圳市、龙岗区、平湖街道（此前的平湖镇）三级政府及相关经济部门在不同时期的思路的共性与差异。

在后大运时代里，平湖街道的转型升级大考，既需要街道层面的自身努力，包括对产业、城区规划的主动设计和参与，又亟待三级政府权责的进一步厘清。唯有如此，平湖的转型之考，才能在广东全省、深圳市转型升级大考中，显示其标本价值。

对此，平湖街道党工委书记黄惠波认为，回顾平湖的历史，平湖人最引以为自豪的就是改革开放以来得风气之先，工商贸发展比较早；但是平湖现在面临的最大困难和问题，恰好就是因为它发展比较早，规划比较落后、产业低端、城市标准比较低；可是我们再展望一下平湖的未来，又发现平湖未来的希望所在，恰好因为它现在存在的问题和困难，比如产业低端，那我们的转型升级就大有文章好做，城市规划落后、建设标准低，那么城市更新也大有文章好做。正是如此，平湖街道的“转型相对论”，从一个侧面勾勒出一段基层镇街的历史镜像。

因此，“重新定位”成为平湖此番转型升级的重要手段。

——重新定位发展的思路，就是要彻底摒弃平湖30年来依靠土地、资源投入带动经济增长的粗放发展模式，通过推动城市二次开发，促进城市环境和城市生态实现脱胎换骨的深刻变化，以此带动产业结构快速提升和发展方式快速转变，使平湖真正成为一个产业高端、城市高质、功能高级、民生幸福的现代化、生态型宜居都市区。

——重新定位发展的标准，就是要彻底扭转平湖就是一个小乡镇的“自我矮化”的传统观念，敢于想前人所未想，敢于做前人所未做，敢于把平湖作为“全市未来的前海”来规划建设，使平湖的城市规划和城市建设在二次开发中，从起步之初就与国际化、现代化接轨，真正发挥出“一体化示范区”的效应。

“一年一小变，三年一中变，五年一大变，十年彻底变”，这是平湖的自我要求。这个珠江东岸的典型镇街，其转型的希望，将给更多镇街以希望。

（本文发表于《南方日报》2012年12月12日，有删改）

第二节　平台之拓

（摄/唐永国）

平湖商会：团结业界力量　促进行业繁荣

文／陈建平

凤凰山西麓，双拥街东头，一幢现代、气派的银灰色大楼矗立在绿树掩映的街道旁，楼顶上书四个大字：平湖商会。大楼外凤凰大道车水马龙、热闹喧嚣，周边商业区店铺林立、人来熙往，而商会大楼内却安静异常，仿佛像一位见惯世面、阅尽浮华的绅士，不疾不徐地漫步于闹市之中，其脱俗拔群的气度使得自己也成为了都市中的一个靓丽符号。

深圳市龙岗区平湖商会成立于 1997 年 2 月 28 日，是深圳地区最早成立的基层商会之一。成立时只有 82 名会员，主要以在平湖投资的港商为成员。经过 16 个年头的发展，现已成为既有港资企业、社区股份合作公司，又容纳了众多成长性强的民营企业和大型商贸物流企业在内的开放型组织，会员更具代表性，经济成分更加多样化。到 2011 年 9 月 19 日平湖街道工商联（商会）第五次会员大会召开时，共有会员 280 人，选举嘉瑞集团主席李远发先生为会长。

应改革开放的大潮而生，依靠平湖镇委、镇政府的大力支持，平湖商会发动会员捐款借款，建起了被全国工商联副主席严克强称为“全国第一家设施一流的镇级商会大厦”。16 年来，平湖商会总是先人一步，多次荣获深圳市、龙岗区“先进商会组织”“优秀会员之家”荣誉称号。

龙岗区最早成立的镇级商会之一

1978 年以前，平湖的工业基础十分薄弱，仅有 1 家家具厂和几家小型土糖厂，厂房简陋，技术水平低，属于自产自销的乡镇企业经营方式。改革开放以后，平湖镇村两级开始平整土地、兴建厂房、开发工业区，引进由港商投资的“三来一补”（来料加工、来件装配、来样加工，补偿交易）企业，大力发展外向型经济。到 1990 年，平湖镇共引进“三来一补”企业 400 家，安排就业 5 万余人，全年共缴费收入 1.5 亿元，外向型企业产值占全镇工业总产值的 80%。

不少人惊叹，平湖人有着敏锐的市场意识，平湖就这么靠“筑巢引凤”发展外向型经济起步，在原宝安县时期率先实现了由农业经济向工业化的转型，掘到了改革开放的“第一桶金”，跃居原宝安县的工业大镇。

平湖得天独厚的地理位置，良好的投资环境，吸引着越来越多的港商前来投资办厂。但 1994 年至 1997 年前后，受多种因素影响，一些“三来一补”企业选择外迁。怎么稳定外资？当时的平湖镇政府先后召开不同形式的外商座谈会，认真做好服务工作，主动为企业排忧解难。

但是如何汇聚起群体的力量，特别是搭建起港商与政府有效沟通的桥梁，营造更好的投资

◇ 1997 年 2 月 28 日，平湖镇商会成立，时任平湖镇委书记曾泰康为商会揭牌（供图 / 刘碧深）

◇ 1999 年 4 月，时任中华全国工商联副主席严克强到平湖镇商会考察，对该商会给予了高度评价（供图 / 刘碧深）

◇ 1999 年 5 月 19 日，辅城派出所向商会赠送锦旗（供图 / 刘碧深）

环境？成立商会！让平湖的老板们有一个“家”，让他们在平湖投资办厂有一个“定心丸”。平湖镇领导的想法与港商一拍即合。

时年 73 岁的平湖商会创会秘书长、原平湖镇副镇长陈锦棠记得很清楚，当年他在镇领导位置上，认识了不少来平湖投资办厂的“有钱佬”，从实职上退下来之后，镇委主要领导让他负责组建商会的工作。他到处找老板们喝茶，被问得最多的是：“参加商会有什么好处？”陈锦棠总是笑笑：“好处多得很……”此后多年，他和他的继任者，用实际行动履行着当年的承诺。

在陈锦棠的联络下，平湖的商界“大佬们”反响踊跃，在洪庆章、梁兴台、张惠霞等港商热心人士积极组织和牵头运作下，1997 年 2 月 28 日，平湖商会正式成立。当日，在当时的平湖镇政府会议厅召开了由 82 名会员参加的全体会员大会，选举洪庆章、曾国才、陈锦棠、张惠霞、梁兴台、刘国和等 15 人为平湖镇商会第一届理事会理事，选举洪庆章为会长。这是继葵涌成立商会之后，龙岗区的第二家镇级商会。

为使商会工作正规化，陈锦棠作为第一任秘书长，组织工作人员陆续建立完善了《平湖镇商会章程》《平湖镇商会财务会计管理制度》等 8 项规章制度。由于工作出色，1997 年 8 月，龙岗区在平湖召开现场会，推广平湖商会办会经验，号召全区各镇商会向平湖学习。

商会为会员解决难题　会员积极招商引资

平湖镇商会甫一成立，就逐步拓展为会员服务的渠道。每两月，平湖镇商会就举办一次为期半天的理事会，商会负责人通报政府部门的新政策、新发展，汇报近期的工作。商会还定期邀请海关、消防、公安、劳动仲裁等等政府部门的负责人来商会做讲座，为会员投资办厂出谋划策。

平湖镇商会还先后办理了会员医疗证、出入当时的特区检查站的“优检证”等。特别是车辆进出特区的“优检证”，尤其受到平湖老板们的欢迎。陈锦棠说：“那时候通过沙湾海关都要下车检查的啊，我就找到了检查站的领导，跟他反复请求，他们就表示对平湖镇商会的会员给予优惠政策，办了 100 多张证，有这个证，出入海关就不用下车检查耽误时间了！”

此外，平湖镇商会会员的工厂遇到难题，总是会想到“娘家人”，比如山厦永利顺制品厂曾经有位员工，在厂内弄伤了腿，休养了 3 年依旧不上班，工资福利照拿，老板很是发愁。平湖镇商会负责人了解后，联络了公安、劳动部门负责人上门协商，劝说这名员工，第三天，这名员工便开始上班了。工厂老板对商会竖起大拇指：“三年问题半天解决！”

平湖镇商会如此为会员们着想，会员们也充分发挥自身影响，通过各种渠道宣传推介平湖，为平湖招商引资奔走出力。当时，平湖镇商会向全体会员提出为平湖“引进一个外商，引进一个项目，引进一笔资金”的倡议。

1997 年 10 月，平湖镇在深圳市五洲宾馆举行“鹏城名镇——深圳市平湖镇投资环境介绍会”，商会会员与近 1000 名海内外客商参加，市领导李广镇、黄丽满，区领导刘志庚等出席并做了讲话。会上签订了 5 项投资协议，协议投资金额超过 1.2 亿港元。

当年商会会员们就为平湖镇引进外资企业 13 家。10 多年来，商会会员们直接或者间接为平湖引进了 150 多家外资企业。

会员捐资 800 多万建起一流商会大厦

平湖镇商会成立后，一直没有自己的活动场所。1998 年 4 月，时任平湖镇委书记的曾泰康急商会之所急，亲自批示并在班子会上提出，由平湖镇政府划拨土地 4000 平方米作为平湖镇商会会所建设用地。

有地了，从哪里拿钱盖楼？这个问题并没有困扰平湖镇商会，按照设计，平湖镇商会会所建筑面积 3756 平方米，总投资约需 1400 万元。陈锦棠说，当时，商会会员们都非常慷慨，踊跃捐款，商会领头人洪庆章、孙启烈、蔡志明率先各捐款 100 万元。其他荣誉会长、荣誉副会长都是 20 万、15 万地捐赠，一下子就募集了 800 万元。

后来，装修等费用还差 600 万元，怎么办？陈锦棠想出一个办法——找商会会员无息借款，用商会房屋租金收入返还。很快，筹集的 1400 多万元资金到位。2000 年 1 月，平湖镇商会

◇ 2000 年 1 月 13 日，商会大楼落成庆典（供图 / 刘碧深）

大厦建成，这是一幢集客房、西餐厅、游泳池、大中小型会议室、展厅等设施齐备一流的会员俱乐部。

关爱公益路上永不停步

现今，走进平湖镇商会，荣誉室里的一面面锦旗，诉说着一个个动人的爱心故事。

1990 年，洪庆章先生于平湖中学独资设立“洪氏教育基金”，每年都出资数万元奖励品学兼优的学生；1998 年，平湖镇商会为长江流域遭受特大洪水灾害的灾区群众募捐的钱物超过 100 万元；1999 年 5 月，平湖医院“护士节”活动，平湖镇商会洪庆章、孙启烈先生向医院捐款 15 万元；1999 年 1 月，孙启烈、洪庆章、梁兴台、张惠霞等平湖镇商会负责人到平湖敬老院慰问老人，捐款 5 万元；1999 年 5 月，平湖镇商会到平湖镇四个派出所慰问民警，洪庆章、张荣添捐款 25 万元；2002 年，平湖镇商会发动会员为平湖“教育基金百万行”活动捐款 560 余万元；2008 年汶川地震，平湖商会发起“情系灾区，奉献爱心”活动，共为灾区捐款 800 余万元；2010 年青海玉树地震，平湖商会组织会员捐款 66 万余元，其中会员企业华丰隆玩具（深圳）有限公司、麦克维尔空调有限公司、金进制品厂各捐款 10 万元；年年“八一”，商会都会到驻平湖某部慰问子弟兵……

平湖商会通过各种形式出钱出力，开展帮扶老区、情系灾区、拥军支教、敬老助幼等关爱活动和公益慈善事业，受到社会的广泛赞誉，曾荣获“深圳市（1996—1998）光彩事业组织奖”。

（本文发表于《深圳晚报》2013 年 6 月 28 日）

平湖金融基地：畅想发展新时代

文 / 李岩　陈建平

深圳市金融产业后台服务基地 2006 年 7 月选址在平湖街道原华宝农场及周边地块，2007 年 11 月开工奠基，2012 年 8 月 7 日更名为深圳市平湖金融与现代服务业基地。根据市政府常务会议审议通过的深圳市金融产业服务基地规划，园区规划面积 224 万平方米，分三期建设，其中一期规划面积 112 万平方米，二、三期共 112 万平方米。

按照当时深圳市政府的战略部署，平湖金融基地将建设成为全市战略性新兴产业基地，形成深圳中部重要的金融与现代服务业标志性园区，重点发展新兴金融配套服务业、金融外包服务业、先进制造业总部、生产性现代服务业，辐射和带动基地周边（平湖）地区，成为金融与现代服务业聚集区、中心城市重要功能区、产业转型升级示范区、区域合作枢纽中心区。

随后，平湖金融与现代服务业基地建立了市、区、街道三级联动招商机制。2013 年 11 月 1 日，经龙岗区领导与市金融办协商，原则同意基地在原功能定位的基础上，扩大到可以引进先进制造业企业总部落户。2014 年 1 月 17 日，通过深圳市产业用地供需服务平台，基地一期推出 6 宗地块进行招拍挂，其中招商银行项目成功拍得其中两宗捆绑用地的使用权。

至 2014 年 5 月，市发改委共下达土地整备（含 5 条配套道路）投资计划 28.7 亿元，到账资金 21.07 亿元，完成支付 20.64 亿元。基地一期土地整备工作基本完成，已具备企业和相关机构的进驻条件；基地二、三期的土地整备及房屋征收工作正按计划推进，其中二期已签约 18 万平方米，占应征收建筑面积的 46%，三期已签约 7 万平方米，占应征收建筑面积的 19%，生态恢复区已签约 2.6 万平方米，占应征收建筑面积的 26%。设有山厦、良安田、大新南水门及金融基地二、三期辅城坳片区整村改造 4 个安置区，建设总用地面积合计 18 万平方米，建筑面积合计约 60 万平方米。

2015 年 3 月 6 日，龙岗区人民政府与前海管理局签订“深化区域合作框架协议”，涵盖金融服务、科技创新、制造业升级、基础设施建设等诸多领域，宣布将平湖金融基地、平湖西部工业园区打造为“前海后陆（平湖）拓展区”。双方商定：将采用“前海注册，两地经营”的形式，对互联网金融、信息服务、科技服务、文化创意、跨境电商、智能硬件、企业集团专业板块总部、科技型上市公司华南总部、中资跨国企业集团亚洲母厂或后方基地等行业门类中的重大项目和高成长性项目，积极引导其在前海深港合作区注册、主体部分在平湖拓展区经营，从而大幅降低企业运营成本，实现前海深港合作区经济总量的跃进式提升和平湖拓展区的跨越式发展。

面对机遇，平湖金融基地建设正在提速，目前已有招商银行、先进院育成中心等 14 个项目开工。基地正朝着建设以“金融 + 科技 + 总部”为特色的全市战略性新兴产业基地的目标迈进。

上市公司：平湖十五家企业风采

文 / 平湖街道经科办

15 家上市公司汇聚平湖，涵盖了物流商贸、农产品绿色交易和电子、塑胶、机电、精密压铸、酒店旅游用品、LED 照明、合成金刚石、高效节能电池等高端制造业。

深圳市聚飞光电股份有限公司

聚飞光电股份有限公司成立于 2005 年 9 月，是“国家火炬计划”重点高新技术企业、深圳市知名品牌企业、深圳大企业直通车企业，并被中国光学光电子行业协会光电器件分会选为 2009、2010 年中国 LED 最具成长性企业。2012 年 3 月 19 日，聚飞光电（股票代码 300303）在深交所正式挂牌上市。公司专业从事 SMD LED 器件的研发、生产与销售，主要产品为背光 LED 器件和照明 LED 器件。2011 年 1 月，中国光学光电子行业协会出具说明：聚飞光电目前是中国大陆生产背光 LED 的龙头企业。公司拥有专利 66 项，自主研发生产的 010 LED 器件获得“国家重点新产品”称号。公司产品具有节能、环保特点，符合国家产业政策。与主要竞争对手韩国、中国台湾企业相比，公司产品性价比高，能更好地满足客户需求。聚飞光电 LED 产品性价比突出，得到客户的广泛认可，已成为中国 LED 行业市场用户满意十大品牌之一。

系统电子科技（深圳）有限公司

系统电子科技（深圳）有限公司隶属于台湾系统电子工业股份有限公司，总公司创建于 1977 年，主要从事计算机外设、能源与光电产品的研发、生产、制造及销售，在东南亚及欧美各国均签有代理商，是目前国内最大的通讯测试仪表制造厂及在线测试仪的专业制造厂，其生产制造的计算机周边产品、不间断电源（UPS）及调制解调器等世界知名，是全世界第二大鼠标器生产厂家，1996 年 3 月在台北上市。总公司继在拥有位于台北新店等 5 处工厂和北京、香港、美国等分公司后，又在深圳平湖购置了 10.8 万平方米的土地，注入逾亿港币的资金建立一现代化工厂。系统电子科技（深圳）有限公司（即平湖厂），于 1998 年 3 月开始建厂，1999 年 7 月工厂竣工，并于 2000 年 1 月 22 日正式落成启用，现主要生产不间断电源、鼠标、对讲机等，拥有独立品牌“Agiler”。

明辉实业（深圳）有限公司

明辉集团（股票代码 03828）是国际领先的酒店用品及配件、航空用品、旅游用品以及身体护理产品综合型供应商。自 1980 年在香港创建以来，一直致力于为客户提供最优质的服务。2007 年成功在香港联交所主板上市，成为中国酒店用品供应商首家上市企业。

明辉的服务网络已延伸遍布亚太地区，总部设于香港，相继在深圳、北京、上海、大连、武汉、重庆、西安、马来西亚、新加坡、澳大利亚、印度等成立了分公司，并在广州、三亚、厦门、长沙、郑州、沈阳、青岛、成都等各个城市设立下属办事处，主要生产基地位于深圳平湖，总占地面积达 12 万平方米。

明辉多年来坚持多元化发展战略，2010 年，全资收购七色花公司，进军时尚休闲女性化妆品与饰品零售领域；同年，在香港成立“创新与发展护肤研究所”，专门从事化妆品的生产；2014 年，斥资打造近 1 万平方米的酒店综合配套中心，整合酒店行业内众多知名品牌，产品线涵盖整个酒店运营系统，旨在通过对供应链的整合，为客户提供专业、方便、快捷、省心的全方位增值服务。

明辉不断坚持创新突破，并于 2014 年 9 月 4 日，通过了深圳市龙岗区文化产业发展办公室的审核，成功申请成为第六批龙岗区文化创意产业园，积极打造集酒店用品产业、文化、展览为一体的酒店综合配套服务平台。

深圳市豪鹏科技有限公司

豪鹏科技有限公司创立于 2001 年，是一家集研发、生产和销售镍氢、锂离子充电电池、动力电源及储能系统为一体的清洁能源解决方案供应商。目前在深圳设有三家全资子公司，分别从事镍氢电池、锂离子电池、电源系统制造和设计业务；在广东惠州、江西赣州建成两个工业园，进行镍氢和锂离子充电电池的生产、废旧电池的回收循环利用、电池材料等研发和制造。

深圳豪鹏是香港豪鹏科技有限公司的全资子公司，隶属于豪鹏国际有限公司（NASDAQ: HPJ），于 2006 年在美国上市，是一家集镍氢电池研发、生产、销售为一体的国家级高新技术企业。公司研发实力雄厚，拥有完善的研发设施和由资深专家、博士等组成的研发队伍。电池及相关产品销售遍布世界各地，并占有 15% 的全球市场份额，主要市场包括欧洲、北美、中国内地以及港澳等多个国家和地区，是众多国际知名企业的指定供应商。

华南国际工业原料城（深圳）有限公司

深圳华南城成立于 2002 年 12 月，坐落于深圳市平湖物流基地园区，是集团总部所在地，于

2009年9月在香港上市。项目占地面积1平方公里，总规划建筑面积约260万平方米，总投资超过100亿元人民币，属深圳市政府“重点物流项目”“绿色通道项目”，自2003年开始连续12年被列为“深圳市重大建设项目”。项目一期商铺建筑面积约50万平方米，二期商务中心建筑面积170万平方米。目前正在进行的第三期建设，其中华南发展中心及集团总部大厦两座写字楼已于2012年底投入使用，3号、4号交易广场规划经营建材家具、汽车超市、Shoping Mall等。5号交易广场——华利嘉电子市场主要经营电子产业集群配件及制成品，已于2013年4月开业运营。深圳华南城公司2012年税收1.21亿元，2013年纳税总额1.57亿元。

南塑建材塑胶制品（深圳）有限公司

南塑建材塑胶制品（深圳）有限公司于1993年在香港上市（股票代码0713），1994年在平湖镇新厦工业区投资建立全资子公司。公司投资额达5.3亿人民币，注册资金3.3亿港币，总占地面积21万平方米，有员工600多名，各类专业技术人才210余人。拥有国际先进的PVC挤出生产线70多条，注塑机100多台，年生产能力超过10万吨；PE挤出生产线19条，注塑机17台，年生产能力超过4.5万吨；PPR挤出生产线6条，注塑机17台，年生产能力7600吨。公司可生产Φ16毫米—Φ1200毫米各种规格尺寸管材及管件。为了保障产品的质量，公司还花费巨资从美国、德国、英国购进先进的检验设备，并且建立完整的质量管理体系。公司已通过ISO9001国际质量管理体系认证、ISO14001环境管理体系认证、ISO18001职业健康管理体系认证，产品获得“广东省名牌”称号。

深圳市大西洋焊接材料有限公司

大西洋公司是由四川大西洋焊接材料股份有限公司、上海宝钢产业发展有限公司合资组成的国有工业企业，创建于1984年。公司位于深圳市龙岗区平湖辅城坳工业区，注册资金2100万人民币，于2001年在上海上市，年生产能力为5万吨。公司产品国内主要销往广东、海南、香港、澳门等地；在2012年出口总量达到8000多吨，产品出口到荷兰、立陶宛、墨西哥、印度、委内瑞拉、阿联酋、约旦、沙特、韩国、肯尼亚、泰国、南非、马来西亚、新加坡、菲律宾、印尼等30多个国家和地区。产品广泛应用于交通、能源、机械、建筑、冶金等领域，在国内外享有盛誉，被国内许多重点工程指定为专用焊条。

深圳市朗能电池有限公司

深圳市朗能电池有限公司成立于2007年7月，为香港上市公司飞毛腿集团（股票代码1399）

旗下的控股子公司，注册资本 3000 万元。朗能电池目前已形成方形电芯和圆柱电芯两大核心产品系列，日产能约 17 万只，电池封装日产能约 5 万只。产品涵盖了手机、笔记本电脑、电动汽车、电动工具和玩具等领域。朗能电池自成立伊始就高度重视技术研发工作，成立不到两年就建立了独立研发中心。目前拥有 40 人的研发队伍，其中本科以上技术人才超过 70%，硕士 5 人，深圳市认可的锂离子电池专家 2 人。除此之外，公司还与清华大学、中南大学等高校和科研机构展开合作。截至 2012 年底，公司已累计取得发明专利 2 项，实用新型 5 项 。

嘉瑞集团

嘉瑞集团于 1980 年在香港创立，2007 年嘉瑞国际控股有限公司于香港联合交易所上市（股票代码 822）。自 1986 年即开始于大陆珠三角地区的深圳和惠州先后部署旗下多个生产基地，是提供镁、铝、锌合金压铸及注塑的业内领导企业，为 3C 电子、汽车和家居等行业的全球知名品牌和本地领航企业提供从产品概念设计、模具设计与制造、精密压铸及注塑、数控加工、表面处理直至装配付运的一站式多元化服务。30 多年来，嘉瑞集团从一个几人的小公司发展成为在香港联合交易所主板上市，拥有多家下属企业，占地面积 27 万平方米，员工超过 6000 人，营业额 15 亿元港币的集团公司。2011 年，集团在美国设立销售分公司，开始布局全球销售网络。

深圳市中南金刚石有限公司

深圳市中南金刚石有限公司位于深圳市龙岗区平湖街道平新北路 164 号，注册资本 5470 万元人民币，公司占地面积 1.7 万平方米，员工 300 多人。公司为中国兵器工业集团中南钻石股份有限公司（属国有大型企业，为亚洲最大的超硬材料科研与生产基地）下辖的一家全资子公司，于 2013 年 9 月在深圳上市，主要以研究、开发及生产合成金刚石的核心原材料——粉体芯块材料以及宝石级大单晶钻石为主营业务，拥有自主知识产权。公司坚持以“宝石品质，技术创新”为指导，持续不断地对高品级人造金刚石单晶粉体材料进行技术开发和规模生产。经过多年的技术创新和市场开拓，公司的产品技术、生产规模和市场占有率在国内同行业处于遥遥领先地位，产品技术达到国际领先水平。连续多年为平湖街道“十大纳税企业”，为平湖的经济繁荣与发展做出了一定的贡献。

调谐电子科技（深圳）有限公司

调谐电子科技（深圳）有限公司成立于 2002 年 9 月，为日本独资企业，注册资金为 310 万美元，于 1983 年在日本上市，主要开发和生产汽车调谐器、汽车电子音响、高密度数字光盘机等光电信息处理电子类产品。该公司在汽车调谐器及汽车音响等电子技术领域，具有较强优势，产品技术含量高，性能稳定，除少量电子专用设备及高密度数字光盘关键部件外，其余均为出口产品。经过多年努力，其生产质量得到了各界认同，先后取得了 ISO9001、TS14949 及 ISO14000 等国际级设计及质量保证证书，成为本田、丰田、三菱等著名汽车生产企业的优秀供应商。

深圳威铨电子有限公司

深圳威铨电子有限公司于 2002 年 9 月 30 日成立，2005 年在台湾上市。创立之初，主要生产整流桥堆、二极管半导体器件，于 2008 年开拓新的低碳照明产业，全力布局绿能产业。产品包括室内外 LED 灯具、LED 光源、模板、太阳能灯具、风光储系统等，主要应用于各式道路、停车场、体育场馆等外部照明以及办公室、住宅、工厂等内部照明。太阳能 LED 照明系统则适用于日照充足、供电不易或有强烈绿能需求的地区。深圳威铨主要生产基地位于深圳平湖，总占地面积约 5000 平方米，总投资约 3205 万元，纳税额约 1553 万元。该公司获有 ISO14001、ISO18001、ISO9001 国际质量管理体系认证，与深圳茂硕、东莞东原、深圳勤基等存在长期合作关系。

深圳市海吉星国际农产品物流有限公司

深圳海吉星国际农产品物流园由深圳国有上市公司深圳市农产品股份有限公司投资建设，是深圳市政府规划的唯一的一级农产品批发市场，是国家发改委国债项目、深圳市重大建设项目、深圳市“十一五”规划重点项目。项目位于深圳市龙岗区平湖物流基地内，一期占地面积 30.3 万平方米，规划建筑面积 82 万平方米，投资总额 18 亿元，于 1997 年 1 月在深圳上市。

深圳海吉星于 2011 年 9 月 29 日正式启用，是深港两地 2200 万人口“菜篮子”供应的重要保障，项目功能分区主要包括交易区、加工配送区、仓储区及商业生活配套区及农产品智慧中心；交易品类主要为水果、蔬菜、干货、冻品等；规划交易规模为年交易量 600 万吨，年交易额 300 亿元，日均车流量 2 万车次，日均人流量为 6—8 万人。有来自全国各地的经销商 2000 多家，汇集全国及世界各地 8000 多种农产品，其中名、优、特、新农产品达 800 多种，目前经营的蔬菜、水果、冻品、干货分别占深圳市民消费量的 85%、90%、90% 和 60% 以上，不但满足了深港两地居民的菜篮子所需，而且辐射整个华南地区乃至全国。

深圳市旺鑫精密工业股份有限公司

深圳市旺鑫精密工业股份有限公司是专业从事手机、消费类电子等产品精密结构件研发、生产和销售的大型高科技企业。2014 年 7 月，旺鑫公司与北京汇冠股份有限公司并购在深圳创业板上市。2003年11月11日公司扎根深圳，10年创业，凭借前瞻决策、科技研发和专业制造，从一栋厂房发展为拥有公司总部，平湖、龙岗、塘厦3个生产厂区的集团化格局。公司厂房总面积达10余万平方米，员工数千人。2003年至今，公司已取得国家专利19项，2008年被认定为深圳市高新技术企业，2010年，被认定为国家高新技术企业。公司先后投资数亿元引进具有国际先进水平的生产加工设备，大力提高在精密结构件制造领域的专业水平。一精一专，让公司树立了良好的行业口碑，与三星、联想、摩托罗拉、华为、比亚迪、Kyocera（京瓷）、中兴、天语、龙旗、英华达、华冠、金立等国内外知名企业进行了广泛而友好的合作。

旺鑫公司坚持“诚信求实，创新发展”的核心价值观，依靠科学的管理模式，以严格的品质标准监控生产过程，持续不断地改善品质，以创造零缺陷的产品为唯一目标，已取得ISO9001质量体系认证、ISO14001环境体系认证。先后获得“深圳市光彩之星”“十大科技创新企业”等荣誉称号；2010年获得深圳市龙岗区“第五届区长质量奖”。公司长期致力于慈善公益事业，用实际行动尽企业社会责任，2010年荣获深圳市“第七届最具爱心企业”荣誉称号。

深圳大宇精雕科技有限公司

深圳大宇精雕科技有限公司公司成立于2010年11月30日，注册资本为2684.7194万元人民币。2014年，松德机械股份有限公司和大宇精雕公司进行战略合作并购重组，在深圳上市。自成立以来，公司专注于自动化及智能装备和机器人的研发、生产和销售，并提供零部件及总装生产线的自动化系统解决方案，系国家级高新技术企业。公司是国内首批开发玻璃盖板加工自动化设备的先行者，在触摸屏加工智能化、自动化领域处于领先地位。

第三节　企业之路

（摄／何兆平）

山厦丝花厂：曾引风涛驻熙攘

文 / 陈建平

由于占了地理之便和人和之利，自 20 世纪 80 年代初期起，当时的宝安县平湖人民公社有不少港商前来投资办厂，带动了社员致富和大队集体经济的发展。这些“三来一补”企业的主要经营方式是来料加工、出口贸易，即由大队提供厂房（或提供土地建厂房）、工业用电并协助招收工人，港商负责提供机器设备、技术人员和加工生产的原辅材料，并按合同支付厂租、电费、加工费和工缴费，生产出来的产品再经海关查验后返销到香港、出口至海外。

早期港商来平湖兴办的“三来一补”企业，除了1979年引进的白坭坑毛织厂、辅城坳电池厂、平湖毛衫厂这三家最早的工厂外，成立于 1980 年 3 月的山厦丝花厂可谓是其中的佼佼者。

现状：落寞中坚守

一间宽敞的车间里，摆放着红色、紫色、白色、绿色、黄色等各种颜色鲜艳的塑料花，几十名中年妇女坐在长方形的桌子面前，麻利地用胶水粘着花朵，往花盆里插着花枝。不一会儿，一堆零碎散乱的塑胶组件，就变成了令人眼前一亮的漂亮而又逼真的花卉艺术品。

“这些产品主要依赖手工去做，看似低端但仍然有一些老客户的订单，丢掉不忍心，做又没钱赚。厂里的工人基本都是老员工，不少人在厂里做了二三十年，从小姑娘做成老太婆了。”据山厦丝花厂老板叶浩荣先生的弟弟、现工厂负责人叶运初介绍，这间厂最鼎盛的时期是 1995 至 1997 年，当时有 3300 多名工人。与现在颇显冷清的氛围不同的是，那时的工人以年轻女工为主，来自全国各地，讲着各种方言，经常要热火朝天地加班赶单。“现在只剩下不到 200 名工人了，今非昔比啰……”说到这里，叶运初长叹了一口气，满脸落寞和无奈。“如果关厂歇业，这帮老员工怎么办？”叶运初说，有一批罗定籍的老员工，是 1983 年就招收进厂的，由于当时承包山厦林场、果场的负责人是广东罗定人，通过他回家乡联系，一下子招了 150 多名罗定青年进厂，这些人是山厦丝花厂最早招收的外来劳务工。现在厂里的老员工，也有山厦本地人，他们觉得在厂里做惯了，老板待员工好，工厂离家又近，也就一直干着。

平湖是深圳最先发展起来的工业重镇之一，在原宝安县时期与西乡、布吉、龙华、横岗等都属于外商投资的热土，进入 21 世纪后仍然是龙岗区的加工贸易大镇，工缴费结汇在龙岗区一直名列前茅。2007 年，平湖街道的工业总产值达到 182 亿元，相当于 1978 年广东省全省的国民生产总值；工业产品出口 15.5 亿美元，超过了 1978 年广东全省的出口总额。以山厦丝花厂为代表的"三来一补"工厂，曾经对平湖的改革开放和经济发展功不可没。据《平湖镇志（1993—2003）》记载：1981 年，平湖引进"三来一补"企业 8 家，加上之前引进的，全公社达 25 家，全年工缴费收入 386.4 万港元；1984 年，平湖"三来一补"企业增加到 38 家，全年工缴费收入 1517.8 万港元；1990 年，平湖镇共引进"三来一补"企业 400 家，主要生产电子、五金、塑胶、玩具等产品，安排就业 5 万余人，全年工缴费收入 1.5 亿元，外向型企业产值占全镇工业总产值的 80%。

然而此一时彼一时，受经济全球化和国家加贸政策调整的影响，"三来一补"企业粗放式生产经营带来的资源、环境代价越来越高，劳动力工资上涨带来的成本压力越来越大，转型升级势在必行。山厦丝花厂目前的困境，正是许多"三来一补"企业艰难转身的写照。

当年：宝安县知名企业

在山厦社区办公室，笔者看到了几份复印的档案资料，其中一份材料显示，早在 1980 年 3 月 19 日，深圳市对外贸易局就批复了"平湖公社山厦大队承接香港大明塑胶厂胶花来料加工"的报告。在其附上的"协议书"中，记载的内容非常具体明了，也为今天的读者了解 30 多年前改革开放初期如何引进外资兴办"三来一补"工厂提供了难得的史料。

比如协议书规定，由甲方（平湖公社山厦大队）"提供厂房 200 平方米，选派工人 30 名，代乙方（香港大明塑胶厂）加工塑胶花，产品由乙方运往香港经销，甲方收取加工费，负责协助乙方办理生产所需设备、原辅材料及产品进出口手续"；"乙方保证给予甲方足够的加工生产原辅材料和包装物料，确保甲方工厂能全年均衡生产。如因来料不正常或所进材料不合规格而造成甲方停工损失，乙方应予赔偿"；"月产量最少 1 万小箩，年产 10 万小箩，工缴费年值约 60 万港元左右"；"乙方负责派技术员培训甲方工人，直至工人能掌握技术为止。甲方工人的培训期为 10 天，培训期的工资每人每天（8 小时计）15 元港元，由乙方支付。"代表山厦大队在协议书上签字的，是时任山厦党支部书记的严树宝。

"那时家家户户都去丝花厂领料到家里做，一个月赚好几百元加工费呢，有些人家手工劳力多的能达一二千元，是一笔不小的收入呀。"山厦第六任党支部书记叶润牛，20 世纪 80 年代初是山厦大队大队长，为引进山厦丝花厂跑海关、跑外经部门，做了不少具体的协调服务工作，见证了山厦丝花厂开办发展的全过程。"当时批准机关的文号是深宝外引〔80〕13 号，山厦丝花厂也许就是 1980 年原宝安县引进的第 13 家'三来一补'企业吧。"

从"文革"和计划经济时代过来的人，都有过挨饿受穷的切身体会。平湖地区一个壮劳力在生产队一天的工分，也就几角钱。而 1980 年一个在丝花厂工作的工人，培训一天的工资就达 15 元港币，无疑是个天文数字。山厦社区工作站叶秀琼还记得，80 年代后期她上小学，放暑假时最喜欢到丝花厂做工，能挣二三百元加工费。"那时候不光是山厦村，连附近岐岭、力元吓的村民都来山厦丝花厂领料回去加工。”她认为，山厦丝花厂带动了农民致富，当时山厦的人均存款在平湖镇是最多的，很多人羡慕山厦人，羡慕山厦有间丝花厂。“这让我们第一次认识到了港商的可敬之处，认识到了招商引资发展工业的重要性。”

在当地干部群众的支持下，山厦丝花厂越办越好，成为原宝安县知名的“三来一补”企业，在《宝安县志》中都留下了记载：“1982—1990 年，宝安县引进侨资企业 30 多个，投资总额 2.5 亿港元。平湖山厦村香港同胞叶浩荣先生投资 800 万港元办了一间面积 1000 多平方米的山厦丝花厂，每月工缴费 40 万港元。”短短数年时间，丝花厂不仅厂房面积扩大了 5 倍，工缴费也由每月 5 万港元增加到每月 40 万港元，增长了 7 倍。

叶浩荣：不忘桑梓　乐善好施

在山厦丝花厂不远处的山厦社区广场上，有一幢颇为气派的三层楼房，那是山厦社区老人活动中心。一楼进门处墙上镶嵌着一块功德牌，上面写着：“此筑为本村港胞叶浩荣先生独资兴建。叶先生旅港经商，不忘桑梓，常解囊资助村镇之文体卫生诸事业，贡献良多，实令吾村父老乡亲愈情褒奖，为欣为颂。一九九二年十二月三十日立。”

叶浩荣于 1939 年 7 月出生于平湖镇山厦村，1958 年赴港，先在工厂打工，掌握技术后自己办厂。改革开放初期，他敏锐地察觉到党和国家在调整政策，不再搞以阶级斗争为纲了，而是发展经济改善人民生活，也不再歧视港商。1979 年冬至 1980 年春，他果断地把在香港的工厂的部分设备——冲床、风泵、风喉、模具、塑胶啤机、柴油发电机等搬回家乡山厦村，开办了平湖山厦丝花厂，成为当时首批到平湖镇投资办厂的外商。此后，叶浩荣还积极宣传推介平湖的投资环境，打消港商的思想疑虑，发动了四五十名在香港的工商界朋友到平湖镇投资办厂，为家乡的改革开放和经济发展做出了贡献。

叶浩荣古道热肠，乐善好施，慷慨捐助家乡的公共设施建设。除捐建当时全平湖镇最大、最气派的山厦老人活动中心外，他还捐助了平湖商会办公楼、平湖人民医院等，多并次向灾区和内地贫困学生捐款，捐助款物金额合计近 350 万元。1995 年 9 月 15 日，叶浩荣与余彭年等 36 人一起，被深圳市人民政府授予“深圳市荣誉市民”称号。

（本文发表于《深圳晚报》2014 年 11 月 28 日）

旭日国际集团：玩具行业航母　工缴费结汇大户

文 / 陈建平

◇图为旭日国际集团山厦厂区（摄 / 陈建平）

旭日国际集团公司是一家港资企业，1984 年由香港“玩具大王”蔡志明博士在深圳市平湖镇投资办厂。开初在新南村（镇政府对面）租下 3600 平方米的几间厂房，招收了 3000 名工人从事订单加工，鼎盛时期在新南、辅城坳、山厦社区设有 3 个分厂，厂房总面积超过 30 万平方米，员工总人数超过 6 万人。作为一家为全球最大的玩具制造商——美泰公司（Mattel）代加厂的外向型企业，旭日国际虽然经历了国际金融经济环境的剧烈冲击，但在 30 年的发展中仍然一次次把握主动、走出困境，通过科学管理与产品创新不断取得成功，自身也成为了全球最大的玩具生产厂家。

蔡志明博士 1945 年 9 月出生，原籍广东揭东县，1989 年荣获“香港杰出青年工业家”称号，是第九、十、十一届全国政协委员，2001 年荣获“香港玩具业成就大奖”，2005 年获香港政府委任为“太平绅士”，2009 年获香港“金紫荆”勋章。作为一名成功的企业家，蔡志明靠玩具制造业起家，后转入物业投资，目前被称为香港最成功的房地产投资商之一。他热心社会公益事业，还担任香港玩具厂商会名誉会长、香港民生发展促进协会名誉会长、中国光彩事业促进会第一届理事会理事、深圳市海外联谊会顾问、深圳市龙岗区慈善会名誉会长、平湖商会永远荣誉会长等数十个社会职务，并获得深圳、揭阳、韶关三市“荣誉市民”称号。

◇ 2015 年 3 月 20 日，蔡志明先生来平湖参加其捐建的羽毛球馆交接仪式（摄 / 陈建平）

蔡志明的创业经历颇富传奇色彩。1969 年他中学预科毕业，在香港一家玩具工厂担任推销员，靠着勤奋与用心掌握了玩具行业生产经营管理的经验，1972 年成立旭日实业。其后继续进修，分别获得英国及美国纽波特大学工商管理学学士及硕士学位，2001 年则取得哈尔滨工业大学管理学博士学位。

早年蔡志明代理及生产史努比玩具，1994 年，蔡志明收购美国一家合金玩具车公司，并成立旭日国际集团，通过为孩之宝（Hasbro）和美泰（Mattel）公司大量加工玩具，赚到了他的第一桶金。2005 年其资产总值超过 80 亿港元。蔡志明在香港拥有众多物业，包括住宅、工业、商业大厦单位及酒店数十处。2005 年入股康健国际进军医疗市场。

旭日集团公司一直是平湖乃至龙岗区的工缴费结汇大户，2005 年名列龙岗区“十大结汇企业”之首。2007 年为适应经济形势的变化，公司主要业务内迁至韶关，成为粤北地区规模最大的企业。2013 年 9 月响应政府关于“三来一补”企业转型升级为外商投资法人企业的号召，“平湖旭日电子玩具厂”更名为“蔡氏旭日玩具科技（深圳）有限公司”。

京华电子：赴老区招工及第一批打工者的成长故事

文 / 沈荣　陈建平

27 年前，一场特殊的招工走进了江西省永新县。说它特殊，因为这是深圳 3 家企业第一次走出广东，在江西革命老区招人时却遭到误解，几乎要面临无人应聘的尴尬境地，最终只招到了 60 人。作为当年参与招聘的企业之一深圳市京华电子股份有限公司（以下简称“京华电子”），一举拿下了“19 朵金花”以及 2 名男性“随从”。这些老区来的打工妹、打工仔，把最好的青春年华奉献给了深圳经济特区和京华厂所在地——平湖这片热土，他们也凭借着不服输的性格为自己赢得尊重，慢慢成长，闯出了一片新天地。

第一次赴革命老区招工往事

1987 年，深圳已经进入改革开放的第 7 个年头，就在当年 7 月，一项特殊的招工任务也悄然来临。罗云水现任京华电子董事、党委副书记、纪委书记、工会主席，在位于平湖街道良安田工业区的公司办公室接受了记者采访。他回忆，当年，深圳市响应国家民政部关于经济发达地区帮助革命老区、少数民族地区脱贫致富的号召，由当时市劳动局率京华电子、深圳石化、莱英达 3 家实力较强的企业前往江西井冈山革命老区永新县招聘工人，京华电子就是其中之一。“当时我们都很重视，毕竟是第一次去广东省以外的地方招人。”罗云水介绍，20 世纪 80 年代，受特定环境的影响，企业的招工有许多限制，厂房里基本没有广东省以外的工人，虽然出发之前做了很多准备，但路途的艰辛让罗云水至今难忘。

◇ 1987 年 7 月，罗云水（左二）与深圳同去永新县招工的另三位同志在任弼时中学留影（供图 / 罗云水）

由于当时交通落后，罗云水和其他 3 位前去招工的工作人员先从深圳坐大巴，经过 4 个小时的车程来到广州，在广州火车站，大伙匆匆买了火车票，站了 20 多个小时到达江西萍乡火车站。到萍乡后，4 人又再次换乘大巴去往莲花县，这才见到永新县政府的工作人员，由他们开车接到了目的地，当晚就在当地最好的县招待所住下，用罗云水的话来说就是“接待规格很高，可见他们对招工这件事的重视”。

到了第二天，县里的广播站里反复播放招工

信息，号召有志青年去深圳支援特区建设。经过宣传，效果很明显，报名当天，2000多年轻人把县委礼堂和县里最大的任弼时中学都挤爆了，有的还是从好几十里外的乡下赶来。为了能够招到好的工人，深圳市劳动局的工作人员带去了一套试卷，涉及数学、政治和简单的物理知识，还要写一篇小作文，大家公平竞争。

◇ 1995 年从江西吉安老区招收的第二批员工（供图 / 罗云水）

虽说报名考试的时候场面十分火爆，但到了放榜的那天，却没有多少人，这让大家都很意外。罗云水介绍，前去招工的 3 家公司都有各自的招工条件，而京华电子的招工条件是 18—20 周岁、高中毕业、身高 1.55 米以上、身体健康的女性，但这个招工条件让当地干部群众"很不放心"。当时，有人说，深圳与香港只有一河之隔，是资本主义社会，老板就是资本家，招女孩子就是去给资本家当小老婆的，老区的革命后代怎么可以去那里？原本顺利的招工遇到了很大困难。

"19 朵金花"后面跟着男孩和家属

面对误解和困难，罗云水也有自己的苦衷。他告诉记者，京华是一家电子企业，生产线上需要大量的劳动力，相比男性，手法细腻的年轻女性更能胜任这份工作，也便于管理，但由于当年信息流通渠道不顺畅，致使当地干部群众有了误解。

为了能够尽快解决问题，前去招工的企业、当地政府工作人员可谓费尽了口舌。在当时，为了配合此次招工，民政部还派遣了一个工作组在永新县，他们反复跟应试考生与家长解释说深圳建设特区需要大家的参与，过来招工的企业都是正规大企业，是经过了层层考察和选拔的，不可能有问题，要大家放心。当地政府则派人到辖区内的乡镇去劝说，并要求政府干部职工人员带头，让他们的子女前来应聘。最后，经过多方努力，只有 60 人愿意来深圳，他们被分到 3 家企业，罗云水则带回了 21 人，这与当初设定的 200 人的目标相去甚远。

说起这 21 个人，其中还有个小插曲。当时，虽然已经有 19 个女孩同意来深圳，但也提出了条件：必须招 2 个男孩子陪同她们一起过来，这还不算，更有三位家长要求陪同女儿来深圳，觉得放心后才愿意回去。就这样，在 1987 年 7 月 16 日，京华电子就招来 21 个新员工，当中的 19 个女孩后来被称为"19 朵金花"。

第一次来深圳，21 个新员工既好奇又兴奋，企业对他们也格外重视。"公司工会、团委组织了欢迎队伍，敲锣打鼓地欢迎他们。"罗云水介绍，因为担心他们住不惯上下铺，专门腾出 6 间招待所供他们住，公司食堂还特地准备辣椒酱，以符合他们的饮食习惯。更为难得的是，在到达深圳后的三天时间里，公司还组织人员带着这 21 位新员工游览当时深圳有名的景点，包括国贸大厦、香蜜湖、荔枝公园、蛇口海上世界等，让他们彻底当了一回游客，也对深圳有了一定的了解。

“打工妹”不服输闯出新天地

朴素的穿着、稍显内向的性格、不善表达但不服输，这是罗云水对那批招进来的女工的总结。现如今，当年那些不起眼的“打工妹”在各个领域也闯出了自己的一片事业。这其中就不得不说肖慧凤、文祝英和王丽梅这三人的励志故事。

在罗云水的印象里，其貌不扬的肖慧凤是个特别能吃苦的人。当年，公司实行一周 5 天半的上班制，到了周日，很多员工都会选择放松一下，但肖慧凤却喜欢给自己“充电”，她通过自学拿到了大专文凭，而后又花了 2 年时间学习，拿到了相关资格证。到后来，肖慧凤从流水线调到了仓库管理岗位，为此，她自掏腰包学习物流管理相关知识。功夫不负有心人，在 1994 年深圳市第一届“十佳外来青工”评选中，肖慧凤在上百万的外来青工中脱颖而出，她最终也进入京华电子的管理团队，现已退休。

20 世纪 80 年代末，京华电子与日本一家工厂有合作，厂区里经常可以看到说着日语的日本技术人员。文祝英觉得好奇，就找到翻译，说自己也要学习日语，久而久之，她也可以用日语交流，并收获了爱情，跟着丈夫去了日本留学。

要说王丽梅，她的经历颇为传奇。在京华电子待了 5 年后，王丽梅选择离开，与他人合伙开了一家音箱厂，赚到了第一桶金，在得知在深圳跑出租是条好门路时，她毅然回到老家考驾照，再次返回深圳，当起了的士司机，整天穿梭在深圳的大街小巷。到后来，她又在深圳做起了餐饮，开了连锁店，生活过得有滋有味。

京华人感恩，捐资老区建希望小学

看到第一批来到深圳的劳务工生活越过越好，不少江西革命老区的年轻人都涌向深圳，在各个岗位上燃烧青春。罗云水很清楚地记得，每到春节过后，厂区门口就会排起求职的长龙。到了 1993 年，厂区员工总数 7000 人左右，仅江西吉安地区的员工就有 2000 多人，可见深圳工厂越来越受到革命老区群众的欢迎。

“他们都很能吃苦，做事也认真，性格当中有不服输的倔强，文化程度相对较高，工厂也愿意招。”罗云水坦言，公司的发展离不开来自革命老区员工的奉献，经他提议公司决定以捐资助学的方式回报当地。

1994 年 11 月，罗云水踏上了感恩之路。几经辗转，他最终在江西泰和县文田乡看中了一所学校。那里只有 2 间泥瓦房，一到下雨天屋顶就漏水，地面泥泞不堪。学校里只有 2 个班，有 40 多个孩子，有的在冬天还光着脚上学，看着都心疼。最后，京华电子送去了 36 万元爱心款，其中公司老总陈松源将荣获“深圳市首届优秀企业家”的奖金 5 万元也捐了出去，新建了一栋 3 层楼的教学楼，设有 18 个教室，命名为“京华希望小学”，并于 1995 年 6 月 1 日正式揭牌。如今，这所希望小学已经拥有 4 栋教学楼，可容纳学生 2000 多人，为此，京华电子先后共投入了 300 多万元。“我们对来自革命老区的劳务工有着特殊的感情，他们把最美好的年华留在企业，我们也理应帮助他们。”罗云水说。

◇在井冈山老区招收的第一批员工来深 20 周年聚会（供图 / 罗云水）

公司与特区同龄，产品远销美日欧

中国京华电子有限公司是深圳经济特区最早成立的中外合作企业。1980 年，为了响应党中央实行改革开放、创办经济特区的号召，四机部指令当时的我国电子工业的排头兵——南京无线电厂（现熊猫电子集团）到深圳办企业，支持深圳特区建设。1980 年 9 月 30 日，南京无线电厂与中电深圳分部（后改为深圳中电投资股份有限公司）、香港新华电子公司一道，三方组建了中国京华电子有限公司，总部设在深圳市福田区华强北；1980 年 10 月 22 日，经国家经委、计委批准，京华电子有限公司在深圳市工商局注册成立；1993 年，经深圳市人民政府批准成为股份制企业，公司也更名为京华电子股份有限公司。

京华公司与平湖结缘始于 1988 年，当年该公司在平湖镇新南村建起第一个京华工业区，成为首家从特区内到关外设厂的电子企业。1992 年，公司选址平湖镇良安田村，开始建设占地面积 15 万平方米的京华工业城，为该公司下属 7 家子公司提供了生产基地。

伴随着深圳经济特区发展的步伐，京华快速成长为一个具有一定经营规模的电子工业企业。30 多年间，京华公司的资产规模已从当初的 800 万元发展到今天总资产 4 亿元、净资产 2.5 亿元，拥有员工 3000 多人，下属企业 11 家，形成了集产品研发、生产销售、进出口贸易、物业管理与开发为一体的集团化企业。

近年来，京华以产品结构调整为突破口，逐步从早期单一生产收录机、音响产品向具有科技含量的数码类视听产品以及高档次的汽车音响产品的研发、生产经营迈进。目前，该公司生产的平板电脑、行车记录仪、录音笔、手机、GPS、汽车音响、汽车音响机芯及其电子配套相关产品已远销美国、加拿大、日本、韩国、德国、俄罗斯等国家。在激烈的电子市场竞争中，京华公司连续多年成为“中国500家最佳经济效益工业企业”“中国电子百强企业”“深圳市百强企业”和“高科技企业”，京华品牌在全国久负盛名，“京华牌JW”获“首届深圳市十大著名商标”称号，2008年被评为“广东省优秀自主品牌”。

（本文发表于《深圳晚报》2014年10月31日，有删改）

顺南食品：六十年铸就国内外闻名“馅料世家”

文 / 郭斌　陈建平

喜欢吃月饼的人，对于著名的香港荣华月饼一定不陌生，但很多市民可能不知道，这些月饼中的美味馅料的诞生地就在平湖。从最早的“顺成号”到现在的顺南食品（深圳）有限公司，60 年来经过刘氏家族祖孙四代的传承，这些馅料直到现在还在不断改良突破。

“以前主要是用料和加工，现在又多了环保节能和食品安全。”在顺南食品（深圳）有限公司副总经理刘立中看来，食品行业无论再做多少年，健康卫生方面也绝不能“托大”，现在，公司还专门建立了专业的化验团队，保障食品任何一道工序的健康卫生。

起步：“顺成号”与馅料结缘

早在 1938 年，平湖还是个辖属宝安县第二区乡的普通小镇，就在这个小镇子里，时年 20 岁的刘照南创办了顺南食品有限公司的前身——“顺成号”。当时的“顺成号”做的生意比较杂，各种副食品都卖，尤以酱油、腐乳等酱料生意最为红火，几乎赢得了附近市镇所有酒楼的青睐，甚至还建起了自己的“顺成楼”。

“具体规模已经没法弄清楚，但当时的副食品生意在平湖是数一数二的。”刘照南之孙刘立中回忆称，顺成楼的一楼还有个很大的晒场，专门用来做各种酱料，当时的供应量可想而知。

酱料生意日渐火爆，刘照南的想法也开始活络起来，每逢中秋佳节，“顺成号”也会尝试着做一些月饼馅料卖给酒楼做“节日餐”，正因为这样，尽管顺成号的生意没能做到最后，顺成楼也在 2013 年被拆除，但刘氏家族却从此与月饼馅料结下了不解之缘。

◇ 20 世纪 50 年代的南方酱园公司，图为部分员工合影（供图 / 刘立中）

探索：香港办园独创莲蓉馅料

1950 年，经过亲戚朋友的推荐，刘照南和儿子刘培龄带领着刘氏家族移

◇ 20 世纪 50 年代刘照南夫妇与四个儿子留影，右三为刘培龄（供图 / 刘立中）

居香港大埔，并于次年开办了南方酱园，开始专攻酱料的生产销售，但这次的发展却并没有那么顺利。酱料的生产周期太长，单是原材料大豆就要晒上半年之久，加之利润不高，很快南方酱园的“酱”便做不下去了。

渐渐地，父子俩将眼光投在了月饼馅料上，知识不懂就到处翻阅资料，手艺不会便不断找做馅料的老师傅学习钻研，经过不懈的努力坚持，南方酱园不仅有了馅料的制作技术，还创制出了风行至今的“南方牌白莲蓉”。

“莲心留多了味太重，少了不好吃。”直到现在，刘立中还清晰地记得父亲刘培龄教自己做莲蓉的情景。在当时，他们这些小一辈的人经常被刘培龄聚集在一起聚餐、游玩、学做莲蓉，为食品做包装是刘立中最喜欢做的事，“包装时都是能吃的成品了，嘴馋了还可以偷吃一点。”与当时其他地方生产的莲蓉不同，南方酱园的莲蓉尝试用植物油代替猪油，开创了用植物油炒莲蓉的先河，这样的莲蓉吃起来口感不腻，又不像猪油吃多了于健康不利。独特的技术和创意，让南方酱园和刘氏家族很快得到刚刚起步的香港荣华月饼厂的认可，刘培龄更是成为了荣华月饼厂的创始人和股东之一。

腾飞：重回平湖成为馅料行业“领头羊”

随着馅料的生意越做越好，刘培龄又把目光重新转回了内地市场，1993 年，他在东莞建起了一家荣华月饼厂，同年又在老家平湖成立专做馅料的顺南食品（深圳）有限公司，并担任公司的董事长和总经理，专门为荣华月饼厂做馅料供应。但当时的莲蓉制作还停留在人工选料阶段，国内外都没有专门为莲蓉选料的设备。“既然没有，为什么不试着自己制作一个呢？”想到这，刘培龄开始从各类选料设备中“取经”，这款日本的豆沙设备比较好用，认真研究研究，那款加工设备效率高，拿来借鉴一下……经过长期的坚持改进，顺南公司研发的加工设备取得了巨大的成功，配方不变，工艺不变，味道也像以往一样香甜，但制作效率却要比以往高出数十倍。

此后，刘氏家族三代人在馅料研发的创新上从未停过脚步，2002 年刘立中接班后，和自己的两个侄子一起继续家族的馅料事业，并在设备的环保节能上做出了全新的突破。原本用柴油燃烧机来加热的夹层锅，变成了用洁净环保的蒸气提供热能的蒸气锅，既减少污染，又容易控制“火候”，就在今年，公司又引进了更加实用的天然气锅炉。

“作为食品行业，对健康的投资自然是重中之重。”说起食品安全，顺南食品有限公司可谓是下了重本。5年前，公司专门拿出300万的资金，成立了自己的食品化验团队，气液相色谱室、理化室、微生物室等各类化验科室应有尽有。每批新运来的花生油等原料，必须经过化验抽检才能下车，后面的每一道工序，都要对是否有农药残留、添加剂等问题进行化验研究。如此规模的专业化验团队，让公司在一段时间内都处于亏损状态，但刘立中觉得不论盈亏与否，“这样做是为自己公司的出品和顾客的健康负责”。

瞩目：成为全国馅料行业发展的风向标

现在，顺南食品（深圳）有限公司这家扎根平湖，厂房占地2万多平方米的馅料加工企业，早已从一个荣华月饼厂的“配套车间”，变成了生产莲蓉、豆沙、水果馅料、糖浆及果膏等十几种馅料，为全国多家知名食品厂供料的综合型食品产业。同时，该公司连续多年获评“中国烘焙最具影响力十大馅料企业”“中国焙烤最受欢迎原料品牌”“全国月饼馅料优秀供应商”等荣誉，馅料产品为每届全国焙烤职业技能竞赛唯一指定产品。公司还负责起草了GB/T 21270-2007食品馅料、SB/T10563-2010莲蓉馅料以及果仁、豆沙馅料等多种馅料的食品卫生标准，成为全国馅料行业发展的风向标。

“但馅料种类打出名气的相对较少，真空期较长。”在刘立中看来，公司除莲蓉馅料以外的产品也在做，但目前还没有像莲蓉一样打响自己的品牌，把其他的馅料产品做成熟是公司日后的目标，在个人DIY等方面的创意和市场发展也会逐步考虑。值得一提的是，重新拾起酱料“老本行”，把刘氏家族的经典酱料找回来，也是刘立中非常想做的一件事。

（本文发表于《深圳晚报》2014年7月30日）

中华商务：传承百年印刷基因　融合创意大步跨越

文／沈荣　陈建平

在平湖街道，有这样一家企业，他虽是港资企业，但与中华书局、商务印书馆这两家享誉全球的出版机构有着千丝万缕的联系。

这就是中华商务联合印刷（广东）有限公司（以下简称“广东公司”），为中华商务联合印刷（香港）有限公司旗下全资子公司，成立于1995年，是一家集书刊印刷、商业印刷、包装印刷、数码印刷于一体的大型印刷企业。公司位于平湖街道鹅公岭社区春湖工业区，占地面积近10万平方米，员工1500人，2013年完成销售收入逾10亿元人民币，堪称印刷行业的标杆。

当然，这家企业也出产了多部国家级印刷产品，如1997年，为香港特区政府印制限量版《百花争艳庆回归》画册，赠送给参加香港回归仪式的各国元首。在业界，该公司曾连续17年拿下被誉为“印刷界的奥斯卡”的美国印刷工业联会PIABenny Award奖项。如今，这家企业又借助新媒体手段快速腾飞。

实力雄厚：中华书局、商务印书馆成其后盾

商务印书馆，距今已有117年历史，是中国出版业中历史最悠久的出版机构；中华书局，创办于1912年，享誉海内外。有这两家“国字号”出版机构作为后盾，中华商务联合印刷（广东）有限公司的实力可想而知。

1980年，商务印书馆和中华书局在香港的印刷厂合并成立了中华商务联合印刷（香港）有限公司，1988年，深圳中华商务在福田注册建厂，1995年，广东公司注册成立。“一开始，公司选在了福田车公庙，规模不大，员工有100多人，随着业务的不断扩大迁到平湖。”广东公司相关负责人说，到了平湖，公司既积极开拓海外业务，又加强国内市场耕耘，年销售额基本上呈两位数增长，成绩喜人。

良好的业务带来的是硬件设备的革新和工艺技术的提升。1998年，中华商务引进国内第一条商业轮转八色机，开启国内商业印件快速交货之先端。到了2006年，两台Sunday2000高速轮转印刷机进入，使其成为中国最大的商业轮转印刷基地。工艺方面，1998年，广东公司率先采用CTP直接制版技术，是国内最早实现与海外出版界IT同步化的印刷企业，成为开拓海外市场的利器。另外，广东公司还不断引进海德堡、高宝、小森等先进印刷设备，既满足了业务需求又实现了产能升级。

频繁拿奖：连续囊括31个印刷界的“奥斯卡”

◇美国印刷工业联合PIA-Benny Award奖项被誉为“印刷界的奥斯卡”，中华商务已连续17年总计31次荣获此奖（摄/陈建平）

“我们的订单70%来自海外市场，大力发展‘走出去’战略是大势所趋。”广东公司相关负责人介绍，近年来，公司先后在美国、日本、澳洲、欧洲等城市设立办事处，聘用当地人员开拓和承接业务，融入当地市场文化与竞争。同时，公司每年都会积极参加在世界各地举办的书展和印刷展会，如法兰克福书展、美国芝加哥书展、英国伦敦书展、北京国际图书博览会、深圳文博会、德国德鲁巴（Drupa）印刷及纸业博览会等盛会。“这既是推销自己、广交宾朋的有效平台，又是掌握前沿技术、开阔眼界的学习良机。”

在国内，广东公司的影响力也相当大，拿下了不少大奖。如从2007年开始连续4届获得由国家商务部、文化部、广播电影电视总局、新闻出版总署四部委联合颁发的“国家文化出口重点企业”奖项，并拿下广东省“文化出口重点企业”“深圳市文化创意企业出口十强”等诸多奖项。在印刷界，美国印刷工业联会PIABenny Award奖项被誉为“印刷界的奥斯卡”，能够拿下一次已属不易，可广东公司已经连续17年总计31次把这个荣誉收入囊中。

面对种种荣誉，广东公司方面异常低调，这种低调的作风也渗透到公益事业中。广东公司相关负责人介绍，2006年，中华商务希望基金成立，用于资助内地贫困地区办学，4年后，捐款建设的河源市龙川县龙母镇龙母中心小学教学楼落成，此后，基金会还出资在山东资助10家“农家书屋”。每次公益行动，广东公司都积极参与。

精品频出：对接国家级大型图书　呈现传统文化精华

“这是97年时专门为香港回归量身打造的印刷纪念品，赠送给参加香港回归仪式的各国元首。”在广东公司的一间展示厅，相关负责人戴上白色手套，小心翼翼地翻开一本名为《百花争艳庆回归》的画册，扉页就是前香港特首董建华的题词，再往下看，都是中国著名书画家的墨宝，件件精美绝伦。“这套画册成功应用了调频网技术在宣纸上印刷。”负责人介绍，当时共印制了500份，广东公司仅留有2份样书，是绝对的限量版，价值不菲。

其实，这并不是广东公司第一次承接高级别印刷任务。1996年，该公司就承担了《故宫博物院藏文物珍品系列》印制工作，全书共60册，完整而系统地荟萃了故宫珍藏中的极品，这项跨世纪的文化工程前后达11年，直至2007年完成。1999年，承印国家级图书《敦煌》，该套丛书共 26 卷，是国内外第一套以专题形式全面介绍敦煌石窟的大型图文著作，图文印刷精美，再现中华民族传统文化精华。到了 2013 年，广东公司又接下印制《新疆文库》的任务，这是该公司近年来承接的印制量最大、印制时间最长、印制工艺最复杂的印制工程，也是为新疆服务的重大文化工程。《新疆文库》用汉语、维吾尔语、哈萨克语、蒙古语、柯尔克孜语、锡伯语 6 种文字出版 1000 卷各民族文化经典力作，全书计划 2020 年完成。

特写：拼创意　立体书　富有生命力

“这就是我们生产的立体书。”中华商务联合印刷广东公司相关负责人从书柜上拿起了一本厚厚的书，书本刚打开，让人惊奇的一幕出现了：一座富有历史感的城市从书中“蹦”出来，石板路、亭台楼阁、小桥流水和过往的行人都一并出现。一页翻过，这座城市就缩成一张纸的厚度，另一座风格相近的古城再次出现在眼前，令人叹为观止。

“简单来说，立体书需要先确定一个主题，然后用立体图纸替代文字，既有生命力，也能给人一种强烈的视觉冲击，引发阅读兴趣。这些立体书基本都有几十到上千的手工配件，制作相当烦琐。”该负责人介绍，目前，公司完成制作了《香港弹起》《中国弹起》等表现城市、国家变迁的立体书，也有以动漫为主题的立体书。“如果是‘私人定制’，那价值就会更高了。”该负责人介绍。

跨媒体：信息化手段让书里动物走出来

众所周知，恐龙早已灭绝，只能出现在书本或电影中，如果恐龙从书本里走出来，那会是怎样的一种神奇？

“别眨眼睛，恐龙就要出来了。”在广东公司跨媒体展厅，公司资讯科技部副经理张启谟先生右手拿着 iPad，点击打开一个软件，左手翻开一本科普类书，找到介绍恐龙那一页，然后用 iPad 对准书本拍摄，此刻，一只恐龙竟然从书本里走出来，不时发出几声吼叫，之后便低头吃草。把书本或 iPad 移开，恐龙瞬间就消失。紧接着，张经理又用同样的方法拍摄某楼盘的平面图，呈现出来的是立体化的结构图，让人惊叹。

“这就是我们正在推广的跨媒体运行系统。”张经理介绍，在人们的印象中，印刷行业只是传统的平面印刷，但在互联网的推动下，印刷行业也讲究融合。“现在的跨媒体运用都是定制的，也就是要将书籍和电子终端通过软件进行连接，配对完成之后才能运用。但从另一角度来说，只要条件允许，每本书都有通过跨媒体平台从而获得另一种生命的可能，颠覆人们对传统印刷业的固有看法。”张经理说。

（本文发表于《深圳晚报》2014 年 5 月 30 日，有删改）

中泰米业：20 余年奋斗　小米店发展成为大型粮企

文／易芬　郭斌

◇时任泰国总理英拉与林俊波夫妇合影（供图／林俊波）

从普通的小型米店，到现如今集粮食加工、销售、粮油进口等项目于一体的大型粮食企业，十几年来，扎根平湖新木社区的中泰米业已逐渐成为平湖民企转型的优秀典范。企业董事长林俊波更是于2012年跟随时任国务院总理温家宝出访泰国，从英拉手中接过了“最佳合作伙伴”的光荣奖章。2013年11月，中泰米业又被评为深圳市重点农业龙头企业。

看着始终面带微笑、自信满满的中泰米业董事长林俊波，谁也想象不到20多年前，他还只是个普普通通的送米工。1988年，他和妻子在布吉开起了一家规模很小的米店，而后又买下一家小型大米加工厂。随着卖米的年头越来越久，林俊波夫妇渐渐有了开拓大市场的想法，而经验丰富的他们选定了泰国米为目标，在1997年注册“泰皇”品牌，正式对泰国米进行进口和售卖。

如今，小小的米店已经逐渐转变成了大米年生产能力15万吨、“泰皇”米畅销全国30多个大中城市的中泰米业有限公司。从“首批全国放心粮食进社区示范工程示范加工企业”到如今的“深圳市重点农业龙头企业”，中泰米业获得的荣誉已经多到数不清。中泰米业一名负责人表示，他们还将继续开拓大米市场，让更多人喜欢上独具特色的“泰皇”米。

（本文发表于《深圳晚报》2013年11月29日）

伍

文明之光

十年树木，百年树人。兴办教育、重视教育，是一个地区培育文化氛围、提高民众素质、保持经济竞争力的关键。医院的设立，则是一个地区近代化的重要标志。百年前，平湖就有鹤轩书室、雕虫书屋等私塾开启民智。继而，又有乡贤刘铸伯建起纪�劳学校和念妇贤医院，平湖作为一个新兴市镇的文明之光从此点亮。当今的平湖街道，同样重视文化软实力建设，并获誉“文化之乡”，体育事业亦如火如荼地开展。而各项公益慈善事业的爱心接力，各位乐善好施者的倾力奉献，让关爱的星火温暖传递。

第一节 文卫薪传

（绘 / 刘好学）

鹤轩书室：平湖现代教育的雏形

文 / 刘任武

“功课完毕，要回家走，先生同学大家身体好。明早会，好朋友，明早会，好朋友，大家努力把学问究；明早会，好朋友，明早会，好朋友，准备好，戴好帽，先后……”这是 20 世纪 40 年代红朱岭学校人人会唱的《放学歌》。作为当年此校的学生，如今再次唱起，不禁思绪万千，彻夜难眠。

红朱岭学校的前身是平湖最早的教育机构——鹤轩书室。鹤轩书室坐落在平湖红朱岭老围村西北角，现平湖新南小学院内教学楼的东南面，由刘氏太祖刘晓阳创办于清嘉庆年间，距今已有 200 多年历史。

书室正门两边的麻条石，刻有一副对联，左边为“鹤龄冠祖”，右边为“轩勉盈祠”，上方横额为“鹤轩书室”四个大字，门外两边各放有一个红粉石墩。整个建筑面积约 200 多平方米，为三进二天井三开间的砖木结构，一、二、三进的左右厢，都是二层木板楼阁，木楼梯上落，可做课堂之用。中殿建有阶梯级式的神坛，上面摆放着太祖及以下各代的神位，墙壁上绘有字画，中进天井两旁的屋檐下，刻有栩栩如生的花鸟图案作品。

整座建筑集祖祠、武馆及书室功能于一体。解放前，它是红朱岭刘氏家族的祖祠，每逢初一、十五，各家各户早上都来上香拜神，凡有族人结婚嫁娶，都前来祖祠拜祖，并且在祠内摆设酒席，举行宴会。每年春节，年初一的早上，全族人集中在神台前，向祖先拜年，族中谁家生了男孩，正月十五的元宵节，都来祖祠内中殿的横梁上，挂起花灯，摆添丁酒，表示添丁发财。

由于太祖重视教育，清光绪年间，族中子弟刘翔云考上武秀才，刘佐辰、刘庭彦也陆续考上文秀才，从此祖祠设立了武馆，由武秀才教子弟们练习武功，以强身健体，而文秀才则教子弟们学习古典文化。到了民国时期，教育结出了丰盛的果实，族中精英刘铎鸿、刘国枢、刘子元、刘松瑞、刘轼颂等，或留学英伦，或考上上海东吴大学、广州中山大学等名牌大学，家父刘德恒还被黄埔军校第一期录用。

民国时期的 1938 年，鹤轩书室发展成为红朱岭学校。当时，学校老师的学历较高，教学质量甚佳，因此，附近乡村的少年学子慕名前来求学，分别有观澜清湖村的、东莞山厦村（当时属东莞管辖）的以及平湖良安田、白坭坑、新围仔、鹅公岭村的等，学校为有需要的学生提供寄宿。1943 年红朱岭学校更名为平湖乡中心小学，该校的老师多是名牌大学毕业生，当时的老师有刘若瑚、刘耆坤、刘崇礼、刘松瑞、刘仲轼等，刘耆卿、刘德恒、刘子元、刘仲德先后任校长。还有一批共产党员身份的老师，如刘曼之、刘宝英、刘敏、刘映霞等，他们教育出来的学生，出类拔萃，后来都成为新中国成立后宝安县社会主义建设事业的栋梁之材。如1961 至 1962 年期间担任宝安县平湖人民公社第一任党委书记和县物资局局长的刘绍彭，“文革”结束后担任平湖公社党委书记的廖汉标、副书记黄柱良，还有宝安县劳动局长刘贵林等。

“文革”中，鹤轩书室被人为拆毁，已砖瓦无存。这个承载着自清朝至民国平湖地区几代人的办学梦想，见证过中共地下党组织领导的抗日救亡风云的场所，虽然在物质形态上隐没于人们的视野，但于文化精神层面而言，却永存于平湖学子的心中。

雕虫书室：启蒙平湖幼童的私塾

文 / 李建国

在纪勋劳学校成立之前，注重文化的平湖人兴办过许多私塾学堂，刘紫东（刘彭龄，字紫东，平湖当地称之为“紫东先生”）先生在松柏围亲手开办的“雕虫书室”就是其中比较出名的一所，为众多平湖孩子启蒙，培养了不少的人才。

旧时平湖，社会治安并不太平，时有匪徒出现，就是读书的孩童也是他们掳掠的对象，即便紫东先生自己也无法幸免。

有一年春节前学校放假，紫东先生的小儿子刘仲德从广州回到平湖松柏围的家中休息。由于家中比较拥挤嘈杂，为了静心读书，也为了和围中兄弟叙旧，刘仲德住进离家不远那间父亲开办的“雕虫书室”。

这书室虽然并不奢华，但也颇为雅致，村中的孩子白天在此读书习字，晚上大多也睡在这里，一方面交流学习心得，一方面海阔天空地谈论道听途说的趣闻和一些自己的亲身经历，大伙都觉得无比畅快开心。刘仲德是从省城回来的中学生，学识见闻自然比这些围中兄弟高出一筹，也就成为大伙谈话的中心。

在这雕虫书室之中，伙伴们谈得兴高采烈，眉飞色舞，气氛和暖如春，但书室外寒风凛冽，令人生畏。那天晚上，他们聊到很晚很晚才迷迷糊糊地睡去。不料睡下不久，大门突然被人撞开，黑暗中涌进来一帮生面孔的劫匪，将书室中的 10 多个青少年全部捆绑起来。而这些匪徒之中一定有熟悉松柏围村中情况的内鬼，他们揪起这些孩子，一个一个地问暗影中的“内鬼”，打探哪些人的家里有钱。

最后，劫匪们将其他人放掉，把刘仲德和另一个男孩子押走，藏到附近一幢早已荒废的野屋中，向他们的家人索取赎金。紫东先生闻讯万分焦急，只得千方百计地四处筹借，并变卖了家中大部分田地，才将刘仲德赎回来。经此一劫，刘彭龄父子的家庭经济便开始败落，渐渐陷入深深的困境之中。

由于遭遇此次大劫，刘仲德深知自己将来继续升学的理想已经成为可望不可即的奢望。虽然父亲仍然勉强支撑，让刘仲德读到 1926 年暑假中学毕业，但随后还是无奈放弃了。紫东先生万分感慨，曾说过这样一句话：治安不好的社会，是连一张书桌都容不下啊！

乡贤回报家乡：建学校设医院

文 / 易芬　刘星廷

纪劬劳学校：民国时开先河的学校

沿着平湖街道办往东的平湖老街走，在一片老房子中，纪劬劳学校很是显眼。目前，这里仅余下两层残旧的小楼，白墙黑瓦但断壁残垣，被藤蔓缠绕，无法入内。

这所建于 1916 年的学校，全称是“宝安县平湖纪劬劳国民学校”，当时开风气之先，实行新教育体制，大大地冲击了当时平湖旧的私塾式教育体系。当时学校规模很大，仅教学设施建筑面积就达 464 平方米，可容纳数百名学生共同学习。后面还有运动场、花园、草坪、厨房等，四周为围墙，占地面积约 1500 平方米。

在白色恐怖时期，纪劬劳学校是中国共产党的地下活动据点，共产党员不仅在当地积极开展革命活动，还教育学校师生学习革命思想，并通过师生向周边农村传播反帝反封建思想，抗日战争时期宣传抗日救亡，培养了一批中共党员和抗日志士，使整个学校成为平湖民众心中燃起的一盏璀璨明灯。这所学校正是刘铸伯独资创办的。2001 年 6 月，纪劬劳学校被正式列为龙岗区重点文物保护单位。

念妇贤医院：宝安县最早的医院之一

在与纪劬劳学校遥遥相对的平湖老火车站附近的述昌街上，念妇贤医院同样是白墙黑瓦，岁月的沧桑尽显无遗。该医院建筑面积约 300 平方米，分上下两层，上层的楼板已经被毁，楼梯也不见踪影，屋内摆放着看房者的一些杂物。

这座医院 1916 年落成，相传当年刘铸伯看到家乡百姓“病后无处求医，妇人生产无处接生，以致夭折甚多”，于是独自捐钱建设了医院。“念妇贤”之名则是刘铸伯为了纪念母亲的仁慈和妻子的善良而取。念妇贤医院是宝安县最早的医院之一，曾救治过许许多多的病人，拯救过许多人的生命。念妇贤医院现已被正式列为龙岗区重点文物保护单位。

（本文发表于《深圳晚报》2012 年 8 月 27 日，有删改）

◇纪勋劳学校被列为龙岗区文物保护单位（摄 / 陈俊超）

◇念妇贤医院（摄 / 周尤）

平湖刘氏家族：传承百年书香

文 / 陶琪　易芬

年过半百的刘旦华仿佛又回到了童年。那时父亲刘仲德牵着他的手，在河边观看众人“请龙神”。他知道，父亲小时候，也曾牵着祖父刘彭龄的手，观看过刘氏纸龙舞；祖父刘彭龄小时候，也一定牵着曾祖父的手，观看族人们舞动纸龙。光阴流转千百载，刘氏族人一步一牵手走到今天。

2014 年 4 月 27 日上午，平湖纪劬劳学校旧址前，刘旦华和母亲、兄弟姐妹们围坐在一起，拍摄了一张四世同堂的全家福。镜头前的刘家人穿戴整齐，面露微笑，眉宇间透出一股儒雅之气。

此时，距离刘旦华的祖父刘彭龄来到学校，接受首任校长的委任状，已过去了 100 年。百余年来，身居平湖的刘氏族人在时代的滚滚洪流中或刻苦攻读、考取功名，或行走江湖、经营商作。其中，刘彭龄至刘旦华一家数代人潜心修学、教化民众、保护民俗，颇受族人尊敬，多少年来书香不断，崇文情怀代代相传。

最后的贡生刘彭龄

100 多年前，当刘彭龄收掇笔砚、背起行囊，北上赴京谋求功名时，他也许会回望身后家乡的村屋，多看一眼祖祖辈辈忙于耕作的平湖乡民们。彼时的平湖还是一片贫僻的土地，乡人以务农为生，少有机会触碰世外天地。

平湖始建于明嘉靖元年（1522 年），刘姓是最早迁到平湖的客家人。清末，书生刘彭龄以优异成绩通过了本省学政组织的选拔贡生考试（每 12 年一次，难度最大），成为一名拔贡生，被保送京师国子监深造。而与他一同入京的，正是他的父亲——一名当地年资长久、享受助学生活补助的廪生。刘父历经多年，终于挨到了岁贡的机会，成为同一年的岁贡生。一家两人入贡，父子同年“岁拔”，在平湖一度被传为美谈。

在周遭读书人眼中，离乡的刘氏父子无疑是令人羡慕的。两人只要在京城朝考合格，一心向学，就能充任京官、知县或教职。

然而，此时正值宣统元年（1909 年），满清的宫阙楼宇在内忧外患之下摇摇欲坠。光绪三十一年（1905 年），清廷在重压之下不得不实行“新政”，罢废科举，推行新学。为了给剩下的科举生员找条出路，朝廷组织了各种补选考试，这是留给读书人求得功名的最后稻草。

刘氏父子抓住了稻草，却无法掌握命运。几年后，清廷覆灭，作为中国千年科举制度的最

◇平湖纪勋劳学校旧址前，刘旦华一家拍摄了一张四世同堂的全家福（摄 / 陈远忠）

后一批贡生，被彻底抛弃，谋得一官半职顿成泡影。

生逢乱世，丘八当道。避开纷争的刘彭龄返回家乡，潜心教书育人，渐成省港地区知名的文化人。1916 年，爱国华商、刘氏宗亲刘铸伯返回平湖老家捐建新式小学“纪勋劳学校”，专程找到刘彭龄，请他出任校长。

学校开课后，时任民国大总统黎元洪亲题牌匾，差人送来。广东督军陆荣廷也赠碑留文，要求军民保护学校，不得侵扰。曾经的私塾儒生，为新式乡间教育披荆开路。他 11 岁的儿子刘仲德也不再接受私塾教育，转入纪勋劳学校学习。

犹如一盏烛灯，纪勋劳学校在平湖播撒文明种子，启迪后人智慧，刘彭龄也颇受乡亲族人敬重。1918 年，纂辑于唐天复二年，中经宋元丰二年重修的《刘氏总族谱》再版，德才兼备的刘彭龄被宗亲们推举，为族谱作序作注。

革命校长刘仲德

在纪勋劳学校就读 7 年后，刘仲德告别父亲，只身前往广州求学。

1925 年 5 月 30 日，英日镇压在上海罢工游行的工人，引发“五卅”惨案。同年 6 月 23 日，广东各界在广州举行声讨帝国主义在上海制造“五卅”惨案大会，会后举行了游行示威，20 岁的刘仲德就在游行的队伍中。人群行至沙基西桥口时，遭到英法军队枪击，多人死伤。亲历沙基惨案的刘仲德痛心民生凋敝，国力羸弱，开始接受共产主义思想。

一年后，刘仲德回乡休假遭遇绑架，刘彭龄变卖田地将其赎回，家道从此中落，刘仲德未能继续求学。之后大革命失败，对国民党失望的刘仲德回到家乡，在母校纪�劳学校担任教师。

1929年刘彭龄早逝，刘仲德在乡亲们的推选下，继任纪勋劳学校校长。时值白色恐怖时期，刘仲德堂兄、中共宝安县委书记刘伯刚悄悄返回家乡平湖后，以纪勋劳学校教书先生的身份作为掩护，秘密开展党的地下活动。

革命危难之际，经刘伯刚等党员介绍，刘仲德加入中国共产党。他不仅在当地积极开展革命活动，教育学校师生学习革命思想，还通过学生向周围农村传播反帝反封建思想，颇受师生乡民的拥戴。

1931年12月，因地下交通站有人叛变，多名共产党员被捕，国民党侦缉队赶来，刘伯刚和刘仲德被几名便衣男子带走时，恰被学校学生发现。师生连同平湖墟的商贩、店员、工人和附近农民，敲响了墟中的大藤鼓，人们拿起刀棍、锄头等器械，号称有土匪绑架，齐心合力，硬是将刘伯刚、刘仲德等人从侦缉队手中夺了回来。因营救校长刘仲德，一些平湖乡民遭报复被捕入狱，有人甚至付出了生命的代价。

这就是平湖历史上著名的“打侦缉事件”。脱险后的刘仲德旋即前往香港，后至越南、柬埔寨等地，在多个学校教授中文和英文。虽然校长离开了平湖，但纪勋劳学校却被完好地保存了下来，并为日后的革命运动培养了大批杰出人才。

平湖文胆刘仲德

大江大河，时过境迁。得知新中国成立的消息后，1950年，在外漂泊20年的刘仲德怀着“就算吃糙米饭，喝白开水也要回国参加社会主义建设”的决心，返回家乡。

纪勋劳学校已不存在，原先的校舍后来转平湖中学使用。刘仲德先后在平湖中心小学和平湖中学当校长、副校长。在平湖，“校长”已成为他的终身代号。

在推行正规教育的同时，刘仲德还与同事们一道，大力普及民众教育，在农民群众中举办扫盲识字班，他们的努力令无数平湖人摆脱了文盲的帽子。

刘仲德一心献身教育，无奈世事多舛。十年“文革”，他被迫离开熟悉的校园和讲台。但他并不甘于退隐，看到当时平湖地区教授英语的师资非常缺乏，他便不间断地在几所中小学校无偿兼课。

1978年，刘仲德被推选为宝安县侨联主席，多次出境联谊广大侨胞，动员人们为家乡的建设做贡献。直到年过八旬后，他才真正静下心来，潜心钻研传统艺术。

在平湖地区，刘彭龄曾因拔贡生的过人文采被人们尊称为“平湖文胆”。几十年后，刘仲德不仅从父辈手中接过了教鞭，也用他的文化造诣和高尚德行，承袭了“平湖文胆”的称号，备受乡人称颂。

生于西学东渐年代，接受新学教育的刘仲德国学功底依旧扎实。他的长子刘旦华回忆，刘仲德的学问大多自学而来。他爱书画艺术，楷书、隶书、行书、草书无所不通，尤其擅长书画。他爱吟诗作画，曾写下不少诗词，只是几经迁徙、抄家，所剩无几。

在父亲的影响下，刘旦华自幼受传统文化尤其是汉文化熏陶，国学基础扎实，专心习练笔墨，尤喜篆、草、甲骨。他追求“篆意草情”，自创的“黑篆体”更是别具一格。

太平盛世，平湖地区习文弄墨的人渐渐多了起来，刘旦华担任副会长的平湖书画协会，汇聚的民间书画爱好者多达上百人。百年来远近闻名的“文化之乡”平湖，如今文化气息愈加浓郁。刘氏前人所栽教育之树，现已枝繁叶茂，庇荫后人。

文化传人刘旦华

与父辈一样，刘旦华也是平湖知名的文化人。他发掘保护的濒临失传的平湖刘氏文化遗产——纸龙舞，已入选了深圳市非物质文化遗产保护名录。

纸龙舞是平湖刘氏先民自中原南迁入粤后，世代相传的一项民间祈福传统。每年春节刘氏族人都会在鼓乐声中舞起纸龙，意在驱邪灭妖、除难消灾，祈求新的一年风调雨顺。

这项流传了千百年的刘氏民俗，在 20 世纪 60 年代被当作“四旧”彻底破除，所有纸龙付之一炬，再无人奏乐舞龙。“文革”结束后，时有乡民凑钱意欲重拾旧俗，却一直不见纸龙再现。

2008 年，得知深圳市在征集民间非物质文化遗产，作为当时平湖社区副书记的刘旦华牵头社区居民，开始抢救刘氏族人最为关心的纸龙遗产。

编织纸龙，龙头的技艺要求最为高超。在平湖社区，此时仅剩 93 岁高龄的民间扎纸艺人刘寿发会编织龙头。“之前别人找上门都被他推辞了，我登门时，老人家敬重我父亲的为人，终于答应传授给我编织纸龙的技艺。”刘旦华说。

刘旦华边学边录影，以便传授给他人。纸龙扎好后，他又邀请曾经历过纸龙舞的老人们群思广议，尽量拼凑起曾经舞动纸龙时的音乐和舞步。经过近百场讨论和模拟，2009 年春节，停演已久的纸龙舞又重现在平湖民众眼前。这一天金鼓齐鸣，掌声不断。望着眼前翻腾的彩龙，年过半百的刘旦华仿佛回到童年……

如今，陪刘旦华一起观看舞龙表演的是刘家的后辈们。身为平湖刘氏纸龙舞的第三十一代传人，刘旦华希望纸龙舞从此不再停演，平湖民俗文化能够代代相传，薪火不熄。

（本文发表于《深圳晚报》2014 年 5 月 9 日，有删改）

平湖最早的农民夜校

文 / 刘任武

1952 年，宝安县人民政府接省委通知，在全县农村实行一次全面的扫除文盲运动。平湖乡人民政府遵照县里的指示精神，在全乡各自然村设立了农民夜校。

农民夜校一般利用闲置的庙宇和祠堂，在里面简单地摆放一些农民自己带来的桌子、凳子，墙壁上挂起一块黑板，点燃一盏煤气灯，就可以上课了。当时，夜校没有统一的课本，是平湖中心小学老师自己编写，并用油印机印刷出来的小学一、二年级语文和数学知识，作为临时的教学内容。

平湖旧圩村的夜校，设在村里一间小庙里，平湖中心小学老师刘任文、刘任武兄弟俩，被分配到该夜校负责教学。星期一至星期六的晚上，他们都去那里上课，教农民识字、算数，开展启蒙扫盲工作。

60 多年过去了，如今旧圩夜校旧址只剩一片残垣断壁，只有旁边一株逾 200 年的老龙眼树还在，见证着世事沧桑和发展巨变。

◇旧圩的一座庵堂，20 世纪 50 年代曾在此办过扫盲班（摄 / 陈建平）

五十年代平湖本土的两个粤剧演出团体

文 / 刘任武

平湖工商联粤剧班

新中国成立初期的 1950 年，平湖圩曾经成立一个业余粤剧班，班子阵容不大，演员也不多，锣鼓、音乐及后台人员，总共不超过 15 人。他们利用晚间休息时间（那年代商店晚上不营业）排练节目，当年排演成熟的剧目有古装粤剧《花心萝卜坏心人》，后来又排练了古装粤剧《狄青》。粤剧班导演兼演员谭顺田先生，是新南荔枝岭村人。另外还有一个教练潘金祥先生，是平湖中心小学教师，负责拉二胡。其他演员有刘裕昆（工商联会长）、刘赞（经营高楼饭店，人叫高楼赞）、陈裕祥、刘卓信、王添福、罗文发、欧碧荣、欧见和（女，合管会经理）。罗文发兼职锣鼓手，欧碧荣兼职吹笛子。戏班自己没有戏服，是平湖籍香港建筑业大老板刘长佑先生赞助了一批古装戏服供戏班使用。

当时新中国成立不久，百业待兴，平湖没有戏院，就在百岁碑那块土地的平台上，用竹子、木料、帆布搭成一个露天剧场。演出的晚上，舞台左边是音乐、锣鼓班子，戏台上挂起两盏煤气灯，就可以开场演出。观看的群众自己搬来凳子或椅子，先来者就摆在前面，后来的则摆在后面。20 世纪 50 年代，文化娱乐生活匮缺，粤剧班的演出深受群众追捧，许多家庭是男女老幼全家出动前去观看。

平湖农村粤剧宣传队

1955 年，正是平湖农村成立农业初级合作社的时候，新南、平湖和白坭坑村联合组成一个粤剧宣传队，演员来自农村青年，其中有新南简头岭村的刘顺才，平湖村的刘炳枢、刘学鹏（别名“皇帝玖”，专职饰演皇帝角色）、刘惠宗（饰演兵卒）、刘群娣（花旦角色）、刘坤顺（女）、刘月娟（女），白坭坑的刘奕宜等人员。他们白天参加生产劳动，利用晚上休息时间排练节目，演出的地点也是百岁碑那个地方，搭一个戏台演出。他们成功演出的戏剧有古装粤剧《驿丞斩狄青》，刘顺才主演狄青，刘炳枢演驿丞，刘学鹏主演皇帝，刘群娣主演娘娘，其他女演员演宫女，刘惠宗演兵卒。此外，他们还有一部古装粤剧《附荐何文秀》，演出也很成功，很受群众欢迎。

平湖教育春秋：三座学校的发展与变迁

文／唐毅　陈海滨　洪猛　丁清尚　刘丽红

在抗战烽火中成立的平湖中心小学，哺育出走向革命与建设的代代学子；新中国成立初期兴办的平湖中学，见证历史风云变幻与小镇的发展变迁；在21世纪之初诞生的平湖外国语学校，探路多元办学，历经风雨如今见得彩虹……

拂卷平湖百年，有心人或将发现，一域文脉的传承和生生不息，既赖时代兴盛与历史之功，又逢山河故人的大爱大德，还有凡夫俗辈的日常义举。所谓苍烟落照，终抵不过时光之河中无穷尽的新生学子的朝气蓬勃——他们从家庭走向学校，识得更大世界；从学校走向社会，闯荡开阔人生。

在素有“文化之乡”美称的平湖街道，百年教育春秋，正是从三座学校的发展与变迁开始的。

平湖中心小学：革命老校换新颜

平湖中心小学是一所有着光荣革命传统的老校。学校创办于1938年，校舍设在红朱岭“鹤轩书室”，学制六年，由刘耆卿任校长，刘曼之任教导主任，在当时十分罕见地开设了英语课程，学校教学设备充足，教师素质优良，在宝安县名气一流。其中有数名中共地下党员刘曼之、刘宝英、刘敏、刘坚等在该校担任教师、员工，他们利用此身份作掩护，建立了党的地下情报工作站，在学生中发现和培养了一批抗日救亡积极分子。抗战至解放战争时期，有许多学子如刘贵林兄弟、刘钦田兄妹、刘绍彭、刘进发、刘志财、刘振能、刘爱齐、廖汉标、黄柱良等数十人，或加入共青团、共产党，或参加游击队，陆续走上了革命道路。

改革开放的春风给华夏大地带来了翻天覆地的变化，深圳平湖也日新月异。随着时代的变迁和社会的进步，平湖教育也走上了跨越式发展的快车道。根据龙岗区教育均衡发展的部署，平湖中心小学于1999年由平湖大街458号（现新南小学）搬至原平湖中学校址。2000年11月，平湖中心小学顺利通过区一级学校评估；2002年9月，完成平湖墟、新南、平湖、鹅公岭、新木、上木古、良安田、白坭坑等8个地方教育资源的整合，顺利接纳了以龙岗户籍学生为主的1917名学生；2003年1月，平湖中心小学通过市一级学校评估，成为市级学校；2005年12月，成为省一级学校，实现了学校发展的华丽变身。

现在的平湖中心小学，校园环境优美，教育教学设备设施先进，育人氛围浓厚。学校占地面积为43651平方米，建筑面积14063平方米，绿化面积16136平方米，绿化覆盖率82.9%，室外运动场所充裕，400米塑胶跑道环绕绿茵如毯的足球场。新的历史时期，平湖中心小学以“转型提高”和“内涵发展”为目标，明确发展方向，开拓发展路径，办学效能日益增强，教育教学质量稳步提升。近三年学校共获得1350项（次）荣誉，其中集体奖65项，师生获奖1287人次，学校先后获得“深圳市绿色校园”“深圳市红旗大队”“广东省优秀中队”“深圳市安全文明先进小区”“广东省巾帼文明岗”“龙岗区教育先进单位”等一系列荣誉称号。

◇平湖中心小学（摄/黄爱）

作为龙岗区体育特色（足球）创建学校，平湖中心小学的足球训练成绩斐然。2014年5月，学生龙展毅在万达“中国足球希望之星”选秀活动中表现出色，顺利入围西班牙足球俱乐部留学名单，现在西班牙接受学习培训；不少学生在不同级别的青少年足球活动赛事中崭露头角。五（6）班张浩天同学在2014年度全国青少年校园足球夏令营活动中，荣获U10希望之星、U10银球奖、U10金靴奖、U10最佳阵容奖、U10一等奖等荣誉奖项。2014年深圳市校园足球联赛已落下帷幕，经过层层角逐，平湖中心小学足球队充分展示出团队合作意识和顽强的拼搏精神，一举斩获深圳市校园足球联赛总赛区小学男子乙组第三名的好成绩。

与此同时，平湖中心小学合唱团显出特色，2014年在深圳市第九届中小学校艺术展演季（合唱节）比赛中亮点纷呈，荣获小学组一等奖，连续三届获得此项殊荣。合唱是平湖中心小学深入推进素质教育，彰显艺术教育特色的优势项目。

平湖中学：耕耘六十载　桃李满园春

创办于1956年的平湖中学，从当年没有独立校舍依托中心小学“戴帽”办学，到移至纪劬劳师生担沙挑砖修缮教室艰苦办学，从克服“左”的干扰、10年输出800名高中生，到新时期重建新校区、坚持内涵发展质量兴校，这所凝聚平湖学子永恒记忆的“母校”，她的每一次发展变化都与时代风云相随，都受到平湖崇文重教的厚重风尚催推。

1956年，中国共产党第八次全国代表大会胜利召开，提出了“逐步满足人民群众日益增长的物质和文化需要”的方针。教育更加受到重视，宝安县委、县政府决定公明、沙井、

◇环境优美的平湖中学（供图 / 平湖中学）

平湖、龙华各区在小学内各办一所初中，称为“戴帽初中”，平湖中学就在此时应运而生。同年 9 月，平湖中学招生 35 人，设立 1 个初中班。当时并没有独立的教学场所，第一个初中班就诞生于当时的平湖中心小学校园内，也就是今天的新南小学校区。平湖中心小学校长刘仲德先生兼任平湖中学副校长，全面主持中学工作，叶柏操任教导处主任。

1957 年，寄居于中心小学内的平湖中学开始独立办学，搬迁到了广深铁路东侧、平湖火车站东面的纪勋劳学校，即今天的新湖学校校区。1958 年，陶辉出任平湖中学校长，刘仲德不再兼任副校长之职。1960 年，刘俊德、黄思明、何日华、黄葵笑等人相继调入，学校教职员工达 10 余人，教学班共 6 个，学生近 300 人。此后数年，师生人数变化不大。建校初期，校舍破旧、座椅不全，校园面积不到 800 平方米。随后，师生们勤工俭学，边上课边劳动，成群结队跑到 1 公里外的岐岭挑沙、清奇坑担砖，走到 4 公里外的长表挑石灰，对校舍进行了修缮和扩建。至 1965 年，平湖中学已有教室 7 间，宿舍 10 间，图书室和理化实验室各 1 间，田径场和篮球场各 1 个。

“文革”伊始，政府要求“队队办初中，社社办高中”。1968 年，“文革”前入校的“老三届”学生相继毕业，学校开始招收高中生。是年招收 1 个班，共 50 余人，学制为 2 年。1978 年，平湖中学停止招收高中学生，改招初中生，学制为 3 年。在这 10 年里，平湖中学走出去的高中生达 800 人。

1980 年，学校开始筹划建设新的教学楼，并向社会发出了《给平湖人民的一封信》。不久，收到民众捐款 8254 元。在当时宝安县、平湖区公所的支持下，1984 年教学楼建成并投入使用，分 3 层共 12 间教室，总面积达 1488 平方米。这时，学校有教职员工 31 人，教学班 8 个，学生 436 人。同年，邱秀恩老师被评为全国优秀班主任，获金质奖章，同时还被评为全省优秀班主任、深圳市先进工作者。这一时期，师资力量不强，办学经费欠缺。而学校却在艰苦的环境下两次扩建校舍并连续办了 10 年的高中，唱响了一曲嘹亮的奋斗之歌。

1987 年，平湖镇政府出资 350 万元为平湖中学兴建新校区。新的学校坐落在丹平路（今为平湖中心小学校区）。学校面积广阔，布局合理，按现代化的标准设计，占地面积 42000 平方米，建筑面积 7613 平方米。这时全校教职工达 53 人，教学班 15 个，分为普通初中部和职业高中部。这时，特区经济快速发展，政府对教育的重视程度超过以前。学校借此东风，新建了现代化的教学楼，开设了初中班和职高班，唱响了平湖中学的成长曲。

1995 年，平湖镇政府为适应 21 世纪教育发展的形势，开始按照省一级中学标准规划设计新的平湖中学，选址凤凰山麓，即今平湖中学所在地。在平湖镇委、镇政府的倡导下，社会各界共 6051 人捐资 981.7 万元（含港元）。1999 年，新校落成，9 月 1 日如期开学并举办落成典礼。新学校占地面积 62155 平方米，建筑面积 16635 平方米。学校有 36 个教学班，学生 1895 人，教职工 202 人，高级教师 28 人，师生人数均创历史新高。学校各方面均取得了卓越的成就，办学特色也日益明显，成为龙岗区较有影响力的中学。

2005 年 8 月至今，平湖中学的办学规模和教育教学质量又踏上了一个新的台阶。平湖中学以“公平且卓越”为核心办学理念，坚持走内涵式发展道路。教育教学质量稳步提高，在 2012 年、2013 年连续 2 个年度被评为“龙岗区初中教育教学先进单位”；学校形成了以陶艺教育为主的艺术教育特色，陶艺成为学校的一张名片；学校坚持科研兴校，涌现了一批科研型教师，教师陈海滨撰写出《深圳古代史》，一大批教师成为龙岗全区“教坛新秀”。

平湖外国语学校：和雅育才谱新篇

平湖外国语学校是龙岗区教育局重点扶持建设的深圳市唯一一所“融小学、初中、高中为一体的十二年一贯制”公办学校。学校位于平湖山厦，占地 3.8 万平方米，总建筑面积 2.9 万平方米。如今的平外校园，按照省一级学校标准规划建设，重新配置教育教学设备。教学楼、体育馆、运动场、生物园、学生宿舍、餐厅等设施配套一应俱全。

平湖外国语学校前身为平湖实验学校。从民资兴办到层层转手，再到艰难转制，风雨十几载，学校历经转制风波，突围重生。1999 年教育改革，山厦、辅城坳居民，为了能让孩子们在家门口就近完成义务教育阶段的学业，近乎无偿地将山厦小学用地和居民百余户的住宅用地共 3.8 万平方米土地出让给政府兴建平湖实验学校。而学校的主要资金来源则为平湖“教育基金百万行”活动募集资金、同富裕工程拨款和原平湖镇人民政府财政投入，以及当地居民和企业的捐款。

2003 年 8 月，平湖实验学校建成投入使用，正式更名为平湖外国语学校，租给私人办学，实行国有民办。此举立刻引起为学校建设捐资解囊的群众和在平湖投资创业的外商们的强烈不满。居民们多次要求恢复公办，但终未果。师资一直是民办的外国语学校最大的问题之一。让居民们更不能接受的是学校最终竟被“层层转包”。

2009 年，广东省教育厅出台文件要求各地清理规范义务教育阶段国有民办学校改制。在这一背景下，2012 年春节开学前夕，山厦、辅城坳居民恢复公办学校的呼声达至顶峰，居民要求立即收归政府并实行公立办学。在平湖街道主要负责人等领导的大力协调下，龙岗区最终将平湖外国语学校“转公”。

◇平湖外国语学校（摄 / 丁清尚）

以办人民满意的教育为目标，2012 年“龙岗区教育局派驻平外工作组”进驻，任命谢爱兵为平湖外国语学校校长，带领教师对学校进行改造。区教育局和平湖街道多位负责人多次组织相关部门莅临学校指导工作，对学校周边环境进行了全方位排查和整治，使学校环境焕然一新。

如今，平湖外国语学校按照省一级学校标准规划建设，教学设施等硬件设施配备齐全。更可贵的是，学校大力“吸金”，汇聚了一批兢兢业业、业务精良、勇于开拓创新的教师团队。中、高级教师占教师总数的 29%，有研究生学历的占教师总数的 23.8%，省、市、区学科带头人和骨干教师人数占教师总数 18.6%，教师学历达标率为 100%。另配有专职心理辅导教师和生活指导老师，还有美籍英语外教及西班牙语、俄语、日语等小语种外教……

转制后的平湖外国语学校，把“和雅”文化作为立校之本，把“和雅”教育作为兴校之道，走出了一条特色发展道路：2013 年，龙岗区美术术科状元花开平外；平外高考美术术科上线率名列龙岗区第三，学校实现了重点本科“零”的突破，取得了专科以上 79 名，大专以上上线率增幅达 25.3% 的好成绩。2014 年学校高考取得了历史性的突破：参考学生一本上线率 2.1%，专科以上考生上线率从 2013 年的 54.9% 飙升至 89.05%，上线率排名从原来民办时期的垫底跃升为全区第四名；文科上线率达 92.86%，跃居全区第三名；学校重点上线完成率、本科上线完成率、省专上线完成率均大幅超额完成区教育局预测的高考目标，均居全区第一；学校高考上线加工率全市第二名、龙岗区第一，深圳市美术联考全市第七名；该校高三传媒班全体同学通过术科本科线；学校师生各类竞赛全面开花，2013—2014 两年获奖 700 余人次；2014 年，平外顺利通过了教育部义务教育均衡发展的评估验收，先后连续获得“深圳市教育系统先进单位”“龙岗区高中教育教学先进单位”“初中教育质量进步奖”等多项殊荣。

平湖人民医院：百姓健康忠实护卫

文／温俊锋　杨秋燕

◇平湖人民医院大门全景（摄／杨秋燕）

历史回眸

1916 年，在平湖籍香港同胞刘铸伯的捐助下，平湖有了最早的一所私立医院——念妇贤医院，位于现平湖火车站附近。开业初期，这个三开间的两层楼房只有四五位医生，只能看病不能留医，后来又增加了病房，并从香港请了 5 位西医，用西医西药为群众治病，造福平湖百姓。新中国成立以后，医疗卫生事业也投入社会化建设的浪潮中，1958 年公社化后，原宝安县各个公社都设立了公社卫生院，平湖在念妇贤医院原址成立了平湖公社卫生院，继续为平湖百姓健康服务。

沧桑巨变

1993 年，平湖公社卫生院更名为平湖镇人民医院，华侨同胞、港澳同胞、各单位企业及各界爱心人士慷慨解囊，几块、几百块、几万块，纷纷捐钱捐物用于建设平湖百姓自己的医院。1993 年 9 月 28 日，由各界募捐兴建的新医院终于投入使用，崭新的诊室、病房，完善的医疗设备，让平湖人民医院为服务百姓做好了充分的准备，但是医疗人才的匮乏却成了平湖卫生事业发展的另一大难题。为此，医院想了多种办法，到全国各地去招贤纳士，但是人来了，要留住却不容易。平湖与东莞交界，离市区十几公里，与人们心中的深圳特区有一定的差距，当时整个龙岗区是个大工地，到处灰尘滚滚，去龙岗卫生局办事非常不方便，来回一趟需要几小时，苦不堪言，很多人坚持不下去，相继去了其他更好的地方。

留不住人才，怎么办？平湖人民医院清醒地认识到，要想吸引人才、留住人才，必须上等级、提质量。1995 年，平湖人民医院决定创建二级甲等医院，经过全院职工的不懈努力，改善就医环境，提高服务质量，当年 11 月，平湖人民医院顺利通过二甲评审，被评为国家二级甲等医院，又在 1996 年被评为“国家爱婴医院”，平湖人民医院迎来了快速发展的黄金时期。

非典处突

2003年，是一个多事之秋，非典，毫不留情地考验着中华儿女，平湖，作为深圳的“北大门”，毗邻东莞，地形人员都非常复杂，还有一个客流量非常大的平湖火车站，抗击非典的任务非常艰巨，非典病人非常有可能通过火车进入深圳特区。在人民群众的身体健康和生命安全受到严重威胁的紧急关头，没有一名医务人员不服从指挥，没有一个逃兵，他们挺身而出，表现出临危不惧、无私奉献的崇高医德。

在“4·28”平湖火车站应急行动中，平湖医院仅用了 1 个小时就腾出了 2 个病区共 100 张床位，随时准备收治疑似病人。20 分钟内就动员了 192 名医护人员到位，其中 102 名医护人员自告奋勇，奔赴第一线，分成 10 个小组登上列车，对每一节车厢的旅客进行逐一排查。为确保出现紧急情况时能及时到位，医院要求救护车司机及随车医护人员实行消防式管理，一有疫情，保证 2 分钟内出车。同时要求全院工作人员在此非常时期务必提高警惕，保证 24 小时通信畅通，召之即来，来即能战。

为达到隔离病区的设置要求，在市、区改造隔离病区及配置必备的医疗设备的专项资金不到位的情况下，医院克服重重困难，共投入了 657 万元按要求购置了病床、呼吸机、监护仪及改造病区。坚决不让一例发热病人流出平湖。非典期间，平湖人民医院共收治了 120 多例医学留观病例，7 次参与平湖火车站及公共汽车站疫情排查任务及在院内隔离病区工作的医务人员共有 580 多人次。非典过后，平湖人民医院被深圳市、龙岗区评为抗击非典先进集体，全院 94 人受到省、市、区表彰。

跨越发展

近年来，平湖人民医院坚持“全院为临床，临床为患者”的核心服务理念，根据“查短板、破瓶颈、提质量”的发展思路，以“增收节支，提内涵，上等级”为目标，加强重点专科建设，改善就医环境，引进高技术人才，补充医疗设备，不断加强自身建设，取得了跨越式发展。在2013年和2014年公众满意度测评中，该院均取得优异成绩，位居龙岗公立医院前茅。连续五年被评为深圳市急诊急救先进单位。在2014年度龙岗区公共卫生服务质量整体评估中，平湖人民医院以869.5分荣获第一名。而这一系列成绩，源自于平湖人民医院多项提质提效举措。

平湖人民医院的跨越发展，得益于一系列举措的实施：优化环境完善设备、改革创新机制、扶持特色科室、优质服务走进社区。医院用规范化的管理，把系统、完善的优质服务搬到了平湖居民的家门口！

策马扬鞭

2014年6月，平湖人民医院更名为龙岗区第五人民医院，目前总占地面积16749平方米，业务用房建筑面积约11313 平方米。编制病床120张，开放病床216张。全院职工总人数562人，年门诊量近70万人次，出院患者8000人次。11家社区健康服务中心遍布平湖各个社区。未来，平湖人民医院将以更加积极的态度，从细节入手，努力提高基础服务质量，继续做平湖百姓健康的忠实护卫。

深圳华侨医院：创新赢得跨越发展

文 / 谢红

2014 年 4 月，位于平湖街道平湖社区的深圳华侨医院（原深联医院）被深圳市卫计委评定为三级综合医院，这是华侨医院继再次获得“全国百姓放心百佳示范医院”称号后的又一殊荣。深圳市社会办三级医院共有 5 家，华侨医院是其中一家，这家医院扎根平湖 14 年，从小到大实现跨越式的发展的历程，凝聚着该院董事长廖志仁和全体医护人员的艰辛努力，体现了“诚信立院、服务兴院”理念结出的累累硕果。

初创：诚信规范，立院为民

华侨医院创始人、董事长廖志仁是深圳市知名侨资企业家、市政协委员、市侨联副主席，20 世纪 60 年代中期出生在广东一个华侨家庭。20 世纪 90 年代的深圳，经济处于快速发展阶段，大量外来人口涌入，“看病难”问题渐渐凸显，尤其是外来工众多的宝安、龙岗两区。一方面，

◇华侨医院手外科（国家临床重点专科）举办学术活动（供图 / 深圳华侨医院）

市民对医疗服务的需求迫切；另一方面，深圳市政府鼓励社会资本进入医疗行业，以弥补公办医疗资源的不足，提高社会整体医疗保障水平。在这样的背景下，廖志仁决定进入医疗服务市场，创办一所社会办医院。

1998年，廖志仁选择将医院建在流动人口较多、离市区较远的龙岗区平湖街道。经过一年多的筹建，2000年5月深圳深联医院（深圳华侨医院前身）正式开业。一次性按二级医院的标准设计，配置医院的设备、人员和床位，建筑面积达2.8万平方米，开放床位300张，成为当时深圳最大、最先进的社会办医院。

尽管医院初创阶段面临生存的压力，但医院管理层却没有像某些不规范经营的民营医疗机构那样，采取过度医疗、开大处方等方式向病人要“效益”，而是选择了规范经营、诚信办院，以服务立院。

医院地处工业重镇，工伤患者多。为提高救治及时性，医院一方面要求各科室按创建标准做出承诺，办公室定期巡查、督促；另一方面制订出住院病人住院流程、医保病人就诊流程图，对工伤病人设立急救绿色通道。并结合“医疗优质高效”十项标准和《深圳市医疗服务质量评估办法》制订了5项“限时服务”承诺：急诊科急诊抢救病人到院后立即处置，院内会诊15分钟到位；放射科普通拍片20分钟出报告，平诊半小时出报告；检验科急诊检查项目5分钟内出报告，平诊、病房检查项目6小时内出报告（特殊检查项目除外）；功能科危重抢救病人随叫随到，心电图现场出报告，B超检查后立即出报告，普通病人检查后10分钟内发出报告；择期手术病人术前住院日小于72小时。

除此之外，医院还建立了公立医院没有的机构——客户服务中心，及时对病人进行服务满意度调查。随后几年，医院把发展的触角伸向社区，承担起公共服务的责任。2008年，医院再注资1.5亿元人民币扩建了800张床位的住院大楼，新住院大楼成为医院向高端医疗服务发展的重大工程。医院新住院大楼落成使用，极大改善了医院的医疗服务环境，为本辖区内突发公共卫生事件的应急救助提供了有力的保障。

2009年12月，在国侨办、省侨办的支持下，经深圳市侨办牵线搭桥，暨南大学与深圳深联医院达成共建暨南大学医学院附属深圳深联医院的合作协议，深圳深联医院正式挂牌“暨南大学医学院附属医院”，成为深圳市第二家挂牌国内重点医学院校附属医院的社会医疗机构，也成为广东省侨企与侨校的首次“联姻”。

另外，该院是深圳市首家由归侨侨眷创办的医院，服务辖区近200家外资、侨资企业和近300万人口，是我国首家以“华侨”命名的社会医疗机构，也是深圳市首家以“华侨”命名的医院。

发展：“金字招牌”创品牌

根据附近工厂多、外来劳务工集中的特点，华侨医院创建了一批各具特色的重点科室，例

◇华侨医院国家临床重点专科手外科学科带头人张咸中教授为深圳市民代表讲解手外科建设历程（供图/深圳华侨医院）

如限价接生的妇产科、针对工厂工人上肢外伤较多成立的手外科；为了减少手术创伤，最先在我市社会医疗机构中开展微创腔镜手术、腔镜外科等。

深圳华侨医院有一个敢于创新的“金字招牌”——手外科。华侨医院手外科以先进技术、可靠质量，救治了一批批外伤患者，受到企业、社会广泛赞誉。医院手外科创建于2003年，当初设立和发展这个专科，源于医院“以病人为中心”的理念。华侨医院引入了原中华手外科学会常委、享受国家特殊津贴的专家张咸中教授，广东省显微外科学会常委王利教授为学科主任，并在医教研等各方面加大投入。在张咸中教授和王利教授的带领下，经过10多年的努力，华侨医院手外科已发展成为技术力量雄厚、人才梯队合理、设备先进齐全、功能完善的优势临床医学特色专科。

2011年9月，华侨医院手外科被卫生部评为国家临床重点专科，成为深圳市社会医疗机构中目前唯一拥有国家临床重点专科的三级综合医院。2014年，深圳华侨医院手外科再次被国家卫生计生委评誉为全国“最牛专科”之一。

2013年，深圳华侨医院又投资2000多万元，增设了肿瘤科。一家民营医院开设肿瘤专科，这在业界绝对是个挑战。如今，深圳华侨医院肿瘤综合治疗中心不仅建起来了，短短一年时间，已发展到51张病床，并可开展肿瘤（癌症）的化疗、放疗、微创、介入、免疫和生物细胞治疗，技术能力和水平令业界称奇。华侨医院为此聘请了中国工程院院士郝希山教授担任肿瘤科顾问，与北京、上海、广州等多家肿瘤治疗中心联网形成网络会诊中心，采用国际上通行的肿瘤会诊治疗模式，对各期病人制订个性化治疗方案；同时，开展中西医结合、疼痛治疗等综合疗法，有效提高了肿瘤患者的生活质量，最大限度地延长了患者的生存期。

服务，更好地承担起侨企应有的社会责任。

创新：家门口就能看“名医”

深圳华侨医院近年来承担的社会责任，包括成立义工队免费服务群众，组织医护力量帮扶河源山区和光明侨乡开展义诊等。在企业发展进入快车道的同时，廖志仁却认为只有创新不停步，企业才能有源源不断的动力。

借助医疗改革中医师多点执业的政策，2011年6月，深圳华侨医院与深圳市第二人民医院签订了技术帮扶协议，市二医院有 40 多位专家坐诊深圳华侨医院，家门口也能看专家给平湖地区的老百姓带来了实实在在的便利。

在病人眼中，深圳华侨医院还有一位医术精湛、医德高尚的好医生；在医生、护士眼里，他是位务实创新的院长，他就是终身享受国务院特殊津贴、广东省肝胆外科“一把刀”、市第二人民医院原副院长——深圳华侨医院院长王成友。华侨医院能率先在业界引进深圳市第二人民医院的 40 多位专家到华侨医院多点执业，并积聚、培养一支属于医院自己的核心医疗队伍，他起了关键作用。

王成友院长不仅是“深圳市十佳医务工作者”，同时，也是华中科技大学同济医学院外科学博士生导师、中山大学博士后深圳工作站导师，其无血切肝术治疗肝脏恶性肿瘤被评为“国内首创”的技术，已达到国际先进水平。

未来：百尺竿头不停步

建院 14 年来，深圳华侨医院由原来的“袖珍医院”发展成为集急救、预防、医疗、康复、保健、科研和教学于一体的大型三级综合医院，医院建筑面积 5 万平方米，开放床位 800 张。设有近 30 个临床医技科室，下辖社区健康服务中心 5 个，医疗整体质量和医疗服务水平在本地区已处于领先地位。

如今，深圳华侨医院已发展壮大成为同行业中的佼佼者，不仅是深圳市首批获准开设产科和社区健康服务中心的社会办医疗机构，同时还是深圳市社会医疗保险、工伤保险、劳务工医疗保险定点医疗机构，深圳市 120 急救网络医院，脑卒中筛查定点医院，多家商业医疗保险合约单位。

2012 年 6 月，深圳华侨医院入榜广东省民营综合医院可持续发展力 20 强，综合评价名列深圳民营综合医院第一名；2013 年医院入榜香港艾力彼医院管理研究中心“全国民营医院百强医院”，在深圳市排名第一位；2014 年再次被中国医院协会评为“全国百姓放心百佳示范医院”。

未来，深圳华侨医院将在医院管理、医疗服务、专科建设、科技创新、人才培养方面继续积极探索；同时，大力加强医院文化建设，提升员工凝聚力，构建和谐医患关系，大力提高医院综合实力，为广大市民提供更优质的医疗服务。

叶氏正骨：传承逾四代　绝技济苍生

文 / 张帆

1966 年，家住平湖辅城坳的小学毕业生叶美容坐上了去北京的火车，与他同行的还有一个女同学和平湖中学的校长、主任。那是毛泽东接见第四批红卫兵，叶美容作为学生代表站在学生方阵的第一排，那么近距离地看见毛主席在敞篷车上朝他们招手，那一刻叶美容心里无比幸福，而那一刻的记忆也成为他日后为群众治病的精神源泉。从 12 岁开始传承祖传叶氏正骨医术，到 2013 年叶氏正骨获评龙岗区非物质文化遗产，今年 63 岁的叶美容已有近 50 年的行医经历，他看过的病人几十万，家中的 X 光片曾有几麻袋，他的经历还深深地打上了平湖医疗事业进步的烙印。

140 年“叶氏正骨”家传第一人

1866 年（清同治五年），广东新安县（今深圳市）辅城坳村人叶永阶在当地创立了叶氏正骨术。传到叶美容这一辈已经是第三代。他是家中的老幺，上面有两个哥哥、两个姐姐。在叶美容 12 岁时，父亲过世了。从那时起，他一边读书，一边跟着大哥一起给人看骨伤。

在与笔者交谈的过程中，叶美容几次起身拿来他保存的已经泛黄的资料：乡村医生证明、先进荣誉证书，甚至还有几十年前的出诊记录……最重要的是那本他随时放在上衣左边里兜的一本巴掌大的小书，这是他爷爷手写的秘方，上面的毛笔字工整而精细。叶美容精心地保存着过往的物件，那些他所经历过的随着岁月渐渐淡去的往事也就这样在眼前铺展开来。

1968 年，辅城坳村卫生站成立。1975 年，当时的辅城坳村党支部书记叶见明知道家传接骨疗法确实不错，选定叶美容为“赤脚医生”，安排他到公社乡村医生培训班学习。毕业回乡后，叶美容就在村卫生站以家传接骨疗法接治病人。当时村卫生站只有两个科室，一个是中西医科，一个就是中医骨伤科。每个科只有一个大夫，叶美容负责中医骨伤科。“当时都是自己上山采中药，固定用的脚板都是自己做的。”叶美容说，那时条件非常艰苦，老百姓大医院看不起病，反而是这个村级卫生站给大家提供了更多方便。

关于叶美容高超的医术，在辅城坳老辈人中流传着这样的段子。他的手在伤处一搭一摸，就知道伤到什么程度，而且对于骨折后复位讲求一次到位。当时村里有些老太婆伤到手脚肿起后认为没有大碍，叶美容说是骨折了还不信，结果拿来 X 光片机一照，真的就是骨折了。

1993 年，叶美容到广州中医学院骨伤科附属医院进修一年，他更好地将家传接骨术与自

◇叶美容与当年的辅城坳村卫生站（供图／叶美容）

己的临床实践和学习所得结合起来，接骨医术日益精进。

叶美容特别怀念村卫生站的时光，20世纪80年代，宝安县政府拨款重建了辅城坳村卫生站，有2000多平方米。1998年，农村卫生站取消，叶美容自己挂起了“叶氏正骨”的牌子。此时，“叶氏正骨”已形成复合型骨伤科诊疗体系。“原来卫生站的旧址现在是社区篮球场”，叶美容说。

医德高尚引来老“顾客”40年后再登门

“叶老，您不认识我了？我是深圳电视台的房孚强呀，40年前到您这儿来过。”2014年11月，“叶氏正骨”来了位老人，一见面就紧紧地握住了叶美容的手。原来，40年前，他3岁的侄子从车上掉下来摔断了大腿，深圳的医院没人敢接，他抱着孩子从观澜慕名找到了叶美容，在叶美容的精心治疗下，孩子1个月以后就能走路了。这次，已经59岁的房孚强桡骨骨折，这才又来到“叶氏正骨”。

在叶美容的办公室，挂着几面锦旗：“医德双馨，妙手回春”“名师出高徒，治伤如翻掌”……每一面锦旗背后都有一个故事，说起他曾看过的病人，叶美容历历在目。

20世纪80年代，随着叶美容的名气越来越大，不仅平湖本地的村民，就连深圳其他地区以及与平湖相邻的东莞樟木头、塘厦、凤岗、清溪等地，每天都有断手断脚的病人慕名前来就诊。

◇叶美容的二儿子叶穗强在接诊（供图 / 叶美容）

叶美容并没有把这看成是发财的机会，看好病才是他心中最为挂念的。也因为这个，很多没钱看病的人也都往他这跑，或者被人送到他这里来。

东莞樟坑径的一个 60 岁的患小儿麻痹症的老人摔断了大腿，他的妻子有点傻，又有两个女儿和一个儿子，家里困难，没钱送医院。听他同村的人讲了情况后，叶美容二话没说，骑单车跑到他家给他疗伤，之后每天骑 15 分钟的单车去他家里敷药换药，一直到他恢复健康。如今这位老人已经过世，但他的儿子每次在路上遇见叶美容总是很有礼貌，他还记得叶医生曾经帮他爸爸治好了病，没要一分钱。

还有一次，几位龙华本地的好心人用床板推来一个年轻仔，请叶美容收治。原来，这个从湖南来深圳打工的年轻仔在龙华下了车，一路边走边找工作，工作没找到，却被车撞到了。“叶医生，这是我们在马路上捡来的。”面对这个身无分文的小伙子，叶美容毫不犹豫地将他留了下来，看了 20 多天病，叶美容也没收他一分钱。

传承四代成本土传统医术代表

当天到“叶氏正骨”时，正巧在大厅碰上叶美容的二儿子叶穗强给一位中年男士处理伤口。这位男士头天喝多了酒，被人搞伤了手指，特地从坂田赶过来。算起来叶穗强已是“叶氏正骨”的第四代传人。现在每天来这里的病人大概有六七十人。

“以前一个早上就有这么多人。”叶美容说，20 世纪八九十年代，因为摩托车多、建筑工人多，所以来看病的人也多。几十年过去了，“叶氏正骨”也迎来了新的发展。当初叶美容跟随哥哥入行，后来哥哥当了国家干部，“叶氏正骨”的传承大计就落在了叶美容的肩上。他在精心钻研医术的同时，也悉心培养下一代。他的三个儿子从小就开始学习正骨医术，现在有两个儿子继承了他的衣钵，老大叶穗新从卫校毕业，老二叶穗强从位于广州的解放军第一军医大学（现南方医科大学）毕业，他们早已成了叶美容的左膀右臂。叶美容还带几个侄子学习接骨术，如今的“叶氏正骨”已是开枝散叶，包括叶美容的诊所在内共有 4 家。

2013 年 5 月 23 日，深圳“叶氏正骨医术”正式认证挂牌，成为龙岗区非物质文化遗产。有关人士介绍，深圳市入选非物质文化遗产项目的传统医术，前四个分别是“平乐郭氏正骨医术”（国家级）、“贾氏点穴疗法”（省级）、“骆氏腹诊推拿术”（市级）和“不育不孕疗法”，这四个项目全部是外来文化项目。而“叶氏正骨医术”是深圳市目前唯一一个本土非物质文化遗产传统医药类成功申报的代表性项目，该项目的申报对深圳市的非物质文化遗产保护工作意义重大。

专家们认为，140多年来，平湖“叶氏正骨医术”一直扎根民间，是深圳具有代表性的传统医术，是宝贵的非物质文化遗产，不仅应当列入当地非物质文化遗产代表性项目进行保护，而且应当逐级申报更高级别的非物质文化遗产代表性项目。

第二节 文体建设

（摄／刘艺）

文化之乡：开启转型升级新时代

文 / 唐毅

在东面，凤凰山国家矿山公园即将揭碑开园，这一新的地标式建筑将惠及周边片区的众多市民；在西面，堪称工业园区内“绿肺”的平湖生态园，保护改造正在稳步开展前期准备工作……

在深圳龙岗区平湖街道，高起点规划辖区内的“一东一西”两园建设，可看作是该街道大力规划建设文化惠民工程、促进辖区转型升级工作的缩影。

众所周知，作为先行发展地区的平湖街道，土地资源已经十分紧缺，文化硬件设施的规划与建设，既关系到民生幸福，又在一定程度上影响着城市功能的完善和发挥。如何改善文化民生、健全公共文化服务体系，实现文化成果共建共享，成为平湖街道重要的职责所在。

除“一东一西”两园建设外，他们正在积极做好占地面积 43000 平方米的平湖体育中心和总占地面积 123.6 公顷的罗山公园的前期工作，同时正在抓紧完成平湖会堂（文化中心）的功能改造、内部装修工程。据悉，完成后的平湖会堂将成为集文化艺术、健身休闲于一体的综合型公共场所，将大举提升平湖街道城市功能和片区综合形象。

作为转型升级样本的龙岗区平湖街道，在文化领域连连发力，通过增强文化引领和辐射功能，提升辖区民生幸福，促进转型升级，这一思路与实践不无意义。

文明创建：文化清香提升城区品质

“同住一座城，共爱一个家”，这样鲜明的主题，出现在日前平湖街道举办的城市公共文明主题宣传实践活动上。

在当日的活动现场，既有形式多样的文艺宣传、文明礼仪知识问答、曝光不文明图片展，也有街道党工委书记等领导带头参与的现场签名承诺倡议、团员义诊咨询等。平湖街道宣传部门还向周边居民派发了专门编印的《文明与你同行，创建从我做起》宣传册。在启动仪式后，该街道党员志愿者、公务员志愿者、巾帼志愿者、社会志愿者，走上街头开展义务清扫、交通劝导等文明实践活动。

每一个人的文明迈出一小步，城市文明就提升一大步。在龙岗区文明办有关领导看来，平湖举办的城市公共文明主题宣传实践活动等一系列创新思路，已经成为全区文明创建的品牌。

据了解，平湖街道十分重视抓好三个文明建设，在推动经济社会协调发展的同时，全力推

◇在平湖，义工成为一支不可忽视的文明创建生力军（摄／陈建平）

进道路等城市基础设施建设，不断完善硬件条件；不断创新文明创建活动形式，始终坚持以提高市民素质、树立文明新风为指向，以社会共建共推、群众广泛参与为途径，充分发挥群众团体、社会志愿服务组织和文明形象大使的带动引领作用，取得了显著成效。

近年来该街道精心打造的书画摄影、自行车公开赛、“激情红五月”文体节系列活动等群众性文化体育品牌，逐步得到周边片区甚至东莞等地的关注和参与；连续几年开展的“十大和谐企业”“十大文明家庭”以及“文明道德模范先进人物”等活动深入人心，扶贫济困、奉献爱心的平湖巾帼志愿互助会曾荣获全国“三八红旗集体”“广东省文明单位”，成为全省、全市精神文明的一个先进典型。在不久前举行的“广东好人”评选中，该会会长黄翔荣获广东省 2012 年第一季度“广东好人”光荣称号，成为深圳市唯一获此殊荣的市民。

在近日的平湖街道，凤凰山矿山公园矿山博物馆内的一场文化活动，则赢得了众多书画爱好者的关注和参与。据平湖书画协会相关负责人介绍，本次书画展征集会员作品 130 多幅，与以往举办的书画展相比，这次书画展上展出的作品创作水平大幅提高，形式更加多样。这些作品或循传统抒诗意，或随时代求韵致，主题鲜明，格调高雅。

正如该活动宣传的“淡墨清香，魅力平湖”主题，一个街道能够举办规格不低的书画展览，正是在转型时期提升文化软实力、片区形象、综合竞争力等多重意图的体现。

载体创新：“一社区一文化品牌”促社区转型

雅俗共赏的广场音乐会，社区、机关单位和企业均组队参加的趣味运动会，表演内容各式各样的家庭才艺比赛，以及五人制足球赛、羽毛球比赛等，如此丰富的覆盖全街道各类人群的群众性文化活动，在平湖街道接连举办。

为营造健康欢乐、充满活力的群众文化氛围，从 2012 年 5 月份开始，平湖街道举办“激情红五月”文体节系列活动。上述众多精彩的项目，正是该街道“激情红五月”的活动内容。

对历史文化资源的挖掘和传承，成为平湖街道文化宣传部门的重要工作。据悉，口传身授、根深叶茂的民间传统文化，如今在平湖得到了较好的传承。如有着 100 多年历史、内涵套路别具特色的民间艺术——平湖社区舞纸龙和鹅公岭、白坭坑社区的舞麒麟，近几年来在街道的扶持下重获新生、大放异彩，目前正在申报省、市非物质文化遗产。

让社区文化品牌叫得更响，这正是平湖街道2012年启动的“一社区一文化品牌”创建工作的目标。据悉，除上述不同社区的传统民俗文化已经在街道备受瞩目外，上木古社区的柔力球、鹅公岭社区的太极扇、良安田的腰鼓等具有广泛群众基础的文艺项目，也将作为特色文化得到平湖街道的扶助。

◇歌手选秀赛颇受欢迎（摄／陈建平）

最年长者77岁、平均年龄达66岁的社区老年乐队，走上公共文明主题宣传活动的舞台，近20位成员一连合奏和演绎3首广东民乐及歌曲，博得台下数百位观众的掌声和喝彩。这支名为“红夕阳”的老年乐队，全部由平湖街道山厦社区居民自发组成，在当地居民群众中具有一定的影响力。

事实上，包括“红夕阳”老年乐队在内的逾10个群众文艺活动项目，已经被平湖街道确定为社区品牌项目。

平湖街道有关负责人介绍说，他们将对社区文化品牌进行系统的布局、整合和帮扶，争取通过品牌效应，以点带面，以面带片提升社区文化品位，推进社区文化建设。

“既要通过文化惠民系列活动，使全街道的市容市貌、公共文明有较大改观，更要立足长远，全面落实治本之策，把文明创建活动与服务群众、改善民生、促进社会和谐稳定结合起来，促进平湖经济社会转型升级、协调发展。”时任平湖街道党工委委员、宣传部长高文荣介绍说。据悉，今年平湖街道部署了6大方面23项文明创建和群众文化活动。

有序引导：社会力量彰显共创共建活力

平湖街道一栋300多平方米的楼房里，只要人们愿意舞文弄墨，总有一位和和气气的中年人士与你交流、解疑答惑。

这是平湖书画协会最日常的一幕。书画协会的秘书长陆大海，就是人们平日里总可看到的那位和气的中年人。对书画有着浓厚志趣的陆大海，其艺术创作已得到不少专家的认可和好评，本来他一直是过着与师友同道交往、在家中勤习书画的生活，可如今他全身心地扑在了书画协会上，有人形容他“已经把书画协会当成了自己的家”。

只要有会员来协会办公室，或者对书画艺术有兴趣的人们，均可得到陆大海等协会骨干的指导。“有时候为了指导会员的学习，让会员更有长进，陆大海耽误了自己很多的创作时间”，平湖街道有关人士将陆大海形容为“文化义工”，并对此深为感动。

平湖书画协会的办公楼房，还有另一个让人感动的故事。70 多岁叶落归根的平湖籍香港同胞刘立基、王丽容夫妇，热心支持文化事业，当得知书画协会办公场地和经费紧张时，主动联系协会，捐赠出自己 300 平方米的三层自建房，作为协会的办公活动场所。

这个被认为是“最基层的书画协会”里，约有三分之一的会员是来自工业区工厂里的打工者，可在艺术学习和创作中，外来者与本地居民等各种群体的参与者，通过艺术彼此完全融入。

平湖书画协会，是平湖街道社会力量共创共建、参与中心工作的缩影。宣传动员社会组织和社区居民、外来建设者积极参与，努力营造社会共创共建的浓厚氛围，这成为平湖街道的重要理念。动员各种社会力量参与街道中心工作彰显出巨大活力，通过文化的辐射力凝聚共识促进转型升级，成为平湖街道这一工作探索的经验之一。

（本文发表于《南方日报》2012 年 6 月 6 日）

文化建树：助推平湖软实力

文／林坚　张帆　边疆红　丁妮

平湖编剧徐巍然创作的微戏剧《烦恼的钥匙》成功摘下第八届全国戏剧文化奖小型剧本银奖，平湖街道在龙岗区第五届社区文化艺术节上斩获3金6银5铜，“一社区一文化品牌”创建活动扮靓群众文艺舞台，连续举办五届的平湖自行车公开赛为平湖赢得美誉，建立书画培训基地提供文化公益服务……2013年，伴随着平湖城市建设的阔步前行，平湖文化软实力也在不断提升，给人们的精神生活带来前所未有的变化，并日益丰富着这片城区的内涵与底蕴。

群众文艺出精品

美术作品《心与闲云》获美术比赛金奖；原创音乐歌曲《中国人·中国梦》获音乐创作比赛金奖；原创戏剧小品《电话·夜》获得戏剧、曲艺比赛金奖；空竹舞蹈《开门红》获创作舞蹈比赛银奖……金秋十月，平湖街道在龙岗区第五届社区文化艺术节上斩获3金6银5铜，其参赛的小品和歌曲还被选送至深圳市第十一届“鹏城金秋”社区文化艺术节，并分别获得银奖和铜奖，集中展现了平湖群众性文艺活动的丰硕成果。

平湖街道于2012年开始“一社区一文化品牌”创建活动，以此带动群众文艺精品的培育和普及。该街道深入社区调研，帮助社区整合文艺力量，通过专业辅导与再培训，逐步组建了社区合唱队、舞蹈队、民乐队、粤剧社等文艺队伍，初步打造出一批优秀的文艺团队和精品，深受群众喜爱和好评，在龙岗区第五届社区文化艺术节上获创作舞蹈银奖的空竹舞蹈《开门红》就是此次创建活动中涌现出的精品。

“社区群众文艺品牌创建活动的持续开展，对引导群众广泛参与社区精神文明建设，分享文化发展成果，促进社区和谐发展起到了积极的作用。”平湖街道宣传部负责人表示。

◇平湖文化活动（摄／陈建平）

2013年，平湖街道群众性文艺活动精彩纷呈，既紧扣街道中心工作，又为群众搭建了展示才艺的平台。在此过程中，该街道注重文化关爱，向外来劳务工倾斜，为期一个月的平湖街道 2013 年“展青春·溢活力·促和谐”外来青工文体节系列活动就是一个很好的例子。

这一年，该街道还开展送培训、送电影进企业、社区活动，共输送 500 节课时的培训，参加培训群众约 300 人，送电影 67 场次，极大丰富了群众及来深建设者的文化生活。

群众体育创品牌

2013 年 10 月 20 日，第五届平湖自行车公开赛吸引了来自珠三角地区等省内外的 110 个自行车俱乐部共 600 多名自行车运动爱好者参赛，再次刷新了该赛事参赛运动员纪录。

平湖自行车公开赛是该街道近年兴起的影响力大、参赛范围广、参与人数多的较大型体育赛事。对内推动平湖自行车运动快速发展，对外大幅提升平湖美誉度。这一赛事举办 5 年来，品牌效应日益凸显，堪称平湖街道积极开展群众性体育活动，推动和引导群众参加全民健身活动成果的集中体现。

玩自行车的参加自行车赛，打篮球的参与篮球赛，对于热爱运动的平湖人来说，不愁找不到“用武之地”。

2013 年，平湖街道举办的群众体育赛事有第五届自行车公开赛、第三届平湖街道自行车年度大赛、“迎春杯”男子篮球赛、第三届平湖小型山地铁人三项赛、乒乓球公开赛、机关男子三人篮球赛、全民健身长跑活动及龙岗区关爱来深建设者趣味运动会进企业系列活动平湖专场等，让一众运动迷过足了瘾。

在做好群众体育工作的基础上，平湖街道还积极组织参加市、区各项体育比赛。平湖街道代表队在今年 11 月举行的深圳市体育先进街道足球赛上勇夺第二名，在 12 月举行的 2013 年深圳市政府民生工程“体育有约”系列公益活动暨龙岗区第二届健身舞蹈大赛上荣获二等奖和优秀组织奖。

民间社团领风气

一个地方文化社团的活跃程度很能反映当地基层文化情况。平湖街道通过多种渠道，积极帮扶各类文化社团开展活动，辐射和带动群众参与、创作文艺活动的积极性，活跃基层文化氛围。

摄影学会、书画协会、“红夕阳”民乐队、老干部文艺队等都是近年来活跃在基层的文化社团，对丰富群众文化生活，提升群众文明素质发挥了“润物无声”的作用。而自行车运动协会、羽毛球协会等群众体育社团则进一步推动了全民健身活动的广泛开展，在群众中有着广泛的凝聚力和影响力。

就拿平湖书画协会来说，这个成立于 2007 年的社团组织目前共有 110 多名会员，年龄最大的 73 岁，最小的 9 岁。2013 年，平湖书画协会在白坭坑小学、启英学校、街道老干中心、平湖社区设立了书画培训基地和教学点，每月安排会员上课，为更多热爱书画的人士提供公益文化服务，促进了平湖街道群众性文化活动的深入开展。

“我们今年进一步加大了对文化社团的帮扶力度，力所能及地解决一些如缺乏乐器、演出服装等实际困难，充分调动各类文化社团的积极性，打造精品。”该街道一位负责人表示，他们还将协助和支持民间人士向政府相关部门申请注册成立网球运动协会和足球运动协会，目前有关筹备工作正在推进之中。

文化传承成一脉

平湖悠久的历史孕育了丰富的传统文化。挖掘、传承传统文化，从中汲取精神养分，是平湖文化建设的重要内容。

正是在平湖街道及各相关社区的大力发掘下，平湖社区刘氏纸龙舞、鹅公岭社区舞麒麟和叶氏正骨医术被列为区级非物质文化遗产项目，平湖刘氏纸龙舞还申报了市级非物质文化遗产项目。

“我们今年对平湖纸龙进行了改良，在编织技术和选材上使之更轻便灵活，在舞台表演方面融入现代因素，使纸龙的舞台表演更具艺术魅力。”平湖文体服务中心负责人介绍说，该中心今年还加强了对不可移动文物点的安全巡查，建立档案，在社区一级建立了相关文物保护制度，配合市、区有关部门对文物，特别是旧改项目中涉及的文物进行有效保护。

平湖目前有不可移动文物点 22 处，其中念妇贤医院和纪勋劳学校属区级文物保护单位。念妇贤医院已进行初步保护修缮，纪勋劳学校也正在进行整体保护修缮。

据悉，平湖社区正在筹备平湖话的传承工作，召集了 13 位会唱平湖歌谣的老人做好准备，在适当的时候进行表演，再由社区加以记录整理。

对传承传统文化的执着与坚持，反映出平湖人对这片土地的深爱。正是在对平湖历史的探寻与追问中，平湖人建设新平湖的信心与力量不断凝聚！

（本文发表于《深圳侨报》2013 年 12 月 26 日）

平湖书画协会：基层草根　翰墨飘香

文 / 唐毅

草根群体自工业区来

11 月 25 日那天的大展会，画鸭子的阿龙回来了。

他从厂里跑出来，看到自己的作品和大家一起展出，心里很是激动。

这场大展会是龙岗区平湖街道在龙岗区文化中心举办的“翰墨丹青迎大运”书画展。

一个街道捣弄的书画展，展出了 150 多件会员原创的书法绘画作品。龙岗区委常委、宣传部长熊国伟不禁赞叹：“没想到，一个街道能够办出这样规格与水平的书画展会。”

阿龙的姓名叫冯颜龙，打工群体中的普通一员，此前是平湖街道书画协会的会员，协会里的人都亲切地叫他“阿龙”。

“虽然他工作的工厂已经从平湖搬到其他地方，但他经常回来，能感觉到阿龙很喜欢协会，把这里当成了家。”深圳市龙岗区平湖街道书画协会的理事说。

平湖书画协会会长刘达华介绍，目前协会的 100 多名会员中，像阿龙这样的打工者占了 1/3，虽然工业区生活枯燥，经常加班，但不少爱好书画的年轻人还是挤出时间认真练习书画。

寥寥数笔，淡墨加上鹅黄，流色在白宣纸上，大肚老者背着包袱似乎就要从画里走出来；一侧的草书中堂，重墨书写的七言绝句《菊花》尽显金石意味。

摆在观众眼前的这些作品，尽管多少还有些不够圆熟，但对于年近 40 岁的江西汉子刘贵柏而言，这是在工厂工作之余挤出时间来创作的作品。

协会理事透露，没有作画的台面，刘贵柏就抱开被褥，以床板为桌；没有专门的创作时间，他就挤出饭后和周末的时间在纸上挥洒；遇上协会要举办展览，就和工厂饭堂的老乡通融一下，在夜深人静的食堂饭桌上创作。

这是打工者群体书画创作的真实一景。

“在工厂里打工，各种条件不大成熟，但他们真的很认真，让人动容。”平湖书画协会会长刘达华、协会理事陆大海感慨地说。

在东莞市清溪镇的一个工业区内，偌大的办公室里陈列着两个台面，一个是日常处理公务的办公桌，一旁则是一张巨大的书画台，万金宝正忙个不停：左手拿着无绳电话谈公事，右手拿着大小不一的毛笔绘墨竹。

他也是在工业区内生活和工作的书画协会会员。

◇平湖书画协会送春联进社区（供图 / 平湖书画协会）

这样的“三心二意”，万金宝早已经练成———由于公司不久前从平湖搬至清溪，作为一家公司的老板，他有太多的事务要打理。但从十几岁就开始酝酿的书画梦，万金宝不舍放弃。

“我的业余时间很少，我也很明白这一点，所以我只专心画竹。”为了画好竹，万金宝甚至专门拜师学了墨竹的绘法。

这个包罗万象的最底层的书画协会，既有公务员、警察、医生，也有企业老板、打工者和土著居民，会员年龄最大的为 73 岁，最小的不到 10 岁。

文化之乡里的土著们

深莞交界的平湖社区，平湖书画协会理事刘旦华在居民楼里挥斥方遒，这个土生土长的本地居民，在茶余饭后琢磨着篆书的创作。

他所在的村庄及周边，爱好书画的土著有一大批。“这是我们平湖作为‘文化之乡’的传统，传统不能丢啊。”刘旦华说。

在平湖街道的老者们看来，这个被认为是“文化之乡”的镇街，长久以来有着文脉上的传承，当地还流传着“平湖四大才子”一说。这些土著才子多属长老级人物，在家族和地方上享有声名和威望，或懂诗文，或习书画，或通音韵。

平湖书画协会会长刘达华便是在这一氛围下长大的。很难想象，作为平湖街道书画协会会长的他竟是一个“80后”，却带领着叔伯一辈的书画爱好者，捣弄出全区唯一一个镇街级的书画协会来。

“如果有一天，我们能够将村里的妇女们从麻将桌上领到书画桌上来，那该多好啊。”平湖书画协会理事伍寿鹏笑道。

今年，平湖书画协会在街道文化宣传部门的帮助下，在辖区内的中小学刮起了书画风。上半年，一场大型硬笔、毛笔书法大赛在平湖拉开帷幕，众多教师、中小学生握笔挥毫，书画协会的组织者为此乐不可支。

这是本乡本土里乡情的力量。“平湖向来有着崇尚文化的传统，文化艺术氛围浓厚，书画爱好者众多。”平湖街道办主任钟春平说。

甚至，一个9岁孩子的母亲找到了平湖街道书画协会，帮孩子报名加入书画协会，这个名为卢文轩的9岁小学生最终成为书画协会里最小的会员。

“从娃娃抓起”似乎成为平湖书画协会尤其是土著会员们的共识，他们希望“文化之乡”的文脉一直延续下去。

曾在平湖街道平湖社区挂职工作的龙岗区委宣传部干部秦小鹏感慨地说：“在平湖我真是见识到了‘藏艺于民’，我觉得真正的原住民的文化生态等待我们去引导、去挖掘。”

政府与民间的源源支持

“画出明天的平湖”，这是龙岗区平湖街道党工委书记文枫对书画协会的寄望。

深圳市金融产业基地要入驻平湖街道，在早些年开始的土地整备工作中，动员居民拆迁成为一件不容易的事。而与政府中心工作的互动，既让平湖书画协会得到了官方的认可，又在现实中获得了资金支持。

2009年上半年，在“建设金融基地，和谐阳光拆迁”书画展前夕，为了围绕“拆迁安置”这一主题进行创作，不少会员煞费脑筋。街道办书记建议“画出明天的平湖”，于是诞生了不少新旧对比的作品。

协会理事于湘波对一件事记忆犹新。汶川地震后不久，会员们将创作的书画作品进行抗震救灾义卖，原计划筹三至五万元，但现场拍卖和认购最终筹得善款13.67万元，其中一件作品拍得2万元。

“街道宣传部的支持、工会的合作、经科部门挨个儿电话邀请企业参加，才让那次活动获得了很好的效果。当时街道办一个副主任为现场气氛所感动，从办公室取下一幅《万马奔腾》的书画，也参与了义卖；活动所在地的手机店老板也拿出店里的手机自发义卖起来，麦当劳、肯德基的店员们也送来食品……”想起这件事，于湘波仿若昨日亲历。

“党工委宣传部的工作就是为协会搭好台，帮助其走出去办展会，一方面起到沟通和交流的作用，另一方面大举提升影响力。”平湖街道党工委宣传部部长高文荣说，“如果平湖能够出一个全国书协、全国美协的会员，那就是一件令人自豪的事。”

在平湖书画协会不少理事看来，街道对协会的帮助和指导用到了点子上，像区级大展会本是一个街道级书画协会不可能完成的事，却让平湖在龙岗区开了先河，使这个书画展成为一桩美谈。

当然，民间力量也是书画协会成长中的一支重要力量。

在当地，平湖书画协会被喻为“最穷的协会”。由于没有固定的经济来源，单纯依靠政府支持难以为继，当遇到办画展、作品印刷汇编这样的大事时，平湖本地的土著企业家、香港和荷兰等地的爱心同胞便慷慨解囊。

热心支持文化事业的香港同胞刘立基、王丽容两位原平湖土著得知协会经费紧张，主动联系协会，捐赠了自己 300 平方米的三层自建房。如今，协会每月有 1000 多元的租金收入，这算是协会的第一笔固定收入。

对于平湖书画协会，荷中友好文化交流协会会长刘伟林有一个更大的梦想，那便是“走出国门，走向世界”，这位原籍平湖的爱心人士希望与故土的书画协会多交流，共促中荷友谊。

逐渐和谐的工业生态

那些身着统一工作服在车间上班的工人们，那些忙于各种事务的街道办工作人员们，那些周旋于人口和出租屋治安管理的警察们，那些专注于居民和外来人员身体健康的医生们，那些以出租房为主要收入来源的本地居民们，逐渐与书画结缘，渐渐和谐着这座镇街曾有的工业生态。

11 月 25 日，龙岗区文化中心热闹非凡，高朋满座。

这是一个让平湖许多人都会记住的日子。这天，龙岗文化中心举办“翰墨丹青迎大运”书画展，主办方是平湖街道。

“没想到，一个街道能够办出这样规格与水平的书画展会。”在惊叹背后，与曾经 30 年传统工业镇街形象不同的是，宣纸上的平湖博得了外界的注目。

这一天赶去现场观摩的，有不少平湖街道辖区内的居民和外来打工者：本地居民一家扶老携幼前来参观，年轻的打工者从厂里请假赶来一睹作品风采。

纸上的淡淡墨香、浓浓油彩，开始逐步改变一个传统工业镇街的生态。曾以“三来一补”等制造业为主的平湖街道，在轰鸣的机器声外，人们似乎闻到书卷味了。

在平湖街道办的机关大楼里，长长的走廊墙壁上，悬挂着的是书画协会选出的优秀作品；在当地的酒楼饭馆里，出自平湖书画协会会员之手的作品比比皆是。

“也许我们这一代出不了什么名家大师，但希望下一代有更大的成就。”书画协会一名理事说，“全民参与”是他们的目标。

只要交两幅作品就可进入协会，如此低的门槛让平湖书画协会在基层获得了生命力。对于那些没有更多收入来购置纸笔的打工者群体，协会还会为其购买宣纸等，以彰其求学之心。

此外，协会还不断与外界交流，与辖区内各单位往来，书画进军营、进社区、进机关、进企业，成为一个又一个的注解。

让全民参与，还是走更为专业化的路子，成为平湖街道书画协会的两股潜流。有局外人士认为，普及辖区内的文化氛围固然重要，甚至在某种程度上应该不遗余力，但真正衡量一个协会的成功与否，其最终形象和影响力取决于作品本身。

“靠作品说话”是平湖书画协会理事陆大海对自身的要求。这名广西籍书画爱好者从部队退伍后，开始潜心于现代山水画的创作，对于书画作品的严肃追求让他常常在一张画作上花费数个月甚至半年的时间。“为了画画，我疏远了许多兴趣不同的战友，他们第一次叫我出去玩我不去，第二次我还是不去，第三次他们就不再叫我了。”

“改革开放初期，平湖人抓住机遇敢闯敢试，书写了农村工业化的壮丽篇章，也率先走上了富裕之路。如今，当我们向着又一个 30 年再上路、再进发之时，如果我们的居民都能于浮躁红尘中修得几分定力，乐做喜文化、懂艺术、有追求的高素质市民，实现产业转型升级、建设和谐文明龙岗岂会远乎！”在平湖书画作品集《翰墨丹青迎大运》序言中，熊国伟这样写道。

“曾经的经济发展打下了如今的基础，文化精神生活的追求成为了街道一级人口新的要求。对于平湖而言，到了打造和彰显软实力的时候了。”高文荣认为。

平湖书画协会会长刘达华和数名理事的近期计划是，拥有一个比较上档次的办公、展览场所，聘请一名专职工作人员，把这个“最基层的协会”办得更大。

（本文发表于《南方日报》2010 年 12 月 8 日，有删改）

平湖摄影学会：用镜头记录身边的感动

文 / 沈荣　李上彪

◇ “聚焦平湖道路　见证平湖发展”摄影活动（供图 / 平湖摄影学会）

在平湖街道活跃着这样一批人，他们酷爱摄影，业余时总喜欢拿起手中的相机发现并记录下各种美好瞬间；他们从 16 人成长到近 80 人，有 4 人成为中国摄影家协会会员，实力愈发见长；他们热心公益，长期资助 8 个贫困学生。这群人都有一个共同的名字——平湖摄影学会，这个扎根于平湖的组织已经度过 10 岁生日。

记录平湖点滴变化

让我们把时钟拨回到2004年。4月1日，平湖摄影学会正式成立，16位摄影发烧友聚在一起，开始四处奔走，记录点滴变化。“那时候拍到一张好照片心里就特别高兴。”平湖摄影学会会长陈景贤说，学会成立时就把“为政府服务”放在第一位，结合街道办的中心工作，如金融基地拆迁、道路加宽、环境治理、城市文明等方面进行创作，并集中整理举办展览。平湖街道的大小活动总少不了摄影学会会员的身影，他们的作品也日渐被大伙熟知。

摄影学会举办的展览既有宏大的主题，也关注身边的细小感动。10 年来，摄影学会先后举办了“改革开放 30 年平湖巨变”“金融基地阶段性建设”“庆祝建国 60 周年华诞”“激情大运”“不一样的精彩”“城市美容师”以及“美在凤凰山”等 40 多次专题摄影展和比赛。同时，摄影学会还为新木、鹅公岭等社区拍摄资料图片。

会员实力不断增强

会员人数发展到近 80 人，4 人成为中国摄影协会会员，6 人成为省摄影家协会会员，10 人从北京摄影函授大专毕业，整体实力不断增强。10 年来，学会共有 23 幅作品获得全国各类摄影大赛优秀奖，7 幅作品在省级摄影大赛获奖，陈景贤的作品还获得香港国际摄影沙龙银牌和铜像奖。

平湖摄影学会还不忘公益事业。2012 年，学会前往广东大埔县采风时，会员们得知大埔县西河镇中心小学有很多留守儿童和单亲贫困学生，立即筹集捐出 3 万元。如今，大埔县不仅成为学会的摄影基地，学会还定期资助本地 8 个贫困学子，直到他们完成大学学业。

“平湖摄影学会已经走过 10 年路途，犹如一棵小树正成长为枝繁叶茂的大树，我们期待摄影学会能再次见证平湖经济和社会发展的腾飞，再次用镜头记录身边的美丽”，陈景贤说。

（本文发表于《深圳晚报》2014 年 4 月 30 日）

平湖足球兴衰历程

文 / 李岩

平湖足球拥有较为悠久的历史，深受平湖群众喜爱。2000 年以前，一般由政府部门和企业组织一些零星的业余足球比赛，活跃文体氛围。2000 年下半年，在平湖镇第二届体育运动会上，举办了“伟涛杯”男子足球赛，由热心足球事业的辅城坳伟涛制品厂出资冠名。2003 年 6 月，平湖镇足球协会正式成立，并从社会各界足球爱好者中挑选优秀球员组建了平湖足球队，参加由深圳市足球协会举办的业余足球联赛。6 月，在深圳市第 19 届足球丙级联赛中，平湖镇足球队在 38 支参赛队中脱颖而出，冲入前八强，并顺利晋升为深圳市乙级队，成为全区唯一一支由政府组织的市级乙级队。12 月，平湖镇首届足球联赛开幕。之后，平湖业余足球队逐渐成为了平湖体育的主要品牌。2003 年，全镇有足球场 6 个，其中村级 1 个，面积 3500 平方米，学校 5 个，面积 1.895 万平方米。4 月，平湖镇政府出台了《关于发展足球运动的实施意见》。同年，平湖足球队一路过关斩将，顺利通过深圳市足球乙级联赛的考验，脱颖而出成为当年龙岗区唯一一支市甲级足球队。12 月，平湖街道足球队参加了深圳市第十九届足球甲级队联赛。2005 年 11 月 4 日，平湖街道第三届运动会开幕式邀请香港明星队进行足球赛表演，参加表演的有谭咏麟、曾志伟、陈百祥、黄日华、泰迪罗宾等香港明星。最终，香港明星足球队以 2：0 获胜。当天，香港明星足球队与平湖群众一起为深圳申办 2011 年第 26 届世界大学生夏季运动会进行签名活动。2010 年 2 月，平湖街道举行男子足球赛，共有 14 支代表队、200 多名运动员报名参赛，参赛运动员来自平湖街道的机关、企事业单位、社区、工厂等。在开幕式上，邀请香港明星足球队举行了表演赛。

平湖足协每年定期举办五人制足球赛、七人制足球赛、“元旦杯”足球邀请赛、“回归杯”足球赛等赛事。其中“回归杯”足球赛创办于 1997 年 5 月 3 日香港回归祖国前夕，由平湖镇足球队与香港荃湾同协足球队进行友谊比赛。此后，该项赛事每年都要举办一次，一共举办了 11 届，成为平湖足球乃至平湖体育对外交流的窗口之一。后来，由于人员变动等原因，平湖足协开展活动越来越少，平湖足球的成绩也出现了较大滑坡。虽然如此，在 2013 年深圳市体育先进街道男子足球赛上，平湖足球队勇夺第二名的好成绩，这也是足球根基厚实的体现。

平湖自行车运动风尚

文 / 申文峰　陈俊超

◇平湖自行车公开赛现场（摄 / 陈建平）

2014 年 10 月 25 日，第六届平湖自行车公开赛在平湖生态园和金融基地举行，自行车赛道上选手们风驰电掣，所经之处一片欢呼，现场观众热情高涨。

本届平湖自行车公开赛由深圳市龙岗区平湖街道办事处主办，平湖街道自行车运动协会承办，平湖街道文体服务中心等多家单位共同协办。本届赛事在过去几届山地赛的基础上增加了公路自行车项目的比赛，吸引了来自省内外甚至香港澳门等各路自行车选手共 700 多人次参加。平湖生态公园的青山、果园以及蜿蜒起伏的林荫赛道和平湖金融产业服务基地良好的比赛环境，展示了平湖街道绿色发展的新成果。

在平湖，自行车赛是一项非常流行的全民健身运动。据平湖自行车协会负责人介绍，早在 2004 年，一群热爱骑行的自行车运动爱好者就聚在一起，在平湖致力于推广骑行运动，他们探索出平湖多条适宜的骑行线路。在后大运时代，龙岗区大力倡导市民参加绿色骑行健身活动，通过建设绿道驿站和提供公共自行车租赁服务为市民提供了一项绿色的健身娱乐运动。

作为一项最具参与性、观赏性、休闲娱乐性、健身性的传统体育项目，自行车运动吸引了许多的龙岗骑行爱好者参与体验。参加这次公开赛的龙威骑行社的队员说，自从爱上骑行运动后，三脂高的好了，血糖高的降下来了，一口气上六楼不喘气了。随着人们生活质量的提高和生活观念的转变，自行车在担当代步工具的同时，更成为了运动休闲活动的最佳工具，既可锻炼身体，又可支持环保。

如今，平湖的自行车运动已实现常态化、品牌化。除了举办六届平湖自行车公开赛外，还连续举办了五届环深圳 250 公里骑行活动、四届小型山地铁人三项赛和五届平湖自行车年度大赛。平湖街道自行车运动协会的负责人表示，从 2009 年起步的平湖自行车公开赛，无疑是一个年轻的赛事，经过 6 年锤炼，现在不论赛事规模、赛事规格都完成了一个质的飞跃，成为了珠三角地区自行车爱好者中颇受好评的一个民间体育赛事活动。平湖自行车运动协会响应“推动全民健身，倡导低碳生活，推广绿色骑行”理念，逐步搭建起一个与商业元素结合和融入更多文化艺术体育项目的自行车嘉年华。从第六届平湖公开赛开始，平湖在山地赛的基础上增加公路赛和其他项目，将平湖自行车公开赛打造成一个集自行车赛事、文化宣传和商业展览为一体的大型活动。

第三节 关爱之光

（摄/张尉心）

平湖巾帼志愿互助会：十七载接力书写大爱无疆

文 / 陈建平

1997 年，深圳市平湖镇一群改革开放先富起来的农村妇女，因不满足于过着衣食无忧却百无聊赖，整天以打麻将、看电视、说是道非打发时间的生活，而自发成立了一个自愿参加、自主管理、义务服务的爱心组织——平湖巾帼志愿互助队。

加入巾帼志愿互助队的队员，既有年过花甲的老阿婆，也有豆蔻年华的小姑娘。她们过着平凡的生活，却有着不平凡的人生追求，她们以关爱他人为荣，以奉献自我为乐，爱心足迹遍布全国，让许多贫困地区的孩子得到了温暖，也使她们拥有了一个共同的称谓——“深圳妈妈”。

“帮助他人，完善自我，不求回报，无私奉献”，是这个深圳特区基层妇女爱心组织的宗旨，也是 10 多年来发展历程中的不变情怀。她们先后资助广东本省山区、贵州、湖南、四川、江西等地特困失学儿童和特困学生 800 多人，其中长期资助的有 400 多人，帮扶贫困家庭 1780 多户，及时救济突遭不幸的困难群众，长期资助照顾一批孤寡老人。平湖巾帼志愿互助队的人数由当初的几十人发展到今天的 735 人，名称由“互助队”到“互助会”，入会成员由“半边天”到男女均可，由本地妇女到机关干部、医护人员、技术服务骨干、香港老板和其他外来投资建设者，组织日益开放，服务方式日益多样，在社会建设中发挥了日益重要的主体作用。如今，平湖巾帼志愿互助会成为了深圳市妇女组织的一面红旗，并且是声名远播的“全国三八红旗集体”“广东省文明单位”。

平湖巾帼志愿互助队成立于帮扶对象的果场

“说起来有人可能不相信，平湖巾帼志愿互助队 1997 年 11 月 15 日成立时既没有布置会场开个会，也没有领导讲话，就在辅城坳帮扶对象谢礼和的果场，一帮姐妹们帮她锄草施肥，中午打了 100 多个盒饭，大家劳动之余兴致很高，商量着说：‘今天天气好、日子好，干脆把互助队成立了！’就这样产生了平湖巾帼志愿互助队这个组织。”回忆起 17 年前的情形，互助队首任队长、原平湖镇妇联主席叶映霞仿佛历历在目。

谢礼和是当时平湖镇妇联“巾帼扶贫工程”的一位帮扶对象，她承包了 100 多亩果园种荔枝等果树，但由于没有劳力、不懂技术、管理不善，经济效益始终不好。家境窘迫的谢礼和，自己只有 10 多平方米的瓦房，后来靠亲戚借款 10 多万元才建起了一栋二层楼房。镇妇联发动姐妹们义务帮她锄草松土、浇水施肥，山厦的廖齐欢等人将自家鸽场的鸽粪送来做果树肥料，

◇ 1997 年 11 月，平湖巾帼志愿互助队成立时的合影（供图 / 平湖街道妇联）

◇平湖镇妇联领导慰问罗间伦一家（供图 / 平湖街道妇联）

叶映霞还出面请来深圳市农发中心的科技人员前来指导，免费送技术上门，并建议她再办一个养猪场，搞立体化种养。资金不足，叶映霞又通过发动互助队的姐妹多方筹集和银行贷款，使谢礼和经营的果场越办越好，几年时间就脱了贫致了富。

“互助队完全尊重个人意愿，都是自愿参加，短短两天时间报名的姐妹就有 50 多人。”叶映霞介绍，互助队最初的名称是“平湖巾帼志愿互助队”，2004 年农村城市化以后，镇改街、村改居，互助队与妇联脱钩成立社团法人组织时，正式改名为“平湖巾帼志愿互助会”。

叶映霞回忆，平湖巾帼志愿互助队当初是以本镇范围内的贫困户、孤残老弱病者为服务对象，以及各类在生产过程中需要提供技术、劳力、资金等支援的“女专业户”为重点扶助对象，依照组队就地、活动就近的原则，将集中服务与分散服务结合起来，成立以后一年时间内就义务帮扶了 34 户 90 人。姐妹们很有成就感。

大爱传统与时代春风催生爱心组织

新南村罗间伦全家 5 口人有 3 人患上了癫痫病，发病时生活不能自理，同村的张小兰主动帮扶这个家庭。张小兰经常买菜买肉到罗家，为她们煮饭炒菜改善伙食，罗间伦母女仨有谁发病了又张罗着送院找医生，端屎倒尿护理，从未有过怨言。1998 年 5 月，张小兰又和新南村的互助队员捐款，为罗家买了一台大彩电，并帮助罗间伦搞种养业。罗间伦一家的事，成了新南村互助队姐妹们共同牵挂的事情。

“张小兰是我们平湖巾帼志愿互助会的创始成员，她和廖玉齐等人的爱心善举影响并带动了越来越多的家庭妇女从麻将台前走出来，有时间就去做好事，她们也在扶危帮困、回报社会中收获了快乐。”叶映霞这样说道。

平湖改革开放后经济发展很快，外向型经济促进了工业化，原来的农村妇女无田可种，闲暇时间增多，而镇妇联调处的家庭纠纷也在增多。如何引导妇女富而思进、自强自立、提高素质，成为当时摆在这位平湖镇妇联主席面前的一大课题。

叶映霞记得，1997年时任龙岗区妇联主席黄玲来平湖调研巾帼建功情况，希望平湖镇有所创新，搞出特色。在一次座谈中，新南村的妇女代表和村干部提出：能不能由镇妇联牵头成立一个什么组织，让更多的人像张小兰、廖玉齐那样来共做善事?

这个提议与区、镇妇联领导的想法一拍即合。于是，在区妇联的指导下，在镇党委、镇政府的支持下，平湖巾帼志愿互助队应运而生，并且得到了全镇妇女同胞的积极响应。有的姐妹说："在家里无事可做闷得慌，其实大家都想为邻里、为社会做点事，但找不到门路。有了互助队，就有了平台，有了组织，有了方向。"

"互助队组建工作顺利完成，只是走出了第一步，管理工作也很重要。"叶映霞这样认为。她还记得，1998年后，为了适应互助队不断发展的需要，制定了互助队理事会制度，建立了理事会，理事会下设宣传组、医疗组、教育组、技术组，分别负责宣传咨询、档案管理、队员的文化和素质教育，为帮扶对象提供医疗、种养技术指导和咨询服务等，这四个组的组员来自于镇政府机关及学校、医院等有一定文化和专业知识的互助队队员，各个行政村的妇女主任担任本村的互助队小组长，组织带领本村姐妹开展互助服务活动，每个村的孤寡老人、贫困家庭都有队员定人定期上门义务服务。"互助队就像一个调剂中心，先把各种有技能的人组合成一个整体，再有针对性地分配到每一个需要帮助的人身边。"

叶映霞特别提到，当时平湖镇党委、政府领导十分重视妇女工作和互助队的建设，2000年拨款4.8万元给互助队制作队歌、专题片，还斥资40万元装修、完善妇女学校，并在平湖生态园划出100亩山坡作为"平湖妇女绿化基地"；先后部署开展了"巾帼扶贫工程""妇女素质工程""家庭文明工程""文化教育工程""妇女健康工程"和"技术服务工程"等六大工程建设，提升了妇女素质和家庭文明；2002年在守珍街创建了"巾帼文明一条街"，建立了妇女再就业基地，为二三百名妇女提供了就业岗位。这些举措，强有力地引领着平湖的妇联工作和巾帼志愿互助会一直走在全市、全区的前列。

2005年1月，平湖巾帼志愿互助会正式在龙岗区民政局登记注册，黄翔接任会长，在打造关爱品牌、拓展帮扶内容、创新活动形式、注重服务效果等方面有了新的发展，充分发挥了民间社会组织在促进社会和谐、推动文明进步中的重要作用。随着互助会影响力的增大，会长黄翔先后担任了市、区人大代表，并获评"广东好人""中国好人"。以黄翔会长为代表的平湖巾帼互助会姐妹们的人生观、幸福观，是一笔弥足珍贵的精神财富，是值得大力宣传并传承弘扬的时代风尚。

小花朵芭蕾舞团：来深务工者子女艺术梦圆

文 / 唐毅

似乎很难想象，一个名为小花朵的芭蕾舞团，让数十位来深建设者的孩子开始了芭蕾舞学习。

新南小学校长李昕和专职教师贾长有介绍说："有位一年级的小朋友，刚刚穿上芭蕾舞服那个开心啊，由于是周末，她连续穿了两天舞蹈服。"

2013 年春节前夕，孩子们的梦想成真——她们在深圳大剧院共同展现舞姿，既圆了芭蕾梦想，又让台下应邀而来的数百位观众大为感动。小花朵芭蕾舞团从 2012 年暑假开始运作，首批孩子全部为新南小学来深建设者子弟，芭蕾舞团为孩子提供免费舞蹈训练，并负责训练时所需的营养补给。在这场名为"小花朵大梦想——2013 来深劳务工子女迎新春公益汇演"中，来自新南小学、草埔小学的 59 名来深劳务工子女首次登上舞台，为全场 600 多名观众演绎了《蓝色多瑙河》《天鹅湖芭蕾舞组曲》《胡桃夹子——花之圆舞曲》。

值得一提的是，在汇演中开展的义卖活动中，市人大代表杨勤、黄翔等社会各界人士纷纷认捐，活动共筹得 273500 元善款，这些资金将用于小花朵芭蕾舞团。

而在未来，小花朵们的数字还将扩大。"我们计划 5 年培训 3000 个小孩"，王亚珺表示。

"我是勇敢小美女，我是骄傲小公主"

来深建设者的孩子加入小花朵芭蕾舞团后，开始拥有梦想绽放的舞台，身着芭蕾舞服的孩子学上了芭蕾舞，逐渐成为家里的骄傲和街坊邻居眼中的"小公主"。

2013 年春节期间，深圳电视台少儿春晚的舞台迎来了新南小学的 33 只"小天鹅"，他们正是小花朵芭蕾舞团的成员。

2013 年 2 月 9 日至 14 日，深圳电视台连续 6 天播出深圳市第二届少儿春晚《春之声》，小花朵芭蕾舞团表演的芭蕾舞受到大家的欢迎。

"我是勇敢小美女，我是骄傲小公主"，在新南小学的舞蹈训练室内，小学员艰苦和快乐训练的身后，一幅紫色的励志标语分外夺目。

芭蕾舞团团长王亚珺是一位 6 岁孩子的母亲，她说，女儿 5 岁时她为女儿报名学习芭蕾舞，不到半年就有出国比赛的机会，这时她才知道"原来芭蕾舞门槛没有那么高"。这时，她想起深圳这个移民城市有数百万外来劳务工，他们的子女中不乏有艺术天分的孩子，但可能因为家境拮据，父母只能供其读书，却没有能力给孩子多一点机会进行艺术熏陶。"孩子的天分不论出身，12 岁之前不开发，将可能使社会未来少了一个人才。”王亚珺是一家企业的负责人，于是她与公司开始探索为外来务工子女提供免费芭蕾舞学习的公益目标。

一面是公益的创意，一面是现实的故事。在新南小学，校长李昕介绍，这所由村小学转制的民办学校如今有近 1700 名学生，均为来深建设者子弟。他说，学校原有一支民族舞蹈队，由具有舞蹈兴趣和一定基础的学生组成。

2012 年，市福利彩票发行中心的热心人士让二者联系在了一起。王亚珺走进了福彩扶持的新南小学，在学校支持下在当年暑假启动了小花朵芭蕾舞训练计划。

孩子练芭蕾舞能锻炼吃苦

2012 年暑假，芭蕾舞团在 20 天的时间里，每天安排 5 小时的训练，让孩子第一次学习芭蕾。

“从 8 月 1 日到 20 日，30 多名孩子共分为两组，一组大班，一组小班”，新南小学舞蹈教师王花说，“小朋友每天的训练很累，但是都很开心”。“到了新学期，训练改为一周两次，每次两个半小时。”

为了让孩子获得专业的芭蕾舞学习机会，举办方请来在业内较有名望的专业芭蕾舞团体老师教孩子。“与社会上的芭蕾舞培训机构相比，这些孩子没有缺席、迟到现象，不娇气，很努力”，王亚珺说。

小花朵芭蕾舞团的孩子基本上都不是深圳户籍，父母均为来深劳务工群体，很多是在当地工厂的流水线上工作，家境普遍不好，甚至有的孩子一学期的学费要分 5 次才能缴清。

“为来深建设者的孩子免费教芭蕾舞，让高雅艺术走近孩子，并且让她们有上舞台表演的机会，这对孩子的影响很大……”多年从事教育的李昕感慨道，“练习芭蕾舞本身就很苦，在芭蕾舞这样陌生的领域里学习，对于孩子意志力的培养，让她们学会展示自己，让她们拥有梦想，拥有向上的意志，其作用是无法估量的。”

一些细节的确在渐渐改变。2012 年 7 月 30 日，芭蕾舞团选拔集训学员时，在新南小学一楼的教室里，这群叽叽喳喳的女孩踊跃地举手要加入芭蕾舞团，但当专业芭蕾舞蹈老师问“想当公主的请举手”“认为自己是美女的请举手”时，孩子们却没有一个敢举手。为了不伤害冒雨前来面试的孩子，组织方商议不进行筛选，当

◇ 2013 年 1 月 31 日，新南小学小花朵芭蕾舞团的一群 7—12 岁的来深建设者子女在深圳大剧院演出（摄 / 张帆）

场宣布38名孩子全部选上参加暑期芭蕾舞集训。如今，当再问孩子们是不是美女时，她们信心满满，会抢着高声回答："我是美女！"

"要多给一些阳光的东西，注意不要触碰孩子内心的脆弱、敏感"，李昕对此也不无隐忧，她希望社会大众与媒体注重呵护孩子敏感的内心，保护其内心世界。

社会各界爱心大传递

2012年11月10日，深圳市人大代表杨勤、黄翔探望小花朵芭蕾舞团，给孩子送来慰问品。同时，作为平湖巾帼志愿互助会会长的黄翔以自己的故事激励孩子们奋发向上。11月24日，龙岗区平湖街道党工委书记黄惠波一行，利用周末来到新南小学看望小花朵芭蕾舞团，深受感动，感慨良多……

平湖新南小学数十位孩子圆梦芭蕾，是社会各方共同助力、爱心相互传递的结果。

小恩与小心两姐妹的经历吸引了舞蹈团有关人士的注意。两姐妹出生在广东茂名，后来家里添了个弟弟。爸爸是一名大巴司机，妈妈在平湖一家幼儿园当保育员。父母为了生计奔波，加上偏爱弟弟，很少花时间关注姐妹俩。每当说到"爸爸妈妈"这两个词，姐妹俩都泪水盈眶，在一次征集芭蕾舞团学员的愿望时，姐妹俩的愿望是"希望妈妈抱一下我们"。

在芭蕾舞团一次向家长的汇报演出中，团长王亚珺当面为小恩、小心向她们的妈妈吐露孩子的心声，在母亲的怀中，姐妹俩流下了幸福的眼泪，而"忽略了身边的情感"的妈妈也不禁落泪。

"一些来自来深劳务工家庭的孩子由于缺少鼓励和关心，常常会有些自卑"，王亚珺说，"练芭蕾很苦，但能塑造孩子的人格，提升她们未来的生活品位，我们并不是要培养芭蕾苗子，而是让孩子从自卑走向自信，让她们的身心拥有更多的正能量"。王亚珺还表示，自己"做得很认真"，并坦言在社会各界的支持下，"小花朵芭蕾舞团至少可以坚持5年，5年内计划培训3000个小孩"。目前，她计划在芭蕾舞团内挑选第一批孩子进行芭蕾舞的考级。她说，这一公益性质的项目将逐步扩大，要从龙岗扩大至罗湖、福田、南山等地。她承诺小花朵芭蕾舞团坚决不参加任何商业演出活动。

小花朵芭蕾舞团将进一步发展在新南小学的训练基地，并将逐步完善罗湖区草埔小学、华丽小学、侨乡学校等训练基地；举办方将每半年组织一场公益演出，为受过芭蕾舞蹈培训的孩子创造上台表演的机会，同时联合社会力量，扩大社会各界对小花朵芭蕾舞团的关注，让更多的人关爱外来劳务工子女。

"我们知道，在深圳这座城市，还有许多怀揣梦想却没有舞台的孩子，希望有更多的人通过自己点滴的付出，帮助这些孩子实现梦想。"黄翔说道。

（本文发表于《南方日报》2013年3月6日）

“公益明星”黄翔：深圳首位助人为乐“中国好人”

文 / 易芬

个子高挑，大气爽快，到哪里都笑声朗朗，从内到外散发着自信和快乐，土生土长的平湖妹子黄翔在各个场合经常成为焦点。她是活跃的女企业家，也是扶贫济困、热心助学的平湖巾帼志愿互助会会长。她是敢言的人大代表，也因“10·17”泥头车肇事案中对受伤人员及时施救而再次“声名大噪”。2013年5月，她荣登中央文明办“中国好人榜”（助人为乐类），成为深圳首位获得此项殊荣的爱心人士。

帮扶贫困家庭脱离困境

黄翔是龙岗区平湖街道鹅公岭社区土生土长的“农二代”，排行老七的她一路打拼，大学毕业后进入公务员队伍，很快她又下海，将一个企业做得有声有色的同时，也一头埋进公益队伍，成为正式注册的平湖巾帼志愿互助会首任会长。

2005年至今，企业交给专业团队打理，黄翔自己则一头埋进公益事业。她带领的平湖巾帼志愿互助会先后筹措善款300多万元，资助本省、贵州、湖南、四川、江苏等地特困失学儿童800多人，帮扶贫困家庭1780多户，使许多陷于困境的人重树生活的信心。平湖巾帼志愿互助会因此成为享誉全省乃至全国的重要妇女组织，被评为国家级“巾帼文明岗”，并多次被国家、省、市妇联评为“三八红旗集体”。

“我这些年做慈善获得的快乐，超过做企业赚到的所有财富！”黄翔在多个场合均表示。黄翔资助了20多名学生，赠送书籍4000册和校服1000多套，书包1000多个，价值18万元。

她曾收留过一名香港籍女孩在家吃住超过6年。有次黄翔回平湖探亲时得知，一个十几岁女孩在香港的父亲下半身瘫痪，在内地的生母抛弃了她，于是流落街头。黄翔于是将小女孩带到家里抚养，并用心教育她。如今6年多过去，这个孩子成绩很好，也很懂事，去年刚考上香港浸会大学。

推动民生建议付诸实施

连续两届被选为市人大代表后，黄翔的敢言形象也一再现诸媒体。她曾经多次在人大建议案办理情况上打不满意，也代表老百姓给市长递感谢信，感谢一个垃圾发电厂项目的停工，因

◇黄翔向母校平湖中学赠书（摄 / 陈俊超）

为她在乎老百姓的生活是否幸福。

2012 年“10·17”泥头车肇事案发生时，黄翔碰巧在场，她挺身而出，冷静地拨打 110、120 等电话，并与其他人一起对伤者实施急救。几分钟后，第一台 120 急救车拉走伤者。接着，黄翔用自己的双手帮一名 50 多岁的妇女止住了头部的流血，帮助她成功上了第二辆救护车，随后又把一名受伤的幼师送上了第三辆救护车。

黄翔由此获得了 2012 年第一季度“广东好人”等光荣称号，2012 年被深圳市政法委授予“见义勇为勇士”称号，2013 年获深圳市“福田好公民”称号。

人大代表杨勤认识黄翔 10 多年了，他眼里的黄翔是“精英中的好人”“好人中的精英”，“她具有好人的一切素质，又有精英的头脑和本领”，他说，他与黄翔一起，推动多个民生建议付诸实施，“在垃圾焚烧厂项目中，黄翔都接到了威胁伤害她的电话，她毫不畏惧，泥头车肇事案中，她一瞬间就冲上去了，黄翔的正义和善良不是装出来的，是从骨子里透出来的本能。”

（本文发表于《深圳晚报》2013 年 5 月 29 日）

黄润兰：朴实助学真情可敬

文 / 沈荣　张燕婷

黄润兰是土生土长的平湖人，退休前，她是平湖街道鹅公岭社区的一名妇女小组长、理财监督小组成员、村民代表和平湖巾帼志愿互助会的副会长。从 1981 年开始，她先后资助了 6 名贫困学生，有的已经走上社会。在她心里，能够帮助到别人就是最大的快乐。

这些年来，黄润兰用于做善事的钱款已经超过了 50 万元，还有相当一部分是无据可循的，究竟多少我们无从得知。现在黄润兰已经退休，她一度担心还能不能继续自己的资助道路，但大儿子的一句“妈，您放心，我会继续帮您资助下去”，让黄润兰感动万分。

最见不得孩子辍学

“我应该是深圳年纪最大的毕业生了。”51 岁那年，黄润兰通过了成人教育的考试，拿到高中毕业证。她说，小时候家里穷，上不起学，9 岁多才想方设法读了一年级。父母要她背着弟弟妹妹上学，虽然弟弟妹妹经常在她身上拉屎拉尿，她也觉得很幸福。可是初中才读了一个学期，她就被迫辍学了。她由于文化程度不高，本应被推选为人大代表的事情也被耽搁了，这成了黄润兰心头的遗憾。

“我最见不得上不起学的孩子，他们太无辜了。”黄润兰很少去喝早茶，她觉得，这些钱又可以省下一个贫困学生一个月早餐的费用。

1981 年，黄润兰的大儿子正式迈进小学的大门，开学那天，她很高兴，但看到有些家境贫寒的孩子上不了学时，她的心里总会涌上阵阵酸楚。她拿着 50 元钱赶到学校，但学校的负责人却不肯收，最后在她的一再请求下，学校才把 50 元收下。这也是黄润兰的第一次捐款，从此，每逢“六一”“十一”等节假日，黄润兰都会拿出数额不等的钱捐给学校。

如慈母般待贫困学子

说起黄润兰就不得不提平湖巾帼志愿互助会。1997 年，根植于平湖本土的巾帼志愿互助会（当时叫“巾帼志愿互助队”）正式正立，仅有 12 名会员，黄润兰就是其中一员。如今，巾帼志愿互助会已经成为平湖乃至深圳公益慈善的一面旗帜，做出诸多贡献的黄润兰成了互助会的终生荣誉会长。

◇黄润兰在帮扶对象果场义务劳动（供图／平湖街道妇联）

2001 年，黄润兰跟随平湖巾帼志愿互助队到梅州市梅龙镇认领资助贫困生。当时，黄润兰要认领的是一个叫巫龙权的五年级小学生。那天下着小雨，黄润兰走了半小时的山路，在大山深处找到巫龙权的家。巫龙权和爷爷、奶奶、爸爸、妈妈挤在一间小小的泥砖房，家徒四壁。得知巫龙权正为上不起学的事发愁，黄润兰当即表示要资助他一直到大学毕业。从此，黄润兰除了给他寄去学费，还经常给他买衣服、学习用品，逢年过节还寄些生活费，直到巫龙权大学毕业。

巫龙权并不是黄润兰资助的唯一一个学生。2003 年的一天，黄润兰来到梅州大埔百候中学，认识了正读三年级的苏淑平，黄润兰抚摸着孩子的头说：“你好好读书，阿姨供你，如果你能考上大学，阿姨就供你读大学。”黄润兰还将爱心延伸到了甘肃，当地 2 名学生也接受了她的资助。目前，黄润兰共资助了 6 名贫困学生，3 人已经走上社会。

“我做这些其实很普通，可以帮到别人就最开心了。”黄润兰说，自己已经 59 岁了，但心态一直很好，这与做善事是分不开的。有时会收到资助学生发来的短信，嘘寒问暖，她就觉得这足够了。好几次，黄润兰资助的学生来到深圳，她不仅提供免费住宿，还跟他们聊天，分享他们的喜悦，感受他们的成长。

（本文发表于《深圳晚报》2013 年 4 月 26 日）

“热心肠”赖红昌：每年至少拿30万元做慈善

文／沈荣　陈俊超

在平湖街道，说起平湖巾帼志愿互助会，无人不知；提到赖红昌这个名字，知道的就少之又少。这也难怪，他做好事从不留名，只是默默地为他人奉献自己的爱心。

然而，就是这样一位热衷慈善的企业家，为了给贫困村修路，一口气就拿出了36万元；得知乡亲每天外出的道路被一条河流阻断，他毫不犹豫地捐出十几万元。他做慈善也不问为什么，只是觉得钱花在公益事业上会更有意义，所以他每年都会拿出至少30万元用于慈善事业。

巾帼志愿互助会的男会员

在平湖，有一道靓丽的粉色风景线，他们有一个共同的名字——“平湖巾帼志愿互助会”，互助会成立伊始，是清一色的女同志，随着互助会的不断发展，会员结构也发生了变化，一些男同胞也纷纷入会，赖红昌就是其中一个。

赖红昌1978年就从梅州老家移民香港，3年前来到平湖，接过一家工厂，从事灯具制造。2010年5月的一天，互助会会长黄翔来到赖红昌开办的工厂，跟他提起互助会，并邀请他加入。一个月后，他成了互助会的一员。“当初加入互助会也是想着可以帮助别人，并不知道里面都是姐妹。”参加过几次活动后，赖红昌才明白互助会里男会员并不多，一时间也觉得有些不习惯，有时互助会召集大伙开会，赖红昌偷偷地缺席过几次，但他还是积极参加互助会组织的各类关爱活动。天冷的时候，他和互助会的会员们一起给孤寡老人送棉被，送衣服；有捐助对象了，他从不多问，直接拿钱。

如今，互助会的其他男会员因各种原因都离开了，但赖红昌始终没有脱离，他在慈善的路上越走越远。

捐助36万元为贫困村修路

在赖红昌工厂会议室里，挂着一块牌匾，上面写着“雪中送炭，慷慨解囊”八个大字，一朵大红花挂在牌匾上。这也成了赖红昌帮助他人的见证。

2010年5月，赖红昌得知互助会要帮河源市龙川县贝岭镇致富村捐款修路，马上表示要奉献一份爱心。几天后，赖红昌随同互助会会长黄翔前往龙川实地考察。到那一看，赖红昌眼

◇巾帼志愿互助会的男会员赖红昌（摄 / 陈俊超）

圈一下就红了。“那里的条件太差了。”让赖红昌印象最深刻的是通往村里的那条所谓的道路，“小路不足两米宽，旁边就是大山，另一边就是河水湍急的东江，路面上坑坑洼洼。别说车辆无法通过，行人走在上边，稍不注意就会掉入东江”。

“现在修路还差多少钱？”赖红昌问村主任。村主任告诉他，还有 25 万元的缺口。“剩下的这 25 万元钱，我全包了！”赖红昌当即表态补齐缺口。考虑到原来设计的道路只有 4 米宽，虽然可以通车，但遇到会车时仍然有危险，他主动要求追加 11 万元投资，将道路加宽至 4.5 米，并在靠江的一边安装栏杆，保障行人和车辆的安全。

回到深圳后，赖红昌派人将 36 万元的支票送到了平湖巾帼志愿互助会，通过互助会汇到龙川县贝岭镇，专门用于修路。如今，这条长 7.8 公里的水泥路已经修好，致富村及途经的下畲村的村民也不忘曾经帮助他们的人，给赖红昌送来了感谢牌匾。

“条件允许就一直做下去”

“是什么原因促使你热衷慈善的呢？”赖红昌说，从小家里穷，出门也很不方便，现在有能力了就帮助一下别人，毕竟社会上还有很多人需要帮助。虽然热心慈善，但赖红昌从不在别人面前提起，身边的亲戚朋友都不知道，在他看来，自己做的都是一些小事，能够帮到别人就好。

由于生意上的关系，赖红昌每天都往返深港两地，很少去偏远的贫困地区，但他每个月坚持给互助会上交 3000 元的会费，还资助了两名儿童，定期给他们打生活费。得知梅州老家的乡亲每天来回要跨过一条河流，出入很不方便，就掏出十几万元修建一座桥。在香港，他也给公益基金会捐钱。

据悉，他平均每年要拿出 30 万元贡献给慈善事业。这些年来，赖红昌偶尔会收到资助儿童寄来的贺卡，上面虽只有几句感谢和祝福的话语，在他看来，这些就已经足够了。一次，赖红昌还收到了捐助儿童千里迢迢寄来的一包花生，“真的很开心，这是金钱无法代替的”。“我做这些不图什么，只要经济条件允许，我当然会一直做下去。”赖红昌坚定地表示。

（本文发表于《深圳晚报》2013 年 3 月 28 日）

“阳光爸爸”徐维初：让自闭患儿开怀笑

文 / 沈荣

他的双胞胎儿子患有自闭症，为了让他们得到更好的照顾，他放下事业，全心投入孩子的治疗。当他得知许多自闭症家庭因此而四处奔波时，他倾其所有创办了一家康复中心，帮助自闭症儿童康复。

他名叫徐维初，被人称为“阳光爸爸”。2012 年 2 月，他在龙岗区平湖街道创办阳光天地康复中心。3 年多时间过去了，康复中心虽然运营艰辛，但他仍在坚持着，先后有 9 个学员顺利升入幼儿园，深圳、东莞等地的 20 多个孩子在这里接受训练，收获了良好的口碑，徐维初本人也获评第三届“梦想与力量——感动龙岗人物”。

双胞胎儿子患有自闭症

徐维初今年 39 岁，2003 年，他揣着 500 块钱带着妻女，从湖北老家来到深圳，在龙华一家电子厂做客服。经过不断积累，2007 年，他与别人合伙在龙岗开办了一家工厂。也就是那一年，他的双胞胎儿子降临，这给徐维初的家庭增添了很多喜悦。

两年后，徐维初发现孩子还没有开口说话，也不愿与人交流，总爱发脾气，严重时还咬人。最后孩子被确诊为患有自闭症。“一听到这个消息我就蒙了，不知道从何做起。”徐维初说，一个家庭有一个自闭症儿童就已经很不幸了，更何况是两个。此后家里就变得很沉寂，两个孩子的身体也不太好，三天两头地跑医院，这在经济上和精神上都给徐维初带来不小的压力。

毅然投身自闭症康复事业

自从孩子被确诊为患有自闭症以后，徐维初就将孩子送进了东莞的一家康复中心。慢慢地，徐维初了解到，自闭症儿童的康复是一个长期的过程，家庭的引导也十分重要。此后，徐维初开始学习自闭症的有关知识，向老师请教，到网上查询，回到家里也积极与孩子沟通。半年过去了，孩子能说一些简单的词，但与人交流还是存在很大困难。

◇徐维初与孩子们欢庆元旦（摄 / 陈建平）

“现在的专业康复中心太少，很多患病的孩子都没有地方可去，从而错过最佳的康复时期。”徐维初说，自己的小孩在进入康复中心前，仅是排队交费就等了一个月。于是，徐维初决心创办一家康复中心，这个想法也得到了家人的支持。

2012 年春节一过，他参加了自闭症的相关专业培训，从一个什么都不懂的门外汉，变成了拥有“全国孤独症儿童康复专业技术人员师资培训”资格证的专业人士，并向其他康复机构学习。他拿出多年的积蓄，租下了位于平湖社区石井头的一栋面积达 1000 平方米的楼房，接着又通过各种途径招了 8 名专业教师。此外，他还外出购置康复器材。“那段时间都是一个人，很忙，连孩子的康复也没有时间陪在身边。”徐维初还将工厂转让，一头扎进了康复中心。

孩子们都慢慢好起来

2012 年 2 月，“阳光天地”康复中心挂牌，他也将自己的孩子带进来做康复，如今兄弟俩正在一步步好转。现在中心有 20 多个孩子，大多来自平湖、横岗、观澜、龙华，有的还从东莞而来。骆女士是湖北的单亲妈妈。2012 年 7 月，她把患有自闭症的孩子送到了徐维初的康复中心。为了更好地照顾孩子，她在附近租房子，上午陪孩子上课，中午到晚上都在华强北的小店里打工，8 点过后才能来接孩子回家。徐维初了解到这个情况后，非但没有赶孩子走，还坚持每个月为他们垫付 300 元。对此，骆女士充满感激：“以前孩子会大小便失禁，但现在不会了。以前对我没感觉，但现在他会主动抱我亲我。”

康复中心获各界认可

为了维持康复中心的正常运营，徐维初先是卖掉自己的工厂，投入 100 多万元，可还是要面对每月亏损万元的窘境，这让徐维初举步维艰。

“当时真的很艰难，假如没有平湖街道‘雪中送炭’，现在这个康复中心是否存在还是个问号。”2013 年 2 月，徐维初的事迹被各大媒体相继报道，他的爱心举动感动了很多人，同时引起了龙岗区社工委及平湖街道的关注，该街道为康复中心送来 5 万元救助金。

其后，阳光天地康复中心获龙岗区“具有典型性、代表性公益社会组织”称号、龙岗区社会组织承接政府职能转移和购买服务资质、2013 年龙岗区社会组织优秀项目立项等荣誉，并成为广东省和李嘉诚公益基金共同资助的“集思公益・幸福广东”支持妇女计划“自闭症儿童家长培训”项目的执行单位。2013 年 12 月，康复中心通过市残联“孤独症康复机构准入”评审。康复中心也由最初徐维初一个人苦心经营，变为现在广受社会各界关注、支持与认可，专业老师也有 10 多名，为更多自闭症患儿带去希望。

（本文发表于《深圳晚报》2013 年 2 月 28 日）

旺鑫精工：关爱促双赢　履责有担当

文 / 刘玫　陈建平

深圳市旺鑫精密工业有限公司成立于2002年，是一家主要从事手机、消费类电子等产品精密结构件的开发、生产和销售的大型国家级高新技术企业。公司扎根平湖，凭借前瞻决策、科技研发和专业制造，从一栋厂房发展到拥有公司总部，平湖、龙岗、塘厦三个生产基地的产业化、集团化格局，厂房面积10余万平方米，员工近4000人。该公司重视技术研发，设立了专门的工程技术中心、模具设计和研发中心，拥有800多名专业研发人才，公司已取得国家专利18项，在精密结构件制造领域具有较高的专业水平，在行业内树立了良好的口碑。旺鑫与联想、三星、宇龙、摩托罗拉 、华为、比亚迪、日本京瓷、中兴、天语、小米、HTC、龙旗等国内外知名企业进行了广泛而友好的合作。2008年以来，先后获得“深圳市2008年度抗震救灾先进企业”“深圳市积极支持党建优秀企业”“深圳市文明民营企业”“深圳市十大科技创新企业”“龙岗区纳税百强上榜企业”“龙岗区第五届区长质量奖”“平湖街道十大民营纳税企业”等荣誉称号。特别是该公司始终秉持“以人为本，汇众成鑫”的理念，十分重视关爱员工，热心社会公益事业，受到了社会各界的广泛好评，2010年荣获深圳市“第七届最具爱心企业”荣誉称号。

保障发展员工权益，努力打造温馨家园

确保薪酬福利到位。公司每月按时足额发放工资，保障员工的基本生活，维护员工基本生存权益。2009年度一线员工的月均工资达2600元。年底除了发放年终奖金之外，还根据在公司工作时间的长短发放工龄奖，工作满一年的发放500元、满两年的发放1000元、满三年的发放1500元，这一举措极大地激发了公司员工爱厂如爱家的热情。

公司关心员工生活福利。搞好员工食宿服务，改善食宿条件，营造“家”的氛围。公司的饭堂坚持不外包，花高成本保障员工的高标准就餐水平，饭堂的猪肉公司安排专人每天去屠宰场亲自挑选和宰杀，以保证质量；每年组织员工去医院进行一次全身体检，通过健康检查，员工们全面掌握自己的身体健康状况，及时发现和治疗疾病。

公司关心员工精神福利。秉承“以人为本”的公司核心文化观，让每一位员工都能感受到“家”的温暖。公司成立了党支部、工会、外来务工女子学校、党团电教中心等，同时分部门组织旅游，公司每个季度都会在国家级风景旅游区召开季度总结会，公司管理团队在工作之余

身心得到放松，感受被企业认可的自豪，更让团队在旅游和入住高级酒店的过程中，通过礼仪礼节、人文知识的学习，达到整体素养的提升。

公司积极帮扶困难员工。公司高度重视困难员工的救助工作，关心员工特殊困难，适时给予帮助、救助。组织开展了为重病和特困职工捐款救助等活动，涌现出许多员工友爱互助、乐于奉献的感人事迹：2004 年，喷涂部员工罗柄身患肝病，公司董事长王文清发动企业员工一起爱心捐款，共募得爱心善款 26000 元；2006 年，公司技术员廖兴宗的母亲患病无钱医治，公司得知后，为他提供了近 20000 元的爱心捐助，并特批给该员工预支 1 年的工资近 50000 元；2007 年，公司离职快 1 年的司机王伟忠，因车祸不幸离世，留下两个孩子，原本贫困的家庭更是雪上加霜，公司董事长王文清得知情况后立即飞赴该名员工的家乡，认养了两个孩子，由公司每年资助他们学习和生活费用近万元，并承诺一直资助到他们学成后走上工作岗位。

公司携手共进感恩员工。2009 年，公司努力克服金融危机带来的冲击，实行科学管理，加强产品研发，大力推行节能降耗，加强品质提升，优化流程提高运营效率，主动与客户和供应商建立长远战略合作同盟，在应对危机中提高了企业的核心竞争力，公司效益也有了新的增长。在虎年春节放假前夕，公司购买了三辆“比亚迪”轿车奖励贡献突出的一线工人和中层技术人员，极大地激励了员工服务企业的热情。

组织员工培训学习，提高员工工作技能

旺鑫精工坚持“诚信求实、创新发展”的企业经营理念，视人才的培养与积累为公司发展的动力，并一直坚持“人才是企业最宝贵的财富，员工的不断进步，就是企业的不断进步”的用人方针，有针对性地组织开展多层次的员工培训：针对一线作业员的专业知识和管理基础知识的培训，实现 100% 的培训率，为公司服务达到一定年限的普通员工，在接受公司系统培训后，已逐步成长为各个部门的技术或者基层管理人员；公司与清华大学深圳研究生院签订定向产学战略合作计划，每年投入几十万元，输送 3—5 名中高层管理干部入院深造；目前公司在职的基层、中层干部以及技术岗位，都有明确的在职学习计划，公司每年给予每人 5000 元人民币的学习经费，到专业培训机构学习 3—7 天，学习管理技能、生产专业技术等，不断提高职工的科学文化素质和专业技能。

热心社会公益事业，积极履行社会责任

为了回报社会，公司多年来积极参与社会慈善事业，组织、参加各种社会公益活动，在抗震救灾、救助弱势群体、推动就业及其他社会公益事业方面做出了积极贡献，体现了强烈的社会责任感，2009 年度公司纳税额近 700 万元。

◇"心系灾区，情在旺鑫"，2008年5月16日，旺鑫员工共为四川地震灾区募得善款22万余元（摄/陈建平）

帮助退伍军人就业。旺鑫精工每年都会吸纳20—30名刚从部队退伍的军人到公司就业，在一线锻炼6个月，并享受储备干部的待遇，通过考核再分配到各管理和技术岗位继续接受实职培训。目前公司的部分管理和重要技术岗位都由这些退伍军人担当。公司重视开展拥军共建活动，2005年至今，向福建省武警总队陆续捐资100万元用于成立"培养优秀军地两用人才基金"。

公司积极推动应届大学生就业。稳定和扩大就业岗位，公司每年从重庆市科创学院、武汉长江商学院、华中理工大学等院校定向招聘80名左右的应届本科生，以储备干部的定位在公司基层接受锻炼，经考核合格后，充实到各管理及技术岗位，有效缓解应届大学生就业压力。

公司发动员工奉献爱心。在企业良好的文化氛围中成长，真诚奉献、热心捐助已成为公司全体员工的共识和行动。近年来，旺鑫精工心系困难群体，牵挂同胞疾苦，热心捐资捐物，谱写了一曲曲感人的爱心之歌。2003年为龙岗区平湖辅城坳村委基础设施建设捐款3万元；2008年初为广东韶关地区抗冻救灾捐款捐物合计30万元，为四川汶川地震灾区捐款50万元，给南山福利院捐助爱心善款2万元，为成立"深圳市手机行业协会"捐助启动资金20万元；2009年为台湾南部风灾灾区捐款5万元。

2011年4月29日晚，"2010感动深圳——第七届深圳关爱行动表彰晚会"在市广电大厦演播大厅举行。平湖街道旺鑫精密工业有限公司在十大"最具爱心企业"中榜上有名，这是当年龙岗区唯一一家获此殊荣的企业。

陆

红色记忆

红色是血与火的峥嵘岁月的映照，也是平湖的百年底色和历史光华。平湖人民有着光荣的革命传统：大革命时期，山厦成立了农会和农民自卫队，开展了反封建、打土豪的斗争；1926 年，平湖又成立了深圳地区第一个农村党支部——中国共产党山厦支部；抗战时期，平湖是东江纵队抗日的主要根据地之一，平湖人民在中共地下党组织的领导下，踊跃参军支前，仅新南红朱岭小村就走出了 14 位东边纵战士。共有 10 多位平湖山厦籍子弟为民族独立和解放献出了宝贵的生命，写下了可歌可泣的光辉一页。

第一节 赤土记

（摄/陈建平）

平湖：黄埔学生军东征播下革命火种

文 / 陈建平

作为东连惠阳（当时龙岗、横岗属惠阳管辖）、西接宝安、北通东莞的平湖小镇，地理位置历来十分重要。广九铁路通车后，平湖更是成为连通香港与深莞穗的交通枢纽。因为有了这条交通大动脉，大革命时期黄埔军校学生军在东征讨伐军阀陈炯明的征程中曾驻扎于平湖，周恩来也在平湖留下了革命的足迹。

1924 年，国共两党合作，孙中山以“创造革命军来挽救中国的危亡”为宗旨，创建了中国近现代史上最著名的军事学校——中国国民党陆军军官学校（因位于广州黄埔岛，又称“黄埔军校”）。周恩来于当年 11 月接任黄埔军校政治部主任，致力于军校的政治教育，开创了中国军事史上军队政治工作的先河。1925 年 2 月，为统一广东，粉碎盘踞于东江地区的军阀陈炯明势力，巩固广东革命根据地，广州革命政府组织了以黄埔军校学生军和粤军为主力的第一次东征。

黄埔军校校军由以第一期毕业生为骨干组建的教导一团、二团和第二期学生编成的学生总队组成，共约 3000 人。周恩来时任中共广东区委常委兼军事部长，他以黄埔军校政治部主任、东征军总政治部主任身份，参与东征的指挥和领导。东征军出发前夕，周恩来作战前政治动员，号召革命军为打倒帝国主义及其走狗反动军阀而英勇作战，提出“不蛮横无理，不强拉民役，付钱购物，不用军用票，保障人民”等纪律要求。因为当时军校校长蒋介石兼任粤军参谋长，所以这支校军就同粤军第二师（师长张民达、参谋长叶剑英）和第七旅（旅长许济）编在一起，共同组成右翼军。

◇ 1925 年 2 月，周恩来率黄埔学生军东征讨伐军阀陈炯明，在平湖出席军民联欢会发表讲话。图为任黄埔军校政治部主任时的周恩来（资料图片）

这次东征最重要的战役是淡水战役和棉湖战役，周恩来亲自参与指挥了这两次战役。在打响淡水之战前夕，周恩来到平湖看望学生军，带领政治部工作人员散发《告人民同胞》《告东江人民书》等宣传品，宣传东征军是“打反叛，锄奸贼，光明正大的军队”，“是保人民，安地方，公正和平的军队”，周恩来还出席群众大会并发表讲话。

《中国共产党深圳历史（第一卷）》简要而清楚地记载了 1925 年 2 月黄埔学生军东征时在深圳地区的活动情

◇黄埔军校一期学生是东征的主力（资料图片）

◇黄埔军校学生（资料图片）

况：“2月10日，教导第一团由东莞常平墟向天堂围前进，击退平湖守敌陈炯明部。11日，黄埔军校学生队炮兵营随校本部行营移至平湖。正午，第三队学生军进入深圳，敌人望风而逃。13日，黄埔学生军进据龙岗，14日进军淡水。周恩来率领黄埔军校政治部部分人员到达深圳地区时，平湖、深圳等地组织军民联欢。周恩来发表讲话，阐明讨伐军阀陈炯明的意义，说明这次战争是为了解除东江人民的痛苦，扫除军阀割据，建立革命根据地。”

黄埔东征学生军在平湖的短暂停留，在平湖人民群众中树立了纪律严明、训练有素、护国爱民正义之师的高大形象。周恩来的讲话，唤起了平湖进步青年投身革命的激情，鼓舞了群众同封建反动势力做斗争的勇气，为之后平湖乃至深圳地区大革命高潮的到来播下了火种。

（本文发表于《深圳晚报》2014年7月30日）

山厦：红色热土的峥嵘岁月

文 / 李建国　沈荣

白色恐怖之下，建立首个党支部悄然传递星星之火；革命烈士纪念碑上，英名长存代代相传；革命历史纪念馆里，红色岁月如歌如泣。峥嵘岁月中的山厦记忆，分明就是平湖这片红色热土的集中写照。

农会成立

黄埔学生军在平湖播下的革命火种，迅速形成燎原之势。在革命军重大胜利的鼓舞下，平湖地区的各村各围纷纷成立起拥护孙中山先生国民革命主张的农会，积极支持广州国民革命政府的行动。

山厦村是最先成立起真正农会的村庄。

20 世纪二三十年代的山厦村，可耕作的土地与当时人口的比例相当大，平均每口人拥有近三亩的水田和旱地，年产粮（稻谷）、油（花生）、糖（甘蔗）自给有余，加上其他经济作物和畜牧，经济上本来应该是较为宽裕的。

但是，由于农民们受地主、官吏、土豪劣绅的苛捐杂税的盘剥、榨取，生活苦不堪言。有的只好被迫只身离乡背井，到港九去打工，甚至漂流到海外。

1925 年，蔡日新和张其欢奉中共东莞县党组织的派遣，前往广九铁路西侧的山厦村展开活动，计划在山厦村成立农会，发展党员。蔡、张二人在山厦村各自的亲戚家落脚，并经常把那些年轻的农民邀到村后的小山坡上宣传进步思想。当蔡日新、张其欢他们离开的时候，山厦的农会建立起来了，严凯祥担任农会会长。

大多数农民都加入农会，同时还成立了拥有原始武器的农民自卫军。

◇抗租减息主题油画（供图 / 山厦革命历史纪念馆）

◇山厦黄牛潭“土夯”墙体的平房，曾是山厦党支部和农会秘密活动的场所（供图 / 山厦革命历史纪念馆）

当时山厦有个叫“刁嘴昌”的恶霸，平日引起的民愤比较大。大革命开始后，很快被揪出来进行大会批斗，并且游街示众……这极大地震慑了其他的地主土豪，鼓舞了广大贫苦农民，这也是山厦历史上第一次清匪灭霸运动，意义十分深远。

农会接管了乡公所（即反动的乡政府）的权力后，立即开仓济贫，取消一切苛捐杂税，禁止放高利贷，禁止赌博和吸鸦片烟，规定地租按年度收成四六分（即佃农占六，地主占四），还宣布了一些保护农民安全和妇女权利的条例。

后来，农会还在严、叶两姓氏的大祠堂举办识字班，教人识字及宣传革命，并设讲古台，主要演讲《三国演义》中的刘、关、张结义及程咬金、薛仁贵、岳飞等人的故事，目的是强化农民对农会组织的忠诚和与反动势力斗争时的英勇机智。

对于地主、豪绅出身的那些人，农会采取了“你顽我硬，你软我柔” 的斗争策略，即地主、豪绅若顽固反抗，农会即以狠批狠斗回击，若低头认罪，即以当面说理教育为主，不搞过激斗争，以达到较好的以理服人的效果。

1926 年 2 月，山厦改组了农民协会，严凯祥、严绍祖担任执行委员，全面主持农会的工作。农会成立后举办培训班，培训农民运动骨干，还建立了一支拥有 120 多人的农民自卫军，提出了“打倒土豪劣绅”“推翻封建统治”“一切权力归农民协会”等口号，惩罚了村内的土豪恶霸。

为了能够更好地发展革命，严凯祥在“羊坑”的黄牛潭建了一间“土夯”墙体的平房，将那里辟为农场，在里面种些菜，养了些家禽。此后，这里成为了山厦党支部和农会骨干秘密活动的场所。

随后，大革命烽火越烧越旺，在短短的几个月时间内，周边的樟阁、白花洞、樟坑径、牛湖、新田、鹅公岭、雁田、南岸、埔心、伍屋围、辅城坳等村都成立了农民协会，山厦成为东莞县第四区农民协会活动中心。

党支部诞生

1926 年的春末夏初，中共东莞县委的组织委员蔡如平来到山厦。经过一段时期的考察，蔡如平开始着手建立中共山厦党支部。经过上级的批准，蔡如平以“大胆、谨慎、积极、稳妥”的方针，联手之前已入党的严凯祥、严永辉等同志，准备成立平湖地区第一个中国共产党的组织——山厦党支部。

在后来的几个月中，山厦村的青年严仲喜、江派恩、翟焕明、严润泉、严绍祖、严派恩、严洪恩、叶庆光、叶丽钧、严荫田、严顺兴、林全福、叶裕祺、严学朋、严创达、叶茂兴、叶升桂等陆续成为光荣的中国共产党党员。

经过筹备，1926 年 5 月，深圳地区第一个基层党支部——山厦党支部成立，严凯祥被选为第一任党支部书记。

大革命风暴起

1927 年 4 月 12 日，蒋介石叛变国民革命，国共合作破裂，15 日，广州的国民党反动派开始疯狂屠杀共产党人和革命群众。

几天后，国民党广东省党部派宝安籍的郑启中、潘右临、文栋卿到宝安清党，大搞“清查”运动，实行白色恐怖。

当地国民党反革命军队在反动分子李定邦的指使下，包围四区农民协会，抢走恶霸曾显宗、房敬廷，冲击农民自卫军营房。

农民自卫军顽强抵抗，激战数小时，终因寡不敌众，边打边退，退到林村附近的山头，斗争形势对己极为不利，各地农民军不得不撤回各自家乡，分散隐蔽，以便伺机卷土重来。

同时，各乡党组织、农民协会人员也被迫转入地下活动。严凯祥、严永辉回到山厦，李二璋返回林村。不久李二璋被捕牺牲；因叛徒出卖，蔡来和、林全福等 7 位同志也被反动派逮捕，并用铁丝穿过颈部筋骨押解到广州，沉于白鹅潭，壮烈牺牲。刑前他们仍然坚贞不屈地高呼：中国共产党万岁！

中国共产党人开始采取针锋相对的方针，布置各地党组织发动工农，起来举行武装暴动。当广州爆发武装起义之时，严凯祥、严永辉等领导的塘厦区农会亦响应起来暴动，并攻打了曾其仔的民防团，但遭到势力强大的反动保安部队的反扑，被包围在塘厦一座炮楼内。

经过三昼夜的恶战，严凯祥、严永辉等人突出重围，暗中回到山厦，遭到国民党反动派的疯狂追捕。通缉告示已经张贴到平湖火车站，山厦村的门楼、祠堂等地，白色恐怖弄得人心惶惶，人人自危。

好在当时山厦的党支部并没有公开党员的身份，平常都是通过农会组织的形式来落实支部的工作，出头露脸的只有严凯祥和严永辉。

为了保持实力，遵照上级的指示精神，山厦党支部决定，出头露脸过多的农会和赤卫队骨干都分头隐蔽，避开风头火势，遭到通缉追捕的严凯祥、严永辉等则在父老乡亲的掩护下，退避到香港九龙。

国民党反动派叛变革命之后，经过大革命斗争锻炼和考验的中共广东党组织，以大无畏的革命气概，毅然领导全省各地工农群众奋起举行武装暴动。从 1927 年 4 月至 1928 年 6 月，先后发动和组织了声势浩大的 1927 年夏季讨蒋起义、接应南昌起义、震惊中外的广州起义和 1928 年初的年关暴动等四次全省规模的武装起义高潮。

在此期间，广东全省共有 51 个市、县举行了 150 多次武装起义，参加起义的工农武装达 13 万人次， 群众达 35 万人次以上，有 20 个县 32 次夺取了县城，有 20 多个县建立了革命政权，有力地打击了敌人，为中国共产党领导的土地革命战争高潮的兴起做出了巨大的历史贡献。后来，各地工农武装斗争失败，广东的中共党组织和工农运动、革命武装遭到极大的摧残。到 1934 年秋，广州、东莞等国民党统治地区的各级党组织被完全破坏，作为中共广东省一级党组织的领导机关被迫停止了活动。

革命精神代代相传

如今，每逢清明节，深圳平湖街道的干部群众、中小学生、驻军指战员和武警官兵，都会来到山厦革命烈士纪念碑，送上一束束鲜花，肃立默哀鞠躬，表达对革命先烈的无比崇敬和深切悼念之情。

沿着平龙路右拐进入香山路，至塘口路段，山厦革命烈士纪念碑就坐落在这里。纪念碑在 1984 年 7 月建成，2008 年重新修葺，占地面积 1500 平方米，建筑面积 300 平方米，碑高 6.3 米。“山厦革命烈士纪念碑” 9 个黑色大字左下方，刻着原东江纵队副司令员王作尧的名字。这 9 个大字，就是出自王作尧之手，并由原东江纵队参谋主任兼江北指挥员周伯明行书。

严仲喜、何与成、沈尔七、邬进祥、严润泉、卢仲夫、严运贤、黄木芬、梁捷、罗尧、叶兴贤、黄高扬、黎洪基、莫福娣（女）、王月娥（女）、严丽华、黄冠洪，纪念碑的一侧刻着这 17 位烈士的名字，他们为革命献出了宝贵的生命。其中，有 6 名山厦的儿女。“在历次革命斗争中，山厦人民在党的领导下，与来自五湖四海的革命志士建立了鱼水情谊，抛头颅，洒热血，前仆后继，百折不挠，为祖国的独立和民族的解放，17 位同志贡献出宝贵的生命，建立了不朽的功勋。”在山厦革命烈士纪念碑上的这一段话，字里行间无不透露着对先烈们由衷的崇敬。

1943 年至 1944 年间为抗击入侵华南的日军，建立敌后根据地，王作尧曾率东江纵队一部在山厦、龙华等地活动，破袭广九铁路，打击日伪驻军，与山厦人民结下了深厚的感情。现山厦社区香山路“关爷厅”曾是当年王作尧的临时指挥所。王作尧将军戎马一生，始终难忘老区人民的养育之恩，始终挂念着山厦这片土地。1984 年山厦革命烈士纪念碑落成时，将军心绪万千，夜不能寐，提笔写下了《重回山厦旧战场》一诗，至今仍镌刻在碑上。1990 年，王作尧将军去世。按照他生前遗愿，有关部门将其部分骨灰长埋于山厦革命烈士纪念碑旁，永远同早逝的战友在一起。

红色记忆长存

◇山厦籍东纵老战士冼麟（左四）与王作尧之子王勇前（左三）、山厦第一任党支部书记严凯祥儿媳叶英（左二）合影（摄 / 陈建平）

就在山厦这片红色热土之上，为见证红色岁月，传承革命精神，始建于 1885 年的严氏、叶氏祠堂，这一首个党支部在当年的主要活动点，建成为山厦革命历史纪念馆。

山厦革命历史纪念馆是两座约 400 平方米的岭南风格宗祠建筑，看似平常，但记录着山厦这片红色土地的传奇经历。从 2005 年起，深圳市、龙岗区有关部门和平湖街道办拨出专款，按原貌进行了大规模修缮，并于 2009 年 12 月辟为山厦革命历史纪念馆，原深圳市委书记李灏题写了牌匾。

纪念馆共有两个展厅，每个展厅都有各自的主题。其中，第一个展厅以“革命薪火，山厦相传”为主线，主要记录了山厦党支部的发展历程；而另一个展厅则展示了东江纵队在山厦的革命斗争，故其主题为“抗日救亡，民族解放”。两个展厅均按照历史时间的顺序向后人讲述当年那段惊心动魄的历史，同时配以真实文物和史料图片。另外，纪念馆还通过油画、浮雕以及场景复原的方式最大程度上地还原当时的情景。置身于此，从前那段烽火岁月仿佛就在眼前。

现在，山厦革命历史纪念馆是龙岗区革命传统教育基地，每当清明节、春节等重大节日，都会有许多党员和学生前来重温历史，瞻仰凭吊先烈。

纪劬劳学校：永不褪色的红色记忆

文／张帆　李建国　陈建平

纪劬劳学校是旧民主主义革命先驱刘铸伯先生为纪念其母伍氏所建，它既是平湖教育发展的里程碑，也是平湖革命历史上的红色摇篮。该校被列为龙岗区文物保护单位，并加以维修整固。

地下党活动的秘密基地　照亮平湖革命路的明灯

纪劬劳学校第一任校长刘紫东是一位素有“平湖文胆”之称的前清拔贡生，第二任校长系其子刘仲德。刘仲德早年接受李大钊、恽代英等思想（主要是著作）的影响，参加了学校的一些革命行动。当年他在广州上学期间，与刘伯刚、刘曼之、叶丽钧等同乡时有往来，也受到彭湃、阮啸仙、毛泽东等革命家的重大影响。刘仲德与其堂兄刘伯刚（后来在纪劬劳学校任教导主任）及山厦中共地下党员叶丽钧等过从甚密。

大革命失败后，作为平湖地区唯一的正规学校，纪劬劳学校集中了平湖的优秀青少年，刘伯刚和刘仲德隐蔽而又积极地在师生中坚持开展进步活动。不久后，刘仲德经刘伯刚和叶丽钧介绍，正式加入了中国共产党。

校长和教导主任的身份，为刘仲德和刘伯刚接触以及领导学校师生带来了很大便利。他们以学校作为地下党活动的秘密基地，积极展开活动，不仅教育在校师生学习革命道理，而且还通过学生向周围农村传播反帝反封建思想。在那样的年月，纪劬劳学校为平湖民众的心中燃起了一盏明灯。

◇纪劬劳学校为刘铸伯先生独资创办，1930—1936 年中共党组织多次派党员以教书为掩护到该校开展革命活动（摄／陈建平）

1931 年 12 月，由于叛徒出卖，刘伯刚、刘仲德两人身份暴露，遭到国民党的通缉，被迫逃往海外。

东莞志士何与成来到纪勋劳　读书会学生成革命骨干

◇任东宝惠边人民抗日游击大队政训员时的何与成（资料图片）

1936 年，何与成来到了纪勋劳学校。此时，距刘伯刚和刘仲德离开纪勋劳学校已有四五年，校长是开明的平湖乡绅刘耆卿。

何与成是东莞莞城人。1934 年冬，何与成在上海加入共产主义青年团，任闸北区委宣传部长。1935 年被捕，后经营救出狱回到东莞，抗日战争时期在东（莞）宝（安）地区从事抗日救亡运动。

在何与成的积极倡导下，纪勋劳学校成立了有史以来第一个读书会，学生们阅读《大众哲学》《大众周末》《世界知识》等进步书籍，听何与成讲解共产主义思想理论，并且成立了宣传队伍，在平湖墟和周围乡村开展革命宣传活动，在当时产生了很大的影响，纪勋劳学校成了一个革命者的摇篮。

1936 年冬，上级组织专门抽调何与成前往东莞力行学校展开新工作。到力行学校之后，他一直与读书会的学生们保持书信来往，有时还相互探望。何与成继续指导着平湖的革命宣传工作，令平湖的青少年在革命理想中不断成长。

1938 年 12 月，何与成在香港加入中国共产党，奉命将撤到新界的武装部队带到深圳，组成东江游击总指挥部警卫营。1940 年 8 月 13 日，何与成与卢仲夫、罗尧、罗振辉、叶镜源、李燮非等人被国民党顽固派杀害于惠州西湖畔五眼桥。

何与成在纪勋劳学校虽然只有短短半年，却为平湖地区土地革命时期的建党工作打下了坚固基础，当时读书会的学生后来基本都参加了中国共产党，成为平湖地区的革命骨干力量。

纪勋劳学校是革命者的摇篮，也是后人忆苦思甜的所在。

（本文发表于《深圳侨报》2014 年 2 月 26 日，有删改）

红朱岭：小村走出 14 位东边纵战士

文 / 陈建平

70 年前，在中共地下党的宣传教育下，从红朱岭老围村低矮的瓦房中走出了 14 位参加抗日的东边纵战士，他们在深圳地区的党史上写下了可歌可泣、浓墨重彩的一页。

红朱岭的村名因何得来？由于村里土色如赤，山岭上砂石朱红，故名红朱岭。

红朱岭村的这一个“红”字，在抗日救亡的烽火年代，竟令这个小小的村子与中国共产党领导的地下情报组织和抗日武装力量东江纵队结下了不解之缘。

1938 年，平湖人在“鹤轩书室”的基础上建立了红朱岭学校。大革命时期就已经参加中国共产党的刘曼之受中共东莞中心支部书记姚永光的指派，回到平湖开展工作。在平湖德高望重的乡绅刘耆卿的帮助下，刘曼之被聘为红朱岭学校首任教导主任。不久，红朱岭学校正式落成，开始招收学生、开课教书。刘曼之以学生们的学费作为党的活动经费，组织学校老师和高年级学生成立抗战话剧队、歌舞队等进步团体，一方面宣传动员群众抗日救亡，一方面考察和选择运动中的积极分子，发展他们加入中国共产党。在刘曼之、何与成的培养介绍下，红朱岭村女青年刘茜芬、刘燮芬姐妹先后加入了中国共产党，是当时平湖最早的女共产党员。

1943 年，红朱岭学校更名为平湖乡中心小学。同年秋，刘茜芬的小妹妹刘宝英接受东莞二线县委的委派，出任中共平湖党支部书记。她利用在平湖中心小学做教师的有利条件，在青年学生中发现和培养积极分子，进行各项任务的传达和部署。不久，刘宝英在平湖当地青年积极分子中发展和联络了刘华胜、刘锡宗、刘坚、刘连科等新党员，同时刘敏、刘进平、刘伯安等老党员也积极行动起来，令平湖地区党组织的战斗力迅速加强。刘宝英还领导建立了共产党的地下情报机构，逐步打开了整个平湖地区党的工作和抗日游击工作的新局面。

◇平湖街道党工委书记、办事处主任黄惠波看望慰问红朱岭古村当年为地下党送过情报的黄月晃老人（摄 / 陈建平）

1945 年四五月间，东江纵队扩军，上级指示刘宝英动员一些进步青年参军。此时，刘宝英在六年级毕业生中发展了廖河清、邬惠林、刘映霞、刘锡宗、刘钦田等一批党员，他们纷纷要求参加东纵抗日，她把这些热血青年分批交给交通员带到罗浮山东纵部队去了。

◇红朱岭老围刘宝英旧居，院门旁的榕树仍然茂盛（摄／陈建平）

抗日战争时期，红朱岭刘氏家族中许多有志青年踊跃参加抗日队伍，先后就有14位投身革命，其中有刘宝英、刘茜芬、刘燮芬、刘卓礼一家四姐弟，刘坚、刘连科兄弟，还有刘映霞、刘敬尚、刘焯华、刘坤秀、何带娇、刘仁、刘力、刘琼秀等。他们在艰苦的战争年代里舍生忘死，或随东边纵部队行军打仗，或从事党的地下情报工作，为国家独立、民族解放做出了巨大贡献。新中国成立以后，又在各地、各条战线上殚精竭虑从事社会主义建设和改革开放事业，多有建树，受人尊敬。刘坚担任过建国后第一任平湖乡党总支书记、平湖乡人民政府乡长，之后又担任过宝安县商业局长、深圳市商业局副局长；刘连科60年代初期担任过珠海县委常委、政法委主任、公安局长，80年代中后期担任过东莞市委副书记、政协主席；刘力曾任佛山市人民政府副市长、市政协副主席；刘焯华曾任广州市人大常委会副主任；刘宝英曾任广东省水产公司经理；刘仁曾任宝安县委组织部副部长、深圳市水产局副局长；刘卓礼曾任华侨城集团创建时的工程建设副总指挥。

70年前红朱岭村风华正茂参加革命的14名热血青少年，现今有些已经去世，目前仍健在的也都已进入耄耋之年。仍健在的还有五位女杰：刘映霞、刘敬尚、刘燮芬、刘琼秀、何带娇，她们均是儿孙满堂，分别在佛山、太原、南宁、广州和深圳安度晚年。

第二节 人物志

（摄／陈景贤）

严凯祥：大革命时期深圳地区首位基层党支部书记

文 / 沈荣　陈建平

平湖山厦村曾是一片红色的土地。大革命火种点燃之时，深圳首个农村党支部就诞生于此；抗日战争时期，东江纵队王作尧部也将山厦辟为根据地。

在山厦人的心目中，严凯祥这个名字并不陌生，作为山厦党支部的第一任书记，他领导广大农民打土豪、斗地主，开展了轰轰烈烈的革命运动，但他却客死他乡，至今找不到他的墓冢。为遵照父亲遗愿，严凯祥的长子——严允贤毅然回到山厦，参加抗日战争，也献出了年轻宝贵的生命。

◇严凯祥（供图 / 山厦革命历史纪念馆）

“教书先生”出任党支部书记

在当年的山厦，个子不高、说话斯文的严凯祥是个少有的教书先生，村内的严家祠堂就是教室。他教大家读书写字，讲课时总喜欢带些糖果，下课了就招呼大家过去，挨个发糖果。由于糖果抓住了很多小孩的心，所以每次都有不少学生前去听课。

严凯祥早年曾在东莞县读书，后来在东莞塘厦爷皮村教书，在此期间，他不断接受进步思想的熏陶。1922 年，彭湃在广东海陆丰开展了轰轰烈烈的农民运动和减租斗争，运动的消息也悄然传到了山厦。1924 年，严凯祥和严永辉接受中共东莞县委的委派，回到山厦领导群众秘密开展农会工作。随后，严凯祥、严永辉来到广州，加入了中国共产党。

史料记载，当时的山厦属于东莞管辖，群众备受压迫，人民群众处在一片水深火热之中。1926 年，中共东莞县委组织委员蔡如平奉命前来山厦，帮助建立中国共产党基层党支部。经过筹备，1926 年 5 月，一群热血青年秘密来到离山厦村较远且较隐秘的一棵百年老荔枝树下，正式宣告深圳地区第一个基层党支部——山厦党支部成立。随后，严凯祥被选为第一任党支部书记。

革命失败远走越南

“塘厦农民区长仔，山厦农民自卫军。火车停在围仔边，迎接代表严凯祥。”这是当年流行在山厦的一首山歌。

1926 年 2 月，山厦成立了农民协会，严凯祥、严绍祖担任执行委员，全面主持农会的工作。

农会成立后举办培训班，培训农民运动骨干，还建立了一支拥有 120 多人的农民自卫军，提出了“打倒土豪劣绅”“推翻封建统治”“一切权力归农民协会”等口号，惩罚了村内的土豪恶霸。

当年的农民自卫军经常提着刀枪，喊着口号，精神十足地在场地上操练。他们不仅在一起操练，还经常讨论许多革命的事情。自卫军有一个共识，那就是要用武力把当地的地主、土豪赶出去，争取让当地农民有自己的土地。

为了能够更好地发展革命，严凯祥在“羊坑”的黄牛潭建了一间“土夯”墙体的平房，将这里辟为农场，在里面种些菜，养了些家禽。平房附近还建了一栋炮楼，有两层楼高。此后，这里成为了山厦党支部和农会骨干秘密活动的场所。另外，严凯祥还担任了东莞县第四区农民协会的执行委员会委员长，领导农民在 1927 年开展了“二五”减租运动，扣押了地主恶霸，吓跑了反动区长。

1927 年大革命失败后，严凯祥成了被通缉的对象。他经香港至越南朱笃埠，经友人介绍在“知用”学校当教师，躲避国民党的追捕。1935 年，严凯祥被国民党特务暗害，中毒身亡。

严凯祥牺牲后，他的后代们曾多次想找到他的坟墓，但苦于时间太久和可查的资料太少，一直未能如愿。

“子继父业” 书记之子为革命捐躯

严凯祥膝下育有一个女儿和两个儿子，如今都已不在人世。其中，大儿子严允贤（又名严运贤）更是得到严凯祥的临终嘱托，回山厦参加革命，后英勇就义，年仅 22 岁。

严凯祥转移至越南后不久，因担心敌人报复，托人将严允贤送往越南。1935 年严凯祥被害，临终前嘱咐儿子一定要回到祖国，找到党组织，参加革命斗争。1937 年，严允贤遵照父亲遗愿，回到家乡山厦村，找到共产党人叶丽钧等人，并在 1939 年加入了王作尧、何与成领导的“东宝惠边人民抗日大队”，跟随王作尧转战东宝各地，先后与日伪军进行了大小 30 多场战斗。

现年 92 岁高龄的严超老人，当年是严允贤的班长。村里成立农会时，严允贤和严超就跟着农民自卫军一起操练。严允贤回到山厦后主动找到严超，从此就跟严超打日寇，干革命。

1941 年 10 月，在一次战役中，包括严允贤在内的 4 位革命战士被捕。敌军押着严允贤在山厦街上游行，企图从围观的人群中找到其他革命人士，但被捆绑着的严允贤一直目盯前方，从未看过周围群众一眼。面对严刑拷打，他也不承认自己的党员身份，更没有泄露任何消息。1942 年冬天，严允贤被敌人拉至观澜枪决，英勇牺牲。

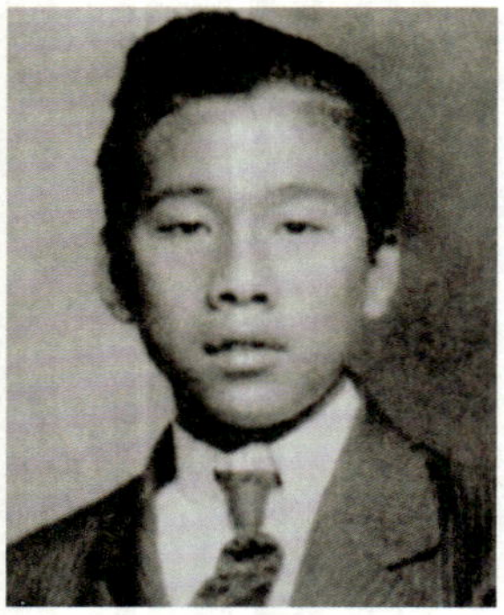

◇严允贤（供图 / 山厦革命历史纪念馆）

（本文发表于《深圳晚报》2012 年 10 月 29 日，有删改）

严仲喜：为抗日洒下热血

文 / 李建国

在革命最低潮的时候，山厦第一任党支书严凯祥奉命撤离山厦，由严仲喜接过领导山厦党组织的重任，担任山厦的第二任党支部书记。他和党员群众一起，利用黄牛潭的 50 多亩山地，将农会化装成“山厦种植会”“牛会”，一方面继续组织农民运动，坚持斗争，另一方面由党员和进步青年轮班种植果树和农作物，保障了党支部的大部分活动经费的支出，维护了党组织在山厦的机构完整，也保全了党员们的战斗力。

同时，山厦党支部采取灵活多变的方法，针对白色恐怖下，恶霸劣绅租金过高，农民不堪重负的实际情况，让党员分头通过村里开明乡绅对地主展开说理斗争，讲明利害关系，要求地主认真考虑，尽量减租，努力维护了农民的利益。

随着国内革命形势的变化，严仲喜和党员一起鼓励村里的青年积极学习文化，并送他们到平湖旧圩镇的纪劬劳学校接受何与成的教导，后来许多人成为革命骨干。

抗日战争爆发后，严仲喜领导山厦人民成立抗日自卫队，积极参加各种抗日活动。1939 年 9 月，严仲喜光荣地牺牲在抗日战场上。

是月，共产党领导的第四战区东江游击指挥所第四游击纵队为了粉碎日军的清剿，准备发动奇袭南头大沙河的战斗，命令第二大队长王作尧率部奔袭南头城日军，同时命令第四政工大队长黄木芬率部烧毁深南公路的大涌桥，以切断南头与深圳两敌之间的联系，确保部队突袭南头日军成功，以及友军独立第九旅余应奇部反攻深圳胜利。

8 日，黄木芬队长率领政工队队员 10 余人抵达山厦村，严仲喜率山厦子弟七八十人由犁头寮荔枝园出发参战，后进至龙华功村。为了避免暴露太多力量，上级领导指示大部分留下或折返山厦，只留下严仲喜等 20 多人参加摧毁大沙河桥梁之战，以阻止日军进犯。

大沙河发源于阳台山南麓，经长岭皮、大涌、白石洲流入妈湾海区，河堤低矮，河床粗沙淤塞，冬天几乎断流，春夏山洪暴发泛滥成灾。大涌木桥横跨其上，长达 50 多米。

日军占领深圳、南头之后，在大涌桥两端筑起水泥钢筋堡垒，常有 30 多名日军驻守，以保其兵源、军需物资顺利通过，这是深南两地驻守日军的动脉，所以防守严密、戒备森严。

黄大队长率领严仲喜等 20 多人携带火水（煤油）、碎旧棉被、绳索等烧桥燃点材料，从山厦出发，深夜零时抵达大涌桥附近地区，趁黑夜将洒上火水油的碎棉被缠绕在木桥的横梁和桥柱上，将其点燃。堡垒内的日军发现大火后，不敢出击，只是在堡垒内用机枪盲目向大涌桥扫射。驻守在大涌村的伪军，也紧急出动六七十人抢占了上游河堤，用机枪向燃烧着的大桥方向乱射，

◇《奇袭大沙河》油画与景观模型，艺术地再现了当年战斗的情景（供图 / 山厦革命历史纪念馆）

以封锁游击队退路。

沉着善战的黄大队长从日伪军盲目乱射的枪声中准确判断他们仍未发现游击队，命令严仲喜等人不准开枪，以免暴露目标，要他们继续利用左堤坝掩护朝敌人机枪阵地前进，当接近日伪军阵地时，命令把手榴弹齐向日伪军机枪阵地投去，成功地压制了日伪军的火力，严仲喜他们趁机突围，一路跨出河堤向前面小山岗冲去。

不久，日伪军惊醒过来，机枪、步枪又不断扫射，在枪林弹雨中，严仲喜不幸中弹牺牲。随同倒地的，还有另外两个战士。

整座大涌桥被部队烧毁了。随后，王作尧率部收复了南头。而严仲喜等三位同志的鲜血却长流在大沙河畔。

后来，烈士的遗体一直等到天黑后，才被其他同志悄悄转移出来，并就近掩埋在大沙河畔，直到三个月后，才被乡亲迁回山厦村，安葬在象角塘的山坡上。

王作尧率领部队和山厦的父老乡亲为严仲喜等三位烈士召开了隆重的悼念大会，颂扬了他们一心为国、不怕牺牲的精神。

后来，山厦建起了革命烈士纪念碑，每逢清明，山厦的父老乡亲和平湖各界群众和驻军官兵都会来到这里悼念先烈，发扬他们的革命精神。

王作尧将军去世后，有关部门遵照他的遗嘱将他的部分骨灰葬在了严仲喜等烈士的身边，让老将军可以永远陪伴着自己当年的这些部下和战友。

刘伯刚：丹心铺就理想路　青春烽火慷慨歌

文 / 陈建平

愿佩倚天剑　不做一书生

刘伯刚，原名刘柱安，字伯刚，1905 年出生，宝安县平湖村人。其父刘托恩，曾担任过增城县长黄奂中属下的区长，民国三年（1914 年）至五年（1916 年）任粤督振武上将军府委员，任内为官清廉颇有民声。为传承并扩大家业，在刘伯刚上完小学之后，刘托恩便于 1922 年将儿子送至远在百里之外的东莞中学（旧制四年）就读。

此时的东莞中学，已经有了共产党员活动的身影。1924 年冬，中共党员、国民党中央农民部特派员莫萃华入住东莞中学学生宿舍，发展党员，在东莞中学建立了东莞县第一个中共党支部。他和李本立（东莞县洪梅区黎洲角人，东莞第一任团委书记和中共东莞首任县委书记）团结了刘伯刚、黄国器、李鸿举、李鹤年等一批进步学生，经常在一起阅读《向导》《共产主义 ABC》《少年先锋》等进步书刊，抒发忧国忧民之情，讨论时局变化，探寻革命真理。11 月，莫萃华发展他们加入了社会主义青年团和中国共产党。

第一次国共合作时期，南方的广东成为中国革命的大本营。1926 年初，中国社会主义青年团广东区委要求东莞迅速成立地方委员会。3 月，刘伯刚与李本立、周棠一起被派往广州学习训练一个月，为培养干部、建立团组织做准备。作为广州农讲所的学员，刘伯刚还在广东省农会《犁头报》做过编辑。4 月 12 日，在广东区团委委员李耀先的指导下，18 人在莞城召开了东莞各地团代表会议，刘伯刚也参加了此次会议，大会推定李本立为东莞团地委书记。

加入李本立领导的新学生社，参与创办学生杂志宣传革命道理，到位于莞城梅墅旧址的节孝祠夜校为工农群众上课，联合工农和各界革命群众的力量公审并押解东莞第二区区长、反动贪官祁逊孙到广东省监察院处理……在完成学业的同时，刘伯刚每天早晚都奔波忙碌着，将党团组织交给他的任务一一落实办理好，成了李本立的得力助手。

◇青年刘伯刚（供图 / 刘伯刚之子刘和宇）

1926 年 5 月，东莞共产党特别支部改为中共东莞地方委员会，由于李本立接替了已调省工作的莫萃华，担任了中共东莞县委书记，其东莞团地委书记一职由刘伯刚担任。

配合广州起义　组织宝安暴动

深圳人民富有革命的光荣传统，是广东建党最早的地区之一。1925 年 7 月，中共宝安县支部成立，1926 年 3 月，又成立了作为县一级领导机构的中共宝安县党部，宝安县七个区的农民运动蓬勃开展。但在蒋介石发动"四一二"反革命政变之后，国共合作破裂，大批共产党人和革命群众遭到搜捕杀害，龙乃武出走香港，农会也自行解散。

在白色恐怖弥漫、革命处于低潮之时，刘伯刚奉命从东莞来到宝安，一边宣传党的"八七"会议精神，一边秘密动员转入地下的农会骨干起来武装斗争。1927 年 12 月上旬，为做好配合广州起义的准备工作，中共宝安县委进行了调整，产生第二届委员会，年仅 22 岁的刘伯刚担任县委书记。县委机关设在五区楼村，隶属中共广东省委领导。

此时，中共广东省委派傅大庆到楼村，传达省委指示，要求宝安县委组织 200 人的工农革命军，限 13 日前进军深圳，会同铁路工人夺取火车，直趋广州接应起义。刘伯刚一面与郑奭南（曾任中共宝安县委第一任书记，时任东宝工农革命军总指挥部副总指挥）商议人员组织与行动方案，一面火速赶到平湖，找到中共党组织力量一直较强的山厦党支部负责人严凯祥、严仲喜，向他们抽调一批革命意志坚定勇敢、能打能跑的党员和农会积极分子参加行动。

由于当时交通、通信落后闭塞，加上反动派的封锁，直到 12 月 12 日，宝安县委才得知广州起义已于 11 日提前举行的消息。刘伯刚、郑奭南、潘国华等县委领导考虑到广州路途较远，带领的队伍人数多恐在路上遭遇不测，经商议决定攻打反动势力较为薄弱的深圳墟和南头县城，变去广州参加起义为就地发起宝安武装暴动，来策应广州起义。

14 日，由郑奭南、刘伯刚率领的宝安工农武装第一大队分四路攻入深圳墟，包围了国民党军警机关，击毙警官 1 人，俘虏区长兼警察局长陈杰彬，缴获枪支 10 多支，仅用一小时就结束战斗，撤退到乌石岩集中。而潘国华率领的第二大队在攻打南头城时因敌人据守城墙深沟抵抗，强攻不克，也退至乌石岩会合。

第一次宝安武装暴动打击了国民党的统治，但也遭到国民党的疯狂反扑。当时的国民党宝安县长邓杰极为震惊，亲率三倍于革命武装的军队及反动民团围剿乌石岩。因敌强我弱，工农革命军且战且退，被迫离开宝安转移至东莞梅塘东山庙屯扎，县委驻地楼村陈氏宗祠也被烧毁。

◇1947 年 4 月，刘伯刚将妻子、女儿和幼子刘和宇送回国内前，全家在马来西亚留影。这也是他与家人留下的唯一全家福（供图 / 刘和宇）

教书从事地下工作　叛徒出卖远走他乡

由于暴动失败，身份暴露，刘伯刚不再担任县委书记，被中共广东省委安排转移到香港暂避。1930 年初，刘伯刚悄然返回平湖，在当时平湖的纪勋劳学校以教书（任教导主任）做掩护，继续从事党的地下工作。

不久，刘伯刚与回乡潜伏的共产党员刘彭林接上了头，并发展纪勋劳学校校长刘仲德加入了中国共产党。校长和教导主任的身份，给刘仲德和刘伯刚接触甚至领导学校的青年教师和青少年学生带来了很大的便利。他们以纪勋劳学校作为地下党活动的秘密基地，积极展开活动，不仅教育在校的青年教师和学生学习革命道理，而且还通过学生向周围农村传播反帝反封建的思想，令整个学校成为了黑暗时期平湖的一盏明灯。

1931 年 12 月，由于叛徒出卖，刘伯刚、刘仲德两人被国民党特务逮捕，随后被平湖乡亲解救，并被送往香港躲避。数天后，国民党从广州派出大批军队对平湖人进行了疯狂报复，致使平湖的父老乡亲蒙受了一场很大的人祸劫难。这就是发生在平湖、震动惠东宝三县的"打侦缉事件"。

南洋羁旅四十载　不吝为国输人才

到香港之后，刘仲德、刘伯刚两人分手道别，刘仲德逃往越南、柬埔寨，以教书为掩护继续从事革命活动，新中国成立后回国担任过平湖中心小学、平湖中学校长，1978 年当选为宝安县第四届侨联主席。而刘伯刚则前去马来西亚、新加坡，先后在工厂、汽修厂、橡胶园、报馆、学校求职谋生，待过的地方有大马的立影县、怡保市、吉隆坡，1949 年之后主要居住在新加坡。

1949 年初，刘伯刚通过党组织安排，将长子刘建宇送回已和平解放的北平。刘建宇品学兼优，1954 年被选派到苏联列宁格勒加里宁工学院深造，留学期间曾任学生会干部、党支部书记，1960 年回国后在国防科委六院六所工作，是我国在钛合金航空锻件和高温粉末涡轮盘超塑性成型领域的奠基者，曾获 2 项国家科技成果奖和 3 项航空航天部二等科技成果奖，为航空航天工业部有突出贡献专家、享受国务院特殊津贴专家。

此外，刘伯刚还经常鼓励他的华侨学生回国参加社会主义建设，1952、1953 年，他送了几批他的华侨学生回国，其中包括后来成了他儿媳的刘金定。刘金定回国后曾在国家地质矿产部工作，任研究员。

1973 年 4 月 28 日，刘伯刚于新加坡病故，结束了他 69 年的理想追逐之旅。在堂弟刘坡德（曾任新加坡议员、财政部政务次长）的帮助下，刘伯刚的骨灰被运送回国，安葬于家乡的常青树下。

（本文发表于《深圳晚报》2014 年 4 月 30 日、5 月 30 日，有删改）

蔡马生：受尽酷刑不屈服　铮铮铁骨受敬仰

文 / 沈荣　蔡炳仁

深圳市龙岗区平湖街道有广九铁路山厦铁路桥，桥底的列车呼啸而过，而立在桥旁的一座纪念碑却守望着这片土地。

“蔡马生烈士，广东省宝安县平湖镇木古村人。1912 年 8 月出生，1941 年 5 月加入中国共产党，1942 年春参加惠东宝人民抗日游击队。1943 年 9 月，在木古村不幸被日本鬼子逮捕，同年 10 月在平湖墟被残酷杀害，年仅 31 岁。”这是镌刻在纪念碑上的文字，简短的几句话诉说着一个抗日英雄的壮烈事迹。

贫苦家庭里走出的进步青年

1912 年 8 月，蔡马生降生在宝安县平湖木古村的一个中农家庭。父亲名叫蔡裕兴，待人热情大方。由于生活窘迫，蔡裕兴年轻时就远离家乡，漂洋过海到了南美洲苏里南做一名侨工。蔡马生的母亲是一位地地道道的农家妇女，名叫曾六娇。在同乡眼里，她为人忠直。抗日战争期间，她对游击队员爱护有加，就像对待亲生骨肉，所以游击队员都称她为曾妈妈。

蔡马生一天天长大，家里的贫困却始终没有好转。无奈之下，青年时代的蔡马生也“复制”了父亲当年走过的道路，只是他没有远走南美，而是在香港给资本家当车衣工。然而，到了 1937 年，抗日战争爆发后不久，蔡马生的“打工”生涯也走到了尽头，他被辞退回乡，回来后，仍旧在村里干着车衣工的活。

◇蔡马生（资料图片）

很快，战火就烧到了深圳。1938 年 10 月 12 日，日本侵略军在大亚湾登陆，随后，广州、深圳相继失守。日军沿途烧杀抢掠，惨象一片。这时，蔡马生得知由曾生、王作尧所领导的东江纵队，正在组织人民参加抗日游击队。钦佩之余，他也萌生了加入其中的想法。当他把这个想法告诉母亲曾六娇时，母亲除了表示支持，没有多说。同样是穷苦人家出身的蔡马生的妻子刘英，也热心支持他参加抗日游击队。

此后，他热情接待民运队的同志，让他们住在自己家里，并积极配合他们开展抗日救亡宣传。在他的发动下，村上的抗日自卫队、抗日妇女会、抗日宣传队、民众夜校、抗日民主政权，很快就建立起来了。

木古村的第一个共产党员

1941 年 5 月，对蔡马生来说是特殊的时期。经文贯同志介绍，他加入了中国共产党，成为木古村第一个共产党员。不久，村里先后发展了梁忠、梁联、梁炳兴、蔡马洪、刘带等参加党组织，还建立了党支部，由梁忠任支部书记。蔡马生则担任了村上抗日自卫队队长，每天都带着队员巡逻放哨，其间还帮助部队运送物资、传送情报等。1941 年冬，部队攻打日伪军在石鼓圩的据点，蔡马生带领村里的自卫队员配合作战，表现英勇顽强，得到部队的好评。

木古村靠近广九铁路，是路西和路东交通联络的据点，战略位置重要。蔡马生干脆把自己的家当成部队的交通联络站。部队里负责搞情报、交通、运输、民运工作的许多同志，如李卫帮、卢振林、邹远山、孙孺、黄厚基、杨元友、刘玉珍等，都是他家的常客。1942 年，抗日游击队从香港营救出来的部分文化界人士和国际友人，从路西过路东时，也曾在他家里停留、休息、吃饭。

入党后的蔡马生身份逐渐暴露。1942 年春，他被调往部队工作，先是在宝安大队军需部门工作，还把家里的家当——“信家”牌衣车献给部队为指战员缝补衣服。1943 年，蔡马生又被调往卢振标负责的情报部门工作。他经常游走在布吉的上八约、禾沙坑、松元头等村和龙华一带，向群众和儿童团员宣传抗日救国的道理。

蔡马生不但以自己的实际行动投身于抗日队伍的行列，同时还向自己的亲属宣传抗日救国的道理。他的堂叔蔡焕兴就是在他的启发教育和影响下参加了抗日自卫队，并于 1945 年 6 月加入中国共产党。除了积极参加部队行动，蔡马生还细心照顾战友。参加部队时，他从家里带去一件他父亲从苏里南带回来的风褛衣，晚上睡觉，就和其他同志一起盖这件风褛衣过夜。

受尽酷刑倒在日军大刀下

1943 年 9 月的一天，侵华日军由布吉到水径、甘坑、木古一带“扫荡”。蔡马生和其他两位同志在木古村遭遇侵华日军，他不幸被捕。

被捕后，日军就把他捆绑在村前的大荔枝树上，村上的群众不顾日军阻拦，纷纷涌上前去看望。只见他两眼炯炯有神，怒视日军。当天下午，他被押往李朗村竹溪小学。

日军想从他的身上捞点游击队的秘密，便对他施用各种毒刑。先是把他放在“狗笼”（一种铁笼）里晒太阳、冲水，后又严刑拷打，再往嘴里灌水，灌饱水后，又用木板放在肚皮上把水从肚子里压出来。虽然忍受剧痛，蔡马生始终没有透露半点秘密。此招不行，日军又用绳子缠住蔡马生的两个大脚趾，把他反吊在树上，又拷打，又火烧。日军虽用尽酷刑毒打，但仍旧一无所获。为了不连累木古村的群众，自被捕之日起，蔡马生就称自己是观澜君子布村人，叫向福。

在李朗村，日本鬼子对蔡马生用尽各种办法都失败了，于是又把他押往平湖的日军队部，强迫他带路“围剿”抗日游击队。蔡马生虽知部队在广九铁路以西的布吉、龙华一带活动，却故意把日军引向路东的横岗一带，让日军扑空。回来后，日军便反复折磨他。1943 年 10 月 10 日，年仅 31 岁的蔡马生倒在日军的大刀下。

而今，每逢清明、春节等重大节日，附近的居民和学校的学生都会来到纪念碑下，或送上一朵白菊，寄托哀思；或静静地低头站立，凭吊先烈。

（本文发表于《深圳晚报》2012 年 12 月 28 日，有删改）

刘鉴荣：新婚夜为抗日出走

文 / 李建国

抗日战争时期牺牲的革命烈士刘鉴荣是平湖松柏围的子弟，年纪轻轻就为民族的解放献出了宝贵的生命。

他的妻子是谭丽芳，她的娘家在离松柏围不远的西门村，说起来，谭丽芳和刘鉴荣订婚的时候只有七八岁的样子。当时，刘鉴荣的叔父去海外当远洋船员，一次行船回来，赚到一些钱，就很热心地为自己这位早年丧父的侄子刘鉴荣物色妻子。

那时，谭丽芳的父亲在村里开着一间小店，刘鉴荣的叔父听人说他家的女儿不错，就经常跑到店里闲坐聊天。最后，他要谭丽芳的父亲把女儿喊来，只看了一眼就把婚事定了下来。当时谭丽芳还是个活蹦乱跳的小女孩，什么都不知道。

随着时间的流逝，他们各自都渐渐长大了，也从大人的嘴里得知了自己未来的归属。后来刘鉴荣上学读书，有了文化，并且加入了中国共产党，又于 1939 年参加了东宝边游击大队，成为一名优秀的抗日部队战士。

1941 年初春的一天，刘鉴荣风尘仆仆地回到平湖家里，准备第二天举行婚礼，把订婚已经超过 10 年的新娘接过门。可是就在当天晚上，上级突然来了命令：情况有变，速回部队！

看着张灯结彩的新房，想着这次回来，按照本地习俗，尚未能见上面的新娘谭丽芳，刘鉴荣只好眼含热泪却又义无反顾地离开了家乡。

第二天，婚礼在没有新郎的情况下，如期举行。按照当地的习俗，谭丽芳只好哭着喊着，抱着公鸡拜了天地，进了洞房。

也就在新娘谭丽芳这边祝福声声，鞭炮齐鸣时，新郎刘鉴荣那里也是枪声大作。大队日军发起突然袭击，刘鉴荣带领着一个班的战士，为掩护大部队的安全撤退，开始与数十倍于己、装备精良的日军进行着殊死的搏斗。

最后，刘鉴荣带领的部队寡不敌众，全班战士几乎全部壮烈牺牲，刘鉴荣也不幸负伤被捕，被关进日军占领下的惠州监狱。

后来，虽经组织和父老乡亲的多方营救，但最终未能成功。同年 9 月，刘鉴荣在狱中壮烈牺牲，时年仅 23 岁！

在刘鉴荣被捕期间和牺牲之后，新娘谭丽芳始终对婆家不离不弃，开始是积极筹款营救，随后是代烈士全心全意为婆母尽孝。在后来的岁月中，她与老人相依为命，在极其艰苦的条件下赡养老人，直至为老人送终……

革命烈士的精神永垂不朽，他的新娘更是令人称颂的楷模！

何通：飞鹰队长出奇兵　凤凰山上歼日寇

文／沈荣　陈建平

◇1949年11月的何通（供图／冼麟）

1944年2月15日凌晨4时多，平湖凤凰山星光稀疏，草丛中不时传来几声虫鸣。一群衣衫破旧的20岁上下的青年，悄无声息地爬上山顶，预先隐蔽在日军挖好的堑壕和碉堡周围的树丛中。天明7时，日军一个班的士兵扛着枪插着太阳旗按时上山设哨，待敌靠近时，这帮小伙子如下山猛虎直扑目标，机枪、步枪、手枪一齐开火，枪声和手榴弹的轰炸声震耳欲聋，日军被这突如其来的袭击打得不知所措。几分钟之后，昔日不可一世的“大日本皇军”横七竖八躺倒在地。

这一仗打得干净漂亮，威震敌胆。而此次战斗的指挥员是年仅20岁的飞鹰队队长何通。

全歼日军一个班　飞鹰队威名远播

68年前发生在平湖的凤凰山伏击战，是东江纵队独立第三中队（代号“飞鹰队”）挺进路东抗日的成名之战。此仗击毙日寇8人，全歼藤本大队一个班，缴获英式轻机枪1挺、步枪6支。

鉴于平湖是广九铁路的重要车站，当时日军驻有藤本末夫中佐的大队部及两个中队。1944年1月21日，快要到农历新年之际，平湖日军数十人到虾公潭村烧杀抢掠，并释放毒气。飞鹰队果断出击，将被毒气熏得奄奄一息的村民解救出来，打得日军仓皇而逃。

此役过后，日军在平湖火车站东面约两公里的凤凰山顶构筑工事，建起了碉堡，派出一个班每天上哨加强警戒。面对着敌军建立的防御工事，何通派熟悉地形的短枪队队长冼麟上山侦察，掌握了日军哨兵每天早出晚归的作息规律，决定拔除这个“眼中钉”。

1944年2月15日凌晨4时，何通率飞鹰队精干力量40人从官井头出发，乘夜色爬上凤凰山顶隐蔽在堑壕里，静静等待日军进入埋伏圈。7时许，天已亮，日军一个班大摇大摆上山布哨，待其走近伏击圈，何通手枪一挥，飞鹰队员短枪、步枪齐开火，日军瞬间方寸大乱。此役全歼日寇一个班，飞鹰队名声大振。此后，飞鹰队越战越勇，又在平湖地区发动了一系列战斗，成为令平湖地区日军最胆战心惊的部队之一。

1944 年 2 月 29 日，飞鹰队在平湖地下党员刘曼之、刘荣华协助下，夜袭元屋围平湖伪区政府，用炸药炸开大门，冼麟带突击队冲入，俘虏了伪区长谢瑞华、伪警长等 23 人，缴获长短枪 33 支，弹药、物资一批。

1944 年 7 月 21 日，飞鹰队集中 150 名兵力，在包括山厦、平湖、观澜、龙华 50 多名民兵配合下，自东莞黄洞向平湖进发，攻打驻平湖伪警中队。战斗只用了 20 多分钟，就俘虏了伪警中队长蒙德普等 40 余人，缴枪 70 多支，我方仅牺牲 1 人，负伤 5 人。战斗结束后，部队迎着台风暴雨，押着俘虏、抬着伤员向雁田方向撤退。撤退途中，在老虎山下沙岭附近与日军藤本大队主力 400 余人遭遇，小鬼班班长黄友担任尖兵班班长，指挥全班抢占一条较高的堤围，用准确的火力和手榴弹打退敌人多次冲锋，掩护主力撤出开阔地。老虎山之战，共击毙日军 40 人，游击队牺牲 8 人，负伤 10 余人，其中黄友班 5 人全部英勇献身，黄友时年仅 17 岁。

1944 年 8 月中旬，飞鹰队短枪班陈德和、邹镜、张洪等组成除奸队来到平湖，在情报组刘敏、刘坚、刘锡宗、刘连科配合下铲除了汉奸刘庆。

从“小鬼”到将军　革命生涯传奇多

飞鹰队队长何通是东莞莞城人，出生在一个革命之家，从小受到进步思想的影响。他的母亲曾扮作东江纵队副司令员兼参谋长王作尧的母亲，掩护敌后工委在东莞厚街开展工作，还照顾产后多病的王作尧夫人何瑛度过一段艰难的日子。何通兄弟四人也都在东纵长期坚持斗争。14 岁那年，何通就参加了王作尧领导的东莞抗日模范壮丁队，从此在革命的道路上越走越坚定。

他曾任东纵独立三中队（飞鹰队）队长，东纵独立大队长，华野两广纵队三团参谋长，中国人民解放军炮兵第三十四、三十三团副团长，陆军第 19 军副军长兼参谋长，兰州军区副参谋长。

何通虽文化程度不到初中，但凭着自己的一腔热血，刻苦钻研军事科学，革命生涯充满传奇。在东纵唯一一个受到中央军委命名表彰的“广东人民抗日游击队战斗英雄”、“中共模范党员”、小鬼班班长黄友牺牲后，为报战友之仇，何通买来手表研制定时地雷，派队员化装成修路民工潜入敌碉堡里，把计时地雷放置在床板下，将广九铁路石马桥日军碉堡炸

◇油画《凤凰山伏击战》（供图 / 山厦革命历史纪念馆）

毁，歼灭日寇9人，受到东纵司令部的通令嘉奖。

淮海战役时，何通为解救围困的友军腹部中弹，肠子都流了出来，幸被及时送往四纵医院手术才脱离危险，何通所部因此受到华野首长粟裕的通令嘉奖。新中国成立后，何通先后在南京中国人民解放军军事学院任教员、在北京任中国人民解放军高等军事学院教员。刘伯承元帅在1957年颁发给何通的奖状至今还被其后人珍藏。他镇守西北15年，走遍了戈壁大漠的每一个哨所，被誉为“河西通”“活字典”。2002年8月何通逝世后，何瑛曾撰文《不是一家人胜似一家人》，深切怀念何通及其革命的母亲“何伯母”。

（本文发表于《深圳晚报》2013年9月26日，有删改）

冼麟：沙场挥戈险历尽　南北征战传奇多

文／陈建平　李建国

冼麟，1924年生，深圳市龙岗区平湖街道山厦社区人。大革命时期，其父是山厦农会执行委员会委员，在山厦共产党人叶丽钧的教导下，冼麟14岁便参加革命，后来成为东纵飞鹰队短枪队队长。

◇抗美援朝时的冼麟（供图／冼麟）

奔袭虾公潭　解救被日军熏毒气的群众

1944年1月21日，一队扫荡的日军突然闯入凤岗虾公潭村，见妇女就抓，见东西就抢，还将村里的青年集中关到一间屋子内熏毒气。接到群众的报告后，当时在路东活动的东纵独立三中队（代号“飞鹰队”）立即从东莞凤岗官井头出发，前往解救。

按照中队领导何通、张军的部署，冼麟带短枪班、黄友带小鬼班战士，罗润深带两个班，从官井头村外，沿河边靠茂密的竹树掩蔽，快速接近虾公潭。何通则率机枪班在油甘埔后面山坡警戒掩护。

侦察发现，村子里有10多个日军坐在那里，配有一挺轻机枪。冼麟、黄友带战士一左一右向关着群众的屋子接近，向日军射击，日军边跑边还击。冬天的稻田收割后高低不平，日军在田里跌倒爬起，打几枪又跑。罗润深的两个班和何通的机枪班把从油甘埔赶来增援的日军打跑了，关在毒气房的群众被迅速救出。

这一仗，毙伤日伪数人，打得日寇猝不及防，而群众奔走相告，东纵游击队在平湖凤岗一带名声大振，得到老百姓的大力支持。当时游击队的生活非常艰苦，装备和供给差，经常游击运动，但每到一处都受到群众的帮助。群众经常给游击队送粮食，还为游击队通风报信。

强攻平湖伪警中队　老虎山激战失战友

1944年6月，东纵飞鹰队重创日寇川口部队解放清溪后，立即挥师向南，集中力量对付驻平湖的日寇藤本大队。

冼麟受命先行回到家乡，与平湖地下党刘曼之、刘坚等人取得联系，准备策动驻平湖谭屋的伪警中队长蒙德普起义。谁知蒙德普毫无民族气节，收到策反信件后加强工事，把驻地周边的甘蔗全砍光了，还拉起了铁丝网，修了一条通向日军驻地的交通沟。隔着一块田的地方，就

◇ 20 世纪 60 年代在南海舰队时的冼麟（供图/冼麟）

是日军设在“益民公司”碉楼上的岗哨。

何通听取冼麟的报告后，认为蒙德普顽固不化，决定打他的伪警中队。在平湖地下党和群众的配合下，冼麟带黄友、罗润深用了几天时间侦察地形，摸清了日军与伪警的警戒与活动规律，制作了详细的地形图，并叫地方党的同志准备了三块长木板，以备进攻时跳铁丝网用。

1944 年 7 月 21 日，东纵飞鹰队攻打驻平湖伪警中队。黄友小鬼班和冼麟短枪班秘密接近目标后强行通过铁丝网，冼麟率短枪班直捣伪警中队部，只用了 20 多分钟，就俘虏伪警中队长蒙德普等 40 余人。在撤退途中，部队遇到日军主力，小鬼班班长黄友等 8 人牺牲。

自制定时炸弹炸碉堡　为黄友报仇

东纵飞鹰队常在东莞塘沥、官井头一带活动，由于离驻平湖、天堂围一线的日寇藤本大队较近，为防止被敌偷袭，需要经常变换住地，在一个地方不能连续超过三天，特别是下雨天更要勤转移。

1944 年 9 月初，藤本大队协同伪三十师、四十五师对路西抗日根据地进行扫荡。东纵司令部命令飞鹰队破袭铁路、打击敌人，配合路西军民反扫荡，为抗日英雄黄友报仇。

何通让冼麟联络地方地下党，在山厦叶丽钧、天堂围谢亮志的帮助下，冼麟化装成搬运枕木的民工到工地侦察，选定天堂围以北 2 公里处石马河铁路桥为袭击目标。冼麟用带去的鸡蛋与日本哨兵套近乎，一个日本兵很喜欢吃他送去的鸡蛋，换给他一瓶药丸。但是该处日军的碉堡是用钢筋水泥筑起来的，异常坚固，还有机枪、狼狗，没有炸药难以攻破。

何通苦思多日，一天他兴奋地拉着冼麟看一份报纸。原来，何通从《前进报》上一则希特勒遭定时炸弹袭击而受伤的新闻得到启发，决心自行研制定时炸弹。何通用自己的手表做定时器，让冼麟找来一个饼干盒装 TNT 炸药，经过半个月的反复试验，终于研制成功。

1944 年 9 月 20 日下午，何通派短枪队队长冼麟、小队长黄基、爆破班长黎展辉化装成修路民工，将定时炸弹藏于箕中带去。冼麟故技重施，拿着鸡蛋去找那个日本兵，日本兵看到鸡蛋就放松警惕。冼麟借机潜入碉堡内，把定时炸弹放在日军的床下面。他贴在地下仔细听了一下，确认炸弹里的定时器“嘀嗒嘀嗒”开始计时方脱身离去。

午夜 23 时 30 分，定时炸弹准时炸响，飞鹰队此仗歼灭日寇一个班，毙敌 9 人，缴获步枪 7 支，歪把子机枪 1 挺，着着实实地为牺牲了的战友黄友报了仇。

淮海战役活捉敌装甲团团长

1946 年，冼麟等部分东江纵队骨干北撤，加入三野两广纵队。1948 年 11 月 26 日至

1949 年 1 月 10 日，两广纵队参加淮海战役。在孤山集、卢村寨一线，两广纵队三个团的兵力与华东野战军三纵及独立旅，奉命阻击国民党孙元良兵团两个军向南突围。冼麟所在团的战斗部署是先打河南商丘国民党新五军的部队，目的是吸引徐州国民党的军队前来增援，以便华野东线兵团围歼黄伯韬兵团。

论兵力、论装备，国民党部队更具优势。而打赢这一仗，就可以为华野主力分割围歼杜聿明集团创造条件。动员会上，冼麟以拼死决战之心率先表态：重伤不流泪，轻伤不下火线，誓死捍卫两广纵队荣誉，为战役胜利愿意献出自己的一切！

那一仗打了三天三夜，阵地一寸不丢。正是由于两广纵队的顽强坚守，孙元良的部队只好绕路而逃，使得国民党军失去了联系和统一指挥能力，为淮海战役的全胜做出了贡献。冼麟俘虏了一个国民党军装甲团团长，但他也被敌人的炮弹打伤了脚，震得鼻子流血。

亲情可贵　母子相见难相认

1949 年，已是两广纵队副营长的冼麟随解放军南下，奉命拦截企图从珠三角地区逃窜的国民党部队。在南进途中，发现樟木头有国民党残余部队正沿路向北逃窜，冼麟所部立即与国民党军展开激战。很快便以少胜多地歼灭了敌方一个团。战斗胜利后，部队临时驻守在樟木头休整。

就在大家还在相互庆贺之时，冼麟的通讯员跑来向他报告，说有位妇女自称是副营长的母亲，已经来到村外面的大榕树下，想见他一面。冼麟闻讯立即跑到大榕树边。由于离家参加革命早，后又离开家乡多年，他看见眼前这位中年妇女，竟无法相认。面前这位华发丛生、容貌憔悴的妇女与他记忆中年轻的母亲实在相差太远。而闻讯赶来这里探望冼麟的母亲，也无法辨认眼前这个已经从瘦小少年长成威武军人的儿子。他们在诉说了许多共同的往事之后，才终于认出了自己的亲人，两人相拥而泣。

由于时间紧迫，他们在短暂的重逢之后，部队马上又要挥师北上，冼麟只得依依不舍地挥泪告别母亲，而母亲也只能眼含热泪目送儿子踏上新的征程。

建国后，冼麟先后担任南海舰队航空兵训练大队长、南海舰队航空兵司令部管理处处长，半生征战，传奇多多。

如今，已过米寿之年的冼麟在广州海军干休所安度晚年。虽前几年动过一次手术，但老人身体尚健，十分关心革命老区的建设，时常让儿子开车送他到深圳、东莞走走看看。当他得知家乡因建垃圾焚烧发电厂空气受到污染，其中有的社区青年体检不合格影响参军入伍，冼麟为此彻夜难眠，向广东省委主要领导写信反映，拳拳之心可敬可表。

◇晚年冼麟（供图／冼麟）

（本文发表于《深圳晚报》2014 年 3 月 28 日，有删改）

刘宝英：以老师身份做掩护　点燃革命星星之火

文／李建国　陈建平

◇青年刘宝英，时年27岁（供图／刘宝英之子常毅）

刘宝英，1926年出生于平湖红朱岭村一个殷实家庭，其大姐刘茜芬是平湖最早的女共产党员（1938年入党），二姐刘燮芬也于1939年加入了中国共产党。受二位家姐的影响，刘宝英1942年2月在其就读的东莞中学加入了中国共产党。抗日战争时期，她从东莞师范回到家乡，在红朱岭学校以教书为掩护，宣传进步思想，积极发展党员，开展党的地下情报工作，不少平湖青年在她的引领下走上了抗日救国的革命道路。

年纪轻轻　肩起重任

1943年秋天，在平湖墟通往红朱岭村的田间小路上，走来一位学生装束的少女，大约十六七岁，身材娇小，眉清目秀，随身带了很少的一点行装，一副很悠闲的样子。这位少女就是刘宝英。

自从1942年初发生粤北省委和南委事件之后，中共平湖地区党组织贯彻上级关于“隐蔽精干，积蓄力量，长期埋伏，以待时机”的“国统区”工作方针，转入更为隐蔽的地下。山厦、木古支部还时有活动，而红朱岭、新祠堂支部因为距所属的东莞二线县委较远，加之环境恶劣，党员之间甚少相互走动，无法凝聚起来开展工作。而此时，日军开始筹备对广九铁路沿线大举进攻，企图打通广九铁路运输线，平湖首当其冲，形势越来越紧张，令东莞二线县委十分焦急。

刘宝英同志接受上级交给的任务后，从东莞就读的师范学校返回故乡平湖，在开明绅士刘耆卿老先生的举荐下，进入红朱岭学校（后改为平湖乡中心小学）当教师，开展秘密地下工作。

发动群众　星火重燃

也就在这个时期，日军发动了打通广九铁路线的战役。原先驻守在平湖地区的国民党军不战而逃，日军几乎未费一枪一弹就占领了平湖地区。

日军于1943年冬对东宝地区的大“扫荡”失败后，为了确保广九铁路的畅通，派出重兵驻守广九铁路沿线据点：从横沥至深圳段驻有日军1个联队和伪军第三十师及伪警大队；日军加藤大队驻樟木头、横沥；藤本大队驻平湖、塘厦；山下大队驻深圳、布吉等地。东江纵队粉碎了日军大“扫荡”之后，队伍迅速壮大，主力第五大队、第三大队和独立第三中队，挺进到广九铁路樟木头至平湖段的两侧，频频向广九线上的日军出击，与敌人展开了通车与反通车的斗争。

这时的日军，兵力已经捉襟见肘，要守住刚占领的整条广九铁路线相当困难，而国民党军逃走之后，也客观上增加了共产党人和抗日武装的活动空间。

平湖红朱岭、新祠堂支部多是农民党员，由于环境恶劣，支部领导薄弱，党员处于涣散状态。东莞二线县委派出县委负责人王文魁赶到平湖，配合刘宝英进行组织整顿，向党员们宣布由刘宝英接替刘进平出任平湖党支部书记，要求大家齐心协力，在日军侵占平湖的新形势下，利用平湖地区群众基础较好的条件，尽快打开局面。

刘宝英的工作计划得到了上级党组织的肯定和支持，她的工作更为积极了。白天她在学校里教书，在青年学生中发现和培养积极分子，晚上单线逐个联系党员，进行各项任务的传达和部署。平湖路东地区的革命星火一点一点地重燃起来。

刘宝英以教师身份做掩护，开始对平湖的年轻学生和其他青年宣传中国共产党的理论和党在抗日战争中的任务，提高这些青年积极分子的政治觉悟，引导他们走上革命的道路。在这些青年和积极分子中，有从香港逃难回来的平湖籍青年刘华胜、伍寿，农村青年刘锡宗，平湖乡中心小学的校工刘坚，刘坚的弟弟、年仅十二三岁的放牛娃刘连科，先前与党组织失去联系的老党员、平湖乡中心小学的教师刘敏等等。

1945 年四五月间，东江纵队扩军，上级指示刘宝英动员一些进步青年参军。此时，刘宝英在六年级毕业生中发展了廖河清、邬惠林、刘映霞、刘锡宗、刘钦田等一批党员，他们纷纷要求参加东纵。她把这些热血青年分批交给交通员带到部队去了，弄得整个学校的毕业生几乎走光了，毕业考试无法举行，学生家长前去要人，校长刘子元是刘宝英堂叔，明知是侄女干的也无可奈何。日本人的情报站将刘宝英列入了可疑名单，但因为没有证据而没有立即抓她。为了安全起见，中共党组织安排刘宝英暑期到东莞清溪暂避。

建立机构　抗日除奸

平湖地区党组织的地下情报机构，分为路东、路西两个相对独立又互相关联的情报站。路西情报站负责人是平湖乡中心小学教师刘敏，交通情报员有刘坚和刘连科。路东

◇刘宝英的全家有 8 人投身革命，图为 2005 年她与姐姐、姐夫的合影（供图 / 常毅）

的情报工作则由刘宝英及其领导下的党支部具体负责，主要的交通员是刘进平，还有拥护抗日的进步群众效婶、磷妹以及刘坚的嫂子照婶等人。

1944 年，新党员刘华胜当时年仅十五六岁，但他少年老成，接受组织上的委派，以送果菜卖香烟的小贩身份进出伪公署，取得了汉奸黄狗仔的赏识，后打进日本军队驻地里做杂工，搜集了日伪军大量情报，秘密传递给刘敏及刘宝英领导的地下情报站，多次出色地完成上级交给他的艰巨任务，是一位不折不扣的孤胆侦察英雄。

在刘宝英的身边，还有一对英勇的亲兄弟——刘坚和刘连科。刘坚 20 岁出头，刘连科不过十一二岁，尤其是刘连科人小志大、聪明机智且应变能力很强，他无数次地穿行于广九铁路两侧，面对面地与日伪军打交道而毫无惧色，每一次都出色地完成了上级交给他的任务，准确安全地将情报送到指定地点和指定人员的手上。

平湖路东、路西情报站的出色工作，为东江纵队破袭广九铁路平湖至林村一线、歼灭平湖凤凰山日军哨所、处决汉奸刘庆、接应投诚日军士兵等创造了非常有利的条件。东纵王作尧部队在山厦、龙华一带的根据地也迅速发展壮大。

情报工作随时面临着生与死的考验。日军一名士兵从平湖火车站携械投诚事件发生后，驻扎在平湖的日军藤本大队疯狂反扑，在木古村抓捕了抗日游击队情报员蔡马生，又到红朱岭村搜查。刘宝英来不及转移，躲藏在一间又黑又小的什物房里，日本兵的刺刀只差一寸就捅进她躲在柴草堆中的身体……

工作出色　领袖接见

抗战胜利后，1946 年 6 月东纵主力北撤，内战爆发，刘宝英被组织安排到香港工作，担任港九职工支部组织委员。1947 年底，刘宝英被组织从香港调回到江南支队二团政治处工作。新中国成立后，她转业到地方，先后在东江地委组织部、汕头地委纪委、汕头卫生局、广东省百货公司工作，在各个岗位上都表现突出，曾作为全国百货食品系统先进工作者的代表，在北京受到毛泽东、刘少奇、朱德、周恩来、陈云、邓小平等党和国家领导人的亲切接见。

离休前，刘宝英曾担任广东省水产公司经理（享受厅级待遇）。2007 年，她因病去世，享年 81 岁。

（本文发表于《深圳晚报》2013 年 7 月 26 日，有删改）

刘华胜：虎胆英雄打入日伪“心脏”

文／李建国　陈建平

◇青年时期的刘华胜（供图／刘华胜亲属）

他是平湖籍的抗日老战士，年少参加革命，十五六岁时就在地下党的领导下从事情报工作，以小贩、杂工身份孤身出入驻平湖的日伪营区，为东江纵队传递了不少非常有价值的情报，被誉为“孤胆英雄”“虎胆少年”。

他是深圳经济特区总工会第一任主席，以广东人特有的务实敢闯秉性和抗战老战士不怕艰险、不计个人得失的精神，大胆破除“左”的思想禁锢，创新开拓特区工会新局面，正确处理新时期工人与“资本家”的劳资关系，创造了工会史上的很多“第一”：第一所省电视大学教学班、第一个酒店服务员培训班、第一次组织港人深圳游、第一次引进外资向银行贷款建工人度假村……

他一生历经磨难而信念不改，6 岁时因父亲去世而饱受家境贫寒之苦；抗日战争时期香港沦陷后只得流浪街头；抗战胜利后，被迫避难香港，再度开始流浪；新中国成立后，在极左路线的打击之下，两度到广西灵川和广东新丰劳动，繁重的体力劳动损害了他的身体健康；晚年患癌后动过 10 次手术，但仍乐观面对。

他，就是刘华胜，一名淡泊名利的抗战老战士，一名敢于担当的特区“拓荒牛”。

地下党员引其走上革命路

刘华胜 1928 年出生于香港土瓜湾一个海员家庭，在他 6 岁那年，父亲暴病而亡。贫困交迫的母亲万般无奈，只得忍痛将妹妹送给邻居抚养，自己出去给人家做佣工来勉强维持生计。1941 年底，日军攻占香港，刘华胜一家变成了难民，母亲带着子女逃回家乡平湖避难。

在逃难的人群中，经常发生惨绝人寰的凄苦事，年仅 10 余岁的刘华胜耳濡目染，受到了极大的刺激，也留下了深刻的印象。看着那些死去的同胞，听着难民中流传的日军残暴行径，他当时就下定决心，日后长大了，一定要找日军报仇雪恨。

刘华胜随着家人回到平湖的时候，日军的铁蹄还没有践踏到这里，母亲在松柏围乾元堂的刘华岳家当佣工，虽然生活很艰难，但仍尽力送他进红朱岭学校去读书识字。也正是在学校老师、中共地下党员刘宝英的影响下，他接触到了进步思想，并走上了革命道路。

出入日伪军驻地的少年情报员

刘华胜这个在香港出生的孩子，比起平湖的一般乡村孩子要聪明灵活许多，而且见多识广，胆大心细，遇事沉着……这些优点很快被他的老师刘宝英和路西平湖情报站负责人刘敏发现，给他分配了一个出生入死、深入敌穴的艰巨任务：要求他利用一切机会打入敌人内部，摸清驻平湖日军藤本大队和伪区公所等敌人的部署情况，配合新成立的东江纵队更好地打击日伪军，粉碎敌人打通广九铁路的企图。

自此，刘华胜经常顶着寒风，忙忙碌碌地向偶尔走过的人兜售一些香烟和水果，尤其是对日伪军警人员显示出很大的热情，以借此接触日伪军警人员。终于，汉奸“黄狗仔”因为对平湖情况了解不深，需要一名本地人做他的“马仔”，向刘华胜提出了这一要求。刘华胜经向中共平湖路西地下情报站负责人刘敏汇报后，答应了“黄狗仔”，成功与日伪军搭上关系，为日后获取情报准备了条件。

机智勇敢送出大量重要情报

日伪军经过阳台山扫荡的惨败之后，决定要加强对抗日根据地情报收集行动，极力要在中国人中寻找情报人员。“黄狗仔”最先想到的便是刘华胜。他安排刘华胜在日伪医务所做杂工，同时嘱咐他经常到抗日根据地打探情报。精明的刘华胜利用日伪医务所杂工的身份，每天观察经平湖来往港穗的火车情况、停站时的物资上落情况，种类和数量大概有多少，指挥官是谁、叫什么名字，有多少日本兵吃饭，携带了什么武器去往哪里，等等。

刘华胜在组织的支持和安排下，不仅将敌人的情报搜集过来，直接送到情报站，而且还将部队攻心战的武器——瓦解日军的日文传单送进日军驻地。他利用进出日军营地不需被日本兵搜身的机会，故意将那些传单放在明处让这些日本兵看见，然后利用日本兵的好奇心，让他们抢去观看和传播，自己则一本正经地向“黄狗仔”汇报，“黄狗仔”再向日军指挥官汇报。等日军的军官们出来收缴的时候，传单已被不少的日本兵看过。

◇晚年的刘华胜（供图 / 刘华胜亲属）

从此，刘华胜更加活跃地战斗在敌人的心脏，直至抗战胜利。他和平湖另一位少年侦察英雄刘连科一道，为平湖的地下党组织和东江纵队传递了许多重要情报，帮助抗日军民取得了突袭平湖伪区公所、全歼凤凰山日军一个班、处决汉奸刘庆等战斗的胜利。同时，他还配合地下党组织，成功接应了一名驻平湖火车站的投诚日本兵，将其引导到铁路西侧木古村附近抗日游击队的一个联络站。在抗日战争最艰难的时期，日本兵携械出逃，对瓦解日军起到了非常好的作用。

2013年4月11日凌晨，刘华胜这位一生传奇、坚强乐观的老人，在与病魔顽强抗争之后终告医治无效，离开了钟爱他的战友与亲人，享年86岁。遵照老人遗愿，告别仪式上不放哀乐，亲友和来宾每人手持一束鲜花，在《圣母颂》的音乐中为这位抗战老兵送行。老人生前曾经说过，他不喜欢悲伤的音乐，这首《圣母颂》是他最喜爱的音乐之一，也是他为自己选定的人生告别曲。曾多次采访过刘华胜的深圳资深媒体人刘深在一篇纪念文章中写道，这不仅仅是因为刘华胜的童年曾经在香港圣玛丽英文书院读过插班生，更因为在老人的内心深处，《圣母颂》也表达了对母亲的深深怀念。

（本文发表于《深圳晚报》2013年8月30日）

刘连科：传送情报不畏险　配合除奸一身胆

文 / 陈建平　李建国

◇ 1961 年刘连科任珠海县委常委、公安局长时留影，时年 30 岁（供图 / 刘连科之子刘建毅）

刘连科，曾用名刘联科，1931 年 11 月出生于广东省宝安县平湖红朱岭村。刘连科 6 岁那年，父母双双感染伤寒疟疾病故，兄姐 5 人生活艰难，最小的刘连科靠已出嫁的姐姐和乡中亲友供养，后来，他到红朱岭学校做小童杂工，并在红朱岭学校加入革命队伍。抗战时期，刘连科在中共平湖地下党组织负责人刘宝英（其公开身份是红朱岭学校老师）的教育下接受了进步思想，十二三岁时便成为平湖地区极为出色的地下情报交通员，完成任务能力非常突出。

佯装放牛娃穿越铁路送情报

1944 年至 1946 年，东纵王作尧部队在平湖建立了路西、路东情报站，分别由刘敏、刘宝英负责，交通员有刘坚、刘连科兄弟俩和刘进平等。

当时平湖地区驻扎有日军藤本大队的大队部和其所属驻平湖火车站的一个中队，以及一个 100 多人的伪警中队。平湖地方党和情报站的主要任务，就是收集日伪军的布防出行情况，密切配合部队随时攻打敌伪营地，铲除汉奸特务。

当时才十二三岁的刘连科，经常被刘宝英委以重任，以放牛娃的模样装扮，将情报藏于斗笠内，穿过日寇控制的广九铁路送往路西的木古情报交通站。

遇有日伪军盘问，他就说是去路西的木古村看望外婆；碰上搜身，这样一身短衣短裤光脚打扮也搜不到什么。因此，刘连科凭着胆大心细，一次次顺利穿越铁路线，完成了传送情报的任务。

引蛇出洞铲除汉奸刘庆

平湖有个心狠手辣的汉奸刘庆，为了在日本人面前邀功请赏，无恶不作残害百姓，他还想搞一个情报网，发展一些成员为自己服务。通过几次观察，他相中了机灵大胆的小放牛娃刘连科。只是他怎么也没想到，自己辛苦“培养”出来的小情报员，竟然是共产党的地下情报交通员。

一次，一名驻平湖的日本兵由于看了抗日游击队瓦解敌军的日文传单而产生厌战情绪，在平湖地下党和情报员刘敏、刘坚、刘华胜等人的策应下携枪投诚，极大地打击了日本法西斯主义的气焰。这一事件发生后，藤本大为震怒，立即指令汉奸收集情报，组织清剿行动。于是，日寇倾巢出动，由汉奸“黄狗仔”和刘庆各带一支日伪军，分头向路东、路西两个中共地下情报站所在地红朱岭村和木古村进行清剿。

刘宝英在母亲和小弟刘卓礼的掩护下，藏在母亲家一间堆放杂物的小黑屋中躲过一劫；而由刘庆带领的日伪军直扑木古村，抓捕了中共地下情报员蔡马生。蔡马生严守秘密、宁死不屈，日伪军从蔡马生口中没有获取任何情报，最后将其残酷杀害。

蔡马生壮烈牺牲和刘宝英遇险，令抗日军民十分愤慨。1944 年 8 月中旬，东江纵队第一支队得到上级指示，决定除掉刘庆这个汉奸。

东纵除奸队陈德和带领邹镜、张洪，与平湖地下党员刘敏、刘坚、刘锡中、刘连科等接头部署，决定通过潜伏于刘庆身旁的刘连科设下圈套。刘连科假借向刘庆提供帮助日军清剿大扫荡的秘密情报，引诱刘庆离巢活动，当刘庆行至距离平湖墟两三华里的一个地方时，潜伏在此的除奸队员伺机击毙了这个罪大恶极的汉奸。汉奸刘庆被击毙，令平湖的老百姓闻之拍手称快，驻平湖日军建立的汉奸情报网为此遭受重创。

倒在了工作第一线

抗战胜利后，刘连科被调到香港继续进行情报工作，在香港华商报当交通员。中共在华南恢复武装不久，刘连科回到部队，曾任惠东宝护乡团班长、边纵一支队警卫员。在惠东平山北山伏击国民党军队的一次战斗中刘连科右脚背中弹负伤，因当时条件所限子弹未取出，新中国成立后被认定为三等甲级残废军人。

新中国成立后，刘连科长期从事公安、政法工作。1959 年 12 月至 1962 年 2 月，他担任中共广东省珠海县委常委、政法委员会主任、珠海县公安局长。任内在保卫海边防的对敌斗争中，他带领公安战士捉获过潜入境内的美蒋特务，缴获过敌特的枪支弹药和爆破器材，受到上级的表彰。

◇刘连科（前排左二）在香港从事情报工作回到游击区后与战友合影（供图 / 刘建毅）

“文革”中，刘连科被诬为“叛

徒、特务”而遭揪斗、审查。1972 年 7 月落实政策重新安排工作后，先后任惠阳地区保卫组三办副主任、公安局副局长，后调任中共宝安县委常委、政法委员会主任、公安局局长。1977 年 6 月起刘连科调东莞县工作，先后任中共东莞县委常委、政法委员会主任、东莞市委副书记、市政协主席（东莞升格为地级市后任市政协副主席）。1990 年 3 月 11 日上午，刘连科在开会时突然晕倒，因突发性心脏病抢救无效而去世，身故在工作第一线。

寇庆延为刘连科书赠“任重道远”

作为广东省公安政法战线的一名老兵，刘连科的工作业绩深受广东省政法公安界老领导寇庆延、王宁、宋志英、文广智、王骏、梁国聚等人的好评。

“广东四老”之一的寇庆延在 20 世纪 80 年代还曾亲笔书写“任重道远”的条幅赠予刘连科，表达对老部下的关怀、勉励与期许。刘连科去世后，广东省政法委、省公安厅、检察院、法院等许多领导和其生前战友，都纷纷前往做最后送别，或致电慰问其家人。

刘连科、潘荫瑛夫妇育有一子二女，他们当过知青、当过工人，至今都是普通的工作人员。在子女的心目中，父亲慈爱而严厉，从不利用职权为亲属谋取利益。由于有“四不公开”的保密纪律，刘连科很少给子女讲其革命经历，那些年刘连科在地下情报战线上惊心动魄的对敌斗争故事，新中国成立后在公安政法部门那一幕幕曲折离奇的侦察破案故事，也随着岁月的流逝而在历史中凝固，但永不褪色。

（本文发表于《深圳晚报》2013 年 10 月 30 日）

刘坚：从校工到第一任平湖乡人民政府乡长

文／李建国　陈建平

以校工为掩护转送抗日情报

刘坚 1920 年出生于宝安县平湖乡红朱岭村，年幼时家境殷实，他和哥哥、姐姐及两个弟弟都是父亲续娶的太太所生。父亲去世后，一夜之间家境沦为赤贫。后来，刘坚在开明绅士刘耆卿的介绍下到红朱岭学校里当校工，学校里的各种杂务都由他全部包揽下来，从买菜烧饭到敲钟看门，尽管又多又杂，但他努力地做好自己的本分，还尽量抽出时间来读书识字。1944 年，在中共地下党员、该校青年教师——堂姐刘宝英的教育下，刘坚加入了中国共产党。1943 年，其弟刘连科也到红朱岭学校当校工，共同的理想使兄弟俩同时参加了抗日革命，成为了当时中共平湖地下党组织的情报人员。

在刘宝英的领导下，刘坚常常站在学校大门侧东北面的坡上，等候能够从驻平湖的日伪军内部摸到情报的刘华胜，将情报拿回去分析整理，然后转送到活跃在广九铁路东西两侧的东江纵队手中。刘坚、刘连科靠着机警和勇敢，一次次穿越被敌伪军严密把守的封锁线，顺利完成了党交给的任务。而这些情报，对东纵独立三中队（飞鹰队）在平湖组织开展的全歼凤凰山日军岗哨一个班、突袭平湖墟伪警中队等战斗，都起到了重要作用。

接应“反战”日本士兵

1944 年底，抗日高潮如火如荼进行着，一些战场经常有捷报传来，中共情报员常常把一些这样的小报送进日军军营来瓦解日军的斗志。有一次，刘坚所在的平湖路东情报站接到刘华胜的情报，有名日本士兵因为看了我抗日游击队瓦解敌军的日文传单，心情极差，愈发厌战，决定携械开小差，离开平湖火车站军营，投靠日共组织的“反战同盟”。

组织上要求路东情报站的刘敏和刘坚冒险赶到平湖火车站附近的接头地点，对这名日本士兵进行接应，然后引导他到铁路西侧木古村附近我军游击队的联络站，交给部队进行接待处理。

为了防止误入敌人设下的圈套，平湖党组织进行了精心部署，但无论如何风险还是存在着，然而总要有人出面近身接应，可万一这是敌人的阴谋，接应的人必死无疑。但刘坚主动请缨，而刘敏则负责警戒掩护。

最终，刘坚出色地完成了任务，将投诚的日本兵送到木古村联络站范围。这名日本兵日后得到了妥善安置，这一事件对瓦解日军产生了很大的影响。

1945 年 8 月，抗战取得全面胜利。驻平湖火车站的日军藤本大队一个中队仓皇向南头撤退，营房留下了一批枪支弹药来不及带走。接到刘华胜报告的这一情报后，党组织派刘坚、刘敏立即前往清点接管，并发动群众和投降的伪军在天亮前将这批共 100 多支长枪、几挺机枪的武器装备，全部搬运到刘宝英家的草屋存放，第二天路西部队派人将这批武器装备接走了。

出任平湖乡长

抗战胜利后，按国共协定，东纵主力北撤。由于复员留下的同志遭到反动政府残酷迫害，中共地下党组织决定恢复武装斗争，路西宝安地区党组织积极组建武工队，配合部队作战。1947 年 7 月，东宝县特派员容克（刘宝英二姐刘燮芬的丈夫）到平湖活动，在红朱岭以经商为掩护，直接指导平湖党组织工作和筹建平湖武工队。9 月，刘敏与刘坚、刘效全等同志组建了平湖“晨光”武工队，拥有成员 7 人；1948 年 3 月，又正式成立“定平”武工队，队长为刘敏，支部书记为刘仁，财务总管为刘坚，队员发展到 30 多人。武工队的主要工作是宣传党的政策，发动组织群众，扩军扩武，筹粮筹款支援部队，建立地方人民政权和各种群众组织。之后“定平”武工队经过改编加入主力部队，并于 1948 年 10 月初随部队返回平湖参加战斗，攻打国民党驻守在平湖墟益民公司和平湖医院的两个据点。但战斗打响后，情况发生了意外的变化，两个据点均未能攻下，部队只得退出战斗。

平湖战斗之后，上级指示刘坚、刘敏等返回平湖，与留在平湖的刘仁一起继续领导武工队，当时编制为 10 人，刘坚担任队长，加强敌后活动，袭击瓦解敌人。1948 年 10 月，根据中共东宝县委的指示，平湖历史上第一个由中国共产党领导的乡级人民政权——平湖乡人民政府建立，刘坚任平湖乡人民政府第一任乡长。同时，平湖乡中心党支部成立，刘仁任书记，下辖有平湖围、元屋围、山厦、武工 4 个支部，党员 10 多人。当时平湖还有国民党的反动乡政权组织，刘坚坚决执行上级指示，在逐步压缩国民党旧政权活动空间和影响力的同时，积极为部队筹备粮食，发展民兵武装，做好情报交通工作，维护地方秩序，动员群众支前，迎接南下解放大军。1949 年 9 月 12 日，刘坚参加了中共宝安县委在龙华窑下村召开的区、乡党员和武工队长会议，会后立即在平湖开展了建党、建政、筹粮支前等工作。1949 年 9 月底 10 月初，刘坚兼任平湖乡中心党支部书记，组织委员为黄固，宣传委员为凌伯汉，此时平湖已发展了 7 个党支部，共有党员 43 人。

一对革命夫妇

刘坚之妻何带娇也是边纵老战士。何带娇 1933 年 2 月 22 日出生于宝安县盐田沙排村一个华侨家庭，全家生活温饱无忧，她从小就进入盐田乐群小学读书。但是旧社会重男轻女，读到四年级时家长令其辍学在家学女红做家务。后在继母的建议下，家里凑了一笔钱，用 100 银元做押金，送她到香港九龙的大行橡胶厂当学徒工。

◇刘坚、何带娇夫妇（供图 / 刘坚女婿李建国）

那时的何带娇个性倔强，对父亲、继母的这种安排颇不领情。她向往家乡自由、清新的空气，无拘无束的生活，也很享受与同村姐妹何玉英放牛玩耍的时光。只在香港的工厂里待了很短的时间，何带娇就偷偷地跑回了家乡盐田，让父母的 100 银元押金打了水漂。

何带娇从香港回来后，在家乡听了游击队队员黄彪的宣传动员，他描述的新中国生活令何带娇无限向往。商量再三，她和何玉英一起向黄彪提出要参加游击队。

1949 年 2 月 28 日，这两个 10 多岁的小姑娘一路跌跌撞撞，翻过梧桐大山，到达田螺坑（今罗湖梧桐山横排岭村附近）游击区，加入了革命队伍。

当时深圳地区的斗争形势仍较险恶，就在何带娇参加革命的第四天，她所在的清河武工队突遭国民党反动派包围，武工队指导员黄昌荣为掩护队员撤退而牺牲。何带娇、何玉英则靠着堡垒户李亚娘的掩护，换上了她儿媳的衣服，才没被国民党兵发现，从而逃过一劫。

1949 年 5 月，何带娇被调到粤赣湘边纵队二团坪山民运工作队，团长是李群芳，主要是宣传当时党的各项政策，成立农会、妇女会、青年团等。

新中国成立后，何带娇在组织安排下回到盐田工作，担任妇女干部，而刘坚则一直在宝安县工作，先后担任过盐田区区长，沙井、平湖等地领导，宝安县商业局长、供销社主任等职。在共同的工作中何带娇与刘坚相识相恋结为夫妻。

改革开放后，刘坚任深圳市商业局副局长兼友谊公司总经理。1997 年，刘坚去世。

（本文发表于《深圳晚报》2014 年 6 月 27 日）

刘映霞：东纵“小鬼兵” 商界“女强人”

文 / 沈荣 陈建平

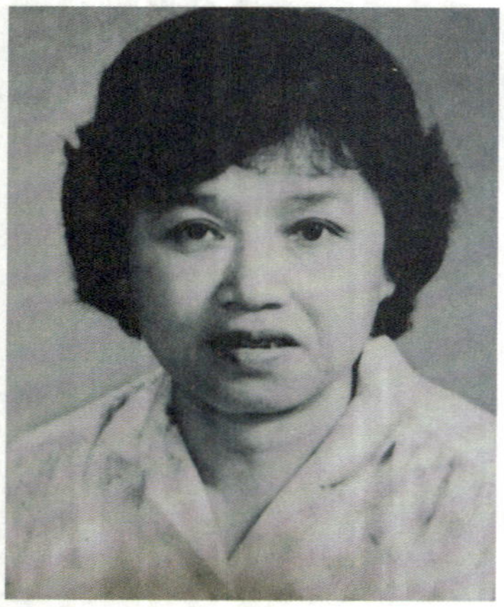

◇中年刘映霞（供图 / 刘映霞）

在深圳市龙岗区平湖街道，隐身在闹市中的红朱岭村已经走过了 200 多个春秋，在战火纷飞的年代，该村 14 位好儿女毅然加入东纵和边纵，他们每个人就是一段历史，每个人背后都有不平凡的故事。刘映霞就是其中一位。

刘映霞从小深受进步思想的熏陶，带着满腔热血，在 15 岁的青涩年纪便踏上了革命道路。她虽然个头不高，但能克服行军打仗的种种艰辛，面对敌人的扫荡，她纵身一跃，硬生生跳下山去。抗战胜利后，她受组织委派离开部队回到阔别一年多的家乡，利用教师身份开展地下工作，发展革命后续力量。“文革”期间她受到迫害，平反后调到商业部门担任领导工作。

15 岁踏上革命路 遇扫荡纵身跳山

1944 年，在平湖乡中心小学六年级读书的刘映霞，经常看到自己的堂姐刘宝英（中共地下党员，公开身份为教师）在学校组织发动进步学生开展抗日救国的宣传活动。其间，她逐渐懂得了许多革命道理，在即将毕业之际，她与廖河清、邬惠林、刘钦田、刘锡宗等平湖青年学生一起被党组织送往东江纵队。

一起进入部队的还有她的 4 名同学，唯独她是女的，年龄最小，个子也不高，就被安排到东江纵队政治部，负责文件整理、收发和油印等文书工作，后来跟随部队去了惠阳约场，那是东江纵队小部队的宿营地。部队的生活很艰苦，饱一餐、饿一顿是常有的事，有时实在没米做饭，砂锅都只能挂在墙上，他们只好饿着肚子干活。部队为了改善伙食，每个月都有一次加菜，有时吃鱼，有时就是两三块猪肉，再配点白菜，这就是每个月他们最开心的日子。

除了吃不饱，生活环境也非常恶劣。由于部队经常不定时转移，不少女同志的头发又脏又乱，很多人都长了虱子，痒得难受，就让附近的百姓帮忙除虱，他们摘些草药煮水后就往头上淋，反复几次总算把虱子消除了。一次，刘映霞患上了疟疾，发烧又发冷，当时部队缺医少药，只好找当地人用土办法治疗，不知道是方法管用还是当时身体好，几天过后她就好了。

其实，最大的困难还是敌人的突袭和扫荡。1945 年日军投降前夕，部队正在东莞清溪宿营，正遇上日军突袭，幸好部队发现得早，迅速向后山转移。到了山上，日军仍在后追赶，情急之下，刘映霞和战友一起往下跳，好在山下全是密密的草丛，他们顺势躲藏起来，山上的日军往下一看，没有一点动静，还以为部队跑远了，也就不追了。可村里的老百姓就遭了殃，全被日军赶到一个晒谷的空地上开枪屠杀，部队中一个炊事员来不及转移，也牺牲了。

◇戴竹森、刘映霞夫妇于 2011 年 7 月 1 日拍摄的钻石婚纪念照（供图 / 刘映霞）

抗战胜利回乡教书　转战地下继续革命

1945 年 9 月，抗日战争取得全面胜利，紧接着内战又起，刘映霞所在部队经常与国民党的军队发生激烈战斗，行军打仗极其艰苦。部队首长见她和其他一批客家籍的女同志年纪还小，随军打仗也不方便，所以就劝她们回乡，开展地下情报工作。当年，年轻气盛的刘映霞没有经过家人同意，自己一个人跑出去参加革命，如今重回家乡，心里怕她的父亲责骂。让刘映霞意外的是，她的父亲不但没有责骂她，还亲自把她接回家，看到她脸色很黄，即使家里条件不算太好，也坚持每天给她煮一个鸡蛋。

1946 年 9 月，天资聪慧的刘映霞考取了东莞师范学校。在校期间，刘映霞身边聚集了几个志趣相投的好姐妹，她也借此阅读了大量进步书籍和刊物，与同学讨论时局。同时，她的三堂姐刘宝英、容克（二堂姐夫）、李灵（曾发的夫人，均为中共地下党员）经常来学校，支持和指示刘映霞组织发动学校进步学生秘密印发传单，开展罢课等活动。

1948 年，刘映霞毕业回到平湖中心小学任教，从此借助老师的身份开展地下工作。白天，刘映霞在学校教书，晚上就组织进步青年和老师到各村开展工作，发动和组织成立农会、妇女会、青年会等，积极配合地下党组织开展反内战，同时发展了廖汉标（20 世纪 70 年代末曾任平湖公社党委书记）等一批进步学生加入了共产主义青年团。

“女强人”懂管理善经营　行政级别连升二级

新中国成立后，刘映霞于 1950 年被派到宝安县南头乡开展第一批土改工作，后又转到南山南院村开展第二批土改工作，其间经南山区委书记练英（女）同志的介绍，认识了南下干部

◇ 1949 年 10 月，戴竹森随部队南下解放佛山，15 日与中共南三花工委书记杜路、珠江地委肖志刚等人一道负责接管南海县政府。图为 1950 年在南海合影。前排右一杜路，左一戴竹森；后排右一杜国彪，左一肖志刚

戴竹森，与之恋爱并结为伉俪。

戴竹森，江苏滨海人，1942年在家乡参加革命，解放战争时期曾在东北肇州开辟新区工作队，任骑兵大队长率队剿匪，1949年随部队南下广东，先后任南海县委常委、组织部长，南海糖厂党委书记，佛山地委组织部长，监察委员会书记，佛山市人大常委会副主任等职，1986年 12 月离休。

“文革”期间，戴竹森被打成“走资派”，经常遭批斗，刘映霞也受到牵连，被“造反派”押送到高鹤县（现高明区）云勇林场劳动。所幸的是，丈夫戴竹森因根正苗红出身好，又是响当当的新四军老战士和南下干部，很快被佛山地区军管会“解放”，于 1968 年 8 月调往珠海县任革委会副主任。

在云勇林场劳动期间，刘映霞在戴竹森书信的陪伴下，始终以乐观的心态度过了人生最为艰难的一段时光。1970 年初，刘映霞获得平反“解放”，恢复了工作，补发了工资，调到佛山地区二轻局工艺美术公司任经理。

当时，丈夫在珠海工作，家庭的重担都压在刘映霞一个人身上，公司又百废待兴，怎么办？刘映霞迎难而上，到基层调查研究，以加快二轻企业支农步伐、为基层服务为主线开展工作，受到佛山地区工交战线的表扬。

1978 年 12 月十一届三中全会召开以后，刘映霞抓住机遇大胆改革，一方面多次带领公司业务人员到武汉钢铁公司跑钢材，选购了大批各种规格、型号的优质钢材，配置给各市、县生

产研发生产新型适用农具，既让一批二轻系统的工业企业焕发了生产经营活力，又推动了农村经济的发展；另一方面又十分注重扶持本地轻工美术工艺名优产品和“拳头产品”，扩大出口贸易，并为社队企业引进先进技术，发展来料加工，多渠道创汇增收。几招出去，公司被盘活，业务经营红红火火。每年二轻局召开年终表彰会，刘映霞都拿一等奖，整个二轻系统的干部职工都称她为“女强人”。刘映霞的行政级别也从 19 级连调了二次，调到了 17 级，1985 年初确定为副处级。1986 年 12 月，刘映霞离休。

（本文发表于《深圳晚报》2013 年 11 月 29 日，有删改）

柒

景观名胜

因为热爱，看风景的人也成了风景。平湖八景，甘坑清波令人饮水思源，山林静美，波光绮丽；罗山寻幽寻的是蓝氏夫人的传说，心远地自偏，物我两忘；凤凰揽胜勾勒出大自然的神工，奏出矿石深沉的回响；守珍繁盛历数着一条百年老街今昔的繁华延续；山厦烽火雕铸红色记忆；海吉星晖阐释“绿色生活倡导者”对人和食物的双重敬重；大围古村在岁月涤荡中维系平湖根脉；华南新城在时代潮头上扬起未来风帆。还有瓢胡泉穿越时光的汩汩水声，以及玄武庙历尽沧桑的守望。因为亲密，步入风景的人也获得了风姿。

编者说明：

2014年5月，为激发平湖人关注家乡美景、争做文明市民的热情，宣传平湖文明、和谐、美丽、平安的城市形象，充分挖掘平湖丰富的旅游资源，全面展示平湖城市现代化建设及文化建设成果，平湖街道办启动“平湖八景”评选活动。评选活动以平湖地区范围内有代表性的人文景观、自然景观、历史遗迹、文体休闲购物和商业旺区等为评选对象，向全社会广泛征集能反映平湖特色、代表平湖形象的景点。

“平湖八景”评选活动历经两个月，经公众推荐、市民投票、评审团实地考察评议及评选领导小组评审，凤凰揽胜、华南新城、甘坑清波、山厦烽火、罗山寻幽、大围古村、守珍繁盛和海吉星晖（以景点评选得票为序）成为代表平湖形象的“平湖八景”。“平湖八景”中，有优美的生态环境，有高端的产业形态，有独特的人文底蕴，有光荣的红色历史……为记录和品鉴“平湖八景”所代表的独特历史人文和城市品质，平湖街道组织专门人士撰写出8篇文章，是谓对家乡风物景致的珍视与留存。

凤凰揽胜：生态人文相辉映　岭如游龙护桑梓

文 / 李建国　涂启智

在平湖，有一座山峦，它就是平湖人引以为豪的凤凰山。据旧志记载，凤凰山海拔高 206 米，呈北高南低走势，且西北高宽，东南缓狭，蜿蜒 10 余里，过白坭坑后方消失，几乎屏障着平湖整个境域的东侧。形态恍如凤凰落巢，彩翎飘逸；又似游龙奋起，蜿蜒而来，在平湖驻足，故凤凰山亦另有“龙山”之谓称。

凤凰山属丘陵地貌，总面积约 100 万平方米。山上植被葱郁，生物多样，繁花似锦。现有植被主要为人工桉树林、亚热带次生常绿阔叶林及稀疏灌木丛等。

俗称“先有凤凰山，后有平湖镇”。只要登上山顶向西眺望，便不难理解其中含义。站在山顶，整个平湖尽收眼底，虽然 30 多年改革开放已令平湖这块热土发生了天翻地覆的变化，但依然不难看出平湖周边高起，中央一马平川的地势。按旧志所载，当年境域内的村庄大多呈水中生物状，平湖之名由此而生矣！而当年在平湖各处，又无不可见凤凰山。

作为原生态，凤凰山在各方面的数据并不突出，但由于人文内涵，则扬名四海，直至今日。

民国初年，刘铸伯在大兴土木建设平湖镇的同时，也开始在凤凰山原先选定的清奇坑风水宝地上动工，修建了“守真园”。

根据记载和考证，当年“守真园”花园散布在清奇坑的谷地和山岗中，共占地 70 余亩。亭台楼阁错落有致，建筑造型迂回曲折，柳暗花明。其间分别有“昌裕堂”“追远阁”“娱亲庭”等庙堂及客房、书斋、茶亭、香火堂、仓库、马房、纪念碑、水井、莲池、卫士房等等，还有刘铸伯祖母梁氏墓、母亲伍氏墓、夫人潘氏墓以及刘铸伯自己的墓等建筑。

守真园建筑群，是沿着山清水奇的凤凰山麓一直布置上去的。当年人们站在平湖火车站，沿着守真街抬眼望去：一角亭台、半片楼宇，若隐若现，恍如置身仙境；山脚下有两汪池水，系由千百年来山水冲刷而成，分为上下两层（平湖人称小湖为坑，这也是清奇坑的由来），小湖中种上了荷莲等观赏植物，并备有游艇供游客划舟欣赏；山上有“啜茗亭”供人休憩；而山腰的“读书斋”则全部罩上碧纱窗，防止蚊蝇等侵袭，还有“棋亭”给游人弈棋遣兴。

各处分别设有铁笼，饲养了猕猴、孔雀等各类珍禽异兽逗人取乐。离湖不远处，还塑着一个天真活泼长着翅膀的小天使，手执喷筒把喷出的清泉从高空中洒下来。

园的入口处刻有对联一副，取铸伯公别号“守真”两字分别冠上句首：“守得名山依梓里，真疑尘世有桃源。”字迹挺秀，犹如龙行蛇走，是清朝末代拔贡生刘彭龄（字紫东）的手笔，而“守真园”正是由此得名。

◇凤凰山公园（摄 / 雷志云）

山路弯弯曲曲，循着台阶层层而上，夹道两旁都种上桃杏各色花树，微风吹来，散落有如红雨；人行道上则处处覆盖着青葱的翠竹，凉风摇动咿呀入韵。

山顶的一层建筑“追远阁”是追念祖先的，“娱亲庭”是娱乐母亲的。四周分植了萱草和古柏，取前人萱堂、柏府之义。这两座建筑物黄墙绿瓦、金碧辉煌。从高处远眺，山风流溢，溪水潺潺，确是引人入胜。因而早在当时，每逢暇日，前往游玩的人流如鲫，热闹异常。

据说当时的香港总督曾慕名追随刘铸伯前来守真园参观游览。并且认为与港督花园（今香港政府礼宾府）的豪华典雅相较，崇尚自然、依山顺势而立的守真园则别有一番风情。因此港督在游玩之后对守真园称赞有加，其后便不断有外籍宾客前来游览参观，进一步令守真园的美名远扬。

然而，如此美好的守真园居然好景不长。先是北伐时期陈炯明叛变，在东江一带调兵遣将，将这里变成一个“兵站”，遭到不少破坏；随后日寇侵华，攻进宝安，烧杀抢掠、飞机轰炸；又至“大跃进”时期大炼钢铁的破坏；再到文化大革命，“破四旧立四新”，愚昧无知的人们砸的砸捣的捣，连铸伯祖坟亦不能幸免……历经数十年的重重浩劫，守真园如今基本已被破坏殆尽了！

凤凰山又是一座英雄的山。在日军侵华期间，东江纵队“飞鹰队”经常出没在凤凰山一带打击侵略者，平湖先后爆发过数次战斗。在解放区享有盛誉的东纵黄友小鬼班五名少年英雄，就是在飞鹰队攻打平湖日伪军撤退时，为了掩护大部队英勇阻击敌人而全部壮烈殉国的；飞鹰队短枪班、小鬼班曾在凤凰山设伏，端掉日军安插在凤凰山顶的一个哨卡，击毙日军 8 名、重伤 1 名，缴获机枪 1 挺；东纵除奸队刺杀汉奸刘庆等战斗也发生在凤凰山附近……凤凰山见证着抗战的烽烟，是军民齐心抗敌御侮的屏障，她就是平湖人民的守护神呵！

如今，在 21 世纪里，凤凰山又焕发出新的青春。2005 年 8 月，在凤凰山建设国家矿山公园的规划通过国土资源部评审；2007 年 12 月立项；2012 年初步达到国家矿山公园建设标准，并顺利通过国土资源部考核验收，凤凰山公园成为全国首批 28 家国家矿山公园之一。

凤凰山矿山公园具有独特的个性风格。公园距深圳市中心不足 20 公里，与平湖街道中心建成区浑然一体，距行政中心及生活区不到 1000 米，堪称“都市中的矿山，矿区中的公园”。公园内开发的矿产资源，以燕山期细粒辉绿岩为主，是广东省唯一的辉绿岩生产基地，为建设深圳乃至珠三角的高速公路 SMA 的稀缺石料，被同济大学鉴定为“全国第一砂，世界第一家”。同时，公园建设之初就采取生态性开发，边生产边采取防噪音和防污染的环保措施，边开采边复绿，是深圳市第一家花园式、园林式采石场，也是广东省政府推广的矿山生态环境治理的典型示范区，为我国矿山生产和生态整治模式提供了探索样本。而且从建设之初，平湖街道就邀请中央美院、清华大学专家及其他国内著名艺术家，对景区布局、景观景点进行精心创意设计，将现代艺术的简洁、流畅、大气与古典艺术的色彩繁富和造型多变融为一体。

今天的凤凰山国家矿山公园汇集凤凰山公园和芙蓉矿场两大景区，凸显生态环境整治和独具特色的矿业遗迹两大主题。以凤凰山公园和芙蓉采石场为背景，重点开发露天矿区景观和凤凰山人文景观，打造集游览观光、科学考察和休闲娱乐为一体的多功能景区。目前已经建成迎宾广场、矿业遗迹博物馆、矿业发展文化长廊、环形登山道等景观。矿业文化长廊和露天矿观景平台是公园主要的浏览观光区域，也是最具特质和魅力的景点。

矿业遗迹是矿山公园的核心景观，它的主体浏览区为芙蓉石矿区。在观景台上，游客可以遥望山下长年露天采矿而形成十分壮观的“天坑”。黑灰色、灰白色相间的剖面石壁和碧绿色的坑水，形成了自然和人工共同创造的奇观，令人叹为观止。

沿登山道梯次分布形象逼真的雕塑作品，重现了矿业发展人文历史，将大型矿床、矿山采场、矿业加工、辉绿岩矿业制品等集矿产地质遗迹和仍在进行的探、采、选、冶、加工等矿业生产活动融为一体。游客边拾级而上，边体验矿业历史文化，使登山成为赏心悦目的过程；更有繁茂生长的竹林屏障以及成块连片的灌木丛相得益彰，游客置身其中，不禁心旷神怡、流连忘返。

矿山公园迎宾广场中心耸立着别具特色的标志碑，碑高 21 米，造型为金字塔顶上镶嵌一颗钻石，“金字塔”身装饰由砂岩板材镶嵌辉绿岩板材构成（这也是凤凰山地质主要构成岩石），寓意“矿业生辉”，与劳动创造美的理念一脉相承。碑体“钻石”采用特有的玻璃工艺构造而成，象征着在人类矿业发展过程中沉淀的璀璨矿业文化。

当夜幕降临，在五彩缤纷流动不息的灯光照射下，“金字塔”及“钻石”熠熠生辉、美不胜收，带给人们梦幻般的神奇观感。

或许，凤凰山并没有带给平湖人太多的物质财富，但是它像父亲一样俯瞰着自己的平湖儿女，带给大家无穷无尽的精神资产，是平湖人心中永恒的精神支柱！

华南新城：汇聚万千精彩的魅力之城

文 / 陈俊超

随着深圳的城市变迁与转型升级，在深圳人已经熟悉了百货商场、购物中心等商业业态之后，华南城，以一个新兴的多商业聚合体，一座融合现代消费、休闲的体验之城进入了深圳人乃至整个珠三角人的视野。它以更丰富的物品种类、更完美的配套、更优惠的价格、更多样的经营方式，为我们呈现出一个汇聚万千精彩的魅力之城。

在这里，不仅有车水马龙的喧闹，也有墙隅小憩的宁静。游客既可以乘坐免费观光小火车，领略清新怡人的景色，又可以在温馨、舒适的购物环境中，挑选各类世界名品，还可在五光十色的风情街享受各种特色餐饮服务。

在这里，很容易就可以“淘购”到自己需要和中意的商品。从国内外的品牌服饰、皮具箱包、特色食品、茶叶到来自各地的小商品、工艺品等都可以在这里以批发价格买到。

在这里，吃、喝、玩、乐、购，应有尽有，是一个真正满足顾客需求，融入时尚、温馨、贴心的一站式购物乐园。

现在，请跟随我，从一个普通消费者的角度走进华南城，感受这个 260 万平方米的超大商贸中心。

魅力时尚、名品荟萃的购物天堂

华南城的 1 号交易广场，是一个 38 万平方米超大奢华的时尚 Shopping Mall，号称深圳最大的单体建筑。穿梭在宽敞闪亮的大厅，品牌云集，平常在市中心高档商场中常见的 G2000、Nike 优惠工厂店等，很多都以整合化的专营店形式呈现眼前，折扣在 2—5 折不等。位于 1 号交易广场的华盛奥特莱斯购物中心欧瑟名品馆汇集了 Gucci、Prada、Burberry、Armani、Miu Miu 等国际奢侈品牌的年度新品。据店员介绍，这些世界名品均是华南城国际采购部从欧洲直接采购回国，在华南城进行直营销售，其价格常年在 6.5—8 折不等。不少来此购物的游客都说“在欧瑟名品馆买奢侈名品比去香港买更实惠划算，也更省时省力了。”除了奥特莱斯，1 号交易广场还有时尚皮具鞋业创新体验馆、新大芬创展中心、进口商品主题馆、国际 LED 照明产业基地、电子商务产业园等，全方位满足各种消费人群的生活需求。

走进 33 万平方米的 2 号交易广场，这里是集服装批发、零售、品牌展示、儿童用品、综合食品、小商品、休闲餐饮等多业态为一体的一站式综合商贸城。6 层高的楼体气派而充满动感，

◇平湖地标之一——华南城（摄 / 陈景贤）

迈入其中，超大的中空设计，让视野一下变得宽广。在每个楼层中间部分都设有休闲吧，逛累了可以在这里坐下来，喝杯咖啡，听听音乐，阅读刊物，看看电视，或叫上三五好友，泡一壶清茶聊聊天，都是一种十分惬意的享受。每到过年或是一些传统节日的时候，2 号交易广场首层的综合食品批发市场，就成了最受欢迎的年货食品采购集中地，全国各地特色食品、各类烟酒、茶叶、糖果、干货、补品等应有尽有，华南城很多员工的年货采购，都是在这里一站式完成的。

来到 5 号电子交易广场，仿佛有种进了“华强北”的错觉。各类电脑、投影设备、电子器件、电子维修柜台涌入眼帘。据了解，首一层经营电子元器件，一层是电脑、数码、手机、办公设备、汽车用品及配件产品，二层为手机及手机配件大客户展示批发交易区，三层为电子元件、LED 大客户产品展示批发交易平台，四层为现货配送区，以满足消费者一站式采购的需求。今后龙岗人除了选择前往车位紧张、人流密集的华强北之外，又多了一个交通便利、近在咫尺的华南城华利嘉电子交易市场。

休闲小镇：周末吃、喝、玩、乐、购的好去处

徒步走在华南城商圈的大街上，感觉这里更像一个独立完整的小镇，视野辽阔，宽广的街

◇美丽的华南城（摄 / 何兆平）

道连接起每个交易广场，园区里的观光小火车均可让顾客免费乘坐。欣赏如此清新怡人的景色，在温馨、舒适的购物环境中尽情挑选世界名品，顾客得到的是物质和精神的双倍满足。

华南城园区环境洁净明敞，热闹而不嘈杂，绚烂而不凌乱。而尤为令人惊艳的是，其以多元生活配套为宗旨，在园区内中心区精心缔造出一个与高端生活匹配的专属空间，密集多元的风情商业集中而有序，齐全而精致。华盛奥特莱斯购物中心、时尚皮具鞋业创新体验馆、进口商品主题馆、国际 LED 照明产业基地、电子商务产业园、润方汽车超市、美宜佳便利店和儿童游乐园等等，向人们呈现出一幅大都市高端生活的优美画卷，而麦当劳、肯德基、欢乐迪 KTV、时代金球影城、黄记煌焖锅、巴西烤肉、菲乐桌球城、如家酒店、宁波酒家、掌柜私房菜、永和豆浆、上岛咖啡、森田扒房、湘粉人家、七天连锁酒店、维也纳国际酒店等的竞相亮相使华南城的国际大道已名副其实地成为了餐饮娱乐一条街，每天各酒楼餐馆前总是停满了车，尤其每到吃饭时刻，更是大排长龙，景象繁华。

如果你希望带着轻松休闲的心态享受美食，如果你愿意商务应酬的时候多些心旷神怡，如果你期盼能在周末携一家老少合家欢乐，那华南城绝对是你的不二选择。这一趟美食佳肴之旅，优惠购物之乐、轻松欢乐之游将让你一举三得，清新精致、购物如家的华南城将带给你别样的全新感受。

从 2004 年落户平湖，致力打造华南地区最大的一站式工业原料采购基地，到今天发展为立足深圳、依托珠三角、辐射全国、影响国际的现代综合商贸物流基地和制造业高端集成的服务平台。一路走来，华南城正在经历一个从无到有、从有到优的过程。今天，我们看到了华南城的成熟与发展，看到了华南城的进步与完善。相信随着地区经济的发展、人们消费观念的变化，华南城必将成为一座充满活力、富有魅力、万众瞩目的繁华之都。

甘坑清波：绿水间骑行　青山中探古

文 / 张棣　胡辉

在深圳北部，有一片绿色绵延的山脉，那就是平湖、布吉两处本地居民几百年相依相守的甘坑片区。在这青山绿树环抱中，1956年动工、1958年建成的甘坑水库，恰如一颗明珠镶嵌其中，山水如画，空气清新，周末约三五好友踏青寻古，或与家人休闲嬉戏，甘坑清波绝对不容错过。

从罗湖驱车，沿清平快速北上，10余分钟即到日渐繁华的华南城。从华南城西门往西步行两三分钟，就是青山掩映、秀水迤逦的甘坑水库。2000年，当地政府规划兴建了旨在保护甘坑水库和周边胜景的平湖生态园。园区面积3500亩，划分为观光休闲、森林保健、森林探险、花卉观赏及科普教育等4个功能区。十几年过去了，平湖道路、民居、厂房、写字楼、住宅小区，拆旧建新，三年一小变，五年一大变，已然旧貌无存，恍若隔世。只有这片生态园，犹如绝代佳人，容颜不改，青山叠翠，佳木葱茏，绿水澄澈，波光潋滟，成为周边居民休憩、健身、郊游的绝佳去处。

入得园来，夹路皆绿，树下、路旁双双对对、三五成群的晨练游客，散步、骑车、打羽毛球、练太极拳、跳广场舞，尽情享受着这纯净芬芳的清新空气。沿右侧登山路拾级而上，是生态园的山脊，水泥阶梯上，落叶未扫，不时可见一只硕大的蜗牛，悠悠爬过，几行忙碌的蚂蚁，

◇天蓝地绿的甘坑水库（摄 / 刘必键）

◇平湖生态园内的林荫道（摄 / 何兆平）

匆匆穿行。林间草地上，红蜻蜓成群结队，翩翩起舞，倏来倏往，应接不暇。清风茂林中，鸟鸣啾啾，蝉噪阵阵，寻声不见其踪，正是："蝉噪林逾静，鸟鸣山更幽。"

这是一个四季常青的天然氧吧。从山脊高处往下望去，甘坑水库宛如镶嵌在青山中的明珠，湖水倒映着蓝天白云，波光粼粼，清柔如语，美不胜收。湖岸上茂林修竹，连绵成片，望之无尽。从园内干道往湖边走，茂密的丛林中，一条未经修葺的曲径隐约可寻，放眼但见藤条缠绕，枯枝遍地，幽幽暗暗，抬头不见天日，恍若置身电影《阿凡达》的仙境之中。沿湖而行，清风徐来，水波不兴，湖边丛丛翠竹，挨挨挤挤，临水而生，斑驳的竹影荡漾在湖面上，随手一拍，就是一幅靓丽的风景画。

甘坑水库所在的生态园还是平湖自行车公开赛山地赛的永久赛址，每年都吸引着近千自行车运动爱好者前来竞技体验。行内人评价，此处作为自行车山地运动的场地，观赏性、刺激性和运动度都是恰到好处，可以说在深圳找到一处这么理想的自行车运动场地实属难得。特别是赛时行至高处，临风俯瞰，一池碧水，树木扶疏，花草幽香，心便在仙境。

甘坑清波，底蕴匪浅，灵山秀水，源远流长。据考，这一带在 2000 多年前的商周时期就有人类活动的足迹。2011 年，深圳市文物考古人员在甘坑水库西北部发现一处商末周初遗址，采集的夹砂陶和灰泥陶，乃是先秦时代遗物。现代文明和历史积淀被这一池清波巧妙地融合在同一空间，穿越时光，我们与先民一同享受这处佳境，思绪飘远，甘坑清波已经在心中留下永远的思念。

山厦烽火：承载历史记忆　弘扬民族精神

文／许博琳

在一个晴朗的秋日，笔者来到了位于平湖街道山厦社区的山厦革命历史纪念馆。夕阳斜照，作为“平湖八景”之一的“山厦烽火”——山厦革命历史纪念馆，如一位历经沧桑的老人，静静地沐浴在阳光下。古墙灰瓦，散发着一股浓厚的历史气息，吸引着人们想去靠近它，了解它旧时的风采。

革命精神薪火相传

山厦革命历史纪念馆建于平湖街道山厦社区香山路34号的严、叶姓祠堂旧址。这处1885年建成的具有浓浓岭南风格的祠堂建筑，曾是山厦农会总部、山厦党支部活动的重要场所，也是东江纵队副司令员王作尧所率领部队的革命根据地。

据介绍，1926年，来自中共东莞县委的组织委员蔡如平奉命前往山厦建立中国共产党基层组织。平日里蔡如平最喜欢走家串户，与村民交谈。经过一段时间的准备，同年5月，深圳地区第一个基层党支部——山厦党支部正式成立。山厦一群热血方刚的年轻人，不愿再看到人民生活在水深火热之中，于是共有严凯祥、严永辉、叶庆光等17名青年宣誓加入了中国共产党，并选出了威望很高的严凯祥担任第一任党支部书记。当时为了严守秘密，宣誓的地点选在了离山厦村较远且较隐秘的一棵百年老荔枝树下，只可惜老荔枝树在1999年被承包果农砍掉了。而后，在抗日战争打响之后，东江纵队副司令员王作尧所率领部队以山厦作为一个游击据点，与驻平湖的侵华日军及广九铁路沿线日军展开了数次激烈的战斗。

再现往昔峥嵘岁月

历经百余年的风雨沧桑，严、叶祠堂变得有些破旧。为此，从2005年起，深圳市、龙岗区有关部门和平湖街道办拨出专款，按原貌进行了大规模修缮，并于2009年12月辟为山厦革命历史纪念馆，选用大量珍贵的图片文物，以高科技、多媒体、雕塑艺术、场景复原、红外线语音感应等先进丰富的展示手段，形象全面地反映了山厦的革命历史。另外，山厦革命历史纪念馆馆名由深圳市原市委书记李灏题写。如今，山厦革命历史纪念馆集党建宣传、爱国主义教育、风土人情展现于一体，是龙岗区革命传统教育基地。

◇山厦党支部成立的情景模型再现（摄／陈景贤）

走进纪念馆，呈现在眼前的是两个不同主线的展厅。其中，第一个展厅以“革命薪火，山厦相传”为主线，主要记录了山厦党支部的发展历程；而另一个展厅以“抗日救亡，民族解放”为主线，展示了东江纵队在山厦的革命斗争情况。

两个展厅均按照历史时间的顺序讲述当年那段惊心动魄的历史。展厅通过创作油画、浮雕、高分子硅胶像、场景复原的方式再现了山厦农会成立、山厦党支部建立、奇袭南头大沙河战役、凤凰山伏击战等发生在平湖及山厦的历史事件。并运用电子地图的形式，最大程度地还原了战场的地形地貌，同时还配备了自动感应声控系统等先进的展览技术。当你置身于此，分明可以身临其境般感受到从前那段烽火岁月的风云激荡。

旧时风情不复以往

沿着山厦革命历史纪念馆往西北方向走300米左右，出现在笔者眼前的是一座三层的碉楼。岁月匆匆，在碉楼的外墙上刻下了斑驳痕迹，而泛黄的白色墙体，也掩盖了当年的风情。但碉楼楼底独特的雕花围栏，仿佛在悄悄地诉说着那些地老天荒的繁华悠远过往。

同行的人员告诉笔者，这里曾经是中共山厦地下情报站和秘密交通点的旧址。在当年，平日里的情报站就如一般的商铺开门迎客，热热闹闹地做着生意，等到夜深人静的时候，情报站的地下人员就会及时送达准确的情报，全力支持革命工作。但如今，神秘的情报站在抗日战争结束之后就失去了原来的功能，变成了普通的住宅房，而现在，情报站已经被租给别人当成仓库了。笔者透过情报站一楼的窗户看到，屋内光线暗淡，地面上堆放着木头、铁器等杂物，已经再也感受不到当年的风姿，让人不由得感叹短短的几十年里，情报站的角色变化极大。

如今，情报站已褪去当初神秘的光环，早已不再神秘，但这仍无法阻止它依旧满怀革命情怀，风雨无阻地守望着山厦这片红色的土地。

铭记历史祭奠英魂

随着同行的人员，笔者来到了位于山厦村口处的山厦革命历史纪念碑。作为红色革命老区，山厦在村口处竖立起一座山厦革命历史纪念碑，碑上镌刻着 17 名烈士的英名，纪念着在大革命时期为了革命英勇牺牲的先烈们。

登阶而上，刻着“山厦革命烈士纪念碑”9 个黑色大字的纪念碑出现在笔者眼前。纪念碑上方镶嵌着一个五角星，左下方刻着原东江纵队副司令员王作尧的名字。据介绍，纪念碑占地面积 1500 平方米，建筑面积 300 平方米，碑高 6.3 米，于 1984 年 7 月建成，2008 年重新修葺。而纪念碑上的 9 个大字就是出自王作尧之手，并由原东江纵队参谋主任兼江北指挥员周伯明行书。

“在历次革命斗争中，山厦人民在党的领导下，与来自五湖四海的革命志士建立了鱼水情谊，抛头颅，洒热血，前仆后继，百折不挠，为祖国的独立和民族的解放，17 位同志贡献出宝贵的生命，建立了不朽的功勋。”在山厦革命烈士纪念碑上有着这样一段话，字里行间传唱着先烈们的英勇事迹，透露出对先烈们的敬佩之心。而看着附近的马路上，那一辆辆穿梭而过的车辆，一片的欣欣向荣，平湖儿女早就把革命先烈们的精神传承贯穿到生活中的点点滴滴，努力把平湖建设得更加繁荣富强。

如今，每逢清明、重阳等重大节日，山厦的村民们都会来到作为爱国主义教育基地的山厦革命烈士纪念碑下，或送上一束鲜花，或肃立默哀鞠躬，表达对先烈们无比崇敬和深切悼念之情。

游走在山厦革命历史纪念馆内，轻轻抚摸着透露出浓厚历史气息的墙面，用心感受着这份独有的安宁与韵味。突然，一阵微风吹来，笔者仿佛听到了在那苍劲葱郁的荔枝树下传来的一声声庄严的宣誓……

罗山寻幽：密林古墓镌刻求水引水神话

文 / 沈荣

位于平湖街道山厦社区的罗山是平湖为数不多未经开发的“处女地”，也是“平湖八景”之一。这里一年四季绿意盎然，成片的荔枝林配合着山脚下水库里泛起的层层清波，给人一种远离城市喧嚣的宁静，成为人们郊游的理想去处。

就在半山腰上，隐藏着一座“蓝氏夫人墓”，这座看似不起眼的墓冢，碑文上的字也有些模糊不清，但这并不能影响它在山厦人心中的地位，因为在很长一段时间里，祭拜蓝氏夫人成为山厦人对水的一种精神寄托。也正是由于蓝氏夫人的“有求必应”，使山厦人最终用决心和坚持摆脱了缺水的困扰。

踪迹难觅：蓝氏夫人墓深掩荔枝林中

一个阳光灿烂的午后，笔者驱车沿着平安大道一路向北，穿过平大路，前往位于山厦社区东北面的罗山。越往北，周围就越发静谧，映入眼帘的是茂密的丛林，让人备感轻松。“这里可以算是平湖生态保存最好的一块区域了，既有水库也有大片林地，除了看护人员，也没有其他人居住。”同行的工作人员说。

◇罗山碧波（摄 / 陈建平）

“蓝氏夫人墓就在山中，我们只能徒步寻找了。”在山厦社区一位工作人员的引导下，笔者开始向山林迈进。沿山路向上走，两旁是成片的荔枝树和龙眼树，偶尔也会看到粗壮苍劲的竹和生机勃勃的笋静立在山坡上。

行走约35分钟，来到一片开阔地，地上堆满了各类建筑材料，一条还未完工的登山道蜿蜒而上。工作人员介绍，按照规划，有关部门计划把罗山修建成为一个自行车郊野公园，目前，各项前期工作正在推进。

◇罗山小径（摄/何兆平）

在同行工作人员的带领下，大伙沿着登山道到了半山腰，蓝氏夫人墓就出现在眼前，两旁都是高大的荔枝林，从这里回身远望，整个平湖美景尽收眼底。据介绍，这座墓是清朝康熙年间所建，但具体是何时，当地人也不得而知。

从整体上看，蓝氏夫人墓面积不大，其墓碑高约 45 厘米，宽约 25 厘米，刻在上面的“蓝氏夫人墓”五个字并没有颜色，如不走近，很难看清。不过，它的布局与客家建筑风格颇有几分相似。一般而言，客家传统的围屋前必伴有一个月牙形池塘，而蓝氏夫人墓前的平台也确是半圆形。同时，蓝氏夫人墓的依山而建也与围屋的依山而起如出一辙。

美丽传说：曾为村民心中求雨寄托

蓝氏夫人何许人也？她与山厦又有着哪些不为人知的故事？这一切还得从一个美丽的传说开始说起。

相传，蓝氏夫人是山厦的新抱仔（媳妇），也是村里的掌（放）牛妹，以放牛为生。一日，忽然有一片乌云在螺岭上空聚而不散，一阵狂风将她卷上天。传说村中有人亲眼目睹她骑着一头水牛直上云霄。后来盛传她得道升仙，且能呼风唤雨，专为山厦人排忧解难。而据山界碑碑文记载：“当日，通乡即安葬汝南蓝氏夫人，于此山中部。历年准期中秋日宰猪屠牛，通乡举行秋祭之典。纪念遗爰，永志不忘。”碑文证实蓝氏夫人确有其人，祖籍河南汝南县。山厦以往每年的秋祭大典由此而来。

叶润牛老人是山厦社区的老书记。他回忆，在自己十六七岁的时候，也曾跟随大人们上山求雨。“那时候交通很不方便，进出一趟山里要费很大功夫。”叶润牛告诉记者，每次大旱，村民就要去蓝氏夫人墓前祭祀，大伙宰猪屠牛，燃烛供香，顶礼膜拜。说来也巧，每次求雨几乎都有求必应。“我还曾听老人提起，说有人完成求雨，还没到家就下起大雨。看到蓝氏夫人如此灵验，村民们此后每逢天旱久不降雨，就向蓝氏夫人求雨消灾，久而久之，蓝氏夫人就与水隔不开了。”叶润牛说。

虽说向蓝氏夫人求雨包含了几分神话色彩，但在过去，面对无法解释的大自然，人们只能以尊崇蓝氏夫人来祈求天降福音，成为一种精神寄托。到如今，蓝氏夫人已经鲜有人祭拜，但插在墓前的香烛则从另一个层面衬托出了蓝氏夫人在山厦人心中的地位。2014 年清明，山厦社区还出资重新整修蓝氏夫人墓。

求水之路：开凿渠道引水解用水之困

从地形上看，山厦是一个山多、地瘦、缺水的穷山村，周边无河流湖泊，一遇旱年就颗粒无收，自古就流传着“平湖水，石龙油，山厦用水贵过油，饿死老鼠，旱死耕牛，放下禾镰无米煮，一条扁担度春秋”的悲凉歌谣。

新中国成立后，山厦人向蓝氏夫人求雨这一习俗慢慢淡化，在大伙的努力下，缺水的情况虽然有了很大改善，但由于种种原因，一直未能从根本上解决缺水的困难，山厦人对水的渴望愈发强烈。到了 1967 年，广东旱情普遍严重，山厦的情况尤其恶劣，不仅庄稼遭殃，甚至人畜饮水都十分困难，许多人家里也因为缺水几乎没法煮饭。

困境面前，山厦党支部决定彻底解决用水问题，成立和组织民兵青年突击队和铁姑娘队，扎寨山头，凿山劈石，开渠从甘坑水库把水引进来。解决办法有了，可实际操作起来谈何容易。从甘坑水库到山厦，路途漫长，地形复杂，中间还有不少沟坎，难度极大，可山厦人凭借着对水的渴望和“愚公移山”式的精神让这一切都变成了现实。

那么，山厦人是如何“打响”向大自然要水的硬战的？ 1968 年，山厦首先扩建朱罗皮水库，把朱罗皮水库的主坝增高加大，随之而来库容量大大增加。第二年，山厦又修起了焦坑水库，解决焦坑石垒口 100 多亩旱水田的旱涝保收。到了 1970 年，山厦人又从 100 多人的突击队中挑选出 18 人的精英骨干，扎寨甘坑山头，凿开山洞引水。

据山厦社区了解此段历史的老者介绍，当时，人们几乎没有什么掘进工具，只能靠人手用锄头、铁锹等最原始的工具一点一点往里挖。同时，越往里挖，隧道里变得又黑又湿还缺氧，塌方等事故也是“虎视眈眈”。没办法，人们只好每挖一米，就用木头和木板顶住穹顶和洞口，预防塌方。看不见就利用煤油灯、手电筒取光，时间长了，大伙都被灯油烟熏成了“黑包公”。

正是凭借着不畏艰难、不怕吃苦的精神，一年多后，一条 400 多米长的地下隧道成功打通，并绕过几座山脚，挖出了一条 1000 多米长的环山引水管道，再跨越一片片田野埋入 3000 多米的地下反拱涵，将甘坑水库的水引到了水门任屋村，然后再通过辅城坳岐岭，直接引流到山厦。由此，山厦人告别了缺水的历史，并且就在水利成功的那一年，山厦取得了粮食产量突破 12000 担的辉煌成绩，超额完成国家下达的 7 万多公斤的余粮任务，成为当时宝安县乃至广东省农业学大寨的一面具有代表意义的旗帜。

大围古村：卯金氏族　根兮所系

文 / 陈建平

藏于历史背影和繁华都市一隅中的大围古村，对于平湖人来说既亲近又陌生。尽管大围古村不以园林美景见长，也不以精巧建筑闻世，但在近期举行的“平湖八景”评选中，有着 600 多年历史的平湖大围古村毫无争议地入选。这不仅能让更多的人了解平湖的历史，同时也给予生长于斯的平湖刘氏后裔一份浓厚的情感寄托。

大围古村建于明朝英宗正统年间，是平湖早期居住人口最多的村落，占地约 15000 平方米，村民均为刘姓。鼎盛时曾聚居有近 500 户 2000 余人，后刘氏宗族人口持续繁衍，大围发展空间受限，又向村左分立松柏围以及新祠堂村。再之后，刘氏又分立了白坭坑村、良安田村，另外新南多条自然村的刘氏都是平湖大围刘氏的后人。

现在古村仍保存有古井、粮仓、功名柱和刘氏宗祠。对于平湖刘氏宗亲而言，这里的祠堂记载着先祖拓荒繁衍的历史，这里的石巷诉说着前人披荆斩棘的沧桑，这里深扎着自己的根。

据由民国七年重辑、平湖乡绅刘彭龄（紫东）作序的《刘氏总族谱》和香港刘敦义堂 1985 年刊行的《刘氏族谱》所载，平湖刘氏乃汉高祖刘邦后裔，始祖原为唐尧帝之第九子源明公，迄今有 4300 多年的历史。刘氏帝王将相英才辈出，自刘累公起，传世西汉刘邦建汉室，创西汉、东汉、蜀汉 400 余载之鸿基，从此刘氏枝分叶布，人文蔚起，遍及神州，远播海外，成为各姓氏族最重要、最庞大的宗族之一。广东韶关珠玑巷刘氏宗祠联谊会会长刘烈定介绍说，刘氏的繁衍发展概括地讲经历了这么几个重要时期：始于陶唐，显于三代，著于春秋，盛于汉室，派衍于中山，望著于涿郡，积庆于洛阳，蜚声于闽峤，发祥于岭南，远播于四海。

◇大围古村（摄 / 谢静）

追溯刘氏在广东的历史，不能不提被尊为广潮

◇大围古村八卦井（摄/陈建平）

梅肇基大始祖的开七公。开七公于南宋宁宗嘉定年间官授潮州都统，在率兵前往兴宁剿匪时“卒于营”，后人为纪念他在兴宁冈背村建有刘氏大宗祠，每年正月十九日两广闽赣四省刘氏裔孙都要前去祭祠。开七公之子广传公刘并，生于福建宁化，卒于京职，学问人品俱佳，南宋理宗端平二年（1235年）乙未进士，授江西瑞金县令（从六品），因筑城建学平洞寇有功，升任秩（即朝官）奉议郎（从四品）。广传公娶妻马氏、杨氏，生了14个儿子，由于培养教育有方，分居各省为官，一门之中出了“三县令、五道府、二大夫、一提学、一都运、一按察、一九门提督”，这在当时被视为蛮烟瘴雨之地的岭南粤东殊为难得。长子刘芝，官授江西南康知府、山东济南中宪大夫；次子刘兰，官授湖南宝庆府府尹；三子刘华，官授四川成都府内江县令；四子刘业，官授浙江宁波府正堂；五子刘良，官授云南都转运使、刺史；六子刘善，登进士第，官授云南云阳县令；七子刘清，官授浙江衢州判官、四川学政；八子刘优，官授山东泰安府尹、安徽安庆府尹；九子刘吉，官授广西太平府知府、浙江宁波府尹；十子刘庆，官授湖南宝庆府正堂；十一子刘祯，登进士第，翰林院学士，官授山西提学使；十二子刘禄，官授礼部都堂，赠中宪大夫；十三子刘瑞，官授贵州按察使；十四子刘光，军功起家，官授京师九门提督。以上14子又生了83孙，“分布天下，派演天潢”。现在大围古村刘氏宗祠仍刻有《广传公教子诗》:“骏马骑行各出疆，任从随地立纲常。年深外境皆吾境，日久他乡即故乡。早晚勿忘亲命语，晨昏需顾祖炉香。苍天佑我卯金氏，二七男儿共炽昌。”

与中原南迁的客家人所走的路径相同，平湖刘氏也是自中原迁于江西赣南、福建汀州宁化一带，再沿赣粤两省边界的梅林关进入广东。南宋末年，刘氏第一百三十九代世祖达宗于平湖开基，距今已近千年。刘敦义堂《刘氏族谱》记载，达宗“自南雄迁于珠玑巷，又迁东莞城西栅口，复迁七都归邑长表乡里居焉，吾族肇基于此”。据清康熙二十七年(1688年)《新安县志》称，明末新安县行政区划曾划分为3乡7都57图509村，平湖辖属7都。

广传公五子巨海公刘良，与廖、胡、马、高氏四位妻子共生9子，其第八子贵成公刘汉迁居于广东顺德、东莞、茶园、增埔及平湖、常平山。贵成公之子、第一百三十九世祖达宗，即平湖、白坭坑、良安田肇基之祖，刘敦义堂《刘氏族谱》推定为平湖开基之一世祖。再往后延至第十四祖本刚(字惟直、敦义，号松云轩)，由于其开始在平湖大围定居并繁衍子孙，被刘敦义堂《刘氏族谱》称作平湖村刘氏通族之祖。本刚祖生于元至正二十二年(1362年)，卒于明正统五年(1440年)，葬于大草埔，享寿76岁，与原配黄氏，继室钟、林、黄、钟、魏、郑氏七位妻子共生16子。“因康熙丙辰年遭乱，长房行实一并失去所生八子”，遗存有记载的8个儿子中，“长子东弼，良安田之秋硕祖；次子叔弼、三子祖弼随母北上韶关；四子武弼，松柏围、述昌围之敬泉祖；五子库弼，五房烟波祖；六子加弼，出外无着落；七子田弼，七房平湖围逸叔；八子良弼，亚保亦不祀”。由此可知，从平湖刘氏十四祖刘本刚起，其子孙便在平湖大围、松柏围、良安田、述昌围开基立业。其弟本毅及其子孙，则在白坭坑立足兴业。由于在多次迁徙过程中与珠三角一带的当地人有了深度融合，定居于平湖的刘氏后人已不讲客家话，而是讲广府方言(围头话)。

如果说族谱是一棵根深叶茂的大树，一层层剥开其年轮，让我们能够找寻到当年平湖刘氏先祖迁移肇基、繁衍发展的脉络的话，那么平湖刘氏纸龙舞就是春去秋来谢了又开的花瓣，在今天仍然为我们展现出民间文化顽强的生命力，其风采虽经风雨侵蚀和时代变迁，却依旧鲜活灿烂。

平湖刘氏纸龙舞是平湖刘氏先民自中原南迁入粤世代相传的一项民间习俗，是平湖先民千百年来为驱邪灭妖、除灾消难，祈求新的一年风调雨顺、五谷丰登、国泰民安而每年春节必定表演的民间舞蹈。由于历史的原因，纸龙舞曾停止表演达42年，直到2008年才重出江湖，春节期间为平湖的居民献演。据平湖纸龙舞的挖掘抢救者刘旦华介绍，平湖刘氏纸龙舞还有一个传说。相传在远古时代，渭水流域中有一条鲤鱼经过千年的修行，又经过三次腾跃大禹治水时劈开的龙门，终于化成一条神采飞扬的金龙，这就是古代传说中“鱼化龙”的故事。但鱼化龙之后，仍然困在渭水不能远行。这时，玉皇大帝派来两名仙童化作金鲤，伴龙游戏，从中激励和引导它继续修行，从而使金龙得道进入龙宫，达到主宰大海世界，为天下百姓苍生造福的境界。表演一场纸龙舞需20多分钟，每个环节都有特定的含义。其中包括鱼跃龙门、金龙闹海、飞龙定海、游龙戏水、鲤戏神龙、龙游四海、祥龙献瑞7个环节，每个环节的舞步及音乐的节奏都大不一样。如鱼跃龙门，俗称“开盘”，在舞蹈中表现为金龙在礼拜之后起舞时，先在禹门之外，首尾相环，不停转动。三次起伏之后，才开始上下翻飞，左右腾挪，但仍然无法跃过禹门。这时，两名仙童化作金鲤，伴龙游戏。舞蹈中，金龙、鲤鱼在禹门前追逐起舞，随后在金鲤的引导下跃过禹门，进入四条飘着祥云的殿柱——金碧辉煌的龙宫。

这使笔者想起，在今江西吉安、赣南一带，春节期间民间流行表演一种鲤鱼灯舞，其道具、服饰、形体动作与纸龙舞有部分相似。比如鲤鱼灯与纸龙的骨架一样，都是用竹篾编制而成，再用皮纸糊壳，内点蜡烛（现改为灯泡）；鲤鱼时而游动、时而翻腾的表演动作也与纸龙舞差不太多。平湖刘氏的先祖曾在赣南瑞金、兴国、南康一带为官，联系到这一点，对纸龙舞有一些跨越时空的借鉴传承也就不足为怪了。

随着深度城市化的推进，大围古村所在的片区也纳入了城市更新范围，那里的古巷旧屋将不复存在。即使旧改会保留宗祠、八卦井、功名柱等古建筑，但过去那种聚族而居的生活方式再也无法复原。在大型拆除机器尚未进场之前，有空到大围古村走走，到祠堂向祖先敬上一炷香，摸一摸老宅子的趟栊门，或者就在屋檐下听风观雨，领略古村的沧桑宁静，未尝不是一种心灵的禅修。在现代化光怪陆离的光影下，大围古村就像是灯火阑珊处穿着旗袍的妇人，面容身段虽不再娇艳婀娜，但浑身都透着无法忽视的美丽——因为，那是一种历经岁月砥砺的恒久风韵。

守珍繁盛：百年老街　风采依然

文 / 李建国

漫步在平湖繁华的闹市，人们时刻能够感受到这座新兴的深圳卫星城那迷人的魅力，而其中最让大家称道的，就是风情万千的守珍街。

这是一条有着百年历史沉淀的老街，她原本的名字是守真街。

早在1916年，平湖籍香港爱国实业家刘铸伯独力捐资创建成了平湖圩镇。镇内有述昌街、上大街、下大街和最长的守真街（此街因直通凤凰山清奇坑刘铸伯所建的守真园而得名）。

当时整个平湖圩镇布局规整，以守真街为核心，店铺林立，道路宽敞，其间包括数十间店铺客栈，还有昌裕公司、大新织布厂、纪勋劳学校、念妇贤医院、周马氏留医所、平湖火车站等。

◇繁华的守珍街（摄 / 林浩生）

昌裕公司有几十间店铺，刘铸伯逝世后，由一位姓凌的人士受理，改为“益民公司”，新中国成立后改由平湖房地产管理所受理；大新织布厂设有五间连接并排房屋，刘铸伯逝世后，一度被改为麻风病院，以后又曾作为平湖公社（镇）农具厂的木工场和货仓；当时的平湖火车站位于平湖圩镇西南方，在广九铁路东侧，一直沿用至20世纪90年代初，后改建，向北移了约50米。

刘铸伯捐资创建的守真街，至今仍是平湖街道办的所在地，当年的店铺、医院、学校等设施几乎都被保留使用至 20 世纪 90 年代中期（有些于 1980 年经当地政府、房管部门、供销社等改建，原瓦面平房，改建成钢筋混凝土结构的三层楼房，地面一层仍为刘铸伯资产，其第二层以上的属建筑单位），宽敞的道路至今仍可使用。

平湖镇和守真街自刘铸伯创建，至今近百年，其设计布局经得起时间的考验，这确实需要高瞻远瞩。刘铸伯当年创建的平湖镇，可以说是深圳城镇建设规划建设历史上的一个优秀的典范。

守真街也是一条革命浪潮风起云涌的街道，在平湖发生的重大革命事件，几乎都与守真街有关联。在守真街上，有过黄埔学生军东征的身影；有过农军大革命的英勇；有过刘伯刚、何与成等中共党员到平湖宣传革命，开展抗日救亡工作；有过平湖人民齐心合力打侦缉，解救出已经被捕的刘伯刚、刘仲德；有过英勇不屈的蔡马生被日军残忍杀害的壮烈；有过东纵英雄全歼日伪警察中队的辉煌；有过边纵指战员围攻益民公司碉楼的枪林弹雨。

历尽百年来的风云变幻，守真街一直是平湖的政治、经济、文化的核心区域，在很长一个时期，平湖之所以能够被称为“镇”，就是因为拥有这条守真街。

今天的守珍街全长约 1.2 公里，然而，在改革开放之前的几十年里，商业活动频繁的区域基本停滞在今天的平湖大街以西、火车站附近不大的范围内。是改革开放，令这条百年老街焕发出青春的活力，迅速发展成为繁荣的商业旺区，并且将坚守真诚的守“真”街更名为寓意富足的守“珍”街。

如今的守珍街，百货食品、服装鞋帽、体育休闲用品、金银珠宝等商店林立，从早到晚人头攒动，繁华热闹。每当晚霞隐去，夜幕临空，守珍街上华灯齐放，各种各样的商业广告牌竞相闪烁，流光溢彩，十分炫目美丽。

近年来，守珍街区域经政府投入巨资综合整治后，变得更加清洁、规范、文明，而由商户自发组建的“美丽平湖义工队”，更是给这条有着百年历史的街道，增添了新的绚丽色彩。

海吉星晖：怀着对人与食物的双重敬重

文 / 刘玫

◇菜篮子——海吉星（摄 / 陈建平）

平湖白坭坑，这个过去地处深圳中北部的乡村，如今交通发达，区位优势明显。正是基于这个优势，白坭坑吸引了深圳海吉星国际农产品物流园的进驻。经过4年精心筹备，2010年5月，海吉星国际农产品物流园建设项目全面启动，2011 年 9 月 29 日开始启用。海吉星由深圳国有上市公司深圳市农产品股份有限公司投资建设，是深圳市政府规划的唯一的一级农产品批发市场，是国家发改委国债项目、深圳市重大建设项目、深圳市“十一五”规划重点项目。一期占地面积 30.3 万平方米，规划建筑面积 82 万平方米，投资总额 18 亿元。

从丹平快速驶出，远远地就能看到海吉星的指示牌，依照指示右转后步入眼帘的是一个巨大的、耀眼的、绿色的海星，在蓝天、白云、绿树的掩映下，显得格外生机勃勃、富有张力。这象征环保、自然的绿色，正是海吉星作为“绿色生活创导者”所持有的对“民以食为天”的

◇中央大厨房便民服务车（摄 / 陈景贤）

敬重，更是它所崇尚的“食以安为先”的绿色交易理念的体现。

步入园区，果蔬的味道、粮食的味道、茶叶的味道夹杂着泥土的芬芳和自然的清香扑鼻而来，让我们的味蕾一下子从钢筋水泥里跳脱出来，细细品味大地的宝藏。仅仅两年多，海吉星汇集了来自全国各地的 2000 多家经销商以及全国乃至世界各地的 8000 多种农产品，名、优、特、新农产品达 800 多种，蔬菜、水果、冻品、干货分别占深圳市民消费量的 85%、90%、90% 和 60% 以上，满足了深港两地居民的菜篮子所需。

面对如此庞大的农产品来源，海吉星始终坚持“食以安为先”的绿色交易理念，在这种理念的影响下，海吉星的一些商家大力投资农产品产地，直接连通并掌控农产品生产与销售，确保农产品的优质。通过标准实验室及第三方检测实验室，海吉星建立了食品安全标准数据库及食品安全数据分析中心，对农产品质量做到全面覆盖和监控，同时推进电子结算交易模式，借助信息化手段，打造从农田到餐桌全程可追溯的农产品安全供应链，为深港及珠三角菜篮子供应和食品安全提供有力保障。一条龙的监督，检验着原产地的信誉，检验着商人的信誉，更检验着食品企业的良心和责任。海吉星以运通天下、服务民生为使命，用心打造着国际一流农产品流通网络，践行企业的社会责任。

海吉星的光芒，在于它对食物的尊重，更在于它对人的尊重。海吉星之于平湖，带动了一个社区的经济发展，也推动了平湖整个片区的发展。它见证了平湖的崭新传奇，也让更多的人通过这个窗口来到平湖，了解平湖，感受平湖，发现平湖之美。我们也相信，这颗承载着人们对食物的美好期盼、有着绿色情怀的星星，将散发更加耀眼的光芒和能量。

祈福玄武观：深圳第一道观换新颜

文 / 李建国

在平湖辖区东北翼，凤凰山北麓山脚，坐落着一幢庄严肃穆的建筑，终日香火鼎盛，信众络绎不绝……这里就是深圳市第一道观——平湖玄武观。

根据史料记载以及所有平湖中老年原住民的集体记忆，此处至少在明朝万历年间就建有玄武观，历来供奉的主神是玄武大帝。

玄武大帝又称真武大帝和“北帝”，是统领北方和整个水族的道教民间神祇，被民众奉为“水神”。因其拥有消灾解困、治水御火及延年益寿的神力，故颇受拥戴，珠三角一带各地以及台湾分布的玄武庙较多。

相传平湖玄武观起源于道家大师葛玄、葛洪等仙人创立的金丹派真传。这并不是凭空臆想的虚传，据大量文献记载，葛玄、葛洪均曾在距平湖不过数十公里的罗浮山修道。尤其是葛洪，在罗浮山悠游修炼数十年，他认真总结自己从事炼制金丹和研究各种方药活动的经验，整理积累下来大量有关化学、医学、药物学、养生学等方面的经典。如建武元年（317 年）撰写完成《抱朴子》70 卷，此后又陆续完成《金匮药方》100 卷、《肘后要急方》4 卷、《神仙传》10 卷、《隐逸传》10 卷等等众多文献。

东晋哀帝兴宁元年（363 年），广州太守邓岳接到葛洪来信，称准备远行。邓岳接信后急忙赶至罗浮山为他送别。待赶到时，葛洪已经端坐仙逝，看上去面色如生，肢体柔软，像是睡着一般。据传说，移棺下葬时，棺木很轻，打开一看，里面不见尸体，仅有空衣一件，这才晓得，葛洪已经得道成仙去了。

后来，罗浮山成为道教的第七洞天和第三十一福地。

从左慈经葛玄、郑隐至葛洪，道教的神仙方术经过几代方士的发展渐趋成熟，形成了不同于太平道或五斗米道的新的神仙道教组织。葛玄、郑隐、葛洪这一派，后人称之为葛氏道或金丹派。此后葛氏子侄及信众将金丹派在各地传扬，尤其南方各省，如今中医药中广泛运用的丹、丸、水、油等药品及许多中医药方，都是葛氏道（金丹派）传承的遗存，至今仍在继续惠泽万民。而平湖，在地域上完全可以算作金丹派发祥地的“近水楼台”。

平湖由于其自身的地理特点，历来缺乏水源，每逢大旱，更是水贵胜油。作为讲求实效的平湖先人，大量的宗教祭祀活动都与求雨相关，而节庆打醮等祈福消灾活动也均为道家的宗教仪式。

玄武大帝是道教的真神上帝，执掌有关水以及各种资源和生杀大权，进而获得人民大众的顶礼膜拜，自在情理之中。而道家教义中“厚德载物”“上善若水”“道法自然”等法条仍为今日之“正能量”的具体展示，它教化了过去历代的中国人，也将滋养未来的全人类。

平湖玄武观，历尽风雨沧桑，朝代更迭。它几经修缮建设，香火随着国运时而鼎盛，时而式微，绵延数百年而不绝。直至20世纪60年代中叶，“文革”中，玄武观被作为“四旧”遭破坏，同时又因修变电站而被彻底摧毁，连砖石瓦桁亦尽数拆除移作他用……

至此，物象上的玄武庙曾经不复存在，但精神上的玄武观始终没有消失！即使在“文革”期间，仍然有不少信男善女时常带着香火，偷偷地回到此地遗址隔空祭拜祈祷……

20世纪90年代中期，道家的虔诚信徒、善心助人的张碧琴居士来到平湖，看到平湖信众的修为，顺应天命，四处化缘，最终在家人的帮助下，在原玄武庙的遗址上初步重建了道场，在满足大家信仰需要的同时，还作为凤凰社区免费的老人活动中心，供老人们娱乐舒展身心……

因为一脉相承，也为张妈妈的诚善之心，重建后的玄武观立即香火鼎盛，声名鹊起，各地信男善女纷纷前来祭拜祈福……

而张妈妈也不顾自己年事已高，将信众们的善心集中起来，不断捐助给社会公益事业和各种有需要的人，赢得了政府和社会各界人士的广泛好评。

种善因得善果。从1997年起，平湖广大居民不断发出正式恢复重建平湖玄武观，满足村民道教信仰的呼声，平湖玄武观旧址重建事宜一再被提上议程。

为满足民众的信仰需求，深圳市民族宗教事务局领导和深圳市道教协会会长多次到平湖实地考察后认为：道缘巧合，人天际会，平湖诸多村民始终保留了对玄武大帝的信仰，希望在平湖玄武庙旧址上扩大规模，正式恢复重建玄武观，并收归深圳市道教协会统一管理。重建后的玄武庙产权所有人不变，管理方面由深圳市道教协会统一安排人员管理，并成立管理委员会，由张碧琴居士出任主任。恢复重建后的玄武庙，将继续秉承发扬中国传统文化、弘扬道教精神，满足民众道教信仰需求的宗旨，努力为扶贫济困、慈善救助等公益事业做出贡献。

平湖玄武观是深圳市道教协会在深圳市的第一座正规道场，重建玄武观更是一件有利于中国传统文化的继承、有利于民间道教信仰的传播、有利于社会福利事业的善举善事！

念幽“乐桃源”：平湖私家花园又一处

文 / 刘旦华

父亲刘仲德 20 世纪 70 年代所绘的《平湖春色图》上的遮天蔽日、一树红花的木棉，勾起了我童年时代的回忆。

当我还穿着开裆裤的时候，在木棉树南面有一座大门楼，欧式建筑，钢筋水泥结构，厚重结实，门楼外观呈象牙黄色。门楼朝南，左右两边是“乐乎天命，桃之津源”的楹联，正上方书有行书“乐桃源”三字。但不知何故，村中的人们都把这里叫“屋头园”。

村中的老人说，“乐桃源”是松柏围侨商刘德新在屋头岭西坡上建的一座颇具规模、中西合璧的私家庄园。当时的“乐桃源”，依山傍水，背后是苍翠的屋头岭，前面是碧波荡漾的荷花塘。进入门楼，园内古木参天，首先映入眼帘的，就是这棵挺立在坡边，高逾六丈，状如华盖，四人才能合抱的一树红花的古木棉，它与稍北的老榕、荔枝等古木一起，覆盖着建筑物外的半个庄园。而庭外栽种的自南洋移来的数株广榔树，在火红的木棉花的掩映下显得更加婀娜多姿。

沿着花径向前约二十米，往右登上两层十多级的花岗岩石阶，便是近两亩地的小广场，广场的靠山处，七间古老大屋一字排开对着西边的园林，广场的北面，还建有三间一排的大屋和附属建筑物，古屋都是一式的灰沙青砖墙到顶。据说，这灰沙夯实的墙体基础结构，比一般的砖墙要坚硬得多，因为当时使用的灰沙中混合了糯米老鼠糖胶。瓦面为三层大瓦铺面，全是两进一天井的广府式建筑，间间相通，户户相连，雕梁画栋，云石铺地。所用家私为明清时期酸枝木雕刻而成，桌椅内镶白玉，瓷画、瓷器、餐具均为景德镇青花瓷。

在小广场的南面，建有一座占地一亩多、四层高的大楼，它那高大坚固的铁门和开放大度的玻璃大窗，无论原料还是设计都是从香港进入的“舶来货”，当时不要说在平湖，就是在当时的宝安县城都是难以见到的。由于它的设计和布局与自然和谐一体，且西洋味十足，因而平湖人称之为“洋楼”。

“乐桃源”当年曾以它园外一池荷花，园内一树红花，山上一片苍翠，山下一片青翠，而与美名在外的守真园相媲美，其虽属小家碧玉但也别有情趣，难怪当时人们把它列为平湖私家花园第二家。

记得，孩提时的“乐桃源”已经荒废，古老大屋已收归集体所有，先是分了部分给村中的贫农住，也曾办过幼儿园，办过学校，“文革”时期的平湖小学就是在这里办的。后做仓库堆放稻谷，也曾做过耕牛的牛栏。而“洋楼”早在大炼钢铁时期被大肆破坏，所有的门、窗甚至楼板里的钢筋都被拆去炼钢，沦为一栋危楼，后几经风雨，唯见断墙残壁。但此时的“乐桃源”

才真正是我和小伙伴们的“乐桃源”，玩得不亦乐乎的好地方。

记得儿时每逢下午放学后，到“乐桃源”玩与到“松柏头”玩都是首选。我们喜欢在凹凸不平的小广场上“辘铁环”“劈鸡诺”（陀螺），在洋楼的断墙和壁缝里玩“兵捉贼”“打仗”等。

秋天来时，我们还时常在残破的楼廊里捉“麻甩蜂”玩，“麻甩蜂”带麻黄色，尾上无毒针，而黄蜂较黄，尾上有一支毒针，且毒液特强。秋高气爽时节，两种蜂喜欢在空中纠缠在一起，当它们掉下来的时候，小伙伴们都争着去捉，一不小心碰到黄蜂时，就免不了被“黄医生”打针，很快小手就肿得像个小馒头。每到这时，只能捧着“小馒头”哭喊着找妈妈了。

春天到了，高大的木棉树花发遍树，光艳如火，映红了庄园的半边天，旁边的古榕也不甘寂寞，绿中吐翠，一片葱茏。火红的花朵引来百鸟翔集，只见它们在花间上下翻飞，追逐嬉戏，更有三五黄鹂，争占高枝，唱出一派春光。每当此时，我就有了要把“红杏枝头春意闹”这一千古名句改作“红棉枝头春意闹”才恰当的想法，因为此时红棉枝头的春意确是比红杏枝头的春意要“闹”得多。

随着夏天的即将到来，红花飘落，此时，如果你早上到树底下，就会见到“只见红花不见泥”的奇景。

渐渐地红花落尽，树上原红花处变成一只只灰黄色的棉荚。稍后，棉荚裂开，飘出一团团雪白的棉花，偶尔一阵清风吹过，众多的棉荚就会同时裂开落地，而荚里的棉花就会随风而出，飘向空中，这时平湖方圆数里，漫天皆白，如同飘雪，蔚为壮观。

今天的古木棉树，已在沧桑的岁月中老去，早年的一场九级台风，刮断了半截树身，继之是前几年又一场八级台风，树身上的半截又不见了一大半，现在能见到的，仅有两层楼高的缠满着绿萝和薜荔的半截树身，在树身的断裂处挣扎着伸出一条顽固的枝丫，默默地指向南方，仿佛向人们诉说着屋头园的今时往昔和世事的苍茫。

忆旧三风物：瓢胡泉、龙吟石井与龙吟庵

文 / 刘旦华

早年，松柏围左、屋头岭南有三人不能合抱的古榕三株，皆数百年前植物也，它与遍布山前的荔枝、龙眼等树木连成一片，遮盖住屋头岭南整个山头。树荫中有古庵一座，居山嘴之上，与南面数里外的“万福庵”遥遥相望。古庵名曰“龙吟庵”，听村中老人说，庵中大厅供奉观音、北帝、龙神等多尊神像，庵内有尼姑三五人，香火颇盛，皆求雨、求平安。庵左侧岩石之下，有泉眼一口（后凿成石井），曰“瓢胡泉”“瓢胡石井”。此宝安（深圳）名泉也，清康熙、嘉庆之《新安县志》均有记载，平湖人称之为“石井头”。

夏日的龙吟庵是平湖人的“避暑胜地”。每逢酷暑，村民在农事之余，都会到庵中一坐。这时，他们往泉眼处舀一碗龙井水，听着庵外荔枝树上传来的蝉唱，品尝着“龙泉”的清凉和甘洌。同时，他们大都会在堂中的青石板上席地而憩，也不时将耳朵贴近地面听潜龙在地下低吟。

龙吟庵因井泉而建，所以是先有井泉而后有庵堂。从“瓢胡泉”到“龙吟石井”再建“龙吟庵”，可见平湖人爱龙、拜龙之心不泯。

当年的龙吟庵，背靠苍翠欲滴的青山，面临波平如镜的碧水，那掩映在万绿丛中的朱墙绿瓦，半壁楼台，有如一位羞涩的少女，亭亭玉立在清风摇曳的碧水绿叶中。

我自小便与石井头结下不解之缘。少年时期的我（读小学三年级时）就与村里的一两个伙伴，每天吃过晚饭后便到石井头冲凉，不管春夏秋冬、风霜雨雪，无论读小学、中学或农闲农忙，直到最后那战天斗地的岁月，石井头伴我度过了青少年时代那段难忘的时光。

如今，龙吟庵与龙吟石井早已不见昔日的风光。在龙吟庵的遗址上是村民所建的一座农民楼；而龙吟石井，也被后来的建筑物所覆盖，虽然仍然使用，但失去了当年的模样；就连庵后的百年古榕，也由于生态环境被破坏，加之缺乏管理和养护，像患上了老人的骨质疏松症似的，原先茂密伸展的枝丫已逐年苍老萎缩，显得有气无力。

故乡啊，故乡，百年的风霜让古榕难以再伸展枝丫，那沧桑的岁月，更无法留住龙吟庵逝去的昨天。何日，我们还能再喝上曾经像母亲的乳汁一样世世代代哺育着平湖儿女成长的甘甜的龙井水……

捌

风俗民情

南粤人民从中原南迁，在岭南大地上生息繁衍，既承继和发扬了华夏文明的传统，又发展出许多具有地域特点的民风民俗。平湖的传统节令和古老的习俗惯制，并未在现代化的风云中黯然失色，而是赋予这个改革开放的前沿阵地历久弥新的底蕴。扒龙船将纸船焚化，灰烬送入水中，送邪迎新；拜围门由 60 岁以上的宗族长辈主持，在围村祭拜；还有抢炮头的热闹，纸龙舞的多姿，舞麒麟的吉庆，不一而足。生育、婚嫁、乔迁、饮食、寿辰、丧葬的乡俗，则贯穿着生于斯、长于斯的平湖人的一生。

第一节 非遗录

（摄 / 陈建平）

平湖打醮

文 / 李建国

平湖打醮的习俗也和全国许多地方一样，有着非常悠久的历史，是历代祖先传承下来的。

据《昭明文选》指出：“醮诸神，礼太乙。”而《隋书》中指：“夜中于星辰之下，陈放酒脯、饼饵、币物，历祀天皇、太乙，祀五星列宿，为书如上章之仪以奏之，名之为醮”。意思所指“醮”就是祭神的意思，其原始的目的，是古代百姓对天上神佛的庇佑表示感谢，或祈求平安而举行的隆重祭典。祭典乃通过道士、和尚为媒介与鬼神沟通，这个活动称之为“醮”。

醮亦分为平安醮、瘟醮、庆成醮、火醮等四类。此后道士为人设坛念经祈祷叫打醮。于汉末道教盛行之后，逐渐衍变成“僧道设坛祭神”的专有名词，其原始意义，主要在于祈求风调雨顺、国泰民安。最后成为了祈神酬恩和施鬼祭魂合二为一的民间祭典活动或传统节日。

打醮名目繁多。有祈求平安的“打平安醮”；有驱瘟疫、除天灾、许愿打醮；有好收成，打醮酬谢；有丧葬，请道士打醮。打醮时，要设斋道祭祀，道士击鼓诵经，甚至有举行演戏娱神诸活动。

打醮之俗可溯及先秦。宋玉的《高唐赋》中已有“醮诸神”的记载。以后各朝各代，这种延请道士通过祭祀消灾求福、超度亡灵的仪式绵延不断。清代顾张思的《土风录》卷二“打醮考”载：“黄老之学，本于清净自然，地狱天堂，何尝言及。黄冠辈见僧获利，从而效之，送魂登天，代天肆赤欠，谓之练度，可笑甚多，如罗天大醮、平安大醮，名目不胜记述，即今之打醮也。”

平湖人承袭了这种习俗，直至新中国成立时的 1949 年。

根据平湖 91 岁的刘丽全、81 岁的刘集荫等老人的集体回忆，当年平湖地区流传着这样的民谣：

三年打届平湖醮，锄完地豆（花生）有草烧。割完秋禾有谷粜，娶埋（回）老婆茄茄笑。

民谣生动地描述了当年平湖村民群众基本的生活形式和梦想追求，以及平湖打醮的隆重和热闹。

据老人们回忆，平湖打醮通常是在春节时举行。

平湖打醮的头一天，基本上是做些准备工作，之前推举出的元首或总理（值理）等与纠手们在一起商讨打醮的各项事物。

在平湖，父老乡亲通常是由他们推举出来的“圣头伯”领导，搭彩门，垒灶膛。起天坛，请各路神仙；设鬼魂坛，接四方鬼魂与本家的孤魂野鬼。各家都收拾好自家房舍，准备接待醮会上安排的客人，和前来看热闹赶会的亲朋。

而且，所有参加或者观看打醮的人还必须遵守许多清规戒律，如必须吃斋，夫妻在打醮期间不能同房等等，以免带来意想不到的灾祸。

第二天凌晨三点左右，厨房的人开始忙着做早饭，五点左右，打醮的人们便忙碌起来了，匆忙吃些东西后，开始迎香、圈村、行朝。

“行朝”是项隆重的仪式，数以百计的男性村民穿上新衣新帽，跟着辈分高、年纪大的乡绅父老缓缓而行，队伍当头由小伙子举着“肃静”“廻避”的牌匾开路。队伍前面的人抬着巨大的“大士公”（钟馗爷纸扎神像），抬着年、月、日、时四个使者和十大元帅的木雕像及祖师神殿前的法器家什，后面的人则怀里抱着彩旗。

在道士、鼓乐手的带领下，队伍沿着围村走一圈，意思是把参加打醮的村庄都圈进来，这样，神仙的灵光便会罩在这些村庄之上，以保大家平安无事。

打醮的队伍一路上遇神就拜，沿途的人们纷纷用手中的香换下“大士公”香炉上的香，然后插在自家的香案上或是自家的院子里、墙头上，意思是“大士公”已被请到了本家，一家老小已在“大士公”的庇佑范围之内了。

一般情况下，中午要到一个村子里简单地吃点饭，然后继续往前走。经过七八个小时甚至是十几个小时的跋涉，方能停歇。

到了天光渐暗，夜幕降临时，人们会排起长长的队伍，敲锣打鼓地从“大士公”神殿前出发前往村口，沿途两侧摆上用蜡烛或者油灯做成的长长的路灯，到村口迎请各路神仙鬼神、本村亡故祖先的灵魂以及屈死冤魂到设好的天坛、地坛就座，观看打醮，受人供奉，人神共庆，一同打醮保人们平平安安。

第三天是打醮最为热闹的一天，平湖及周围的人们纷拥而至，几乎各家各户都住满了香客亲朋。

上午九时，开始了迎宝、敬献贡饭，有的地方是一日三贡（给神坛上敬供煎堆等食品），迎贡的人们排起长长的队伍到一些人家拜会，把珍藏的珍宝以及给祖先大神做好的贡饭捧好，在吹吹打打的鼓乐声的带领下，恭恭敬敬地迎接到祖师大神的庙殿前，供宝、献饭，场面甚为隆重。

人们规规矩矩地跪在地上，把贡品献饭顶在头上，一盘一盘地向前传递，旁边道士做着道场法事，一旁的唢呐大声吹奏着，成百上千的人把祖师大神的庙殿围得严严实实，一盘一盘献饭整齐有序地被贡献到神案上。从有献饭开始的那天起，祖师大神的经堂、天坛，二十四小时都会有信徒守护。

到了下午，打醮逐渐进入高潮，首先是“扬幡”，成百上千的人在道士的带领下，在村外的场子中，开始一圈一圈地围着幡子转，道士在前面手拿法器口中念念有词，打醮的人们手拿彩旗家什相互簇拥着跟在后面，一步一步、一圈一圈，一遍一遍，就这样不停地要走很久。

最后来到一个高耸的幡子跟前，幡子看起来很简单，一根粗长的木棍竖一场地中间，木棍的上端挂着一个扫帚，代表着神灵鬼魂，一根长长的红布条挂在上面，红布的两端拴有几个面做的小人，凡是想要个一男半女的媳妇们，来到幡子下争相抚摸小面人，而后乘道长不注意偷摸道长的头，据说只要是摸了小面人和道长的头，便可在一年之中怀孕。通常领头的道长会被一群女人追得四处逃避。

到了晚上掌灯时分，禾堂（晒谷场）上的灯被点了起来，人们又开始围着灯场转，道士与抬着“大士公”神像以及手拿法器彩旗的打醮人走在前面，围观看热闹的人跟在后面。人们围着禾堂灯场外围要走上三圈，然后进入禾堂中，转来转去，直至所有前来转禾堂的人都走过。

平湖人打醮时，还会搭起戏台，请来戏班，连续三天三夜不停地表演木偶戏，唱粤剧大戏等，热闹非凡。经常为了让四围村庄的父老乡亲都能享受打醮看戏的快乐，打醮的戏台搭得很大，观众甚至坐到村前割过晚稻的田园里。

在打醮第三天进入高潮之时，活动主持者将写有参加打醮的平湖村民名单的“榜文”塞进另一位神仙偶像“鉴斋爷”的大肚子里，然后抬到祠堂门侧一起火化，表示所有的灾祸都随着“榜文”和“鉴斋爷”一起化为灰烬。

而“大士公”则由信众抬到“西门下”举行仪式后火化，祈求来年平安。

活动结束后，来参加打醮的外村人和来访的亲友要走了，人们在送走亲朋之后，又点起两排长长的地灯，送走那些被请来参加打醮的各路神仙妖怪和死去的亡灵。

第四天一早，打醮结束了，吃了三天素的人们终于可以吃到肉了，通常醮会上要专门杀猪，准备丰盛的食物招待大家，以求大家全年都风调雨顺、事事如意。

平湖在传统上除了三年打一次醮，有些村庄还每年举行几项活动，都非常热闹和隆重。

扒龙船

文 / 李建国

每年正月十九，平湖围村组织送邪迎新的活动，用竹篾和纸扎成一条两米多长的“龙船”，前面挂着铜锣，后面架着木鼓，由两个人抬着，一边敲锣打鼓，一边在村庄中巡游，通常是由祠堂开始，然后到围中，最后到外围，每家每户地去拜，原则上只要供奉有神主牌、有人居住的房屋都必须巡游到。

当“龙船”游到村民家时，各家各户都将事先用“花红粉”（朱砂）染好的红米撒进“龙船”，以示将去年不好的邪气都交给“龙船”带走。

“龙船”在游遍三坊各家各户之后，送到河塘边，由主事的“公头”发表祭祀的文告之后，用火将“龙船”焚化，灰烬送入水中，寓示就此将旧年的不好送入大海，为来年的兴旺打好基础。

拜围门

文 / 李建国

每年的正月二十上午九时，平湖有些围村会举行隆重的拜围门仪式。

仪式通常由村中德高望重的族长主持，只有 60 岁以上的男丁才有资格，身穿长衫，头戴礼帽，神情庄重地参加祭拜，女人和 60 岁以下的男人只可以旁观。

早些年的平湖，由于经济比较困难，大家的钱都比较少，想办成一两件大些的事，只能靠大家凑钱，而且是分期分批地凑，这就是当时民间相当流行的“供会”。而“供会”通常是由一些关系较好的人凑在一起组织和运作，谁需要钱时就由谁使用，或者支付合理利息，或轮流使用，以保障需要时大家都有能力解燃眉之急。

在拜围门时，各个“供会”出钱购买乳猪、元宝、香烛等供品摆放到围门前祭拜，仪式完成后，各个“供会”取回自己的供品，在“会员”之间进行分配共享。

除了拜围门，平湖各家各户也都会在初一、十五以及各种年节时拜自家的家门和供奉自己的祖先神灵，以保佑家人平安幸福。

抢炮头

文 / 李建国

每年的正月二十下午一两点钟，平湖有些围村会举行热闹非凡的“抢炮头”活动。

虽然，活动的资费是由本村筹集，但平湖各村的乡亲都有资格参加。主持活动的“炮头”通常是由村中民众推举出来，大家争抢的目标则是从东莞购入的烟花彩炮内的“炮头”——共由 16 支烟花炮内包裹的系有红绸的小竹竿。

彩炮由主持人点燃，彩炮飞到几十米的空中爆开，待它的“炮头”落下时，人们便蜂拥而上，拼命哄抢，热烈狂野，力气小一点都无法挤到“炮头”附近。

当有人抢到“炮头”并抓在手中举过头顶时，哄抢立即停止，由主持人宣布：某某抢得炮头！

然后，再燃点第二个彩炮，人们又开始新一轮的哄抢……

整个活动按照顺序，16 支彩炮依次分为头彩、二彩……一路排到 16 彩。通常头彩最让大家羡慕，奖金也最高，其他则依次略低。

抢到炮头后，先由主持人登记，活动结束后，则由主持人带领大会筹备人员和一众孩子，敲锣打鼓，按照抢到彩头的顺序，挨家挨户地将奖品送去。

奖品有红纸包着的奖金、刻有字的镜子以及长约 1.5 米、宽约 80 厘米写着“第 × 炮”的标尾（丝绸彩旗），标杆则长达 3 米，由小孩子扛着，欢欢喜喜、热热闹闹地游遍三坊的大街小巷，更加增添欢乐的气氛和夺标者的荣耀。

不过，这些奖品也只是暂时由夺标者保管一年，待到第二年再举行“抢炮头”活动时，那些奖金、明镜、标尾都必须送回活动筹备组织，作为新一届夺标者的奖品。

刘氏平湖纸龙舞

文 / 李建国

刘氏平湖纸龙舞是平湖刘氏群众强身健体、凝聚族人的一项文娱体育活动，也是平湖街道仅有的一项市级非物质文化遗产。自 1966 年停演到 2008 年成功发掘抢救重出江湖，其仪式和内容都有相当严谨的要求，在举行活动时应该认真遵守。

平湖纸龙舞有一些约定俗成的风俗，比如每年舞龙时间不超过 15 天；春节前扎制纸龙；年三十晚开光，开光仪式的整个过程，不能见孕妇，孕妇的丈夫也不能参与该项仪式，否则孕妇就有可能生下怪胎；大年初一正式舞龙至正月十五；大年十五下午举行“神龙升天”仪式，也称“送龙神”；龙队在公众场合遇到其他龙队，即右侧避让，如遇麒麟或狮队等，龙队则不能避让，并及时鸣锣击鼓警示对方。如对方也不肯避让，在新中国成立前，就会发生激烈的争斗导致死伤；新中国成立后，改为龙队停止前进，停留原地，由领队与对方商谈做出决定后，按决定进行，通常情况下，任何麒麟或狮队等都会给龙队让路。

纸龙结构

平湖舞龙队舞的是纸龙，以竹木制骨架，用宣纸（后用牛油纸）做龙头、龙身、龙尾，故称“纸龙”。龙头由嘴部（并口含龙珠）、前额、后脑、角、龙把等部分组成，体积较大，造型复杂，颜色鲜艳，头角峥嵘，显出龙的威风。龙的眼睛用灯泡装饰，龙须用约 1 尺多长的紫藤（后用小钢丝圈）弯曲而成，分别固定在龙嘴两侧。龙身和龙尾所蒙裱的纸上绘有龙的鳞片，鳞片末端贴有金纸，上端贴有银纸。龙身内装有数目不等的灯泡（早年曾用烛盏）。龙头和龙尾并不与龙身相连，而由舞技最高者单独舞动。龙身则视需要由 7 到 13 节组成，每节长 1 米左右，环环相扣，紧密相连，追随龙头舞动。

金龙在夜间表演时，早年龙头、龙身和“大栋”用香火做光源，也曾使用过烛盏，新中国成立后用电筒，现在平湖人正设计用光电二极管做光源。

仪式内容

纸龙扎制好后不得随意舞动，并用丝绸蒙服，等到年三十晚才能举行庄严肃穆的开光仪式。当晚十一时许，龙队包括鲤鱼、锣鼓等同时携带香烛、炮竹悄悄地自村内出发，全队保持肃静，不管出现任何事情，均不得声张，路人皆回避。龙队直奔“请龙神”的江河边（必须在零时前到达），到目的地后，需待到零时整，一到零时整点，主持人宣布“请龙神”仪式开始，随即焚点香烛，由主持人致“请龙神”词。

请得“龙神”附龙身后，村中德高望重者揭开蒙在龙眼上的红绸布，开启纸龙全部电源，这时锣鼓、唢呐响起，龙队按“开盘”舞法，金龙拜河三次，燃放炮竹，金龙舞回，在回程折桂枝一枝回新村，到新村大门口再拜大门三次，燃放炮竹，“开光”过程完毕，金龙回村放好，待初一开盘。

大年初一上午，金龙出村，整个龙队需全部随行，包括金龙、鲤鱼、龙门、大栋、锣鼓配乐、旗帜及龙队的所有成员列队出村，出村门口需三拜燃放炮竹才通过，出村后，先拜祠堂，在大门口燃放炮竹拜三次，按开盘舞三圈，再拜三次才能离开；再拜村委大楼（村公所），内容与拜祠堂相同；最后拜新村，回到新村大门燃放炮竹拜三次再入村，沿村道绕一圈，在村广场开盘舞新年第一盘。

大年初一上午开盘后，直至正月十五上午可到邻村及其他地方表演。但每次出入村大门需列队三拜。正月十五下午（傍晚），在村内舞新年的最后一盘，舞完后，整个龙队成员全部出动，列队出村（在大门口三拜、燃炮竹）到“送龙神”所在地江河边（请龙神所在地）举行火化仪式。在庄严肃穆的“送龙神”仪式中，首先摆好供品，燃点香烛，然后由主持人致“送龙神词。”

金龙按谢盘舞法舞三圈，再拜河三次，拜完后，主持人随即点燃金龙，同时燃放炮竹，待金龙完全焚化后，须打水将灰冲入江河，熄灭火种，俗称“神龙升天”，龙灰随水东去，这时仪式主持人双手合拜，念念有词，“龙神”也随之回归大海。

龙队所有成员偃旗息鼓回村，全部仪式完毕。来年春节前，再扎制新龙。

表演要求

大年初一上午开盘后，直至正月十五上午可到邻村及其他地方表演。但每次出入村大门需列队三拜。

平湖舞龙队每队约需 30 人组成。其中鲤鱼 2 人，龙头龙尾各 1 人，舞龙身 7 人（按①②③④⑤⑥⑦顺序连接排列）。举“风调雨顺”（早期为虾、蟹、鱼、鳖等水族）等“大栋”（玉柱）的 4 人，禹门 2 人，后备人员 3 至 5 人，可表演许多动作和造型。舞龙队以狮鼓、大钹、锣做打击乐，以唢呐、长笛等为吹奏乐器。故乐队需要 8 至 12 人。同时男女不混舞，有女队参加时，另增 20 人左右。

掌龙头的人是全龙阵的灵魂，龙舞是否生动活泼、紧凑顺畅、引人入胜，都靠龙头带领。龙头走什么路，龙身和龙尾随形似影跟着走。鲤鱼引龙走在龙头的前面，但仍然只是对龙头和整个龙舞起配合作用。而且通常驻场表演时，“大栋”（玉柱）及禹门立定，鲤鱼与龙上下左右相戏，或由金龙表演各种舞蹈动作。

在喧闹的鼓乐声中，龙头摆动，舞龙队员各就各位，右手执龙把中央，左手执龙把下端，随着锣鼓的节奏，龙头反复转动，龙身追随晃动，或绕场一周回到原位，或走街串巷，四处巡游。随着锣鼓和乐曲声的轻重快慢、节奏变化舞动起来。

舞龙全过程完成后，龙头高昂，然后俯身三拜，龙尾随着摆动，锣鼓乐器声息，舞龙结束。

表演内容

“鱼跃龙门三汲水，龙游渭水万长江。”

在平湖纸龙舞起势时，出现的红色纸门“禹门”上写着这样一副对联，表示平湖纸龙整个舞蹈的过程，就是表演一个古老的神话故事。平湖纸龙舞由七个部分组成。

一是鱼跃龙门（俗称“开盘”）。相传在上古时期，一条生活在（今陕西）渭水流域之中的鲤鱼，经过千年的修行，又经过三次腾跃大禹治水时劈出的龙门的努力，终于化成一条神采飞扬的金龙，这是古代传说中“鱼化龙”的故事。这在舞蹈中表现为，龙在礼拜之后起舞时，先在禹门之外首尾相环，不停转动（俗称“开盘”），三次起伏之后，才开始上下翻飞，左右腾挪。但鱼化龙之后，仍然困在渭水千年不能远行。这时玉皇大帝派来两名仙童化作金鲤，伴龙游戏，要引导它得道进入龙宫。舞蹈中金龙、鲤鱼在禹门前追逐起舞，随后跃过禹门（这就是古老传说中的“鱼跃龙门”）进入有四条飘着祥云的殿柱，俗称“大栋”（栋顶可立“风调雨顺”牌匾，也曾改为五谷丰登、六畜平安或象征吉祥平安等形状的物品）的金碧辉煌的龙宫（大海世界）。

二是金龙闹海（俗称“走缠柱”）。在龙宫的天地中，金龙既惊异又兴奋，而金鲤则时隐时现，引导它不断前行修道，增强功力。舞蹈中，金龙在金鲤的激励和引导下，围着“大栋”进行“8”字旋转，龙头与龙身、龙尾随波逐浪上下起伏，金鲤时而两条，时而一条伴龙起舞，时而退场由金龙独舞。这时，金龙分别沿着四条“龙柱”上下缠绕，左右盘旋（四条龙柱分别代表东南西北四海）表示驱邪灭妖，除难消灾。

三是飞龙定海（俗称“走大圈”）。金龙在四柱外围快速转绕三圈，表示四海一统，胜利凯旋。

四是游龙戏水（俗称“倒水”）。仙童化身的金鲤在完成了引金龙得道的任务之后，便回天宫向玉皇大帝复命去了。而金龙经过艰苦的修炼，也放慢了节奏，进入休憩阶段，只见它逍遥地左右侧身，龙尾摆动，龙头即吸水喷洗龙身，随后翩水休息。舞蹈中，金鱼退出场外，金龙停止游动，龙头吸水抬起，两侧左右各“倒水”三次。龙身、龙尾随之左右相应摆动。

五是鲤戏神龙（俗称“引鱼翩水”）。小憩过后，金龙精神倍增，金鲤再次激励和引导金龙练功，金龙追着鲤鱼串柱一圈后，双方在大海中“比武”，两条金鲤轮流与金龙“过招”，并输送“真气”给金龙。

六是龙游四海（俗称“游花园及走大圈”）。通过与金鲤“过招”和吸得金鲤的“真气”，修炼得道的金龙，功力大增，开始云游四海，造福天下黎民百姓。舞蹈中，金龙再次巡游四海，体察民情，为民祈福，驻场表演时游遍全场（俗称“游花园”），伏地蛇行，龙头时而下潜时而上扬，在悠扬的唢呐声和激昂的锣鼓声中，金龙时而左侧，时而右侧，逐波漂游，接近围观的四方群众，向沿途的父老乡亲祈福。绕场一周后，金龙在金鲤的引导下，再一次快速沿四柱外围转圈，表示已为黎民祈得福祉，四海太平。

七是祥龙献瑞（俗称“谢盘”）。金鲤引金龙在四柱之内走到前台，向观众叩首致谢。每次表演结束前，金龙都会随着鼓乐，排列好整齐的队形，郑重地向四方的父老乡亲再三祈福。向观众致谢后，方恭敬退场。

鹅公岭舞麒麟

文 / 李建国

历史渊源

麒麟，是中国古籍中记载的一种动物，与凤、龟、龙共称为“四灵”，是神的坐骑，古人把麒麟当作仁兽、瑞兽。雄性称麒，雌性称麟。

在中国众多的民间传说中，关于麒麟的故事虽然并不是很多，但其在民众生活中却实实在在地无处不体现出它特有的珍贵和灵异。麒麟的传说起始于春秋时代与孔子相关的“西狩获麟”的典故，象征祥瑞的舞麒麟也在此时开始产生，并进入中国祭祀神庙的传统。许多地方的中国人视麒麟为图腾，而深圳的“原住民”其实基本上都是先后从中原迁徙至此，并且在当时就带来了舞麒麟。而鹅公岭的原住民，有说源于惠州，也有说源于东莞、潮汕，甚至广西。但可以肯定的是，原住民们都是陆续从不同的地区迁徙至此，而且早在 200 多年前，已经有人生活在这块土地上，同时很早就开始用舞麒麟来举行喜庆祭奠仪式。

大约在 19 世纪六七十年代，因需在平湖刘姓和雁田邓姓的大族夹缝中求生存，必须身怀武功，团结对外，鹅公岭组建拳馆，邀约高手前来执教，其中以请得佛山莫家拳的嫡传弟子阿派最为著名，因其双目失明，人称为“盲派”，但武功高强，无论拳打还是枪棍袭击，无人可以近身，并且往往出手便可一招制胜。在他的悉心调教下，鹅公岭培养出大批武术高手，其中何锦、梁桐成为盲派众多弟子中的两大杰出代表，何锦收的两个徒弟何晚、何锡奇，梁桐收的四个徒弟陈润容、宋耀、宋永祥、宋福，也是当时的风云人物。据回忆，当时鹅公岭还开有不少武馆，其中陈屋厅武馆、军围梁桐武馆至今仍让鹅公岭老人记忆犹新。鹅公岭青年从此以后练武之风盛行，村中长老因势利导，在原有的鹅公岭麒麟队的基础上，进行扩编提升，形成了与众不同的独特风格和套路，在加强村民凝聚力和强身自卫的本领之外，也提高鹅公岭在附近地区的社会地位，鹅公岭麒麟队精湛的舞技和深厚的武功，名扬宝安及港澳长达数十年。

清朝覆没后，中国大地战事频繁，民不聊生，鹅公岭的舞麒麟也只能断断续续地传承。新中国成立后，鹅公岭舞麒麟也曾恢复活动，而且还被香港人邀请到香港表演。人民公社成立时，鹅公岭舞麒麟还专门到平湖墟进行表演庆贺。但到了“文革”期间，又被当作封建迷信给取缔了。

20 世纪 80 年代开始，中国实行改革开放政策，鹅公岭人的思想解放了，村民们重新把自己祖祖辈辈传承下来、心目中最为神圣的舞麒麟祭奠仪式恢复了起来，但由于社会的发展，生活的变迁，80 年代中期之后，舞麒麟的活动又沉寂了下来。近年鹅公岭实现了城市化，为了提升社区居民的生活素质和原住民的凝聚力以及文化的认同感，进一步达到和谐社会的目的，麒麟队于 2009 年 6 月 18 日正式重新组建，以老带新，以师传徒，很快取得很好的效果。目前鹅公岭舞麒麟已经发展成形，并于 2010 年春节期间外出表演，不断地活跃在当地民间，受到周边群众广泛好评。

仪式内容

以鹅公岭社区为代表的本地区原住民舞麒麟，与周边地区的客家舞麒麟套路形式有所不同，但它主要也是一种民间的祭祀祈福的仪式，平时极少出去表演，通常只在春节的时候和村里的特大喜庆盛典上才舞，春节舞麒麟时间是从大年三十的子时过后，一直到正月十五元宵节下午的 5 点多结束，特大喜庆盛典的舞麒麟则遵从盛典安排。

每年大年三十的这天晚上 12 点过后，村里麒麟队最老的师傅就会带领着麒麟队来到野外进行开光采青（如原来的麒麟已开过光，可免去此仪式），随后来到村里的祠堂。先由老师傅在祖宗的灵位前焚香，并在口中念词祈祷：马上新的一年就要来了，祈求天地神灵、列祖列宗保佑我们这些子孙后代吧，保佑我们在新的一年里风调雨顺、庄稼丰收、人丁兴旺、平平安安吧……我们现在在这里恭敬地祭奠，求天地神灵、列祖列宗赐福于我们吧。老师傅说完后，马上在祠堂内燃放几米长的鞭炮，此时麒麟队的锣鼓起，麒麟则上前向祖宗的灵位三叩首，祭拜天地神灵和列祖列宗。整个仪式结束后，“开光”好的麒麟就会收起来，等到大年初一在祠堂内再进行类似的祭拜仪式后，麒麟队就会首先在祠堂外的禾坪上面向祠堂开始春节的第一次表演。

舞麒麟表演结束后，麒麟队将会一直舞动着挨家挨户地去门前走一遍，祈求麒麟给每一户人家带来今年的吉祥和安康。从第二天开始，陆续就会有单位和商家请麒麟到他们的单位或商铺前去做舞麒麟的送福表演，以求得全年生意兴隆、财源广进，他们一般都会给麒麟队过年的红包。

直到正月十五元宵节的下午 5 点到 6 点之间，麒麟队就结束了今年的表演和祈福活动，他们又由老师傅带领着，一路舞动着进入祠堂。来到祖宗灵位前，麒麟和锣鼓声停，老师傅焚香，口中念念有词：感谢天地神灵、列祖列宗保佑我们，让我们过了一个吉祥如意的年节，在新的一年里能够获得丰收平安，等等。说完之后，麒麟头对着祖宗灵位三叩首，拜谢天地神灵和列祖列宗，然后燃放几米长的鞭炮，收起麒麟头到舞者的右肩上，整个麒麟队随之撤出祠堂。

至此，全部仪式结束。

麒麟表演

舞麒麟的整体表演套路是按照麒麟一天的生活习性来演绎的。按照传统惯例，一人舞麒麟头，一人舞麒麟尾，配合默契，随着传统锣鼓乐器的伴奏生动表现出麒麟的喜、怒、哀、乐、惊、疑、醉、睡的形态，舞蹈全过程约 20 分钟，包括 8 个步骤。一是麒麟上场，先拜师。二是麒麟威猛出洞，拜四门。三是单脚跳—舔足—转头—舔鳞—舔尾。四是绕场一周后，麒麟开始打瞌睡，麒麟尾将其触醒，麒麟头与麒麟尾嬉戏。五是麒麟采青（青就是一种树叶）：这是整个舞麒麟表演的核心部分，包括走大圈，寻青（四处找食物）—采青（摘下食物）—玩青（做出各种动作，如探、踢、拔、瞄等，然后又将“青”传给舞尾的人，舞尾者亦用“青”来逗戏麒麟头，此间一头一尾配合默契，表现麒麟的威猛和无拘无束的秉性）—吃青（最后从麒麟尾处抢到“青”，吞食，洋洋得意）。六是游花园：吃饱之后，麒麟开始在它表演的周边游玩、戏耍，包括高兴地游圈、舔脚舔脸、翻滚等动作。七是收场：麒麟向观众三拜，随着激昂的锣、鼓、镲、唢呐伴奏挥动全身，缓缓退场结束。八是拜师：结束时还要向师傅恭敬地再一次行礼，麒麟头向着乐队中间的鼓、乐器演奏者三拜后退场。

舞麒麟表演结束后，还带有精彩的莫家拳术表演和真刀实棍的武术表演，时间约 25 分钟，主要内容包括拳术表演、短棍对短棍表演（也称“双头棍”）、七星棍表演（也称“二棍”）、舞双刀表演、舞方耙表演（用铁做成耙状为头接上木棍，重约 5.5 公斤）、舞关刀表演、舞竹叉表演（鹅公岭人称为“鸡仔竹”，砍下晒干后硬度、韧性很强，是鹅公岭先民就地取材用以自卫的武器）、单刀藤遮表演（藤遮：用藤条编成圆形的盾，直径约 1 米）、长棍表演（棍长约 4 米）等。

相关制品

鹅公岭麒麟由麒麟头和麒麟身组成，两部分都有严格的工艺要求。

鹅公岭麒麟的头部，一般要严格按照传统的、世代传承的、专门做麒麟头的师傅来做，其他人不得随便来做。但近年来由于社会变迁，传统工艺亦已因分工而近乎产业化，所以也只能到广州、佛山或东莞石龙的专业厂家定制。通常的麒麟头用竹片等扎成，最高处约 76 厘米，最宽处（张开的嘴角后两侧部位）约 50 厘米。麒麟头的嘴似龙，大张，露出舌与齿，以大红色为主，两侧可见唇肉，并一层一层饰有花纹，里侧两层大红色，上唇两侧各一獠牙。嘴以上有鼻，饰有白色鼻毛。嘴角上部的两只鼓出的眼球圆溜溜的，直径约 10 厘米，可转动，眼球黑色两色圈相间，中心部位为点睛之处，周边饰有白色绒毛，眼球后侧还有黑色眼眶，间有白色细线，眼眶后部画有黑色睫毛花纹。眼睛上方有眉毛（与鼻毛、睫毛材质一致），长约 35 厘米，宽约 4.5 厘米，似两个小屋檐护着双眼。两眉正中有一向正前方鼓起的圆球，稍上有一固定披红之处，所披之红中间的一小金属镜，可反光。麒麟眼眶后侧紧接有两耳，似鹿耳，饰有金色鱼鳞花纹。麒麟头后面从正中间自下而上至两耳高度依次隔开有三只小角，往上到头顶披红的后面，有一大的独角。三只小角两边有突出的、立体的毛发。

麒麟身一般长 5 米，最宽处为 1.5 米到 2 米之间，可由麒麟队自行商议用布的材质，无特别讲究，但颈部一定是由红、黄、绿、橙、蓝五色布条依序组成，且黄色布条上绣“风调雨顺”四字。麒麟尾由一长约 80 厘米的细竹竿控制，一头系麒麟尾内，一头用一长约 80 厘米的细绳系在舞者的脖子上。

在伴奏的乐器方面主要是唢呐、鼓、锣和铜钹。唢呐长 45 厘米，底由铜所铸，直径 14.5 厘米，身由梨木所做。鼓直径 50 厘米。锣直径 40 厘米，重 12.5 公斤，由全铜所铸。铜钹直径 60 厘米，重 9 公斤，由全铜所铸。武术道具有短棍、二棍、双刀、方耙、关刀、竹叉、藤遮、长棍。

舞者们一般都是穿统一的武术服。发展到今天，他们还是着灯笼裤，但上衣和鞋有时会换成统一的现代运动装。

主要特征

鹅公岭麒麟有完整的传承谱系。以平湖街道鹅公岭社区麒麟队为代表的平湖本地人舞麒麟，从建村开基（清乾隆二十七年）到现在，经历 200 多年的时间，有记载的已传承到第六代。

鹅公岭的舞麒麟还有很多约定俗成的讲究。比如在开光仪式方面，按照传统惯例，新制作好的麒麟，双眼必须用红布蒙着，“开光”后才能舞动。麒麟的“开光”必须在月圆星朗的夜晚，子时之后黎明之前，且要在古树之下。此时万籁俱寂，麒麟队员捧着麒麟，抬着锣鼓悄悄出发，在“开光”之前是不能遇到其他人的。将要“开光”的麒麟，等于是将要下凡到人间的神，当麒麟队来到预先选好的古树下，烧上香，供上神位，队中最长者虔诚地将麒麟头上的红布揭去，此时锣鼓大作，鞭炮齐鸣，麒麟“出生”时便见到了青青的树叶，这叫“开光见青”，象征着吉祥灵瑞。“开光”后的麒麟要一直留在队里舞，直至舞到散架不能再舞，不能中途转让或卖给任何人。“开光”后的麒麟成了趋吉避祸的吉祥物，无论是祭祀祖宗神灵，还是乔迁新居，抑或是结婚生子、过年过节，舞麒麟都是鹅公岭原住民必不可少的祭奠仪式。此外，“开光”仪式不可见妇女，麒麟在我国传统文化中被喻为“四不像”，所以平湖鹅公岭的舞麒麟一直有这样的惯例——新做好的麒麟头在进行庄严的“开光”仪式的过程中，“开光见青”时不能见女人与孕妇，否则会出现各种奇异的不祥现象，而且她们还将走“衰运”。此外，还有一说：“开光”仪式中特别是不能遇到孕妇，因为，麒麟撞见孕妇就可能投胎其腹中，她就有可能生下个“四不像”怪胎。再比如，两只麒麟不可相遇。在大型的祭祀和年节庆典仪式中，麒麟都会全村挨家挨户地舞，从而给每家每户带来吉祥和福气。鹅公岭的舞麒麟队都有讲究，麒麟在舞动的过程中，最好两只不要相遇，如果不得已相撞，两队人马必须停止奏乐与舞动，同时舞麒麟头者各自将麒麟头取下扛在右肩上，两队人互相错过以后才能继续舞。如果麒麟对舞的话，就会触犯麒麟的神灵之气，会带来不祥，所以麒麟一旦相遇对舞，双方将会发生激烈的武打争斗，直至将一方打败为止。

鹅公岭的舞麒麟有特殊的信仰内涵。舞狮与舞麒麟在很多方面都很相似，比如说对动物情态的表达、舞的技法、人数、武术套路等，但麒麟在历史渊源和民间信仰内涵上却与舞狮有着很大区别。狮子，产于西亚和非洲，在中国文化的演变中，逐渐具有了神灵之性，但它最主要的还是以百兽之王的威猛慑于人心，所以，舞狮主要在于喜庆吉祥。麒麟是我国传统的“四大神兽”之一，是中国人的祖先臆想出来的一种所谓“四不像”的天上之兽，它一出世就具有了无上的神性，并且人们还赋予了它特殊的含义。它在中国传统文化中已经有了几千年的历史。所以，麒麟的颈部用红、黄、绿、橙、蓝五色装饰的条布中，在黄色布条上写“风调雨顺”四个字，这就可见最初的舞麒麟在中国这个农耕民族的生活中，是用来求得上天赐雨以获庄稼丰收的神圣而庄严的祭天仪式。由于麒麟给人们带来了祥瑞，后来才被逐渐推广用于喜庆仪式之中，鹅公岭的麒麟“风调雨顺”四字写在颈部上也体现了中国人的传统信仰内涵。鹅公岭舞麒麟现在在形式上仍是重在信仰追求、重在祭祀祈福，节日庆典的作用次之，是有着很深厚而独特的原始信仰渊源的。

重要价值

舞麒麟又称麒麟舞，作为民间祭祀和庆典仪式的一种舞耍活动，它植根于民间，涵载着丰富的民间传统文化。它与中国民间传统的信仰密不可分，极富民族特色和地方特色，俗语:“盛世出麒麟”，“麒麟出，衣食足”。

舞麒麟与舞狮的套路几乎相同，都是中国民间传统文化的一种，但从麒麟与狮子在中国的历史渊源来看，舞麒麟作为一种民间祭祀的形式，应该远远早于舞狮，不过，民俗学界和民间舞蹈界也正在研究其先后。在中国最早的经典《易·系辞上》中记载:“鼓之舞之以尽神。”在《礼记·明堂礼》中也有记载“冕而舞《大武》”，可见舞的起源是与重大的祭天祭神仪式相关联的，而舞麒麟作为中国民间祭祀活动中的一种，与中国民间舞蹈的发展应该是密不可分的。

鹅公岭的舞麒麟还有重要的民间音乐价值 。舞麒麟在舞的过程中，有铜锣、鼓、铙、唢呐等乐器伴奏，音乐多为民间乐曲，并为舞麒麟时特有的乐曲。它的传承方式与舞麒麟相同，到现在还只是师传，没有曲谱记载。

此外，舞麒麟的舞者，必须是会武术的年轻人，因为舞麒麟表演套路与武术的套路一脉相承。因此，通过舞麒麟又将中国的传统武术代代相传与发展下来。

在社会价值方面，平湖鹅公岭原住民的舞麒麟，从古到今都在团结村民、和谐社会的过程中起到了特殊的作用。特别是每年新春佳节祭祀庆典仪式上，定居在境外的鹅公岭华侨，都会不约而同地回到家乡，共同举办和参加活动，这其中少不了用舞麒麟来祭祀天地神灵、祭祀祖先。这既是对神灵、对祖先的一种最高祭拜仪式，更是对吉兆祥瑞的美好向往，所以为当地居民代代沿袭下来。

第二节　乡俗记

（摄／陈建平）

民间信仰

文 / 卢当应

多数平湖居民有民间信仰，表现为“求神、拜佛、奉阿公”。这些信仰源于先民的迷信思想。人逢生老病死、贫富贱贵、顺逆兴衰，便以膜拜、祈祷形式，祈求消弭祸害、降赐福祉。人们尽管不知道观音菩萨、太上老君和关帝各属哪类神灵，但并不影响对诸位神灵的崇敬和膜拜。客家居民有信奉多种宗教的现象，可以是佛教的信徒，也可以同时信奉阴阳风水道家思想，而又继承儒家的经典学说，兼收并蓄的信仰习俗司空见惯。

平湖最为常见的庙宇有观音庙和关帝庙。观音庙内置观音菩萨坐莲塑像，被奉为救苦救难、普度众生的神灵。祭祀观音虽无定期，但以农历初一、十五日最盛；祭时奉以素品，常为腐竹、粉丝和桃子类水果。观音庙不但供民间香客敬奉上香，也容纳各教派人士朝拜，求签问卜者更多。关帝庙也称关爷庙，放置关羽威武塑像，供人祭祀。民间传说关羽被害后，皈依佛门，显圣护民，乡人感其德，建庙四时祀祭。

20 世纪 80 年代后，各级政府提倡科学，破除迷信，拆掉庙宇，民间祭祀活动减少。但平湖街道一般人家都供奉菩萨，有些公司或商店供奉关帝，每逢农历初一、十五都要上香，供奉水果。

无论是拜神还是祭祖，烧香是要做一套程序，香也分几种类别：普通香适用于任何地方；高香只烧给大神；还有一种是带字的香，叫长寿香，是过重大节日时点燃，主要是保佑在世的人长命百岁。爬梯香通常是烧单数，3 支或 5 支。另外，针对犯太岁者，可买一道太岁符随身携带，或贴在房间的门口，拜神时，除了惯常的程序外，还要准备五果为犯太岁者祈福等。这也形成了一整套岭南地区广府及客家民间信仰习俗。

平湖居民素有敬奉祖宗的传统，各家上堂均有陈放列祖列宗牌位的神龛。逢年过节，红白喜事，只要祈求保佑，必祭祀祖先。这种以祖先崇拜为核心的习俗，是平湖居民信仰和维系宗族血缘关系的一大特色。

对于祖先的祭拜在平湖一直都是有的，就是在日军侵华这样动荡的年代里，祭拜活动也一直在进行着，没有停止过。新中国成立后，在“破四旧”的年代里，停止了 20 多年，人人家里都不烧香，不上坟，更不能“祭祖”。20 世纪 70 年代后期开始，人们的思想与信仰有所变化，所以，烧香拜神、上坟扫墓、祭拜祖先等活动又开始兴盛。

每年的春分、清明、重阳，村民都会进行祭祖，其中尤以春分的祭祖最为隆重。每年的春分时节，全村举行重大的祭祖活动，地点在祖先的祖坟。这天，全村（基本上想去的都可以去，没有年龄性别的限制）都会到祖坟那里，一些海外华侨也会回来，参加祭祖。早上 9 点，不用集合，村民们都自行到祖坟地，待人到齐后，一起进行祭拜。一般是按照辈分年龄顺序先后，依次进行祭拜，村里还会买烧乳猪和一些水果、鸡肉、酒、茶等祭品，放到一张桌上由两个村民抬着，而村民则自带着香烛、纸钱等祭品。

首先是老人点燃八支红烛，在中间的四个瓷器圆盆上各插两支，接着老者拿着九支香，在烛火上点燃，将香插到中间的圆盆上，村民这时也每人点燃三支香，纷纷上前把手中的香插到圆盆中。两个村民将事先准备好的桌子放到坟前，把烤猪抬到桌上放正，猪头对着香和烛，然后用红纸盖住。烤猪是以一整只小猪烤成，外皮呈金黄色，其他的祭品如鸡、水果、糖、酒、茶等都摆放到桌上。老人（一般是村中辈分最长、德高望重者）在烤乳猪的后面放上两个桔子，“桔”象征着“吉”。老人走上前，端起酒杯，口中念到“请太公太爷过来喝酒，保佑子子孙孙平平安安”，随后将杯中酒洒到地上，敬给太公太爷。此时村中的妇女纷纷拿着带去的纸钱元宝之类的供品放到焚化炉点燃，在烧纸时口中会念念有词，多是请祖宗享用的话语。纸钱烧完后，就开始燃放鞭炮。这样，祭祖的过程就算完成了。

其他民间祭祀活动，从自然方面看，大至祭拜天地海山、日月星辰，小至拜祀一棵树头或一块岩石等；从人文方面看，有祭祀佛、道、圣贤、英杰偶像等；从时令方面看，有以节气（清明、冬至）为祭拜日；从人生礼仪方面看，有出生、婚嫁、生日、寿辰、死亡祭祀；从突发事情方面看，有喜事降临时的庆贺祭拜，也有祸事发生后对凶神恶煞的祭礼；从生活、兴建、经营行为方面看，有奠基、落成、乔迁、开业、功成等祭礼。

至 21 世纪，随着平湖文化背景的嬗变，民间许多祭祀习俗已经简化，只保留一些有庆贺、纪念、维系意义以及含正常民间信仰的习俗。

节令节庆

文 / 卢当应

春节

农历正月初一为春节。平湖居民把春节视为大节，俗称“过年”或“做年”，十分隆重。进入农历腊月中旬，各家各户开始陆续做过年准备，如做新衣，买新帽、新鞋，晒制“蒲米”、“扁米”、粉干，炒米磨成饼粉，蓄肥鸡鸭鹅等。

农历腊月二十四日，俗称“入年卦”。此日起，人们说话必须斯文有礼，忌粗野与撒谎。旧俗这一天是送灶君爷上天的日子。改革开放后，人们破除迷信成分，以打扫、清洗厨房而代之，有“年二十八，洗邋遢”之说。

农历腊月三十日俗称“年晚”（如果农历十二月为小月，二十九也当“年晚”），为过年的第一个高潮。这一天从清晨到中午，人们宰猪杀鸡杀鸭，喜气洋洋。下午三四点，各家各户都在一片热闹的爆竹声中贴上红彤彤的春联和门神。傍晚，一家人吃团圆饭，俗称“年饭”，交杯换盏，笑逐颜开。饭前饭后，全家老少先后用由柚叶、石菖蒲、竹叶煮成的“年香水”洗浴。浴后换新衣，穿新鞋，家长给小孩压岁钱，表示过年人人有钱的好兆头。是夜，灯火长明，俗称“点年光”。三十晚要“守岁”，一家人坐在一起，吃些饼食果品，有说有笑，至子夜零时，便点燃大串爆竹，以示除旧迎新。

大年初一，人们身穿新衣，小孩早起向长辈恭贺，长辈则给小孩派赏封，俗称“利是封”，一家人沉浸在祥和喜庆气氛中。这一天人们不杀生，不洗衣服，不向外倒垃圾。街头巷尾敲锣打鼓，舞狮演武，喜气洋洋，人们欢声笑语，文明礼雅，达到迎春接福的最高潮。

年初二为探亲日，新婚夫妇走娘家，带重礼回娘家派送，出嫁妇女携儿带女或由丈夫陪伴回娘家探亲。当日还称“开年”或“过大年”，开始宰杀“三鸟”，同宗亲友、邻居等互相串门贺新年，给小辈们派“利是”。舞狮队、舞麒麟队也开始出动，到各村各户参拜并进行武术表演。现代的篮球友谊赛、拔河、登山等时尚运动也相继展开。

年初三，俗称“穷鬼日”。这天不出门探亲访友，家家户户打扫果皮、豆壳、爆竹纸等弃物，倒进垃圾堆烧掉，称作“送穷鬼”。

年初四，是客家人重要探亲日，出嫁妇女纷纷回娘家探亲，客家人称“转妹家”。妇女有的带着儿女，有的由丈夫陪伴，欢欢喜喜走亲戚。

年初五，俗称“出年卦”，虽然还弥漫着新年气氛，爆竹声时有时无，但高潮已过，人们开始筹划新一年的工作。

至今，平湖居民生活水平大幅度提高，科学文化知识普及，春节习俗有较大变化，迷信落后的习俗逐渐淡化，文明新风日益兴起。人们不再为一日三餐操劳，诸如年糕、米饼等年货均到商场、超市购买。多数家庭喜欢到酒楼吃年饭，上街逛花市。

元宵节

农历正月十五日为元宵节，俗称“灯节”。这天家家户户杀鸡拜神，燃放爆竹，用糯米粉搓汤圆，入夜在大门楣挂灯，孩子提着各式各样彩灯穿街走巷地玩耍。因本地话“灯”与“丁”同音，上一年生了男孩的人家还特地举行“添灯”仪式，在祠堂挂彩灯至正月底叫“点灯”。此俗至今不衰。同时，摆酒席宴请亲朋好友庆贺添丁。否则不能入族，不能读书。现已有改变。

清明节

农历二十四节气之一，平湖居民有清明节扫墓祭祖的习俗。是日，人们备三牲、纸宝、香烛等，到家族先人墓地扫墓，俗称“春祭”“拜山”，又称“挂纸”。割除杂草清扫墓地，摆上三牲果品，烧香、点烛、奉茶、敬酒，还有焚烧各种衣宝之类。拜祭者向祖宗祈祷，保佑子孙平安、吉祥如意等，最后鸣放爆竹，结束扫墓仪式。清明节当天，出嫁女不能回娘家祭祖。

清明节，平湖居民习惯踏青。趁着明媚春色到野外游玩，也有人专在清明节这天到山上采摘各种植物的嫩叶，如狗肝菜、红花、白花蛇舌草、车前草、金银花、水桉树叶等数十种草药，谓之“采青”。据说清明“采青”毒草不毒，用来制做“百草茶”，供平时泡茶饮用，有清热解毒、调理肠胃，预防和治疗伤风感冒、头晕头痛、屙、呕、肚痛等各种疾病的功效。

居民还有做清明“茶果”的习俗。把从野外采来的艾草、苎叶、鸡屎藤叶浸泡洗搓舂烂后加糖，拌入糯米粉搓匀做包子皮，用萝卜干、花生、芝麻混合做馅，捏成包子蒸熟，俗称“艾包”。其特点是皮甜馅咸，还有绿色植物的清气，风味独特，多吃不腻。有的“茶果”是用糯米粉、绿豆馅、葱、油、盐等材料做成，还有的是用糯米粉、花生、葱、糖、油、盐、鸡屎藤等材料做成，俗称“清明仔”，味美价廉。以上习俗至今不衰。

端午节

农历五月初五为端午节，俗称“五月节”，是平湖居民的传统节日。这天，人们杀鸡鸭拜神奉祖，各家门上插艾草以避邪，屋中烧硫磺以驱蛇虫鼠蝎，防疫弭灾。粽子为应节食物，有咸粽和灰水粽。咸粽是在糯米中加入碎花生、黄豆粉、虾米和盐搅匀为馅料，多以芒叶包裹，入锅煲熟，解开即吃。灰水粽要事先收集草木灰，以沸水淋漓得“灰水”，将糯米置灰水中浸泡一天，捞起用箬叶包裹，置铁锅中熬大半天即成。灰水粽用线解成小片蘸糖浆吃，故又称甜粽。

端午节天气转热，人们喜欢到河里海里游泳，俗称“洗龙舟水”。习俗认为这天洗澡能治皮肤病，且任由水浸水淋不会感冒。因此，端午节午饭后，青少年多数到河里、海里畅游。深圳建市后，大梅沙、小梅沙成为人们游泳的好去处。

中秋节

农历八月十五日为中秋节，俗称“八月半”，也称“拜月光”，是平湖居民的传统节日。月饼（俗称“月光饼”）、云片糕是应节特色食品，还有花生、柚子、米橙、菱角及其他水果。入夜待月亮出来，人们便用月饼和果品向天祭拜月神，俗称“拜月光”。随后，全家一边赏月，一边享用月饼等节日美食。过去，这天晚上还有放“孔明灯”的习俗，后因封山防火而取消。改革开放初，居民食用的月饼种类较少，主要是豆沙、什锦、五仁馅的月饼，纸包装。20世纪80年代中期，月饼种类增多。20世纪90年代后，增加冰皮、莲蓉、水果等馅的月饼，有木制、竹制包装，还有罐装，十分精美。

重阳节

农历九月九日为重阳节，平湖居民称之为秋祭日，有全族公祭祖先的习俗。祭祀在祖先墓地进行，规模较大，仪式也较隆重。祭祀完毕后，全族人聚餐吃大盆菜，一般从下午四点半开席，至下午七点结束。此举特能聚合一族老少及港澳同胞、海外侨胞，维系宗族成员之间的亲情。

改革开放后，重阳节祭祖与登高望远合而为一，青少年在此日喜欢放风筝（俗称“纸鹞”），各街道的老年活动中心则举行老年人活动，以陶冶老年人情操。

冬至节

农历二十四节气之一，平湖居民把冬至视为重要节日，民间有“冬至大过年”之说。这天晨起人们便杀鸡杀鸭，备足祭品，拜奉祖宗。应节茶果是起糕粄、菜头角（也叫萝卜粄）、粄头等。起糕粄做法独特：将糯米、粳米按一定比例搭配好，先入缸中浸泡，洗净捞起沥干舂成粉，先取少量粉，加入事先留好的起糕粄酵种（俗称“粄种”）调成糊状；经个把时辰发酵，取一小团做新酵种，余下全部倒入粉中加糖水调成糊状；再经四五个小时发酵，做成圆块状，蒸熟，因糊中有酵素，蒸熟后粄面凸起，故称“起糕粄”，寓“起家、发达”之意。改革开放后，居民应节茶果还做，至今沿袭此习。

生育

文／卢当应

解放前，平湖妇女怀孕有不少禁忌，如不得在墙上打钉，不许扎扫把，也不让孕妇参与惊险恐怖之事。

妇女分娩，请村中有经验的妇女或自家婆婆接生。产妇一个月不得走出家门，外人一般也不到产妇家串门。产妇“坐月子”期间不沾冷水，只用橡叶煮水冲凉抹身，初生婴儿则用忍冬藤水洗浴。亲戚朋友道贺大多送鸡、鸡蛋之类。产妇所吃菜肴一般加姜，条件好的吃黄酒煮鸡。满月后，产妇才允许接触冷水，如洗菜、洗衣服等。

民间看重诞生仪礼，初生婴儿备受呵护。出生第三天要“洗三朝”。第十五天，做“糯月”，至亲女眷道贺，吃一顿较丰盛的酒菜。满月之日，若是男婴必摆满月酒席，头胎更不能例外，俗称“做满月”或“做出月”。亲戚朋友备贺礼，送婴儿衣物服饰，婴儿的外婆则带来亲手缝制的衣服、背带、绿裙、帽子及小银项、小手镯、小脚镯等，作为给外孙的满月礼。食物礼品一般包含葱（寓小孩日后聪明）、蒜（寓小孩日后会算多谋）、鸡蛋（客家人称鸡蛋为春，寓日后生活无忧）等。婴儿满月时，长辈给婴儿起定名字，来宾问及，便可告知。婴儿满月后便可抱出居室见世面，此后尚有贺百日、贺周岁等小型仪礼。

平湖居民有添丁点灯的传统习俗，每逢农历正月十三为开灯日，正月十五为完灯日。开灯那天，添丁人家要备红头绳一条、煎堆一盘、上肉一块、生葱一棵、芹菜一棵、生菜两棵和慈姑、芋仔、发菜、蚝豉各少许，同时还要准备香烛、白酒、茶水等物，用来在祠堂拜祭祖先和土地公。从点灯仪式起至完灯之日止，添丁人家每天上午要到祠堂上香和斟茶。祠堂所有的灯笼要24小时点着，到完灯日，各家再把灯笼取回家。同时男丁名字和出生年月要在族谱上登记，并加入男丁家人带来的族谱中。

如今，平湖街道妇幼保健条件优越，人们注意科学接生保育，妇女生育均在医院。产妇更注意饮食营养，产妇“坐月子”期间经常吃黄酒鸡、猪脚姜。婴儿除满月仪式外，其他习俗都简化或省略，满月则到酒楼请客，摆满月酒席以示庆贺。

婚嫁

文 / 卢当应

求婚：男方若看中谁家姑娘，欲与其结为婚姻关系，便请媒人通传女方，以征得女家同意，俗称“纳彩”。如果女方同意，则表明“纳彩”告吉，求婚初成。

传庚：俗称“问名”。男家所请媒人拿着男子的生辰八字红帖，谓之“年庚”，前往女家询问女子的生时，如果双方生辰八字吻合，无冲克，便称为“合婚”，双方交换“年庚”。问名礼毕，男家请人写好庚笺，带些果饼之类报告女家，名为“报好”，婚姻初定。

下定：男方择吉日，携带首饰、衣裙、果饼食品等到女家，俗称“下定”，也称“纳吉”。若女方收下礼物，则表明双方婚姻正式确定，日后任何一方都不得反悔。

过礼：婚姻确定以后，男家择日向女家下聘金聘礼，俗称“过礼”。一般人家通常过六鸡六盒，寓福禄，礼品包括 6 只活鸡、6 盒式样不同的礼品，还有一头生猪。再多就是八鸡八盒或九鸡九盒，寓发家和长久，8 盒礼以上要有两头生猪，其中一头可用钱代替。

拣日：男方选定婚礼日期，并通知女方，如有意见可做调整，如无意见，即为确定。同时，男家着手迎娶准备，粉刷房屋，筹划迎亲事宜，购置相关物品等。女家则着手办理嫁妆，包括床上用品、衣橱、梳妆台、脚盆等。

迎亲：女嫁当天，也宴请主要亲友，来者要带布料之类礼品或红包，女家则送嫁女礼饼给亲朋好友，分享喜悦。待嫁女梳头、化妆、换新衣，与家人共进晚餐，吃自制汤圆，叩拜父母养育之恩，长辈也趁此机会点拨叮嘱，教诲祝福一番。过半夜，将到出嫁之时，出嫁女沐浴更衣穿“嫁衣”，请族中福泽妇女为其梳凤髻，插银钗，俗称“上头”。迎亲队伍到女家时，新娘家人要放鞭炮，新郎、新娘向女方长辈敬茶（红枣茶或“槟榔茶”，用红枣、槟榔、莲子沏成），长辈要给红包和金银首饰。

婚礼：婚礼前三天男女双方不许见面。男方铺新床要请本村有名望并生有男丁的妇女来铺。新床不能让人坐，点灯三天三夜。婚礼前一天要举行“抢果仔”仪式，把村里的男童叫来，将糖果撒在婚床上，让他们在床上争抢，并教他们要不停地叫“多，多，多……”，寓意新郎新娘婚后“多子多福”。铺床人要帮新郎象征性地梳头三下，并说：“一梳梳到尾，二梳白发齐眉，三梳儿孙满堂。”结婚前一天，依客家习俗男方要派人将双方原先议定的猪肉、鸡、鸭及多种食品送到女家，以协助女家摆嫁女酒宴。结婚当天，男家要杀猪、鸡、鸭、鹅，宴请亲戚朋友。男家还要自制甜汤圆，给迎亲的人和新娘做早餐。迎亲队伍要 8 人以上。清早，男家请来八音吹鼓手，租赁一顶花轿，由 4 人抬着，一路鸣吹，一路放鞭炮，前往女家迎亲。迎娶队伍入女家门时大派喜糖和“大煎堆”（用食油炸至金黄色的糯米球）给村民吃，分享喜悦。良辰一到，娶亲队伍起行，出嫁女拜辞父母亲人，登轿而去。一路笙歌不绝，鞭炮不息，每隔百十步或遇岔道口，伴娘便撒下红绒绳，以做婚后新娘回娘家的路引。

接回新娘后，新郎、新娘首先要拜祠堂，由家人准备金猪一只、鸡一只和苹果、橙子、香蕉等水果，同时还要自备香烛、茶、酒等物，跪拜祖先并敬酒、敬茶，此时新娘的姓名、出生年月和籍贯被记入族谱。新娘还要向男方长辈敬茶（红枣茶），长辈要给红包。新娘由两位福泽妇人牵入洞房，独坐小憩。在此之前，在喜床上撒花生、糖果、瓜子之类，让村中男童抢吃，谓之抢果仔，寓早生贵子之意。正午时分，男家大摆酒席，宴请亲戚来宾，觥筹交错，场面热闹。入夜，同村男性兄弟、亲友来闹洞房，俗称“搅新娘”，逗新娘、新郎做些爱抚动作，说些亲昵话，唱歌猜谜，罚饮茶酒等，以致谐趣频生，欢声迭起，一直闹到子夜，尽兴方散。闹洞房后，请族中一福泽妇女替挂蚊帐，并念：“蚊帐挂得四四方，夫妻好合百年长；蚊帐挂得方方正，儿孙满堂多吉庆。”事毕退出，一对新人饮合欢酒，共度良宵。

20世纪80年代后，平湖男女择偶标准多是郎才女貌、情投意合，其次是经济条件。进入20世纪90年代，各级政府提倡婚事新办，在传统的婚姻礼仪习俗中，剔除封建、迷信的烦琐部分，基本仪式如定亲（以领取结婚证为准）、迎亲、向长辈敬茶、闹新房、女家送茶、新娘回门等礼仪仍然保留。

进入21世纪，平湖本地居民生活水平提高，男方给女方父母的礼金也大幅增加，一般数万元。由于本地人亲友较多，婚宴也都办得较为隆重，过去会在本村择场地办“流水席”，而现在则普遍会提前订好酒店，在酒店举办大型婚宴，少者十几席，多则逾百席。时兴车队迎亲接新娘，要用高级轿车6部以上，其数字忌7和14。新人一般都会请影楼的专业摄影师照婚纱像，婚礼也有专人全程录像并制作成DVD。值得一提的是，移风易俗的集体婚礼也逐渐成为一种新风尚，如平湖巾帼志愿互助会2013年7月16日在凤凰山矿山公园“道德讲堂”为三对外来建设者新人举办的婚礼秀，通过喜庆活泼的方式传递了孝老爱亲、和睦相处的家庭美德和喜事新办、环保简约的文明新风尚，在全国开创了利用“道德讲堂”阵地举办文明婚礼的先河。

乔迁

文 / 卢当应

改革开放初，平湖居民把乔迁新居视为重大喜庆之一。新居落成，必有入新宅礼仪，俗称“返新屋”，较为讲究。

乔迁先选择吉日良辰，俗称“拣日”。入宅前一天晚上，要进行“驱邪”、“除煞”、贴对联，如“吉日进居天赐福，良辰入宅地生财”之类。晚上，先请自家老人进入新宅，至子夜时分，屋主全家人各携物品，男主人或长子提着煤油灯（火种），主妇挑着盛放各种物品的担子，小孩背书包拿算盘之类。到达新居后，男主人在外敲门，与屋内老人对答，获老人允许才能开门，全家按尊卑长幼依次进入。

迁进新居，还有祭祀仪式，在厅堂桌上摆满供品，点烛焚香，在一片祥瑞氛围中，主祭者祭天祭地祭祖宗，依次做厨房祭、寝室祭。此后，鸣放长串爆竹，并将辟邪纳吉之物挂在新门上，煤油灯（火种）需在新居内点燃三天三夜。天明后，新居一片喜庆景象，亲戚朋友道贺，中午主人大摆筵席宴请来宾。酒席开始前鸣放大量爆竹，营造热闹红火气氛，以祝福新居吉利，人财两旺，家道兴隆。亲戚、好友及邻居中，当年如有红、白之事或正在建宅者则不宜进入。

改革开放后，随着平湖居民生活水平的提高，几乎家家建造新屋，人们对乔迁礼仪更加重视。由于交通便利，远道亲朋均在邀请范围，故规模也大，庆贺喜筵少则几席，多者几十席。新居入住伊始，房厅充足，可摆放筵席桌椅，因此多数新居筵席就在新宅举行。至今，居民乔迁新居礼仪仍保留“入火”习俗。

住宅

文／卢当应

改革开放前，平湖原住居民的住宅，结构布局与形式分为广府式民居和客家民居两种。

广府式住宅一般为围村，与客家的围屋有所区别。其前无月池和禾坪，四角大多无碉楼，宗祠偏在一隅或建在围外，中轴线末端多建有小神庙。围墙内以巷道隔为若干横排（纵向则分为若干列），每一横排又分为若干单元，每一单元一般为二进一天井布局。罩式大门，天井一侧有廊庑，做厨房、厕所，正房一般为三开间的一层或两层，明间一般一隔为二，前厅为客堂，后供祖神或为小卧室。

住宅多为纵向布局，进门即入厨房，厨房后为天井，再后进是客厅，客厅后面是卧室，卧室上面多带有阁楼。这种布局结构，被称为“二进式”。若再向后建造，便成为“三进式”“四进式”。

住宅多用黄泥、石灰、河沙混合成的三合土夯墙；用杉木做梁、桁、桷；屋顶盖瓦，间有小块“明瓦”采光。墙上多数无窗，或只在高处设有小窗，故采光效果差。带阁楼的卧室即使在白天也昏暗如夜。如平湖人称为“大围老屋村”，就是典型的广府式围村建筑。

平湖客家民居建筑多为厅堂厨房间阁四方式，以土木结构平房为主。中间有上下厅，左右两排核屋互相对称，前后、左右各有天井。厅中央天壁上有神龛供奉祖宗，厅与厅之间有厢房。典型的前有坪，后有园，四扇大门，还有门楼。厅两侧房间为寝室，厅堂平日用餐会客，年节祭祀。横屋多用来做厨房、禾仓，放农具、家具、杂物。浴槽多在屋内，猪牛栏和厕所在屋外。

客家民居从房屋结构和布局形式看，可以分为围屋和齐头屋。围屋是客家民居文化的典型产物，积淀着客家人的家族理念、团结自立理念、防卫理念等传统意识。随着社会的发展，人们独立意识不断强化，围屋形式也就不断变化，最后出现以齐头屋为主要结构形式的“单家园屋”。随着社会经济发展，人们的个性价值越来越被承认，独立意识增强，家庭越来越小，人人都渴望在围屋之外建造属于自己的独立天地，于是齐头屋应运而生。

齐头屋一般呈简单矩形，长 8—10 米，宽 3.75—4.25 米。这些房屋一般前半部是厅，后半部是寝室，用作卧室及厨房。如果两间一体或三间一体的，则开侧门来贯通，有的在门前还建一个矮墙圈定门坪。房屋基本为两层，建木制楼梯（俗称“斗梯”）以供上下，或以简易的木梯上下。新中国成立后到 20 世纪 70 年代以前，如果有一栋二间双层的齐头屋门前有门坪，对一个有四五口人的家庭来说是宽敞舒适的。

旧时建房，先要请“风水先生”看“风水”，择地基，然后选“吉日”破土动工。大门上要请“风水先生”开罗盘，定方位，并在门楣正中张贴书写“安门大吉”字样的红纸。

20 世纪 80 年代以前，上木古、新木客家民居建筑以齐头屋为主，房屋几乎都是瓦房，墙体以毛石或三合土（由黄泥、沙、石灰拌成）砌筑，亦有用灰沙直接夯成墙体（俗称“舂墙”）或以灰砂砖砌筑。屋顶以杉木做梁做桁，以杉木片条做桷，条件差者则使用松、杂木。桁桷之上用瓦覆盖，大瓦仰面成坑，小瓦伏聚成垄，用 6—8 片玻璃瓦以供采光，俗称“明瓦”。“明瓦”形成的小窗叫“光窗”。

1985 年后，平湖原住居民房屋发生巨大变化，传统的房舍结构被淘汰。初期盛行两层半楼房，即在完整的两层之上再加建半层楼棚；后来原住民按“一户一栋”政策可建四层半，面积在 480 平方米以下。红砖墙，铁门窗，钢筋混凝土棚面，外墙壁批荡“石米”，厨房、卫生间内贴瓷砖。这种小楼房实现了采光、通风、水电、卫生和抵御强台风诸方面质的飞跃，旧式瓦房逐渐成为平湖境内的稀有之物。

20 世纪 90 年代以后，特别是 2004 年平湖街道实行农村城市化和旧村改造以后，居民居住水平进一步提高，民居皆为新式楼房，墙壁贴马赛克或釉面瓷片，清一色铝合金窗框、豪华门，室内设计装修高雅，一般居民都有厅、套房、书房、卫生间、储物间等，装有空调，条件好的还安装了电梯，居住十分舒适。

寿辰

文 / 卢当应

寿辰，俗称“过生”或“做寿”。老人一般 60 岁、70 岁、80 岁逢十整数的生日较为隆重，多由晚辈操持，亲友祝贺，送寿联、寿匾或其他礼物，主人置酒款待。

出嫁女为父母庆寿极为重视。过去有民谣：“七十七，送只老母鸡。八十八，送只鸭。九十九，送只狗。”另外，老人六旬后，每逢数九寒天，已出嫁的女儿都送 1 只鸡或鸭，用以“抚劳”；每逢闰月年，则为父母送闰月鞋袜或衣料。

“请吃酒，挜拜生”，说明做寿是儿孙主动张罗，不必送请帖。亲戚一般送“四色”寿礼。女婿、外甥要送“八色”或“十二色”。所谓色，就是指一种果品或一种菜肴。寿礼中必须有寿烛、寿桃和长寿面。寿烛，为红色，长一尺左右，重约一斤，蜡面上印有金色的寿字或松鹤图，上寿时点燃。寿桃又称寿包，是寿诞的主要礼品，要有 104 只，意谓“出头出脑”。长寿面，寿宴上食用的面条，寿日吃面，取“绵长”之意，以祝寿星延年益寿。

寿诞前一天，庆寿之家先要设寿堂，高挂“寿”字、寿轴、寿星和寿联等。寿星是分管长寿的神，被画成老人模样。

寿日凌晨需祭神。下午寿公寿婆接受晚辈跪拜，分赠“寿钱”。拜寿毕，开筵席，寿公寿婆坐正席首位，众晚辈分别敬酒。筵毕，向四邻分赠寿包、金团。

改革开放初，平湖民间称寿是从 60 岁起，以后每十年为一次大寿。长者寿辰由儿孙主持，生日当天举行专门仪式，让“寿星”接受儿孙道贺。家境普通的人家，寿者只吃鸡蛋和长寿面。富裕一些的人家拜寿礼仪隆重，亲友携寿包、寿屏、寿酒等祝贺，祝拜礼毕，大摆寿筵，喝寿酒，吃长寿面。

20 世纪 90 年代后，拜寿礼仪逐渐简化，居民 60 岁已很少过寿，多兴做 80 岁大寿。儿孙、亲友向寿者祝贺，敬送红包或其他适用物品，然后主家摆筵席宴请宾客，拍照片、录像以做庆贺留念。

丧葬

文 / 卢当应

丧葬仪式，民间俗称“送终”，是为死者安魂的礼节，标志着人生的终结。改革开放前，平湖地区丧葬礼仪与原宝安县大部分地方相差不多，一般有停尸、报丧、吊唁、备棺、入殓、出殡、安葬等程序。每个程序都有许多礼规，并因经济背景、死者寿数、尊荣名望而各有差异。

停尸：死者去世后，即以鸣爆竹向周围发布最初消息。死讯只放一排爆竹，以区别于其他祭祀或喜庆，附近人家一听便知。继而请仵作为遗体穿上寿衣、寿鞋，戴上寿帽，在自己家中停放。死者床前点长眠灯，至亲要跪地守孝。

报丧：主事者迅速派人将死者去世的消息讣告于有关亲戚，用口传或牍传，均表明入殓安葬日期及地点。

吊唁：各路亲戚闻讯后速去吊唁死者，买了元宝、蜡烛、香到丧者家烧掉以资悼念，死者家属则将毛巾赠送来者，一般是前来吊唁者家里几个人就送多少条毛巾，再加上一条是给香烛的回礼。毛巾带回去后不能进家门，要先用水在院子里洗一下，挂在外面晾干后才用。

备棺：平湖居民年满 60 岁后，可为其制作棺材，俗称“寿木”。内放一件未来入棺者的衣衫，停放在闲置的屋里以待后事所需。因此一般老者去世，不必临时准备棺材，将已备的棺木搬出来即可。

入殓：分小殓和大殓。小殓是给死者再次穿衣，大殓是将遗体入棺。大殓开始时，众多吊唁者列候灵堂，仵作用纸宝遮盖死者头面，将遗体放进馆内，进行封棺仪式。子孙亲友鞠躬跪拜后，至亲绕棺一周。如逝者为女性，则由娘家至亲绕棺一周瞻看遗容。此后，仵作在棺盖钉孔插上系红大铁钉，俗称“子孙钉”，将棺盖盖定，由死者嫡系子孙用铁锤象征性锤敲一下，然后由仵工钉入封好。

出殡：出殡时辰一到，灵柩由数名壮汉抬起，送殡鼓乐齐鸣，爆竹响天，仵作抬着灵柩缓缓前进。灵柩之后，是捧着灵牌、披麻戴孝的孝子贤孙，再后是一对“返花”，接着是吹吹打打的鼓乐队及道事人员，最后是一般送葬者。沿途不断散发“纸钱”，哀声不绝，直抵事先请仵工挖好墓穴的墓地。

安葬：灵柩抬抵墓地，在墓穴一侧停放，举行安葬仪礼。孝子贤孙列跪柩前，主事人度方位、审吉辰，不时挥手向周围撒米，子孙们用衣襟承接，接到便装进口袋带回家去，俗称“接米”。在一片哭号声中将灵柩放入墓穴，由仵工覆以泥土。安葬完毕，众人散去。安葬后，死者子女要戴孝 49 天，30 日内不能串门，百日内不能喝喜酒。

20 世纪 80 年代后，上述烦琐丧葬仪礼被逐渐废除，特别是其中迷信成分浓厚、大量消耗死者家属钱物的陋习被革除。

家常饮食

文 / 卢当应

平湖居民主食大米，兼食番薯、芋头、豆类、玉米、小米等。大米干饭在平湖俗称“饭”，稀饭俗称“粥”。粥有薄、厚之分，薄粥又称稀粥、渲粥，厚粥则称稠粥。改革开放初，居民一日两餐以干饭为主，吃蔬菜和自家腌制的咸菜，逢年过节才能吃上鸡、鸭、鹅、肉等。榴莲、山竹等水果很少吃。20 世纪 80 年代，居民一粥两饭，副食为腌咸鱼、腌萝卜等。20 世纪 90 年代后，居民把早餐称早点，吃面包、包子、河粉、粥、牛奶、豆浆之类。午餐、晚餐吃米饭，配以菜肴，玉米、番薯为搭配素食。番薯食法有多种，蒸、煮、烤皆有，另有蒸熟晒干的薯干，置烤炉加热烤酥的薯片，还有把番薯加工成粉，再加工成粉条或番薯饼，慢慢食用，称为绿色保健食品。

现在，居民食品相当丰盛，随时可以吃上喜欢的海鲜等风味。鸡、鸭、鱼、肉、海鲜、各种蔬菜和水果等，广为大众人家所食用。居民过年必备四样年货，俗称“米橙”“煎堆”“爆碌团”和“油炸角仔”。平湖居民有吃蚝的习惯，因“蚝”与“好”发音相近，故居民春节必备发菜、生菜和鲜蚝或蚝豉，以谐“发财好事”“生财好市”之意。这些菜肴成为大小餐馆象征如意的名菜。居民还爱吃野味。据说春、夏天吃蛇肉祛湿，秋、冬天吃狗肉进补。

饮茶是平湖人的最爱。平湖的老一辈人宁可食无肉，不可饮无茶，在家里和商务场所，甚至连车上都备有茶具，走到哪喝到哪。工余饭后、良辰美景、喜庆场合或有亲戚朋友到来，一定要喝杯工夫茶。20世纪90年代后，平湖人喝茶之风更盛，甚至扩大为午茶和晚茶，且点心荟萃。如今，平湖内装潢讲究的茶楼随处可见，其内涵不仅喝茶，而且集会友、商务、饮食、休息为一体，南来北往的客人都能接受这种形式，备受欢迎。

下面介绍平湖人喜爱的几种家常菜：

酿豆腐：为平湖客家传统菜肴。每逢喜庆节日，居民总爱酿豆腐，闲时也常食用。酿豆腐的馅料讲究，主料用五花猪肉、少量上等咸鱼，配以葱头、陈皮、虾米等，斩碎捣烂，放入盛器中，再加蛋类、胡椒粉、生油、食盐、酱油、味精等搅匀至起胶，然后酿入成块的豆腐内，用文火煎至熟食用。

红焖肉：是平湖居民传统菜。其做法是：先将五花肉刮洗干净，用清水煮至八成熟，以筷子能戳入为度，捞起用冷水漂一会，再捞起沥干切成方块，用酱油浸 2 分钟，捞起沥干，烧热砂锅下花生油，放入猪肉炸至浮起，捞起再以冷水浸漂，捞起沥干，放入以笪垫底的砂锅中，加入八角、葱、姜、盐、酱油、川椒酒等，加盖文火焖至松软涨大，加入白糖再焖至汤汁稠浓，将肉取出，排放在扣碗内，加入原汁即可。其特点是肥而不腻，软烂爽口。

梅菜扣肉：是平湖客家一道名菜。首先，将五花猪肉刮洗干净，用清水煮熟捞起，以深色酱油涂匀肉皮，烧热砂锅下花生油，将肉放入油中，加盖炸至无响声捞起，晾凉后切成长形块状，排放好扣于碗内。将豆豉、蒜头、红腐乳（俗称“南乳”）压烂成茸，放入碗内，整碗放到蒸笼里蒸约 40 分钟。将梅菜洗净，切片，用白糖、花生油拌匀，放在肉上，再蒸约 5 分钟，然后将肉扣在盘中上席。梅菜因肉掺入又得肉味，浓香扑鼻，肥而不腻，肉质软烂爽口。

上汤肉丸：平湖居民喜吃丸类食品，常以牛肉、猪肉、鲮鱼等为原料，加适量淀粉，做出爽脆、嫩滑、鲜美、结实的肉丸。上汤肉丸是一道客家名菜，先将淀粉、食盐放入大盆，加清水调匀，再将猪腿肉切成条状放在砧板上，捶剁成泥酱状，放入味料盆中，搅拌至起胶，挤成丸子，每个重约 15 克，放入清水中，用砂锅将清水炖至七成热，将肉丸连水倒入锅中，用小火煮至微沸，待肉丸浸泡至汤清肉熟，捞起放入汤窝内，加入菜芡、胡椒粉、熟猪油，中火烧热砂锅，放入上汤、精盐，烧至微沸，撇去汤面浮沫，加味精，倒入肉丸窝内即可。其特点是肉丸富有弹性，软韧而爽，汤清味鲜，四季皆宜。

酿苦瓜：平湖居民爱吃苦瓜，酿苦瓜为传统菜。以五花猪肉、鱼为主，加葱头、虾米剁碎捣烂，糅以油、盐、酱油等调料制成馅料，把苦瓜切成 5 厘米长小段，去瓤洗净，将馅料酿入瓜段内，下锅稍煎，再加水慢煮而成。酿苦瓜味美清甘，更有解暑清热之效，是夏季最受欢迎的大众菜。

黄酒炒鸡：是平湖客家食谱中一道久负盛名的佳肴。改革开放前只有产妇才有此口福，而现在居民随时都可吃到这种美味。

大盆菜：平湖居民有吃大盆菜的风俗。每逢重阳节期间组织本村、邻村和香港同姓宗亲举行隆重的秋祭，先上山祭拜祖宗，然后集体会餐吃大盆菜，每次 100 至 300 余席，数百至上千人。客家人风俗，做白事，用酸菜炖大块肉，好事则吃大盆菜。至 2004 年，城市化以后，平湖街道仍有几个社区保留这一习俗。每逢重大传统节日和庆典活动，会摆下数百桌大盆菜，宴请全村男女老幼，一起享用，气氛热烈。大盆菜的原料很丰富，有干鱿鱼、鲜活鱼、鳗鳝干、鸡、鸭、鹅、乳猪、排骨、猪皮、鸡翅、猪腩、牛腩、腐竹、油豆腐、西芹、萝卜、木耳、冬菇等 10 多种。

应节食品

文 / 李建国　卢当应

平湖食品相当丰富，除了应节，大多也会随兴在其他时日制作享用。

春节——炒米饼

腊月十五之后，平湖人开始为新年做准备，家家户户都会“打炒米饼”，有能力的甚至会做很多，放在密封的缸里，一直可以吃到第二年的夏天。至于“炒米饼”的做法，是将黏米洗净放入大锅之中炒熟，再放进石舂中舂轧成粉，和黄糖或白糖浆一起搅拌至半湿，然后放入专门的饼模中砸压平整，再用木槌锤至硬实，翻出来后在大锅中烤干，如果要在饼中放进粉糖、碎花生等馅料，则在向饼模中放粉时多一道放馅料的工序。

到年底，一般大年二十八，只要有能力，家家户户都会蒸“余笼”（其实就是年糕），寓意年年有余，并且尽可能做得大些，丰厚些。

这些“余笼”通常是将磨好的糯米粉搅拌好，放入尽可能大的蒸笼，用大锅蒸熟，晾凉，摆放在供奉神明祖先的供台上，不准触碰，直至“扒龙船”“抢炮头”的活动结束之时，才可以开刀切界，通常是吃多少切多少，用油煎或用烫煮，咸甜皆宜。

元宵——碌堆

每年正月十五，平湖人都会做“碌堆”，用于供奉神明和款待父老乡亲。

在这些传统食品的制作中，“碌堆”的难度最高，而它的意义也最重大。除了节日喜庆，它还是祭祀奉神、添丁婚嫁的重要供品，要求很高，不仅要求口味好，更要求样子好看，要圆满、金黄，寓意吉祥。

首先，它选用的糯米要好，磨的粉要够精细，用的糖粉质量要高，同时制作的人要手巧。虽然也是把糯米粉的“种”先捏成球状，但必须可以将整个煎堆壁捏得均匀平滑，而且封口前吹气的技巧也很讲究，稍有不慎就会前功尽弃。

当然到了现代，已经不再向煎堆内吹气，但对于捏功和封口还是非常讲究，否则放入滚烫的油锅后，它一旦漏气，不仅无法做成金黄圆满的“碌堆”（因煎堆在油锅中需要滚动，水围话称滚为“碌”，与“禄”同音），反而变成垂头丧气的油饼，显得意头很不好。制作的人因此会受到责骂，加之当年物资匮乏，所以一般人不敢轻易冒险。据说当年平湖只有为数不多的几位高手，才会经常受人委托来进行制作。

清明——鸡屎藤

每年清明，也是平湖人很重视的节日，祭拜祖先，采摘草药，留存清水，据说这一次装起来的井水、河水都会整年不腐不坏，还有药用价值。

同时平湖人也会做鸡屎藤，做法是：到山边或原野上采摘回叫“鸡屎藤”的植物的新鲜叶子，据说有祛邪扶正之功，按比例与洗净的糯米、黏米一起放进石舂中舂碾。轧出来的粉便带上了浓浓的青绿，然后拌进少量的糖和盐，再加入一些炒熟的花生米，大人小孩一起动手，将这些粉搓成汤圆大小的粉团，一个挨一个地放在核桃叶或一种叫“金鸡勺”的大片叶上，如实在没有，也可以用芭蕉叶代替，放进大锅里蒸熟就成功了。

不过这里最讲究的就是放置糯米和黏米的比例，粘米放多了，没有韧性嚼头，糯米放多了，蒸出来太软，会黏成一团，难以下口。

端午——粽子

五月初五是端午节，平湖人也和全中国人民一样包粽子应节。

粽子有供蘸糖或蜂蜜甜食的碱水粽，也有包了眉豆、虾米、猪肉等丰富馅料的咸粽。而碱水粽中也有包了红豆沙等甜馅的品种。

端午节当天早上，父母往小孩子身上挂上一条粽子，往手里塞上一个咸蛋，由父母带着往村前的小河或池塘边，站在水边，解开粽子，把咸蛋去皮吃掉，随手扔下一些在水里喂鱼虾，大人把随身带来的毛巾用河水或塘水给小孩子洗脸，以求小孩子不生疮痱，谓之“卖癞”。

鬼节——茶果、手粉、界糕

七月十四则是鬼节，平湖人要制作茶果、手粉、界（米）糕等食品应节。

1. 界（米）糕，是将黏米洗净舂粉，加糖水搅拌，加黄蔗糖为黄色，加白砂糖为白色，放入尽可能大的蒸笼，用大锅蒸熟，晾凉，然后用木尺和刀界切成需求的样子食用。

2. 松糕、“手粉”，则是按比例将糯米、黏米洗净舂粉，加糖粉搅拌，用木质的手粉格摊放在蒸笼中，依格放粉至三分之二，用手指在粉中间挖出空间放入拌了糖的碎花生或者芝麻等馅料，再覆盖粉至平格，压紧刷平蒸熟，将格子取出即大功告成。

其中也有不用木格，如蒸界糕般在蒸笼中铺好粉，做上记号，然后按记号放馅料，蒸好后按记号进行切界。

只是无论何种方式，对于糯米、黏米比例也要很讲究才行，否则弄出来，或样子或口感会不尽人意。

中秋——月饼

八月十五中秋节，每家必有月饼，月饼基本上要去购买，自己则炒些花生，煮些菱角来应节。

重阳——茶果、松糕

九月九重阳节，主要是做些茶果、松糕扫墓，供奉先人。

冬至——茶果

冬至也是大节，所谓“冬至大过年”，不过主要也是做些茶果、糕点，杀鸡杀鸭应节。而茶果有通常米原色的白色，也有用朱砂水染成的红色和艾叶汁染成的棕色。

平湖人的茶果和其他地方人所做的糍粑差不多，就是将糯米洗净舂成粉，适量加水，放进较深的瓦盆中用力顺时针搅拌，切不可中途反向搅拌，否则会韧性缺失，造成破漏。

搅拌至黏手，拉扯时亦显韧性，“茶果种”完成。扯出适量“茶果种”搓圆，在干糯米粉中滚动至不黏手，用手捏成碗状，放入馅料，捏紧压扁。置入蒸笼蒸熟摊凉，放在预先准备的芭蕉叶上，就成功了。

添记金猪

文 / 刘任武

新中国成立前，平湖火车站附近旧圩市上大街侧，有一间闻名广九两地的饭店——“添记”。此店为平湖乡人刘添创办，因饭店位于街口的二层楼房，其老板刘添也被称为“高楼添”。

“高楼添”最拿手的菜品，就是烧金猪，选用四五十斤的中猪，用松树炭烧烤，皮不焦呈金黄色，味香，柔滑，松脆可口，入口松化。它的附属品金猪油，若淋在白饭上，不用加酱油也够味，香喷喷的，不用其他菜，一碗饭一下子就消灭光。因此，找上门来的顾客络绎不绝，平湖地区周边的龙岗、横岗、观澜、东莞等地的食客，纷纷慕名而来买烧肉回去。随着食客们的口碑相传，穗、港各地的客人也纷至沓来购买品尝。

之前，平湖火车站只停慢车，广州至九龙的特快车是不停靠的，自从平湖添记金猪出名后，在人们的要求下，平湖站破例停站一分钟，让港九沿线的旅客，能够在平湖买到添记烧肉享用。

因买的人太多了，“添记”的伙计说：“皇帝女不愁嫁，叫你们不要来，你们死都死埋来。”这话已含“店大欺客”之傲气了。

刘添育有二子，其本人及儿子均已故，其后添记金猪技艺失传，平湖人只能在老一辈的讲述中回味这道名菜的美味了。

碌鹅

文 / 陈建平

鹅是食草动物，鹅肉不仅脂肪含量低、品质好，不饱和脂肪酸含量高，而且从中医学上讲鹅肉味甘平，有补阴益气、暖胃开津、祛风湿防衰老之效，因此称得上是营养健康佳品、中医食疗上品，特别适合在冬季进补。

碌鹅是平湖传统的年节大菜，家庭团圆、宗亲喜宴都会摆上一大盘碌鹅。碌鹅好吃与否，鹅的选择是最重要、最为关键的。鹅肉不好，再好的调味和煮法都是白搭。过去每家每户做碌鹅，都用本地的自养食草鹅。现在城市化后本地无人养鹅，餐馆做碌鹅一般会选购增城、博罗一带的走地鹅，甚至湖南等地的放养鹅，每只约重八九斤，不超过十斤为好。因为这么大的鹅，肉质不嫩不老，最适合用于做菜。鹅太小，鹅毛不好拔，太大又肉不好吃。

正宗美味的平湖碌鹅，功夫在于酱料的调配和在锅里“碌”的过程。酱料香料包括豉油、片糖或蜜糖、蒜、南乳、红枣（去核）、黄花菜等，把配料按一定比例调和好后，将其倒入鹅肚内，再封好，就可以放进油锅中“碌”了——不停地边翻滚边炸皮。整只鹅在热油中炸得吱吱作响，肚内酱料的香味开始向鹅肉渗透。翻弄几次之后，鹅被“碌”成金黄色，汁料香味完全被鹅身吸收，将鹅起锅，用大盘子装好，盘底垫以香芋、大薯，放水蒸熟后斩件，碌鹅就可以上桌了。这样做出的碌鹅，鹅肉皮脆肉滑，带着浓香的酱料汁味，有点像烧鹅的口感，但味道又与烧鹅完全不同，非常美味爽口。还有一种做法是：起油锅把鹅煎至皮色金黄，再把蒜和葱放下爆香，放入蚝油、酱油、糖，加水适量焖 20—40 分钟，捞起切好摆盘即可。

平湖碌鹅的“碌”是频繁地、不停地翻转滚动的意思。平湖方言讲“笑到碌地”，意为大笑不止在地上打滚，所以说平湖碌鹅既不是水煮鹅，也不是油炸鹅，更不是烧鹅，其做法殊为独特。

狗肉

文 / 陈建平

与广东许多地方一样，平湖人也喜吃狗肉，白坭坑、新木、上木古的狗肉远近闻名。每当天气转冷，那里的几家做地道狗肉的食肆排档便食客盈门，甚至有不少“关内”的客人专门前来大快朵颐。

《本草纲目》说吃狗肉能安五脏、轻身、益气、强肾、补胃，暖腰膝、壮气实、补五劳七伤、填精髓。广东人认为狗是“阳畜”，吃狗肉能祛邪补身，抵御瘟疫和抵抗西风恶雨的入侵，少感冒，对身体有益，有的地方甚至有夏天吃狗肉的习俗。粤谚“冬至鱼生夏至狗”，即表明广东虽属亚热带地区，而狗肉又性温燥热，一般认为仅适宜秋冬季节食用，但敢吃会吃的粤人偏要选择在夏至食狗而不怕上火，可能与饮食文化、烹饪方法有着一定关系。但在平湖地区，大多数人没有在夏天吃狗肉的习惯，一般在中秋节过后一个月至立春前这段时间才会烹食狗肉。

平湖本地人宰狗和烹调方式与客家人略有不同。本地人宰狗除毛后，要用禾草将狗皮烧至焦黄色，然后狗肉斩件用大锅炒干水分，认为这样才有香味。烹调狗肉一定要用上好的花生油，将八角、小茴香、蒜头、生姜等作料和狗血、狗肉一起炒香再加水焖。客家人宰狗除毛后，洗净即开肚，把心血盛起，斩件入油锅，加八角、小茴香炒至干水，待香味四溢再加水，放柠檬叶，文火焖至八成烂熟后，倒入狗血搅匀上碟，一顿狗肉宴即可开席。

玖

平湖儿女

英国哲学家卡尔·波普在他的著作中写道：“人类的具体历史，如果有的话，那一定是所有人的历史，也必然是人类的一切希望、斗争和受难的历史。”平湖的历史，也是平湖的所有人的历史，是平湖仁人志士的希望、斗争和受难的群像。他们或投入革命的洪流，或远赴海外建功立业，或在工作岗位上孜孜以求。他们是平湖人不畏险阻、坚忍不拔的精神的象征，他们使“平湖”这个名词得以鲜活和生动。寻找他们，记住他们。他们是平湖这片大地上的儿女。

编者说明：

本章介绍平湖历史上和今朝的风流人物，分别以三种形式呈现：①人物小传。记载已故的知名人士、革命志士、著名侨领、东纵战士、文明市民等，以卒年为序排列。②人物录。介绍在世的有影响力的领导干部、科技文化人才、爱国侨胞、东纵战士、先进人物，以生年为序排列。③人物表。收录平湖革命烈士之英名及简要事迹。

人物小传

刘铸伯（1870—1926）

刘铸伯，男，又名刘金祥、刘鹤龄，1870 年生于平湖。父亲早年去世。刘铸伯 7 岁时跟随母亲到香港，靠母亲做零活维持生计。15 岁时被推荐入教会学校读书，后进入圣保罗中学就读。毕业后，因成绩优秀，被香港天文台台长聘为天文台翻译，后进英国牛津大学深造，回国后受聘于山东烟台大学任教授。时适国内及香港发生严重水灾，刘铸伯带头发起募捐救灾，并亲汇 10 万龙银捐给香港“慈善会”救济灾民，因此被聘任为香港屈臣氏总长及“慈善会”会长。之后，又曾任香港华商总会主席、香港宝安商会会长、华民定例局议员等职。1915 年起，刘铸伯在旧墟以北 2 里处兴建平湖墟（即现在平湖镇的“守珍街”）。后在新墟市开办一间装机 50 多台的织布厂，并招收附近青年乡民当工人。同时，建造清奇坑花园式“守真园”别墅，修筑平湖火车站至“守真园”约 2 公里公路。1916 年又分别在平湖墟建造纪劬劳学校和念妇贤医院，为平湖的文化教育、医疗卫生建设做出了很大贡献，被人们誉称为“乐善乡贤”。为表彰刘铸伯热心公益的精神，中华民国大总统黎元洪赠予其“乐善好施”的题匾，广东省督军陆荣廷、广东省省长朱庆澜、宝安县知事周德馨等也为之立碑褒表。（李岩）

刘彭龄（？—1927）

刘彭龄，男，字紫东，平湖松柏围人，是清末民初平湖最为著名的文人雅士。清宣统己酉科拔贡生，因其父是朝廷岁贡生，有“父子岁拔”之美誉。刘彭龄工书法，尤善隶楷，精于文章词赋，清末民初之间与胡翼南（礼垣）、王运焕（乐则）、田浦源（邵邨）、叶梦松（石朋）、叶溥霖（济川）、邓君益（子谦恒）、李肇焘（小郧）等十多名省港文化名人创立“桐山诗社”，并“首为之唱”，著有《雕龙诗集怀古》，由晚清民初香江名人胡礼垣翼南先生作序，梧桐山人田邵村先生校正，民国四年（1915 年）维新印务馆承印出版。又与夫人庄凤笙（出身于福田皇岗诗礼之家，有“民国才女，无冠博士”之誉）合著《雕龙诗集》，曾为《胡翼南文集》（现存香港中文大学）作序，重辑鄂西台湾刘氏宗亲会《刘氏族谱》并作序，受邀为香港《刘氏总族谱》（1918 年版）作序并作注，文名远播省港地区。刘彭龄思想开明进步，反对专制，倡导共和、民主，曾与胡翼南等人商讨，就国民革命事宜向孙中山建言。1916 年应刘铸伯之聘出任平湖纪劬劳学校首任校长，教书育人，直至去世。（陈建平）

严凯祥（？—1935）

严凯祥，男，平湖镇山厦村人，中共党员。早年曾在东莞县城读书，后在东莞塘厦爷皮村教书。1924 年，严凯祥接受中共东莞县委委派，回到山厦村秘密调查村里农民被剥削情况、农民对农运的认识与要求、地主豪绅的反应等情况。1926 年 2 月，山厦村成立农民协会，严凯祥任执行委员；5 月，山厦村成立了平湖地区第一个中共组织——山厦党支部，严凯祥担任支部书记，并组织开展了一系列活动。1926 年下半年，东莞县第四区农民协会成立，严凯祥被选为四区农民协会执行委员会委员长；次年初，农民协会开展了“二五”减租运动。“4·12”反革命政变后，严凯祥回到山厦，参加了农会组织的暴动。暴动失败后，严凯祥等遭到通缉追捕，被迫转移到香港九龙，后转移到越南朱笃埠，经友人介绍在“知用”学校当教师。1935 年，严凯祥遭国民党特务暗算，食物中毒身亡。（李岩）

严仲喜（1906—1939）

严仲喜，男，平湖山厦村人。1926 年加入中国共产党，1927 年 11 月起担任山厦党支部第二任书记。1938 年 9 月，王作尧到山厦与严仲喜、刘曼之等见面，恢复了山厦党支部；同年，严仲喜参加抗日游击队。山厦村的抗日救亡运动在严仲喜的领导下非常活跃，组织了以严润泉、严嫦等为骨干的抗日武装常务队，经常向抗日部队提供广九铁路平湖站附近的敌、伪、顽军活动情况。1939 年 9 月 8 日，广东人民抗日游击队为了粉碎日军的清剿，发动奇袭南头大沙河的战斗，严仲喜率山厦子弟 20 多人参战。在战斗中，严仲喜冲锋在前，不幸中弹牺牲，年仅 33 岁。（李岩）

蔡马生（1912—1943）

蔡马生，男，平湖镇木古村人。年轻时曾到香港给资本家当衣车工，1937 年抗战爆发后不久辞退回乡。1941 年 5 月，经文贯同志介绍，光荣加入中国共产党，成为木古村第一位共产党员，并担任村上抗日自卫队长。1942 年春参加惠东宝人民抗日游击队，成为抗日游击队税收员。1943 年 9 月在木古村被日寇逮捕，在经受了敌人的残酷折磨之后，当年 10 月在平湖墟被杀害。新中国成立后，平湖镇修建有蔡马生烈士纪念碑。（李岩）

刘耆卿（1892—1954）

刘耆卿，男，又名刘寿朋，平湖大围人，解放前平湖著名乡绅。幼时只念过三年私塾，靠聪颖勤奋掌握祖传中医为乡人治病，尤擅麻疹痧治，遇家境贫寒者不取分文，颇得民望，乡邻尊称其为“朋先生”。青年起即致力于兴办教育，民国时期曾主持纪劬劳学校校务，1938 年担任红朱岭学校校董，并于 1943 年出任平湖乡中心小学第一任校长。他思想开明，支持革命，1931 年曾帮助因叛徒出卖被国民党“侦缉”特务抓捕的中共地下党员刘仲德、刘伯刚外避香港，而 1938 年至 1945 年期间的红朱岭学校和平湖乡中心小学更成为中共地下党组织领导平湖抗日救亡活动的红色据点，以学校教师与教工身份做掩护从事革命活动的共产党员刘曼之、刘宝英、刘坚等人，都先后得到了刘耆卿的帮助。（陈建平）

刘伯刚（1905—1973）

刘伯刚，男，原名刘柱安，字伯刚，平湖镇平湖村人。1924 年加入中国共产党，国民党蒋介石“清党”前曾任广东省农会《犁头报》编辑，后回乡开展革命活动，曾任共青团东莞地委书记，1927 年 12 月至 1928 年 2 月任中共宝安县委书记。参加过广州起义和组织宝安暴动。1931 年 12 月因叛徒出卖，国民党广州公安局梁子光带督察到平湖缉捕刘伯刚。在群众抢救下，刘伯刚得以脱险，并转移到香港，后移居马来西亚继续从事革命工作。1973 年 4 月 28 日于新加坡病故，享年 69 岁。（陈建平）

刘连科（1931—1990）

刘连科，男，曾用名刘联科，平湖新南红朱岭人，1947 年 11 月加入中国共产党。1944 年在中共平湖地下党组织负责人刘宝英的领导下参加革命，以平湖中心小学校工的身份做掩护从事地下情报交通工作，与其兄刘坚以及刘华胜一道，在日伪军和汉奸的眼皮底下传递了许多重要情报。抗战胜利后，刘连科被调到香港华商报继续进行情报工作。中共在华南恢复武装不久，刘连科回到部队在惠东宝人民护乡团警卫连任班长，1947 年 10 月在惠东县平山北山伏击敌人战斗中负伤，成了三等甲级残废军人。解放后，刘连科长期在中山、珠海、佛山、惠阳、宝安、东莞等地公安、政法部门以及省公安厅从事公安、政法工作。曾带领公安战士捉获过潜入境内的美蒋特务。文化大革命中，刘连科被诬为“叛徒、特务”而遭揪斗、审查，1972 年 7 月落实政策重新安排工作。1977 年 6 月起，刘连科调东莞县工作，曾任东莞市委副书记、市政协主席（东莞升格后任市政协副主席）。1990 年 3 月 11 日上午，刘连科在开会时突然晕倒，因突发性心脏病抢救无效去世。（陈建平）

刘仲德（1905—1993）

刘仲德，男，原名刘锡璋，平湖镇平湖村人。刘仲德年幼时就读于纪劬劳学校，后考入广州市教忠中学，其间加入了国民党。1925 年 6 月 23 日参加了反对“五卅”惨案示威游行（沙基惨案），后又参加了支持广东国民革命政府举行的“誓师北伐”等示威游行活动，次年中学毕业考入国民党党务训练所。毕业后，刘仲德回到平湖纪劬劳学校从事教学工作。1929 年任纪劬劳学校校长。1930 年初，在刘伯刚（时任中共宝安县委书记）、叶丽钧的介绍下，加入了中国共产党，并且以纪劬劳学校校长的身份作掩护，积极开展革命活动。1931 年 12 月因叛徒出卖，在平湖遭国民党反动派逮捕，被迫转移到香港，后到越南。1950 年 9 月，刘仲德回到平湖，参加了土改工作后，再度出任平湖中心小学校长。1956 年，平湖中心小学戴帽办起了中学，刘仲德出任平湖中学副校长主持全面工作。“文革”期间，刘仲德遭受严重迫害。1978年开始，刘仲德被推选为宝安县侨联主席。在任10年间，刘仲德多次出境联谊广大侨胞，动员他们为家乡建设出钱出力，为宝安和平湖的建设事业做出了贡献。1993年秋，刘仲德去世，享年88岁。（李岩）

刘仁（1920—1995）

刘仁，男，又名刘达鸿，平湖红朱岭村人。1938年3月参加革命，1939年2月加入中国共产党。1938年3月在东莞县力行小学做杂工时接受进步思想，后受组织派遣在东莞雁田大源商店从事地下工作。1938年10月12日日军在大亚湾登陆，刘仁于同年12月在坪山加入由曾生领导的惠宝人民抗日游击总队（次年5月扩编为第四战区第二游击纵队新编大队）任战士、情报员，参加了数次战斗；1945年11月至1946年1月在东纵三支队129中队任服务员，1947年4月至1948年3月任惠东宝人民护乡团平湖站情报员；1949年在中共东安、宝安县委的领导下，积极开展配合南下大军入粤作战的准备工作。刘仁先后担任了中共平湖武工队支部、平湖中心支部、沙河乡总支书记，做了大量发展党员、建立基层政权、组织动员群众“反三征”和支前等工作。解放后，先后任宝安县一区区委书记、县农建科科长、后海养殖场场长、西海虾场场长、西海公社党委书记、宝安县委组织部副部长、宝安县水产局副局长、局长、宝安县农林水办副主任、深圳市水产局副局长等职。1978年因工作过度劳累而致中风瘫痪，1983年5月离休，1995年4月1日去世。（陈建平）

刘坚（1920—1997）

刘坚，男，平湖红朱岭村人。1944年在堂姐刘宝英的介绍下加入中国共产党，并在其领导下以平湖中心小学校工的身份做掩护从事党的地下情报交通工作。1944年8月中旬，刘坚与刘敏、刘锡宗、刘连科配合东纵第一支队陈德和除奸小队，引蛇出洞击毙了汉奸刘庆，震动了驻平湖的日伪军。1944年底，刘坚与刘敏冒险前往平湖火车站日军营区近身接应，将一名厌战携枪投诚的日军士兵引导到铁路西侧上木古村附近我游击队的联络站，最后转送其加入了日共“反战同盟”。抗战胜利后恢复武装斗争，刘坚参与组建了平湖“晨光”“定平”武工队，先后任队员、队长。1948年10月，根据中共东宝县委的指示，平湖历史上第一个由中国共产党领导的乡级人民政权——平湖乡人民政府建立，刘坚任乡长。新中国成立后，刘坚一直在宝安县工作，先后担任过盐田区区长，沙井、平湖等地领导，宝安县商业局长、供销社主任等职。改革开放后，任深圳市商业局副局长兼友谊公司总经理。1982年离休，1997年去世。（陈建平）

陈炳南（1912—2002）

陈炳南，男，平湖镇新南村人。早年曾随父母去香港谋生，中学毕业后帮助父亲打理药铺生意。1941 年，日军侵占香港，药铺被迫关门，陈炳南回到平湖镇。后为谋生计，往返于香港和平湖两地间，直到 1949 年，他才回到平湖。在人民公社时期，曾担任过生产大队的文书、会计和记分员等职务。改革开放以后，陈炳南生活得到改善，但并不富裕。1990 年以来，每月靠收点房租和亲属的一些支持维持普通生活，日子过得相当简朴。而陈炳南不顾自己年迈体弱、长年有病，节衣缩食，心系他人疾苦，尽力帮助需要帮助的人。据不完全统计，从 1994 年开始，陈炳南老人无偿资助本村、本镇，省内的茂名、信宜、高州、和平，以及广西、四川等地贫困群众和失学学生的款项达 20 多万元，尤其是对四川万县市、云阳县两个地区的大力支援，使 143 名失学儿童重返校园，帮助 40 多户困难家庭渡过难关。陈炳南老人热心扶贫助学的事迹在群众中影响很大，得到媒体的重视和各级政府的肯定与赞许，中央电视台、《人民日报》、香港《文汇报》、《羊城晚报》等新闻媒体都对其进行了报道。1996 年 7 月 19 日，平湖镇委、镇政府发出了“关于向陈炳南学习的决定”，号召全镇党员、干部、群众向陈炳南学习。1999 年 12 月，陈炳南被评为“深圳市第五届文明市民”。2002 年 7 月 23 日，陈炳南因病去世，享年 90 岁。（李岩）

刘建宇（1931—2005）

刘建宇，男，平湖镇平湖村人，是原宝安县革命先驱刘伯刚之子。1947 年在马来西亚上初中，1949 年回国就读于北京师大附中，1952 年 11 月加入中国共产党，1954 年公派留学前苏联，曾担任学校留学生总支部书记，1960 年以优异成绩毕业于列宁格勒加里宁工学院，获副博士学位。回国后在国防部第六研究院任上尉工程师，1978 年评为研究员，任西北工业大学教授。曾获 2 项国家科技成果奖和 3 项航空航天部二等科技成果奖。后任北京京航生物医学工程公司总经理期间，负责研究的新型人工髋关节，获首届北京国际博览会金奖。1990 年后，组建了深圳善航生物医学工程有限公司，和清华大学、中国医学科学院基础研究所、北京医科大学人民医院、中山医科大学孙逸仙纪念医院等科研机构共同研究生物活性可降解医学材料，并列入国家 863 计划，他任此项目负责人。发表了 20 余篇国际及全国性学术论文，撰写了 7 部科学专业著作，获国务院对中国自然科学有特殊贡献专家证书，被航空航天工业部授予有突出贡献专家称号，被香港科学院授予发明荣誉博士称号；1992 年 10 月起享受国务院特殊津贴。（李岩）

刘宝英（1926—2007）

刘宝英，女，平湖红朱岭村人。1942 年 2 月，在东莞中学就读时，由二姐刘燮芬介绍加入中国共产党，后任党小组长和莞中女生党支部书记。1943 年秋，东莞二线县委派刘宝英回家乡平湖担任党支部书记，她在红朱岭学校以教书为掩护宣传进步思想，积极发展党员，开展党的地下情报工作。刘宝英领导路东情报站的工作，积极培养刘华胜、刘坚、刘连科收集传送平湖日伪情报，为东纵端掉日军凤凰山哨所、袭击元屋围的伪军警察中队、策反日军士兵携枪投诚发挥了重要作用，从而引来了日军驻平湖藤本大队的疯狂清剿，刘宝英也险遭不测。1945年四五月间，东江纵队扩军，刘宝英在六年级毕业生中发展了廖河清、邬惠林、刘映霞、刘锡宗、刘钦田等一批学生入党，通过交通员带到罗浮山参加东纵部队。抗战胜利后，1946年6月东纵主力北撤，刘宝英被组织安排到香港工作，担任港九职工支部组织委员。1947年底，刘宝英被组织从香港调回到江南支队二团政治处工作。新中国成立后，她先后在东江地委组织部、汕头地委纪委、汕头卫生局、广东省百货公司、水产公司工作，在各个岗位上都表现突出。1955年任广东省百货公司副经理，同年作为全国百货食品系统先进工作者的代表，在北京受到毛泽东等党和国家领导人的亲切接见。1973年，调到省水产公司，1976年任经理。她勇于改革，积极申请把水产外贸经营进出口权从外贸部门要回来由省水产供销公司经营，在全省各县组建了22个口岸公司，有效解决了出口和内销的矛盾，发挥了较大的经济和社会效益。1978年7月，刘宝英参加全国财贸战线学大庆学大寨会议，代表广东在人民大会堂做典型经验介绍。1983年底，刘宝英离职休养，2007年7月因病去世，享年81岁。（陈建平）

李罡（1971—2011）

李罡，男，1971年10月出生，1992年4月加入中国共产党，1993年7月毕业于西南政法大学，同年参加公安工作，2004年任平湖派出所副所长，先后分管派出所社区防范和案件侦查工作。2011年2月16日14时左右，平湖街道发生一起因劳资纠纷引发的群体堵塞道路交通紧急事件。原本要去参加会议的李罡闻讯后，主动奔赴维稳处置现场。因为交通堵塞和现场情况紧急，李罡快步跑至事发地，并立即投入处置工作。约14时20分，奋战在维稳处突一线的李罡突然倒地，现场的同志立即将其送往平湖人民医院抢救。16时32分，李罡经抢救无效去世。

在17年的公安工作中，李罡始终任劳任怨，冲锋在前，一心抓好破案打击工作，为保一方平安殚精竭虑、鞠躬尽瘁。尤其是在2008年以来，在他的带领下，平湖派出所辖区命案全部告破，各项刑侦业务均取得了骄人成绩。上任平湖派出所副所长以来，李罡自觉接受群众和同事的监督，严格依法办案，在派出所办理案件数百起，参与抓获处理数百名犯罪嫌疑人员，其中不乏通过各种途径找他说情的人，但都被他一一拒绝。在平湖工作期间，他通过分析研判，梳理出平湖片区"两抢"案件多发区域道路、作案手法、侵害对象等发案规律，综合运用伏击守候、串并侦查、深挖扩线、特情贴靠等手段，全面打击"两抢"犯罪活动，接连打掉多个犯罪团伙和黑恶势力，促进辖区治安面貌显著好转，得到了辖区群众的高度赞誉。

李罡牺牲后，中共龙岗区委决定在全区广大党员干部中广泛深入开展向李罡学习的活动，号召广大干部职工向李罡学习，立足本职岗位，争当认真履职、善于执行、创新开拓、求真务实的表率，努力将李罡的精神发扬光大。（李岩）

刘华胜（1928—2013）

刘华胜，男，平湖元屋围村人，抗战时平湖的少年情报英雄，改革开放初期深圳特区工会事业的“拓荒牛”。1928年出生于香港土瓜湾一个海员家庭，1941年香港沦陷后随母亲返回家乡避难，1944年在刘宝英的领导下以小贩、杂工身份孤身出入驻平湖的日伪营区，为东江纵队传递了不少非常有价值的情报，被誉为“虎胆少年”。抗战胜利后，刘华胜回香港继续从事地下情报工作。受极左路线的冲击，新中国成立后和“文革”期间刘华胜曾两度被下放到广西灵川和广东新丰劳动，身心健康受到严重摧残，晚年患癌动过10次手术。1979年1月，刘华胜担任深圳市总工会首任主席，他敢想敢做，大胆改革，正确处理新时期工人与“资本家”的劳资关系，创造了工会史上的好些个“第一”：创办第一所省电视大学教学班（深圳电大的前身）、举办第一个酒店服务员培训班、第一次组织港人来深圳平湖旅游、第一次向银行贷款建西冲工人度假村、第一次引进港资在市工人文化宫开办儿童游乐场和音乐茶座。办电大没有教材，刘华胜托人在广州找到一本英语教材，回来后找人刻蜡版，油印了教材。没有老师和电视，就用录音机把中央电大的讲课录制下来，再播放给学员听。刘华胜“一本书办电大”的故事，既体现了“拓荒牛”的精神，也成为了特区第一代“工会人”最温暖的回忆。（陈建平）

刘坡德（1929—2013）

刘坡德，男，1929年生于新加坡，祖籍平湖村。其父刘耀垣（炳桑）早年家境贫困，背井离乡到新加坡靠行医谋生，第二次世界大战期间遭日本侵略者杀害。刘坡德在日军占领新加坡之前曾就读于欧南路英校，战后，他对英国殖民政府保护新加坡的能力以及英文教育失去信心，于是报读华侨中学。刘坡德自小目睹社会动荡，中学时代就投身学生运动，并曾因此入狱。1957年当选为新加坡人民行动党第一届民选市议员；市议会解散后，1959年当选为合洛区立法议员，并出任新加坡政府财政部政务次长。1961年7月，人民行动党分裂，刘坡德等13名议员退党，组织社会主义阵线。1965年新加坡独立后不久，刘坡德退出了政坛。（李岩）

黄润兰（1955—2013）

黄润兰，女，平湖街道鹅公岭社区户籍居民，生前为平湖巾帼志愿互助会副会长、终生名誉会长。

黄润兰读书不多，初中才读了一个学期就被迫辍学了，因此对于因贫困上不起学的孩子，总是充满同情。从1981年起，几十年来她用于资助本地和外省（市）贫困学生的金额超过了50万元。黄润兰生活节俭，平时很少去酒楼喝早茶，认为省下喝早茶的钱足够一个贫困学生一个月早餐的费用。1997年，平湖巾帼志愿互助队成立，黄润兰成了其中最早的创始成员之一，她积极配合妇联带动广大妇女参与各种社会公益活动，为平湖巾帼志愿互助会成为平湖乃至深圳公益慈善的一面旗帜做出了诸多贡献。

黄润兰与人为善，助人为乐，大力支持妇女工作和教育事业，先后获得了一连串的荣誉称号：1993 年被平湖镇评为“双学双比”女能手标兵；1999、2000 年被平湖镇评为巾帼互助队先进个人；2001 年被平湖镇评为尊师重教先进个人；2002 年被龙岗区分别评为尊师重教先进个人、扶贫帮困优秀工作者；2003 年被龙岗区评为支持妇女工作先进个人；2006 年被评为深圳市“最具爱心人物提名奖”。在她的影响带动下，她的家庭于 2003 年被评为平湖镇“十大书香之家”，2004 年被深圳市妇联评为深圳市首届“恩爱夫妻、模范夫妻”奖，2005 年被评为深圳市“最具爱心家庭”。2013 年，黄润兰因病离世，年仅 58 岁。（李岩）

伍克光（1923—2014）

伍克光，男，曾用名伍顺宗，祖籍平湖伍屋围村。1923 年在印度出生，1929 年回国，1942 年加入中国共产党。1940 年参加曾生、王作尧领导的广东人民抗日游击队，当过通讯员、警卫员、通讯参谋等。抗日战争胜利后，1946 年 6 月随东纵北撤山东，1948 年在“两广纵队”参加了淮海战役。新中国成立后，1950 年随大部队南下广州，之后一直在广州市公安部门工作。1986 年离休，享受副厅级待遇。2014 年因病在广州去世，享年 91 岁。（伍寿鹏）

人物录

冼麟

冼麟，男，生于 1924 年 11 月，平湖山厦村人，东纵老战士。1938 年 7 月参加革命，1941 年 7 月加入中国共产党。1938 年冼麟入伍后在广东人民抗日游击队第二大队一中队担任通信员，1941 年至 1944 年任广东人民抗日游击队宝安大队、惠阳大队班长、东纵飞鹰队小队长、短枪队队长，参加了东纵凤凰山伏击战、清溪钳口赉茶亭袭击战、夜袭元屋围平湖伪区政府、攻打驻平湖伪警中队、石马桥定时炸弹炸日军碉堡等战斗。1946 年 6 月，随东江纵队北撤后任三野两广纵队一团连长、二师五团一营副营长，淮海战役时任代营长。1949 年 9 月，随第四野战军南下，参加了解放江西、广东的战斗。1950 年 12 月，任珠江军分区独立第十六团一营营长。1952 年 5 月，任南海舰队航空兵司令部一师一团副参谋长，1953 年任南海舰队航空兵训练大队大队长，1959 年 5 月任南海舰队航空兵司令部管理处处长。1978 年 8 月调广州负责筹建海军赤岗干休所。1987 年离休，现在享受副军级干部待遇。

1955 年，冼麟被授予少校军衔，后晋升为中校军衔。参加过解放济南和豫东、淮海战役以及抗美援朝战争，获颁三级独立自由勋章、三级解放勋章。（陈建平）

刘立基、王丽容夫妇

刘立基，男，1938 年 6 月生；王丽容，女，1943 年 1 月生。作为平湖籍的香港人，刘立基、王丽容夫妇情系桑梓，坚持以平常心行慈善事，用爱的行动书写着温暖动人的爱心故事。每次回到家乡，夫妇俩总是抽出时间到敬老院看望老人，经常往平湖敬老院捐钱送衣服，过年给孤寡老人发利是，并且自己从市场买了布料，按照敬老院老人的大概尺寸亲手缝制服装。他们在平湖也有物业出租，但只要听说哪位租客经济上有困难，两位老人总是立马免去其房租，一名曾在平湖做保安的退伍残疾军人就长期享受过这一“优待政策”。当得知平湖书画协会经费紧张又无办公场地时，刘立基、王丽容夫妇又慷慨地捐出了一幢 300 多平方米的自建房屋，作为书画协会的办公场所。刘立基、王丽容夫妇的爱心善举感动了平湖的乡亲，也感动了深圳市的市民，继获得平湖街道 2012 年“文明道德先进人物”之后，2014 年 5 月又荣获深圳市第 11 届关爱行动“十佳爱心家庭”。（陈建平）

叶浩荣

叶浩荣，男，1939 年 7 月出生，加拿大华人，原籍平湖镇山厦村。1979 年，他积极响应祖国在深圳办经济特区的号召，把在香港的工厂搬回家乡平湖镇山厦村，开办了平湖山厦丝花厂。叶浩荣是首批到平湖镇投资办厂的外地客商。为了解决农民洗脚上田就业难的大问题，他把半成品的丝花发放到各家各户，使每个农户在业余时间串花，每月有1000多元的家庭收入，为山厦村成为平湖镇农民建楼最多、银行私人存款人均最多的山村立下了主要功劳。叶浩荣积极宣传推介平湖的投资环境，发动工商界朋友到平湖镇投资兴业，改革开放以来，先后直接和间接引来外地客商46家。叶浩荣热心支持家乡的建设，早在20世纪70年代，就为家乡捐赠化肥、农药和农业机械，捐赠物资折款约30万元。据统计，从20世纪70年代到2001年，叶浩荣先后为平湖镇的医疗卫生、文化教育、社会治安、老人福利以及向灾区捐款达334万元。叶浩荣是平湖镇侨联的创办人之一，曾任平湖区侨联会第一届委员会第一副主席、平湖镇侨联会第二届主席、第三届名誉主席。1995年，叶浩荣被深圳市人民政府授予“深圳市荣誉市民”称号。叶浩荣爱国爱乡的赤子之情，深受父老乡亲和社会的好评。（李岩）

刘定中

刘定中，男，刘铸伯曾孙，1940年生于香港，是香港著名的企业家、社会活动家。现居加拿大。

刘定中先生早年赴美留学，获工商管理学士学位。曾任香港油麻地小轮有限公司、油麻地建设有限公司、香港船厂有限公司、油麻地贸易服务有限公司董事兼总裁，香港油麻地轮船有限公司董事局主席兼总裁，油麻地地产有限公司、油麻地旅游有限公司董事局主席兼总裁，冷联轮船有限公司董事兼总裁。1981年被委任为“太平绅士”。1994年3月被国务院港澳办、新华社香港分社聘为“香港事务顾问”。

刘定中先生热爱祖国，是大陆改革开放之后最早的香港投资者之一。1978年11月17日，他打破坚冰开通了港穗对开的直通客轮“飞翔船”，使粤港只有陆路交通联系成为历史。中央决定收回香港后，他利用自己的社会地位和影响力，积极奔走于京穗深珠等地，先后向多位党和国家领导人建言献策，为稳定香港投资者的信心、促进香港繁荣发展做出了贡献。（陈建平）

洪庆章

洪庆章，男，1945年4月出生，1988年从香港到平湖投资办厂，先后任富诚塑胶五金模具（深圳）有限公司董事长，深圳市侨商国际联合会监事长，深圳市总商会理事，深圳市龙岗区第二届政协委员，深圳市平湖侨联名誉主席，平湖商会第一届、第二届、第四届会长，第五届荣誉会长，平湖中学名誉校长，广东省韶关市翁源县连新镇卫生院名誉院长。

洪庆章一直以来都热心社会公益事业，先后捐款140多万元支持当地教育事业；多年来为建设平湖医院、平湖商会、平湖商会办公楼、平湖侨联办公楼、粤北卫生院及支持公安战线、敬老院、消防队，支援长江洪灾等先后捐款共300多万元；此外还捐款20万元兴办新丰县黄际中学，向汶川地震灾区捐款11.4万元；2011年，为支持当地公安事业、教育事业、社团建设等先后捐建 40 多万元，同时为日本地震灾区捐款 10 万元；还捐款 10 万元成立深圳市侨商关爱基金会等。（刘星廷、周淑媚）

廖齐欢

廖齐欢，女，1948 年 9 月出生，平湖镇山厦村人。改革开放后，她先是养鸡，后来经营鸽场，走上了富裕的道路。富裕起来后，廖齐欢没有忘记帮助、带动周围的人们。1990 年，她与人合伙承包了一方 10 亩的鱼塘，个人投入 5 万元，并免费将自家鸡场的肥料用于饲养鱼苗，年终分红却分文不取。1997 年，廖齐欢加入平湖巾帼志愿互助队。她热心帮助 8 名外来劳务工解决工作问题；逢年过节，她会带着礼物去探望孤寡老人，积极动员员工捐款捐物赈灾济贫，主动为困难户提供技术指导，在群众中树立了良好形象。廖齐欢连年来被市、区、镇评为“三八”红旗手，1999 年被评为龙岗区劳动模范，同年荣获广东省“养鸽大王”“双学双比”女能手称号，2003 年获全国“双学双比”女能手的光荣称号。（李岩）

李容根

李容根，男，1950 年 7 月生，深圳市龙岗镇人。1971 年 10 月参加工作，1971 年 3 月加入中国共产党。1977 年 3 月至 1980 年 5 月任平湖公社党委副书记，1980 年 6 月至 1980 年 10 月任平湖公社革委会主任，1980 年 10 月至 1983 年 7 月任平湖公社书记。在平湖任职期间，他带领平湖广大干部群众，紧紧抓住改革开放机遇发展经济，以“三来一补”起步，走“外源工业推动型”发展模式，使平湖迈出了改革开放的第一步。历任宝安县委书记、深圳市副市长、深圳市委副书记、深圳市政协主席、广东省副省长等职务。2011 年 1 月起担任省政府党组成员、省扶贫开发领导小组副组长，分管扶贫工作。（李岩）

廖玉齐

廖玉齐，女，1950 年 11 月出生，平湖新南村人，是“平湖巾帼志愿互助会”发起人之一，先后荣获龙岗区“扶贫奖”“敬老金榜奖”“文明家庭标兵奖”“巾帼先进个人奖”“创建文明村先进个人奖”等多项奖项。

作为一名凭借改革开放好政策富裕起来的土生土长的平湖人，廖玉齐富而思源、富而思进，热心社会公益事业，积极回报社会，几十年如一日坚持到敬老院、幼儿园和驻平湖部队开展义务照料孤寡老人和为幼儿园除草、为子弟兵缝洗衣服等社会公益活动。当得知改革开放后内地仍有少数偏远山区的孩子，因为家庭贫困而不得不中途辍学的消息后，廖玉齐感同身受，以其母爱般的博大情怀，及时向这些贫困山区的孩子们伸出了援助之手。自 1997 年以来，她先后资助湖南省永顺县唐光华、向灵莉、潘玉蓉、朱定花等 4 名特困生念完中学、考上大学，直至走上工作岗位。此外，廖玉齐还先后扶助过平湖本地特殊家庭 21 户 95 人，为他们解决了一些实实在在的困难。而当廖玉齐做这些事情的时候，她从来没有想过要得到社会的回报哪怕是荣誉。“老吾老以及人之老，幼吾幼以及人之幼”，廖玉齐身上充分体现了中华民族的这一传统美德。（吴从焕）

刘伟林

刘伟林，男，祖籍平湖镇平湖村，生于香港，20 世纪 60 年代随其父刘汝培到欧洲，后定居荷兰。从事酒楼餐饮业，同时在比利时从事地产、酒店酒楼业。刘伟林为荷兰海牙华商会的创始人，曾任第一、二届会长，现为海牙华商会名誉会长、荷中友好交流协会第三届会长。致力于维护华人华侨的合法权益，为促进中荷人民友谊和经贸交流做出了贡献。（李岩）

刘聚富

刘聚富，男，祖籍平湖，加拿大华侨，加拿大国家最高名誉勋衔获得者，曾被聘为 2010 年上海世博会高级国际顾问。（李岩）

叶映霞

叶映霞，女，1954 年 12 月出生，中共党员，退休之前任平湖街道党工委委员、妇联主席，曾荣获“全国三八红旗手”、“广东省三八红旗手”、“广东省妇联系统先进工作者”、“广东省打拐先进工作者”、深圳市劳动模范、“深圳市第七届精神文明创建活动积极分子”等多项荣誉称号。

在 30 余年的基层工作生涯中，叶映霞始终把维护妇女儿童合法权益作为工作和人生追求的目标，致力于推动平湖妇女儿童事业的发展。她不为世俗偏见所惑，通过四处奔走和呼吁，最终促成有关部门出台《保障农村妇女若干权益的暂行规定》，解决了平湖山厦、新南等社区 13 户出嫁女、招郎女股份分红和宅基地分配问题。她不畏艰险，20 余次奔赴全国各地，亲手解救被拐卖妇女达 62 人之多。她热心社会公益事业，亲手培育和创建了“平湖巾帼创业一条街”，解决了 300 多名妇女再就业、再创业问题。1997 年 11 月，她发起成立了以“帮助他人，完善自我，无私奉献”为宗旨的基层妇女爱心组织——“平湖巾帼志愿互助队”（后改为“平湖巾帼志愿互助会”），并担任首任队长。经过 17 年的发展，会员人数由当初的几十人发展到 700 多人，资助广东本省山区、贵州、湖南、四川、江西等地特困失学儿童和特困学生 800 多人，帮扶贫困家庭 1780 户，成为平湖街道乃至龙岗区、深圳市精神文明建设的一面鲜艳旗帜。（吴从焕）

李远发

李远发，男，1956 年 4 月生，香港人，原籍广东惠州。现为嘉瑞国际控股有限公司集团主席、龙岗区政协委员、平湖商会会长、香港工业专业评审局荣誉院士。2013年荣获龙岗区“梦想与力量——感动龙岗人物”。

1980年，李远发和两个朋友出资15万元，在香港组建了嘉瑞压铸制品厂，1988年将生产基地迁到平湖，从事锌、铝及镁合金压铸业务，产品包括汽车零配件、电子配件、家具配件、电器及其他各类锌、镁及铝合金压铸件等，开启了嘉瑞集团高速发展的创业创新之路。嘉瑞集团先后获得2001年香港工业奖之“香港生产力促进局生产力奖”及《工业贸易署质量优异证书》、2004年香港工业奖之“科技成就奖”、2006年中国铸件企业排行榜第二名、2008年“经济一周”香港杰出企业、“福布斯2008年中国潜力企业榜奖牌”、2009年平湖“十大科技创新企业”等。2007年6月，嘉瑞国际控股有限公司在香港联合交易所主板上市；2012年，嘉瑞集团营业额达16亿元。

李远发热心公益事业，除经常自己捐款捐物回馈社会外，还积极发动商会会员拥军、助学、扶贫，仅近年来平湖商会会员赴紫金扶贫就捐助扶贫款项926300元。（易芬）

谭华容

谭华容，女，1963年8月出生，中共党员，现为白坭坑社区专职调解员，2013年被评为龙岗区第二届“梦想与力量——感动龙岗人物”，2014年获得省妇联授予的“广东十大贤妻”殊荣。

谭华容的丈夫刘裕齐是白坭坑社区的治安员，2004年7月4日深夜协助追捕两名盗窃逃犯时，被一辆迎面而来的货柜车撞飞，虽经全力抢救，生命被挽回，但由于先后做过四次开颅手术，生活不能自理，险些成为植物人。谭华容以柔弱的双肩挑起了家庭重担，经过常年艰辛而又精心的护理，刘裕齐慢慢恢复了一些记忆，逐渐有了语言与感知能力，并且具备了基本的生活能力。谭华容“干一行、爱一行、专一行”，对工作也十分敬业，自2005年至今共调解各类矛盾纠纷700余起，调解成功率达95%以上，为当事人挽回经济损失600余万元，是平湖街道乃至龙岗区的基层调解能手。（吴从焕）

黄翔

黄翔，女，1964年11月出生，汉族，平湖街道鹅公岭社区户籍居民，平湖巾帼志愿互助会会长兼法人代表，深圳市华轩发实业发展有限公司董事长，龙岗区女企业家协会副会长，深圳市第四、五届人大代表，龙岗区第四、五届人大代表。作为平湖巾帼志愿互助会会长，她带领730多名姐妹十年如一日地奉献大爱至情，先后筹措善款300多万元，资助本省、贵州、湖南、四川、江西等地特困失学儿童和特困学生800多人，帮扶贫困家庭1780多户，使许多陷于困境的人重树生活的信心。平湖巾帼志愿互助会因此成为享誉全省乃至全国的重要妇女组织，被评为国家级“巾帼文明岗”，并多次被国家、省、市妇联评为“三八红旗集体”。作为市、区两级人大代表，她非常注重调查研究，处处留心收集群众的呼声，热心反映人民的心声，谨慎履行人大代表的法定职责和权利，充分发挥了桥梁和纽带的作用。近年来，黄翔相继获得了“2007—2008年度深圳市第四届优秀人大代表”、“2008年龙岗区‘巾帼之星’先进个人”、“2009年度龙岗区优秀女企业家”、2012年第一季度广东“十大好人”、2011年深圳市“十大爱心人物”、2012年第一季度“广东好人”、2013年5月“中国好人”等荣誉称号。（吴丽明）

高玲

高玲，女，1966年2月出生，黑龙江人。1986年参加工作，在卫生战线上工作已有25个年头了，她的家庭被评为深圳市第八届关爱行动“爱心家庭”。

高玲自参加工作以来，一贯踏实肯干，曾先后荣获深圳市人民政府抗击“非典”三等功、龙岗区人民政府二等奖、龙岗区“五好文明家庭”标兵户、平湖街道“文明道德先进人物”等荣誉，并多次荣获市、区卫生系统嘉奖。她精心护理撞伤的“植物人”打工妹，抚养弃婴，长期帮扶贵州贫困山区少数民族学生的事迹被传为佳话，高玲上大学的女儿12年前就与一名贵州省三都县的水族女孩结对帮扶，这场爱心的接力还在继续。

高玲身处一个三代同堂的大家庭，上有婆婆、妈妈，下有女儿、养女，她丈夫长期精心照顾患病和身体不好的岳父母及父亲三位老人，全家人团结友爱和睦相处，家庭中充满着温馨与祥和。

高玲夫妇相敬如宾，一直与各位邻里友好相处，大家都觉得他们夫妻非常亲切，很有亲和力。对邻里的各种困难，他们夫妇都在力所能及的范围内热心帮助。在这个家庭里，他们的子女尊重长辈，长辈关心爱护子女，共同建造一个温馨、和谐、向上的文明家庭。（刘星廷、周淑媚）

刘永忠

刘永忠，男，1968年出生，平湖户籍居民，龙岗区政协委员。1992年，刘永忠从深圳市卫生防疫站（深圳市疾病预防控制中心前身）的检验检疫工作岗位辞职下海经商，现自由经营雅仕酒吧。历任平湖街道凤凰社区居委会委员（兼职）、龙岗区平湖自行车协会会长、龙岗登山协会副会长、第26届大运会自行车场馆运行团队竞赛组织经理等职务。2009年5月17日手执“龙岗大运，巅峰之作”横幅成功登上世界之巅——珠穆朗玛峰，成为我国首批登上地球之巅的业余山友，以实际行动表达一个土生土长平湖人对深圳2011年大运会的祝福。之后，他又陆续登顶5座著名高峰，包括2011年1月17日登顶非洲最高峰乞力马扎罗山，2012年5月11日登顶海拔8463米的马卡鲁峰，2013年5月20日登顶世界第三高峰、海拔8586米的干城章嘉峰，2013年10月1日登顶世界第六高峰、海拔8201米的卓奥友峰，2015年3月24日登顶世界第十高峰、海拔8091米的安纳普尔纳峰。他热心社会事业，参与策划、组织了多个群众性体育活动，包括龙岗区首届定向越野挑战赛、平湖铁人三项赛、平湖自行车公开赛、环深圳自行车250公里骑行和平湖凤凰山跑山赛等。（李岩、陈俊超）

路满堂

路满堂，男，广东省龙门县人，1978 年出生，1996 年来深工作，现为深圳市邮政局平湖支局投递员。自从 1996 年从事邮政投递工作以来，路满堂以雷锋为榜样，严格要求自己，在邮政投递平凡的岗位上，行程近 35 万公里，平均每天走 90 多公里的邮路，投送邮件近 200 万件，年年创下无差错、无用户投诉的质量全红纪录；碰到用户不在家时总是不怕辛苦地进行二次投递，从他手里复活的“死信”达 800 多件。为使邮件能迅速、准确、安全、方便地投送到收件人手中，路满堂坚持班前做好“三视”工作——视天气情况备好防雨防风工具，视单车车况做好维修保养，视邮袋内里备齐单据和工具；投送邮件做到“三个保证”——保证按时投送上门、保证按人或按址投递、保证邮件完好投递；归班回来做到“三个整理”——整理因客观原因无法投送的邮件、整理用户提出的意见建议、整理用户地址变动信息。他热心公益事业，在抗击“非典”期间，路满堂连续 3 个月利用业余时间上街清洗街道。路满堂的先进事迹在社会引起了强烈反响。1999、2000 年连续两年路满堂所负责投递的邮路被龙岗邮政分局评为“文明邮路”，他本人也多次荣获各种先进称号：2002 年获“深圳市优秀团员”“龙岗区十大杰出外来青年”“广东省邮政系统 2002 年度优秀投递员”荣誉称号；2003 年获深圳市邮政局“十佳外聘员工”荣誉称号；2004 年获“深圳市学雷锋先进个人”荣誉称号；2005 年获“深圳市邮政局杰出青年和优秀共青团员”“全国邮政系统百名模范投递员”和第十届“深圳市十大杰出青年”荣誉称号；2008 年，由于在平凡岗位上的非凡表现，路满堂成功当选北京奥运会火炬手，并于 5 月 8 日作为第 97 棒火炬手，在深圳市内完成火炬传递任务。（李岩）

郑月华

郑月华，女，1978 年 5 月生，平湖凤凰山小学教师，中共党员。2012 年被评为“感动平湖——文明道德先进人物”，并获评深圳市首届“十大我最喜爱的老师”。

2012 年 6 月，新南小学学生冼艺不幸患了白血病，急需 60 万元医药费，这对于靠父母开摩的、摆小摊，还有两个姐姐在上学的冼艺一家来说，无论如何都难以承受。郑月华得知此事后，开始在 QQ 群里号召周边朋友、老师、学生和家长捐款，平湖街道办、区文明办、区教育局以及市慈善会也向社会各界发出了为冼艺爱心募捐倡议信。在多方帮助下，共募集到了近 100 万元善款。2013 年 5 月 4 日，冼艺在广东省人民医院顺利完成了骨髓移植手术，后续抗排异治疗也进展良好。郑月华的爱心行动还推动了深圳市重疾学生爱心基金会的成立，为更多的身患重大疾病并无力医治的学生提供了爱心基金帮助。（沈荣）

人物表

平湖人民具有光荣的革命传统。在革命战争年代和抗战时期，许多平湖儿女在中国共产党的领导下，纷纷投身革命斗争和抗日战争，涌现出许多可歌可泣的英雄故事和光辉业绩，有的甚至为党的事业献出了宝贵的生命。

严润泉

男，生于 1906 年，又名大光泉，平湖镇山厦村人，1926 年加入中国共产党，山厦村党支部委员，1936 年参加抗日游击队，1939 年 9 月 8 日在南头大沙河桥战斗中牺牲。

刘润丁

男，生于 1918 年，又名刘景生，平湖镇白坭坑村人，1943 年参加广东人民抗日游击总队，后任东江纵队爆破班长，1945 年 9 月在东莞县企石被围捕时牺牲。

严运贤

男，生于 1920 年，平湖镇山厦村人，1940 年参加广东人民抗日游击总队，任五大队二中队战士，1943 年被捕在观澜就义。

曾煌娇

男，生于 1911 年，平湖镇木古村人，1942 年参加广东人民抗日游击总队，任五大队战士，次年在甘坑战斗中牺牲。

叶兴贤

男，生于 1924 年，平湖镇山厦村人，1940 年参加广东人民抗日游击总队，任总队战士，1943 年 8 月在山厦围仔九公坑里被地雷炸伤牺牲。

刘鉴荣

男，生于 1923 年，平湖镇平湖村人，1939 年参加东宝惠抗日游击大队，1941 年在惠州监狱中牺牲。

邬进祥

男，生于1922年，平湖镇山厦村人，1938年参加东宝边区游击队，后任东江纵队铁鸟大队副大队长，1945年在南雄县战斗中牺牲。

刘福荣

男，生于1926年，平湖大围人，1942年9月参加广东人民抗日游击总队，后任李朗税站税收员，1948年5月在李朗牺牲。

严丽华

男，生年不详，平湖镇山厦村人，1947年参加护乡团，任护乡团交通员，次年6月7日在本村交通站被围捕时牺牲。

何运连

男，生年不详，平湖镇平湖村人，1948年参加广东人民解放军江南支队三团，任护乡团三团战士，在马蹄山战斗中牺牲。

刘志寿

男，生于1928年，平湖镇荔枝岭村人，1948年3月参加广东人民解放军江南支队，任粤赣湘边纵队战士，次年6月在紫金县南岭战斗中牺牲。

刘镇榜

男，生于1925年，又名刘帮，平湖镇平湖村人，1943年参加东江纵队，1950年在抗美援朝通过鸭绿江时牺牲。

（以上名单录自《宝安县志》，广东人民出版社，1997年版）

拾

诗文拾萃

诗，可以兴，可以观，可以群。文学，承载着一个地区的集体记忆、历史底蕴、现实观照，投射着一个群体的人文气质、艺术想象和精神关怀。中国人借字纸“还乡”，凭文脉传世，家园既是土地上的生生不息，亦是书页间的运思无穷。平湖代有才人出，百年间星移斗转。从碑文的隽永厚重，到词赋的透古通今，从新诗的才思涌溢，到歌谣的激荡襟怀，这些丰富多彩的作品，是平湖冠冕上的宝石。它的光华中，是才情、深情和激情的闪烁，也是过去、现在与未来的见证。

第一节 碑文辑录

（摄/陈建平）

民国初年表彰刘铸伯碑文

广东省长公署布告（第七十三号）

一、为布告事照得刘绅铸伯独自捐资于宝安县平湖乡创立念妇贤医院原为医理贫病乡人而设不特惠尔乡人不少并可助政府举办地方公益之进行自应合力维持俾垂久远合行布告军民人等一体知悉须知该医院为怜恤贫病乡人之所事属公益保护宜周倘有骚扰情弊定必查拿重办决不宽贷其各凛遵毋违特此布告

二、为布告事照得刘绅铸伯独自捐资于宝安县平湖乡创立纪劬劳学校原为不忘母氏劬劳启迪后人智慧而设刘绅之孝思不匮即乡人之受益无穷凡属乡人自应体念刘绅之热诚保兹学校于勿替合行布告军民人等一体知悉须知此校原为教育乡人而设务宜合力保护俾垂久远倘敢肆行骚扰定当重惩不贷其各凛遵勿违特此布告

省长朱庆澜

中华民国五年十二月二十四日

广东省督军署布告（第二十六号）

为布告事现据刘绅铸伯函称穷以敝乡平湖村居僻壤风气固塞学务不兴地复瘠贫人多失学处此生活程度日高之时代以智识不开之贫民夫将何以自立仆情关故里言念之下用是矜怜爰解私囊倡办小学堂二所名曰纪劬劳学校一则藉以教育贫民俾资自立一则念家慈抚养教育之劳底仆于成乃有今日爰命是名以留纪念永志不谖复以敝乡村人贫苦若遇疾病苦无良医为之调理并妇人生产亦无练习接生以致夭折甚多殊乖天道故复独自捐资建设医院一所名曰念妇贤医院一则拯乡人之疾苦一则念故室内助之贤亦以示不忘之意刻下小学堂及医院两处兴工构筑以来数月于兹工程均将告竣开幕在即用特肃函敬请钧座给予宪示俾资保护而兴观感异时学风丕振寿域宏开无一非凭福曜所赐也等情前来查该绅独力捐资在平湖乡倡设学校医院各一所具见热心公益事业殊堪敬佩所请出示保护自可照准合行布告仰该乡各界人等知悉尔等须知设立学校医院系为嘉惠贫民拯救疾苦起见务各劝勉维持以成善举毋得藉端阻挠为要特此布告

督军陆荣廷

中华民国五年十一月十七日

五等金质单鹤章一等银色嘉祥章
署宝安县知事兼警察事务所所长

（一）

出示保护事照得疾病扶持讲明亲睦倡随眷念拯济幽忧就暖支赢望闾阎而知疾苦铖肓起废怀乡里而溥仁施念妇贤医院者系邑绅刘铸伯所经营为元配潘夫人而创建者也玄霜空捣绛雪难求獭髓虚传蝶魂不返杮叶写悼亡之句杏林开治病之门知营齐营奠之虚惜金钱之浪掷悉调阴调阳之妙教针石之兼施凤楼之仙侣空怀龙府之神方宛在帐幽明之永隔痛切针茅怜贫病之相连情殷馈药医曾折臂代延治疾之国工院可栖身不减庇寒之广厦列灶各分煮药塞门而老幼沾仁救灾尤重恤邻行道而幽冥资福礼罗扁鹊岂徒为带下之医谊笃梁鸿终未忘眉齐之案切脉而沉疴并起比肩而淑德同称惠泻青囊美彰彤管比似棠阴芾舍期剪伐之休加共看药院苔纹愿维持于不蔽本知事特为示谕尔民人其各凛遵此示

知事周德馨
中华民国五年十二月二十九日
实贴念妇贤医院

◇纪劝劳学校民国五年广东省长朱庆澜碑帖（上）（摄／陈建平）
◇纪劝劳学校民国五年广东督军陆荣廷碑帖（中）（摄／陈建平）
◇念妇贤医院民国五年宝安县知事周德馨碑帖（下）（摄／陈建平）

◇有百年历史的纪劬劳学校现已修葺一新（摄／陈建平）

（二）

出示保护事照得教善分财古风未泯训劳戒逸母范堪钦贤俊扬名常秉荻书之训教思锡类永推鞠育之恩平湖纪劬劳学校为邑绅刘君鹤龄所经营表其母伍太夫人之慈惠念童年之树立由母道之栽成以四民失学之堪忧仿两等分班而设教育蒿目时艰之唧知教育之当与诵棘心圣善之诗怅劬劳之未报集苞杞而思将母歌棫朴而慕作人学修期蛾术之勤校舍筑蜂房之密礼隆释菜书读燃藜凡时雨之滋培悉春晖之煦育溯母仪于萍藻胥成芹藻之香与才俊于菁莪无废蓼莪之什缅善则称亲之举当推孝子为师识食而不教为偏绝胜众人之母从此树萱堂舍定告爱护而无忧愿教敬梓乡闾共切瞻依而永保本知事特为示谕尔民人其各凛遵切切此示

知事周德馨

中华民国五年十二月二十九日

实贴纪劬劳学校

山厦革命烈士纪念碑碑文

山厦革命烈士纪念碑位于深圳市龙岗区平湖街道山厦社区香山路塘口路段旁，建于1984年7月，现为爱国主义教育基地。纪念碑占地面积1500米，建筑面积300平方米，碑高6.3米。碑身上面刻有山厦村为革命英勇献身的6名英烈——严润泉、严仲喜、邬进祥、严运贤、叶兴贤、严丽华，以及曾在山厦一带革命活动过的17名烈士的英名。纪念碑由原东江纵队副司令员王作尧将军亲手书写碑文，由原东江纵队参谋主任兼江北指挥员周伯明行书。其碑文内容如下：

山厦乡人民具有光荣的革命传统。一九二五年中国共产党在山厦乡组织活动，次年成立乡农民协会，建立了党支部和农民自卫军，积极参加全县范围内的农民革命斗争。在港乡亲亦参加省港大罢工和广州起义，有力地打击了封建统治阶级。大革命受挫后，山厦乡党组织遵照上级指示转入地下活动，以“牛会”“造林植树会”等组织名誉坚持斗争。抗日战争爆发，又立即组建武装斗争。山厦村经受了敌、伪、顽的数十次围捕搜查。全村有不少优秀儿女相继参加广东人民抗日游击队、东（江）纵（队）、粤赣湘边纵队。经过长期艰苦的革命斗争，终于和全国人民一道，推翻了三座大山的压迫，获得了解放。在历次革命斗争中，山厦人民在党的领导下，与来自五湖四海的革命志士一道建立了鱼水情谊，抛头颅，洒热血，前仆后继，百折不挠，为祖国的独立和民族的解放，十七位同志贡献出宝贵的生命，建立了不朽的功勋。今天，我们以崇敬的心情缅怀先烈，继承和发扬先烈们的革命精神，为建设祖国四化、振兴中华而努力奋斗！

革命烈士永垂不朽！

烈士芳名：

严仲喜、何与成、沈尔七、邬进祥、严润泉、卢仲夫、严运贤、黄木芬、梁捷、罗尧、叶兴贤、黄高扬、黎洪基、莫福娣（女）、王月娥（女）、严丽华、黄冠洪

山厦乡人民政府敬立

公元一九八四年七月十五日

山厦革命烈士纪念碑，由王作尧题字（摄 / 陈建平）

第二节 古雅诗文

（摄/陈建平）

怀古诗三首

文 / 刘彭龄

姑苏台

吴地记曰：吴王阖闾十一年，起台于姑苏山，因山为名，西向去国三十五里，春夏游焉，后夫差复高而饰之。越伐吴，遂见焚。太史公云：余登姑苏，望五湖，五湖去此台二十五里。越绝书吴王，夫差破越，越进西施，请退军。吴王筑姑苏台，五年乃成，高二百丈。

携李舆尸恨未休，群惊虎子气吞牛。西施进后庭人撤，竞忘邻邦杀父雠。
浣纱朝访若耶滩，暮进吴宫贱绮纨。颦蹙岂因心病苦，报恩报怨两边难。
齐桓事事托贤臣，内宠无伤定霸身。若使子胥专国政，何妨多蓄捧人心。
私通生子说西施，片地今犹号语儿。若使终身吴未沼，险教长恨赋鸱夷。
何堪报越丧吴王，不病依然心亦伤。郑旦只应知妒宠，颦眉那肯替夷光。
祸水人人唾诲淫，我云吴主自甘心。如何少伯携尤物，浮海犹能至万金。
云散风流几度春，屧廊珠幌逐芳尘。年年吴地生香草，不见当时采径人。
仆本恨人怀恨事，偶游吴地不胜情。乍闻绣阁拖香屐，犹讶当年响屧声。
失计虽因不纳忠，称孤到死亦英雄。长城安乐应知愧，亡国惟君却甬东。
把酒临风有所思，百年世事一枰棋。吴亡越霸今何在，惟有青山似旧时。

阿房宫

史记秦本纪，营作朝宫，渭南上林苑中，先作前殿阿房，东西五百步，南北五十丈，上可以坐万人，下可以建五丈旗，三辅旧事曰：阿房宫东西三里，南北五百步，庭中可受十万人，车行酒骑行炙，千人唱万人和，置铜人十二于宫前。杜牧阿房宫赋，覆压三百余里，隔离天日。

歌台舞殿忽平原，三户亡秦夙种根。今日登临倍惆怅，可怜焦土已无存。
收铁阬儒虑患深，祖龙才死霸图沉。可怜轵道归降日，犹是骊山万世心。
蓬岛高人将世避，桃园隐士把家移。何心黄石偏多事，杖履优悠出下邳。

百二河山国正开，既遭轲剑又良椎。函关未举皆雠我，争奈秦人不自哀。
青宫远去为阮儒，祸种亡秦竟在胡。若使先时殂博浪，监军何至丧扶苏。
竞将一炬报咸阳，应悔精英聚六王。偏是重瞳知古训，不留峻宇与雕墙。
媵嫱妃嫔尽娇姿，烈火无情总可悲。却怪项王心太忍，只留双泪对虞姬。
暴秦万世果难摧，黔首于今亦被灾。一炬功成咸受赐，伊谁浪说后人哀。
沛公马上把书轻，项羽学书且不成。偏是灭秦归若辈，焚书翻笑太经营。
一代繁华事已更，骊山空峙渭空荥。无情最是林间鸟，犹作朝歌暮管声。

越王台

一统志，勾践登眺之所曰越王台，在会稽稷山；又福建邵武府亦有越王台，汉闽越王无诸游猎之所；又番禺县西越王山上有台，赵佗所筑，兹所咏为赵佗之台。

被书作尉藉任嚣，赐玺称王渺汉高。若使存亡无吊问，致书皇帝意徒劳。
帝号区区任去留，抚吾则后虐吾雠。三齐梁赵皆南面，一着轮君得自由。
贫山险阻据番禺，往返频烦陆大夫。却笑汉家皇帝贵，此名只为老夫娱。
南海舆图久属秦，尉佗事汉反非真。一家无术联胡越，卧侧姑容鼾睡人。
雄兼百邑事西京，不背先人信有情。若使高皇知此意，应惭分我一杯羹。
隆虑望岭把军收，黄屋居然与汉侔。假使两雄怀并立，陆生空作致书邮。
魋头箕踞镇南中，何渠臣佗让沛公。闽骆畏威梁赵反，好将两帝较雌雄。
阻关不许汉兵来，万里封疆势壮哉。近日雄风犹在否，伤心懒上越王台。
风闻坟削叛无难，修冢称臣心亦安。同是蛮夷为大长，愧他鸣镝射头曼。
物换星移几度秋，蛮烟蜒雨日沉浮。英雄割据今何在，荡荡珠江空自流。

注：刘彭龄，字紫东，平湖松柏围人，清宣统己酉科拔贡生，著有《雕龙诗集·怀古》，由晚清民初香江名人胡礼垣鉴定并作序，梧桐山人田邵村校正，民国四年（1915 年）由维新印务馆承印出版。以上为《雕龙诗集·怀古》中的三首。

守真园话今昔

文 / 刘仲德

一

少年游思尚温存，
暇日寻幽过北门。
“追远阁”前呈府柏，
“娱亲庭”北映堂萱。
长阶历乱飘红雨，
修竹参差罩翠园。
“守得名山依梓里，
真疑尘世有桃源”。

二

筑得名园号“守真”，
花香鸟语草如茵。
猕猴跳索惊游伴，
孔雀开屏炫客人。
“啜茗亭”间谈乐趣，
“读书斋”外隔嚣尘。
浮想当年嗟逝水，
几回人忆武陵春。

三

浩劫频来梦一场，
墙倾栋拆毁华堂。
棋坛有恨留残局，
画舫无踪剩野塘。
携侣重来伤皓首，

◇沧桑守真园——刘铸伯故居（摄 / 陈建平）

折花为去断柔肠。
即今景物成陈迹，
尚有游人访故庄。

注：守真园的入口处刻有对联一副，取铸伯公别号“守真”两字嵌在句首：“守得名山依梓里，真疑尘世有桃源”，是先父紫东的遗墨。沿着阶级层层直上，两旁栏杆外，都种上桃、杏等花树，微风吹来散落有如红雨。行人道上则到处覆盖着青葱的绿竹，凉风摇动咿呀入韵。近山顶处筑有“追远阁”是追念祖辈的，“娱亲庭”是为母亲提供娱乐的。

重回山厦旧战场

文 / 王作尧

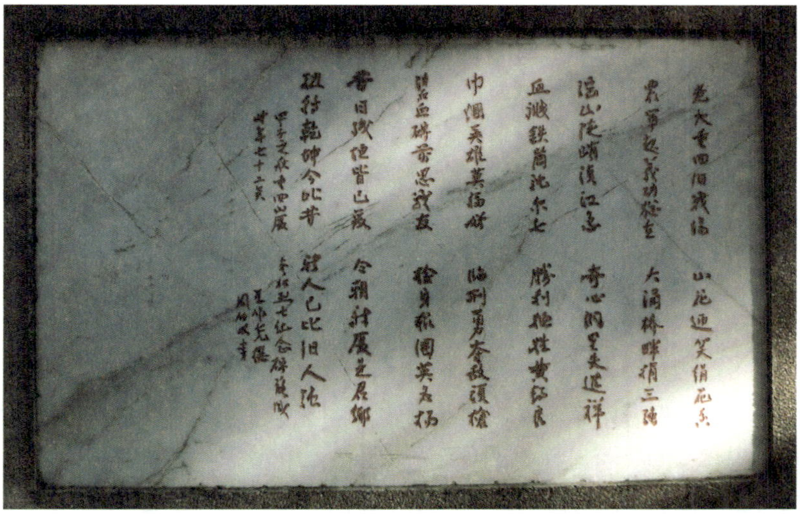

（摄 / 陈建平）

甲子之秋，重回山厦参加烈士纪念碑落成有感。

老大[1]重回旧战场，山花迎笑绢花[2]香。
农军起义功犹在，大涌桥畔捐三强[3]。
瑶山陡峭淡江急，奇心洞里失振祥[4]。
身溅铁岗沈尔七，胜利牺牲黄锡良。
巾帼英雄莫福娣，临刑勇夺敌硕桦。
碧血碑前思战友，舍身报国英名扬。
昔日残垣皆已变，今朝华厦是君乡。
扭转乾坤今比昔，新人已比旧人强。

注：

①老大：是指宝安、山厦群众在革命年代对作者的称呼——王老大。

②山花：指老同志；绢花：是山厦的特产，这里特指新一代。

③三强：是指山厦当年的支部书记等三人。

④振祥：指邬振祥烈士，山厦人。

沁园春·平湖怀古

文 / 刘好学

故里平湖，充耳三才[①]，耀眼一方。看纵通广九，车轮滚滚；横连莞惠，物产筐筐。木古山茶，辅城绿竹，山厦菠萝新木缸。金秋日，看凤凰山下，稻浪飘香。

山川绮丽风光，令世代儿男志气昂。忆守真宏业[②]，犹存史迹；紫东[③]墨宝，俱作珍藏。添记[④]烧猪，子球[⑤]跌打，遐迩闻名在四方！俱往矣，喜地灵人杰，再谱新章。

注：

①三才：天、地与人，谓之三才。

②守真宏业：即刘铸伯在家乡平湖建树的事业，守真是铸伯母亲的名字。

③紫东：清代平湖松柏围拔贡生刘紫东，善诗文和书法。

④添记：指平湖村“高楼添”，其秘制烧猪浓香皮脆，远近驰名。

⑤子球：指新木社区新围仔跌打中医师王子球。

沁园春·故乡抒怀

文 / 刘润松

六百多年，历史悠悠，可爱故乡。是刘邦后裔，南疆立足；儿孙继业，人事开光。凤舞龙田，龙耕马岭，旱地良田五谷香。立围村功迹，永远难忘。

迎新除旧繁忙，逢节庆驱邪志气昂。有金龙贺岁，红狮送福；民间打醮，粤剧登场。子弟诗词，秀才翰墨，早已流芳受赞扬。新村起，发民生事业，谱写华章。

沁园春·风凰春早

文／薛国良

大气平湖，福荫凤凰，喜漫碧天。看新村[1]拔地，穿云绕雾；农家叠翠，锦簇花团。曲径通幽，鱼池跃鲤，小院传来鼓乐喧。开心唱，赞家乡今日，尽换新颜。

闲来漫步村前，忆旧日平湖苦难年。众乡亲父老，饱经旱患；天河西水[2]，难作源泉。开放春风，遍吹华夏，千顷龙山变乐园。天地笑，引凤凰展翅，起舞蹁跹。

注：

①新村：平湖凤凰新村，在凤凰山下。

②天河西水：平湖自古缺水，大跃进时代，建了一座天桥，将西边水库的水引过来，但规模太小，作用不大。

醉落魄·安居乐业

文／刘润松

平湖秋月，
清晖艳照人间热。
钟情故土勤兴业。
建立新村，
自制和谐牒。

入住高楼心喜悦。
疮痍旧貌从今绝。
悠悠美梦终圆结。
抱负居民，
创富加鞭越。

家乡赋

文 / 刘好学

丁亥之春，新村落成。平湖故里，万众欢腾。龙狮竞舞，锣鼓齐鸣。盆餐盛宴，歌舞升平。烟花爆竹，辉映天庭。新村建何处？故土独情钟。龙山北畔凤山南，马岭西沿铁路东。村乃群楼，路口横陈十七栋；楼非台榭，阶梯直叠十八重。大厦虽高，电梯可到；老残倚杖，如履平畴。会所功能，应有尽有；家庭设置，堪叹时髦。楼房诚不俗，庭院也不凡；树下清风之阵阵，环村曲径之弯弯，喷泉瑶光之闪闪，小桥流水之潺潺，门楼欧陆之风范，园林花草之纷繁。门当学府，背靠青山。凤凰大道，东往西还。舒身心于居室，徒健步于山间，或流连于庭院，或移步于市廛。群楼耸立半天云[①]，可在云中度日辰。天上人间何许幸，凡夫从此亦仙人。

千里始于跬步，繁荣溯以开基。刚祖诞于元代，平湖籍于明时。东屏裔其五代，大围赖以开旗。开头仅以立足，勤俭积以财资。建屋娶妻而生子，子有子孙而另居。墙靠墙之成巷，巷挨巷之不辞。边沿背外，聊作围篱。东西门厦为村口，后园后路鲜人知。黑沉沉之斗室，祖辈辈之门楣。厅架床铺而舂米，廊下煮饭而养猪。相遇擦肩之窄巷，难奔三急之便池。非值寸金之尺土，奈何衣食之难持。螽斯蛰蛰，瓜瓞绵绵[②]。大围居之不下，散村另以开枝。

山青青兮地平平，求生计兮以农耕。围面前或大岭，钟鼓坎或芳坑。洒汗水于田地，得饭菜以盘羹。主稻谷与薯芋，辅甘蔗与花生。出晨鸡之报晓，归夜月之初更。顾六畜之朝暮，抗四害[③]之纵横。

忆昔村民，虔诚信佛。拜屋头之神庙，跪九树之“万福”[④]。信石井之“龙吟”[⑤]，祈石坛之保畜。三年打一醮，四时进香烛。拥菩萨去巡游，喜钟馗[⑥]之大腹。惜烧尽了纸钱，竟无人以得福。深圳原有圳，平湖本无湖。天苍苍兮望雨阳时若，地沉沉兮怕土裂荒芜。痛四三兮遭弥天旱患，泣乡亲兮有饿死于途。

梧岳唤螭龙，梅峰呼笔锋。据说山川之灵气，孕育文武之豪雄。松柏青，木棉[⑦]红。夙兴夜寐，耕读成风。藉祠堂作书馆，为孺子以开蒙。赖诗文出科举，练书法以传宗。趁农闲而习武，举石墩以强功。节日欢腾或喜庆，麒麟劲跃伴金龙。麟趾功威，镇慑邻村挑械斗；龙躯气壮，恭维拔贡揖儒鸿。功名虽见桅杆墩[⑧]，利禄何曾益佃农。九代不扶犁纨绔，谁驱民众百年穷！

北斗星高，革命旗红。红旗红心之呼应，故土故人之情结。种之籽，籽之胚；村之民，民之杰。或大革命而挽风云，或拼东洋而洒热血，或倒蒋府而立功勋，或建强国而创大业。党政财文，各行各业。英才辈出，蜚声南粤。本地村官，爱民公仆。组织分田，合作互助。斗地战天，兴修水库。多种经营，农林牧副。拨乱反正，开放致富。濯足以上田，开门而见天。面对繁华之世界，缔结经发之良缘。尊崇科学和智慧，不赖神灵不靠天。以民为本，造福为尊。互利双赢，四海财团为我用；筑巢引凤，五洲科技为民传。时日星移斗转，家乡地覆天翻。惊讶田园之不见，欢呼楼宇之连云。遍地厂房，取代禾苗甘蔗；存资数字，何逊谷海糖山。机器声喧，腰包入钱。经营得法，效益如泉。公共积累，环比排先。村民福利，屡创空前。务实贵为本色，业绩胜于豪言。新村堪称壮举，立围五纪犹鲜。今日凤凰展翅，他年彩羽冲天。

注：

①半天云：土名。

②螽斯蛰蛰：喻子孙众多；瓜瓞绵绵：喻子孙世代久远。

③四害：水旱风虫。

④万福：坐落九树下的万福庵。

⑤龙吟：坐落石井头的龙吟庵。

⑥钟馗：传说吃鬼之神。

⑦松柏、木棉：从前平湖松柏围门前有三棵松柏，花厅前有一棵木棉，松柏和木棉为平湖的象征树。

⑧桅杆墩：相传平湖曾出现多位名人，获得功名则树桅杆以资纪念，迄今在祠堂面前仍留有多个桅杆墩。

凤凰山赋

文 / 刘好学

古人云：凤凰为瑞鸟，有圣贤出，则凤凰见，雄者为凤，雌者为凰；耄者曰：此山是凤凰，太平盛世，国家富强，时逢人杰，必舞凤凰。

平湖凤凰，毗邻凤岗，处龙岗西侧，深圳北疆。

曩昔凤凰，一度风光。清奇独帜，丽甲邻邦。亭台楼阁，曲径回廊；山青水碧，鸟语花香。叹守真之美苑，遭日寇而殇亡！

今日凤凰，格外辉煌。蒙京师之首肯，建苑囿于山冈。矿山格，富特色；国家级，不寻常。政府斥亿元之巨资，建者集八面之智商。一园两区，区区尽显天然美；千秋万代，代代犹夸恩义长。

矿山景区，辉绿温床。原地心之灼液，玄武质之岩浆，侵地壳之浅部，结晶体以珍藏。纯而亮，腻而刚，可雕可琢，可竖可镶。建筑工艺，大有用场。畅导交通，织围棋之路网；扩充城市，盖托月之楼房。献辉绿之词藻，写深圳之华章。可憾开发资源，或存偏颇；剖山利器，有伤凤凰。保发展之持续，让科学以领航。重铺植被，削坡踏帮。敷伤疤于凤体，还瑞鸟以霓裳。保遗迹以利用，让文化之流长。将治山以环保，树典范于吾乡。妙哉！觅得矿坑巨幅之石壁，剖析地壳辉绿之矿床。藉矿山地质之实景，作天然科教之课场。犹拾女娲补天之遗石，传给斯民护地之宝藏！

休闲区域，举目青葱。如诗如画，如缎如绒。环山道、休闲椅、书画窗、听雨篷。可以登高远眺，可以席地乘风；可以行山健体，可与朋辈交融。登高兮，鳞次栉比之楼房，繁华美丽之市容，尽收眼底；远眺兮，金融基地之开辟，物流新城之崛起，正浴东风。感慨由衷，草木情浓。发思古幽情之老汉，告天真烂漫之儿童：锦绣江山来不易，先烈鲜血沁园中！

凤凰来仪，足足即即。盛装迎客，妖娆之极。公园标志傍于凤凰大道，四股喷泉射向金刚中核。广场广袤而坦平，视野视程其远极。巍巍然，博物馆于山前矗立；焕焕然，展示厅在人前闪烁。君欲知地质之奥妙，君欲晓凤凰之美色，何不以半日偷闲，亲临虚实！

◇凤凰揽胜（绘 / 徐宁）

发掘刘氏平湖纸龙

文 / 刘旦华

一

四十二载相思愁，
离魂夜夜入梦幽。
今日寻根肩大任，
他朝承脉传千秋。

二

氏封御龙逾四千，
雷电晦明大泽边。
根脉情缘桑梓地，
凤翥龙腾耀南天。

平湖龙舞

文 / 薛国良

九龙追凤凤凰山，
遥见十龙早探班。
盛世平湖春日暖，
龙翔凤舞乐人寰。

第三节　新诗歌咏

（摄／陈建平）

平湖秋月

文 / 黄花风铃

题记：谨以此诗，献给平湖秋月五百年，献给五十万平湖人。

坦荡于九天之上
带着五分洒脱、三分浪漫
当然，还有两分悲悯
仁慈地守候人间
温馨的平湖秋月的夜晚

我所说的平湖，仁爱的地方
是我们的家乡
我所说的秋月，美好的梦想
在天上，在人间
更镶嵌在平湖人的心坎上

五百年前[①]的今夜，月色
是否如今夜般皎洁而迷茫
我们的祖先辗转
来到这片土地上
早已步履蹒跚，终于峰回路转
从此便与这片土地
结下了不解之缘
多么朴实的名字
描绘的是秋色如霜
抒写的是从容舒坦
没有人不惊艳于你的美丽
更没有人不沉醉于你的温婉

这个本来缺水的地方
却偏以“平湖”之名发其芬芳
莫非是为了祈求上苍
分明更透出我们的祖先
——自信与浪漫

没有祖上福荫，也无腰缠万贯
但，莫道复兴难
浪漫的人们，字典里
永远没有失败与忧伤
上帝知道
只有勤劳和善良者最勇敢

五百年岁月沧桑
五百年风云激荡
恒久不变的是默默的凤凰山[②]
几度涅槃的是灵动的美凤凰
遥想当年，辅城坳、力昌[③]
抚今追昔，凤凰栖何方
月色朦胧，但见新木鹅公岭
朦胧月色，依稀禾花良安田
稻花香飘睡梦里
醒来熙攘华南城

已经无法想象，曾经的
木古河是怎样的清澈静谧
依然强烈感受到，红色的
山厦墟激情澎湃的生命张力
在新鲜的日子执着地
留下顽强的印记

此刻，披着清凉月光

信步再登凤凰山
看脚下万家灯火
与天上星月遥遥相望
那明亮耀眼的海吉星
骄傲地忙碌于青春的白坭坑
和山脚下同样活力不倦的守珍街
合奏着一曲美妙的交响乐
只有半山腰静静的守真园[④]
在默默地沉淀着远去的岁月

月色如霜，天地苍茫
我不知再过一千年
平湖秋月会是啥模样
到那时是否有更多平湖人
如今夜一般，将今夜怀想
……

注：

①平湖先祖于明朝嘉靖年间从福建、韶关、梅州等地辗转迁徙于此，约逾五百年。

②凤凰山，在平湖境内，国家矿山公园，原产辉绿岩。

③辅城坳、力昌及以下的凤凰、新木、鹅公岭、禾花、良安田、木古、山厦、白坭坑等都是平湖辖区社区名称。

④守真园，守珍街：守真园是清末民初平湖旅港巨贾刘铸伯故居，现余废墟正待修复；守珍街为商业旺街。

凤凰之歌

——登平湖凤凰山国家矿山公园有感

文 / 黄花风铃

题记：凤凰山，出辉绿矿。辉绿矿和着沥青，铺在路上……

你的名字叫凤凰
你的躯体是辉绿之矿
而你的形态哟
却是——
一　座　山

你本有山之沉雄
更有矿之凝重
而折磨和摧残
更让你凤凰的本色
洋溢着俊逸与灵动

天地造化让你拥有今天的模样
沧海桑田也抹不去你昔日的容颜
而默默的矿石哟
你从远古走来
到这凤凰山上
究竟要向世人昭示
怎样的正道沧桑
你赤裸着躯体
横卧在路上
任凭风吹日晒、暴雨痴狂
更任凭无情地碾压和冲撞
你俏皮的脸上竟然还闪出
——几分欣然

碾压啊碾压
你更加贴紧脚下的土地
甚至你清晰地听到了大地的呼吸

你连躯体都趴下了
就是没有低下高贵的头颅
你污秽了全身
却依旧圣洁着心灵
你默默地承受重压
却完整地保全了尊严

你也仰望星空
甚至到了深夜
还让那带着咸味的风
轻柔地舔去你身上的血迹
而那月光下芳香的小花
也欢快而忠诚地
在你模糊的眼前摇曳
这就是凤凰山啊
——凤凰人
这就是我
和你!

第四节 曲乐民谣

（摄／陈建平）

20世纪40年代平湖中心小学校歌

1 = C 2/4

词曲　王德优

（收集整理：刘任武）

20世纪40年代平湖中心小学放学歌

1 = F 4/4

词曲作者不详

（收集整理：刘任武）

巾帼花开凤凰山

——平湖巾帼互助队队歌

女声领唱、合唱

陈小澄 词

陈述刘 曲

1 = C $\frac{4}{4}$

♩=70 赞颂地

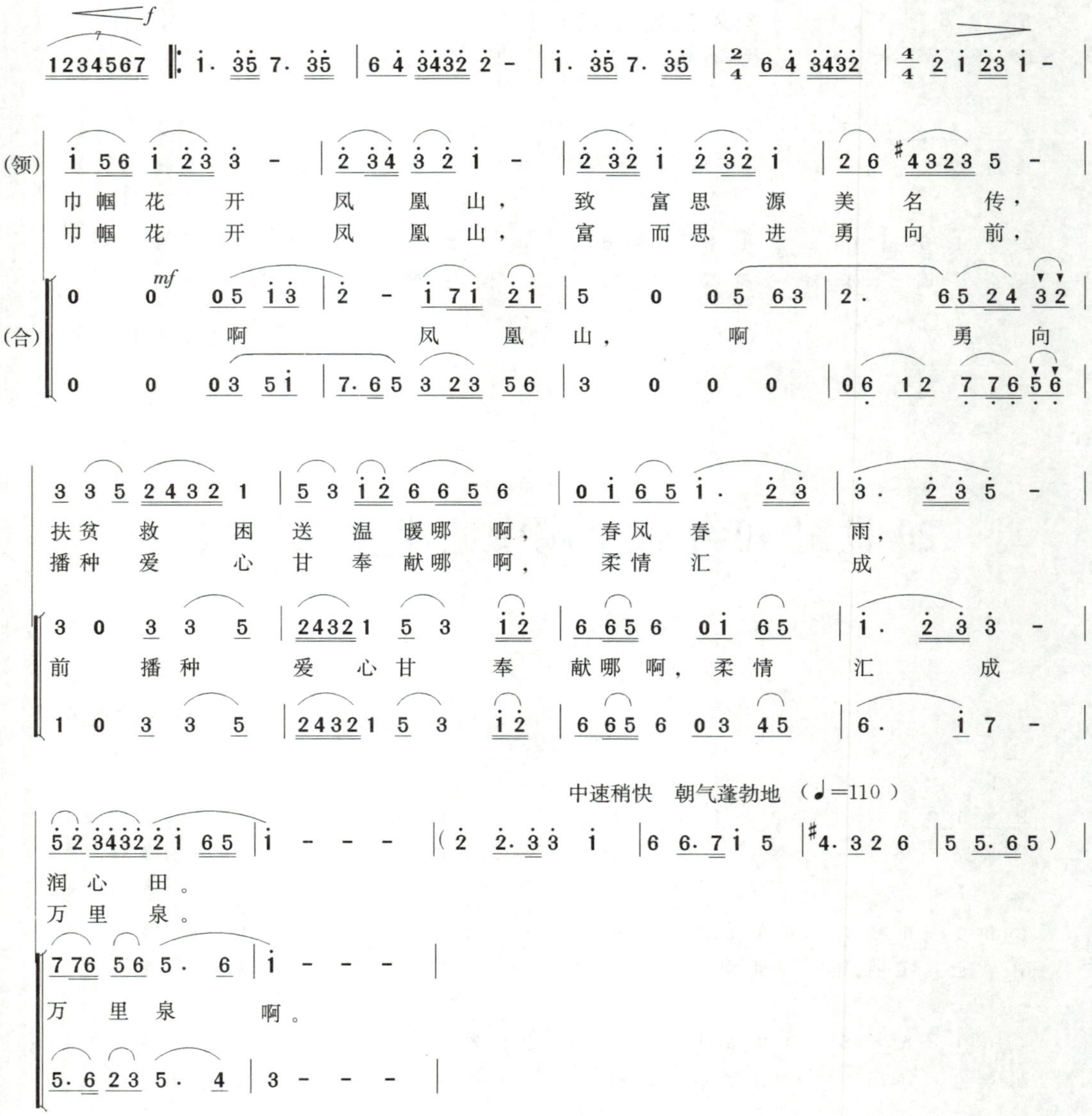

(合)
洒下一片阳光，留下一份温情，新时代的女儿
新风采，柔肩挑起国家重任。洒下一片阳光，
留下一份温情，新时代的女儿新风采，巧手绘出美好
巧手绘出巧手绘出美
稍渐慢
美好的明天，美好的明天！
好的明天，
稍渐慢
美好的明天！

平湖人

1=D 2/4
每分钟76拍

陈建平 词
巫定定 曲

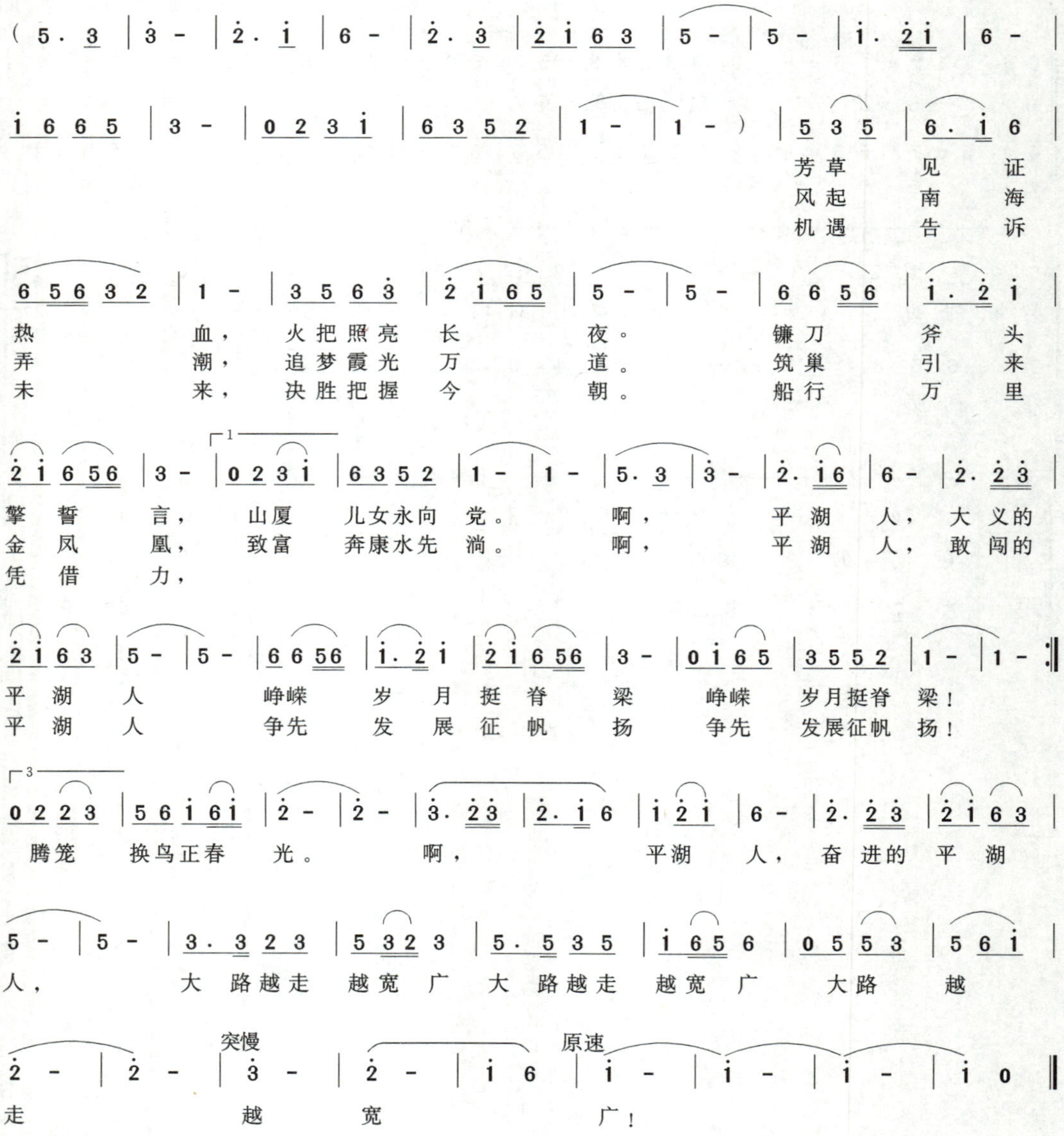

平湖歌谣（一）

（唱／谭丽芳　整理／刘旦华　李建国　卢当应）

1. 出阁哭娘

谁怜拾草（鲫草）归边角，新朝此境（紫茎）下浮沉，稚子（枳子）难酬恩未及，圆肉（桂圆）分亏隔汝香。白子（白芷）挥成红眼圈，沙声（沙参）常叫泪千行，“归尾”难随欢膝下，难得“熟地”问安娘。

注：歌词中每句均用一种中药名作谐音。

2. 为爹祝寿

后园松柏佑家声，前庭花开春满天，站位侧边功自傍，每日凤龙万股钱。我爹你福禄寿身行你运，寿如松柏乐千年，禄位升高尽福祉，麻姑献寿进堂前。

3. 出嫁别友（闺蜜）

凑（同）你两人一对凤，秀比南山上水田，玉簪打断难糊起，金凤衔菽慰别离。黄菊泥盆分异地，石狮难望转归期，劝娇日夜勤妆整，怀记奴愁，姻粉尽抛（荒）放。

4. 迎亲队伍到

门前鼓乐来催践（约），四边吹转我爹堂。鼓乐三吹撩我恨，七姐弥叫两丧魂。笼香锡烛返房上，贺喜我爹百殿寿延长。门前不久“兴兵”到，谁处藏身避世楼（留）？

5. 挂红绫（挂轿红）

先挂幡庐携子手，高挂绫花福寿长，苍松彩轿迎华懋（帽），好问红娘好晚光?

注：询问后半世的生活境况。

6. 哭怨媒人

心恨腊（话）梅思食见，平地风波害少年。可恨云泥山水巅，修为难忘至寒酸。你整得我化魂如影相去伴，你讨得银钱返故乡。好将处女难相见，庄周嘱托展香怜。我不久分离别故园，我可怜姊妹分南北。鱼游干海难遇旧，不敌云山眼渺前。

7. 哭远嫁

久闻知晓丝茅地，江山单独我登云，人离宗亲都有群芳伴，你却教我海角天涯孤影单。

8. 哭寡妇

叔台早日收文昭（旧时去世需作一种风俗程序），你丢抛我婶母捱寒微。寒微能耐真知子，石榴红杏报恩光。嫌癞非病吾单指你，绳记安用困凄凉。青年子业人恋昔，亏你苦携儿子待云开。

9. 哭长辈病重弥离

脚踏青平已欲尘埃定，今我灵魂上九天。乌鸦登晓心头泣，无我娘（爹）亲儿女不安宁。小女平和调六脉，愁心尽洗落鄱阳（湖）。儿女到庭娘（爹）在地，黄金坠地逝难留。子规儿女啼红泪，杜鹃啼起泪千行。百法子尽连当尽，请医服药都不灵。观其倾尽无灵隐，寒琴驾鹤往西天。日出子尽容易过，日落归西飞泣无归期。车钱难买娘（爹）回转，愿吞信石下泉台。难效留存寿衣傍，南瓜尽落会真容。难效彩莲（见注）近似女，借尸复世去还阳。泪流滴破磐溪石，愁涌如山泪两行。

注：彩莲系传说中著名孝女，用真孝感动阎王让其母百日后还阳，这里暗指亲人转世投胎。

平湖歌谣（二）

（唱／邓带欢　整理／刘旦华　李建国　卢当应）

1. 开金口（哭丧）

黄金坠地留鸿福，鸿福交返子共孙。门篱挂起千重裤，福禄齐高女共男。头上谷围租倒满，租斗粮升纳满堂。红条插起家兴旺，青铜照起万年兴。明镜照开皆吉庆，照开下界任游行。

2. 拖过桥（哭丧）

德禽高起金鸡梦，火树银灯照路明。过到桥头又有神来接，过到桥身又有贵人傍。左手又扶金橘树，右手又扶秀牡丹。左边又有孩儿子，右边又有媳妇共钗裙。过到黄河九曲水，无灾无难上阳台。

3. 行话（哭丧）

能见冥灵孙子肖，问安点（怎）能遂心田。游子比儿皆一样，卧莲能隔到心音。娘你为神总爱天官正，男女平康入魄魂。改过门庭无照旧，他朝富贵起浮云。

4. 立志

神红剪碎包金果，实系听埋言语多。言语听多积少共扬世，我此身留命企阳台。纸包莲瓣河边种，实系无情放水冲。我是大船楠木板，千宗万马踩不沉。变将头筹多人敬，此身改岁典人情。

5. 交公粮歌

对面阿妹田中企，微风细雨笑眯眯。妹子有何大喜事，请你快快讲哥知；阿哥放远来等阵，社会来时事事新。今年秋季收成好，每亩增产八百斤。日头一出放红光，箩箩谷子金金黄。感谢恩人共产党，带来日子好春光。做屋就要先起墙，养蜂才有甜蜜糖。翻身日子要巩固，热烈缴交爱国粮。爱国公粮意义长，抗美援朝保国防。

平湖歌谣（三）

（唱／叶敬欢　整理／刘旦华　李建国　卢当应）

1. 送葬

投门落户家兴旺，五谷丰登盛万年。红旗插起家兴旺，宝粟承灯盛万年。青铜插起招财宝，招引四方财水进华堂。圳草开花（一张席）抛落地，就将愁绪伴君前。牛王难保你身康泰，灵仙到此是虚言。黄金坠地留鸿福，鸿福交返女共男。

2. 十殿阎王（解苦解难超度灵魂）

初逢成广离弥苦，二见幽冥脱难离；二殿初光魂魄杳，前台百响又家兴，救苦天尊离苦难，初下挂着白莲池；三逢送帝灵魂醒，唯怨魂归月镜台，倚门翘首思家念，神通广大任魂游；四殿五观分善念，若有玄机有善缘，欲求公义宽宏量，除非佛法会瑶池；阎王五殿如明镜，照你仙龄子共时，会你丹墀书玉律，无边苦海渡慈航；六殿变成皇则稳，黄粱收尾早朝身，全家真子招魂中，破开地狱任魂游；七殿泰山王善冕，元始天尊解难离，画幽山上魂登现，子敬是化引仙游；八殿都是黄皮劫，交离果酒任仙尝；九殿平等王侯庙，有径有路透莲池；十殿转轮宽度量，寿归上界掌香台。

平湖歌谣（四）

（唱／叶照娣　整理／刘旦华　李建国　卢当应）

接娘家人

屈膝就将跪落尘埃地，为娘思谊皆亲情。齐手托高齐起步，男拖女带寿康宁。男拖男子身康泰，女拖女子寿延长。

平湖围头话歌谣《狗仔吠》

（整理／黄建全）

狗仔吠，人客嚟，
移埋凳仔拐埋台，
洗净茶壶装滚水，
洗净碟仔盛杨梅。
杨梅好食多人爱，
唔见猛风打落嚟。
长棍去归打榄仔，
短棍去归打石榴。
石榴生仔驼驼嚷，
油柑结仔结成球。
取米落船煮晏昼，
几时到得外家头。

注：这首民谣说的是出嫁的女儿在婆家平时所做的家务以及回外家（娘家）时的迫切心情。开头的“狗仔吠，人客嚟”说明以前几乎每家每户都会养狗，因为平时大家下田种地时一般都不会将门关闭。平湖的老人家说，关了门，家里拜神的香烛就烧不上天了。

第二到第七句讲述了出嫁围头女在婆家要担负起招待客人的任务，客人来了要斟茶递水，招待用的蔬果也由出嫁的围头女去采集。第八句描写石榴与油柑子的结果情况，象征着围头女希望为婆家开枝散叶，多生几个大胖儿子。

最后两句是出嫁的围头女终于可以回外家团聚了，把路途上要吃的粮食放到船上面去，准备做中午饭，而最后一句是在路途中，围头女迫切希望可以尽早回到外家，因为嫁出去的围头女是每年正月初二才可以回一趟外家的，回家的心情是多么迫切啊。

附录：平湖原住民和曾经履职平湖人员出版著作一览表

姓名	性别	年代	身 份	著作名	出版时间	出版社	备注
刘彭龄 庄凤笙	男 女	清末 民初	平湖著名文化人士 （两人系夫妇）	梧桐山集	1915 年	维新印务馆	自存
				雕龙诗集·怀古	1915 年	维新印务馆	存于深圳市博物馆
				重辑《刘氏总谱》	1997 年 重印	无	清宣统二年，台湾 鄂西刘氏宗亲会
李建国	男	当代	当代作家 深圳市东纵边纵研究会 副会长	平湖故事	2001 年	远方出版社	
纪志龙	男	当代	原平湖镇委书记	理性与创新	2004 年	海天出版社	
				中华圣贤经	2005 年	海天出版社	
何小培	男	当代	平湖街道党工委原书记 龙岗区人大常委会 原副主任	重回山厦旧战场	2005 年	花城出版社	主编
王　潇	男	当代	平湖街道社会建设办 负责人	走向司法公正的制度选择	2005 年	中国法制 出版社	
				跨越发展的途径与代价	2010 年	中国经济 出版社	列入“中国经济文 库理论经济学精品 系列”图书
温石祥	男	当代	平湖街道党工委原副书记	实践与创新·感悟	2008 年	中国经济 出版社	
薛国良	男	当代	平湖籍退休干部 广东省摄影家协会理事 深圳市作协会员	小说“深圳河畔”系列 《咸淡水》《古井水》《山坑水》	2010 年	海天出版社	
				无聊集（诗集）	2012 年	香港大成图 书有限公司	
刘旦华	男	当代	平湖社区退休干部	大师风范　艺坛四杰	2013 年	中国华侨 出版社	
				品读当代艺术名家	2013 年	中国华夏 艺术出版社	
郭晓霞	女	当代	平湖街道党工委原副书记	我的父老乡亲（摄影集）	2014 年	山西人民 出版社	
黄惠波	男	当代	平湖街道党工委书记 办事处主任	山情海恋（散文集）	1998 年	花城出版社	合著
				禾火集（诗集）	2013 年	花城出版社	
				知秋集（诗集）	2014 年	花城出版社	
陈海滨	男	当代	平湖中学教师	深圳古代史	2015 年	深圳报业 集团出版社	

后记

《话说平湖》一书从提出编写到正式出版，历时两年，其中收集资料、确定篇目、集中撰稿、统稿提升、讨论审稿到出版社定稿，自 2014 年 3 月启动仅用了 14 个月。在如此短的时间内完成这项宏大、系统和复杂的区域文化工程，个中艰辛与喜悦，相信每一位参与此书的编写者，都有着刻骨铭心的体认。

作为深圳市乃至珠三角地区的传统镇街，平湖沐改革开放春风，靠独特区位优势和干群敢为人先、拼搏奋进的精神，经济社会建设飞速发展，交出了一份不错的成绩单。今天的平湖，是一片汇聚了 15 家上市公司在此落户扎根的产业高地，是一个有着全国最大农产品绿色交易市场的商业旺区，是一个吸引中国大型综合商贸物流中心领航者在此设立总部的物流重镇。但是令人遗憾的是，在麦克维尔、海吉星、华南城等知名企业广为外人所知的同时，平湖却始终拿不出一张属于自己的综合性历史文化名片。编写、出版《话说平湖》，既是对平湖悠久丰富的历史人文资源和纯净旖旎的自然风光进行发掘梳理的非常有意义的工作，更是站在深圳特区迈向下一个三十五年这个时间节点，为平湖鉴今知往、抓住机遇，推进以人为本的深度城市化提供精神动力。补上缺失的这一课，体现了平湖街道可贵的文化自觉，以及对平湖历史与未来高度负责的使命感。

《话说平湖》是一本注重系统性、权威性、可读性，具有融平湖建制变迁、产业发展、风俗民情、景观名胜、红色历史、先贤名人等内容于一体的带有“小百科”性质的通俗读物。书中配发了一些与正文相关的图片，旨在通过图文并茂的形式，向读者介绍平湖的独特风貌和文化魅力，特别是帮助在平湖工作生活的居民、外来建设者和中小学生认知脚下的这片热土，进一步了解平湖、热爱平湖，增强对平湖的家园认同感。编入书中的文章，主要有三个来源：一是南方日报、深圳晚报、深圳侨报等新闻媒体的记者唐毅、易芬、沈荣、张帆等近些年来陆续发表的新闻作品，他们的深入采访、理性观察加上摇曳多姿的文笔，为读者阅读平湖提供了多重视角；二是深圳作家李建国、卢当应撰写的有关平湖红色历史、民俗文化方面的文字，他们对平湖的持续关注与潜心研究，为本书增添了亮色；三是平湖街道陈建平、刘旦华、刘任武、刘玫、李岩等人采写的部分文稿，他们以认真负责的态度广搜旁征，回溯历史，力求准确呈现真实的原貌。同时，被聘为本书顾问的刘任武、刘旦华提供采访线索并撰写稿件，刘润松、刘好学、薛国良仔细校正了本书初稿的一些错漏之处；担任本书编写总统筹的陈建平殚精竭虑做好采访联络、进度协调、前期初审等工作，在集思广益的基础上匡出了资料收集范围，拟定了篇章结构和大致内容，还为本书拍摄提供了大量图片；相关部门、社区和香港平湖同乡会等，也参与了部分图片征集、编写协调与其他事务性工作。深圳市华兴广实业有限公司（熙璟城项目）为本书提供了慷慨资助，龙岗区委宣传部将本书列入了“宣传文化发展专项资金扶助项目”，给予了资金支持。特别需要指出的是，平湖街道党工委、办事处主要领导十分重视本书的编写工作，多次听取汇报，提出指导性意见；宣传部领导多次主持召开顾问评审会，征求意见建议、开拓征稿思路，为全书的品质品格把握方向。南方日报出版社高度重视本书的出版工作，派出了由唐毅、黎衡、史成雷、佃燕婉组成的精英团队，提前介入统稿提升和图片编排、装帧设计等工作，他们的敬业精神与专业水准确保了本书的品位与质量。广东省作协主席、暨南大学党委书记蒋述卓教授在百忙之中为本书作序，立足一百年来激荡的现代化进程这一时代背景，提练概括了平湖的历史文化脉络和社会经济转型路径，言简意赅地评价了《话说平湖》一书的价值与意蕴，为本书增色甚巨。在此，向为《话说平湖》付出辛勤劳动的所有参与者表示衷心的感谢！

由于时间仓促，资料和水平有限，本书难免存在诸多错漏，敬请读者见谅与批评指正。我们深知，《话说平湖》的编写没有终点，平湖的未来一定更加美好辉煌！

《话说平湖》编委会

2015 年 6 月